REDLINE WIRTSCHAFT

MICHAEL HÖLTING

ZDF WISO

# Immobilien-finanzierung

- Kassensturz
- Kapitalbedarf
- Finanzierungsformen
- Förderungen

REDLINE WIRTSCHAFT

Michael Hölting
**WISO Immobilienfinanzierung**
Kassensturz / Kapitalbedarf / Finanzierungsbedarf / Förderungen
4., aktualisierte und erweiterte Auflage
Frankfurt: Redline Wirtschaft, 2005
ISBN 3-636-01256-8

**Unsere Web-Adresse:**
http://www.redline-wirtschaft.de



Umschlag: INIT, Büro für Gestaltung, Bielefeld
Coverabbildung: ZEFA, Düsseldorf

Ein Unternehmen der Süddeutscher Verlag Hüthig Fachinformationen
Satz: Sachartschenko & Spreitzer OEG, Wien
Druck: Himmer, Augsburg
Printed in Germany

# Das bietet WISO Immobilienfinanzierung

# I. Einleitung

Mag der „Traum von den eigenen vier Wänden“ auch noch so klischeehaft wirken: Früher oder später verspürt fast jeder den Wunsch, eine Immobilie sein eigen zu nennen. Die Beweggründe dafür sind ganz unterschiedlich: Der eine möchte unabhängiger sein und will nicht regelmäßig eine Mieterhöhung akzeptieren müssen; der andere möchte die Sicherheit haben, nicht irgendwann einmal die Kündigung in den Händen zu halten. Wieder andere machen sich Gedanken über ihre Altersvorsorge und wollen vorbauen, damit sie ihr Leben auch später einmal angenehm verbringen können. Dabei mag sich der eine dazu entschließen, die Immobilie selbst zu nutzen, während der andere sie als relativ sichere Kapitalanlage sieht und sie vermieten will.

Im krassen Widerspruch zu diesem Sicherheitsdenken stehen die Nachrichten über jene, die sich bei ihrer Immobilienfinanzierung total überschätzt oder verkalkuliert haben. Sie haben einen Schuldenberg angehäuft, mit dem sie oft für den Rest ihres Lebens zu kämpfen haben. Die Gründe: Ihre Pläne waren unrealistisch, sie haben auf die falschen Leute gesetzt, oder ihre Strategie war falsch.

Genau hier liegt der Widerspruch, der viele potentielle Immobilieneigentümer von der Umsetzung ihrer Träume abhält: hier die Sicherheit einer Immobilie, dort das Risiko, sich mit einer Immobilie zu ruinieren. Dabei ist die Lösung ganz einfach. Die Sicherheit ist dann am größten, wenn man gut informiert an die Sache herangeht; das Risiko überwiegt, wenn man sich vorher zu wenig Gedanken darüber gemacht hat.

Der Schlüssel zum Eigenheim heißt also Information. Doch das Spektrum der Immobilieninteressierten reicht weit: Es gibt diejenigen, die noch gar keine konkreten Vorstellungen haben oder sich nicht so recht im Klaren sind, welche Immobilie sie sich überhaupt leisten können. Bei anderen geht es vielleicht um handfeste Fragen der Finanzierung – von der Erstinvestition bis hin zur Anschlussfinanzierung und zu steuerlichen Problemen.

Dieses Buch soll allen etwas bieten. Fragen werden beantwortet, andere werden neu aufgeworfen, um Problembewusstsein zu schaffen. Wer sich zum ersten Mal mit der Finanzierung einer Immobilie beschäftigt, sollte dieses Buch am besten von Anfang an lesen, um Schritt für Schritt an seine Immobilie herangeführt zu werden. Der Profi wird sich mehr für bestimmte Details der Objektfinanzierung interessieren. Er kann die Lektüre wie ein Nachschlagewerk verwenden und sich bestimmte Abschnitte dieses Buches herausgreifen.

Wie gesagt: der Schlüssel zur Immobilie liegt darin, informiert zu sein. Dabei soll dieses Buch helfen. Ob man sich tatsächlich für oder gegen eine Immobilie entscheidet, wird allerdings jeder für sich selbst bestimmen müssen. Um beim Bild zu bleiben: Den Schlüssel muss am Ende jeder selbst umdrehen.

# II. Die Suche nach der passenden Immobilie

Das passende Haus oder die passende Wohnung zu finden, dürfte wohl die größte Hürde auf dem Weg zum Immobilieneigentümer sein. Selbstverständlich spielen dabei finanzielle Gründe eine große Rolle. Doch es gibt auch psychologische Hemmschwellen: Die meisten Immobilieninteressierten haben niemals zuvor in ihrem Leben eine so schwerwiegende Entscheidung getroffen, sieht man einmal von Ehe und Familie ab – die aber wiederum den Wunsch nach den eigenen vier Wänden begründen können. Es ist für viele im wahrsten Sinne des Wortes unvorstellbar, sich für eine so lange Zeit an ein Objekt zu binden und dies abhängig zu machen von einer Momententscheidung, mag sie auch noch so durchdacht sein.

Deshalb sollen zunächst einige grundlegende Aspekte beleuchtet werden, die für oder gegen eine Immobilie sprechen.

## 1. Die Nutzung als Eigenheim

Immerhin fast die Hälfte der über 36 Millionen Privathaushalte sind Eigentümer an Grundstücken, Gebäuden und Wohnungen. Allerdings sind nur etwa zwei Drittel aller Haus- und Grundbesitzer Alleineigentümer von Eigenheimen oder Mehrfamilienhäusern, was wiederum das Vorurteil nährt: Die Deutschen sind im Vergleich zu den europäischen Nachbarn so richtige Eigenheim-Muffel (Deutschland West: 44% aller haushalte, Ost: 37%, Stand Ende 2003). Doch wünschen sich die meisten nichts sehnlicher als die eigenen vier Wände. Es ist für sie nach wie vor das wichtigste Ziel im Leben.

Eine eigene Immobilie ist eine ziemlich teure Angelegenheit und bindet ihren Eigentümer, wie bereits angedeutet, unter Umständen finanziell ein Leben lang. Und richtig: Kurzfristig betrachtet fällt der Vermögensvergleich, also die monatlichen Belastungen aus der Finanzierung des Eigenheims, gegengerechnet gegen das monatliche Mietaufkommen in der gleichen Zeit, zunächst deutlich zugunsten des Mieters aus. Erfahrungsgemäß ist in den ersten rund 15 Jahren die finanzielle Belastung für den Immobilieneigentümer größer als für den Mieter.

Danach verkehrt es sich aber ins Gegenteil. Und je mehr Jahre vergehen, umso besser schneidet der Eigenheimbesitzer ab. Nach den Erfahrungen der vergangenen Jahre wird Wohnraum auch in Zukunft knapp bleiben. Selbst wenn es Phasen kurzfristiger Entspannung immer gegeben hat und geben wird, auf längere Sicht werden die Preise für Immobilien steigen. Und so, wie sich die Immobilienpreise verteuert haben, sind in den vergangenen 30 Jahren auch die Mieten gestiegen, und zwar durchschnittlich um gut 2,5% pro Jahr.

Nach dieser Rechnung würde eine Wohnung, für die man heute 500 Euro an Miete ausgibt, in zehn Jahren schon rund 625 Euro pro Monat kosten. Unterm Strich zahlt der Mieter seinem Vermieter in 30 Jahren knapp 275.000 Euro – ein Betrag, der viel sinnvoller in die eigene Immobilie investiert werden könnte. Ein weiterer Punkt: Wenn die Mieten steigen, müssen Rentner in Zukunft immer mehr von ihrer monatlichen Rente für ihr Zuhause ausgeben. Denn man kann ziemlich sicher davon ausgehen, dass die Rentenerhöhungen nicht mit den zu erwartenden Mietsteigerungen Schritt halten werden.

Eine genauere Gegenüberstellung von Miete und Eigentum findet sich auf Seite 166. In diesem Rechenbeispiel finden sich auch die Positionen, die bei einer solchen Betrachtung zu beachten sind.

# 2. Immobilie als Kapitalanlage

Nach einer Erhebung des Hamburger Gewos-Instituts hatten Wohnimmobilien von 1970 bis 2001 im Schnitt eine jährliche Rendite von 7,8%. Nur Aktien hatten als Geldanlage im gleichen Zeitraum eine höhere Durchschnittsrendite, nämlich 9,8%. 1995 hatten Immobilien in der gleichen Untersuchung noch die bessere Rendite. Doch dann kam die große Aktieneuphorie und mit ihr die sagenhaften Kursgewinne an der Börse.

Immobilieneigentümer schauten in dieser Zeit etwas neidisch auf alle Aktienbesitzer, die mit unglaublichen Wertsteigerungen und Renditen aufwarten konnten. Nach dem steilen Aufstieg der Aktie kam dann aber auch der schnelle Fall. Und seit Ende 2001 scheint die Immobilie wieder zunehmend das Interesse der Anleger zu finden. Nach den Erfahrungen mit den Aktien stellten viele fest: Eine Immobilie ist eine relativ sichere Geldanlage fürs Alter.

Doch auch mit Immobilien kann man schlechte Erfahrungen machen. Es war das Betongold der 90er Jahre, das Heerscharen von Steuersparern in die neuen Bundesländer trieb und in Immobilien investieren ließ, staatlich sanktioniert durch unglaublich hohe Steuergeschenke. Goldgräberstimmung in Ostdeutschland: Auf grünen Wiesen, am Rande von mehr oder weniger maroden Städten, entstanden riesige Wohngebiete und Siedlungen, deren Gebäude nach Aussehen und Ausstattung nichts zu wünschen übrig ließen. Nach dem Motto: Je teurer, desto größer die Steuervorteile.

Bei aller Steuerspar-Euphorie oder eher -Hysterie hatten die Immobilienanleger etwas schlicht übersehen: Es fehlten die Menschen, die es sich leisten wollten oder konn-

ten, in diesen Prachtbauten zu wohnen. Deshalb sieht es dort heute vielfach ähnlich wie in den Geisterstädten früherer Goldfundstätten aus. Zwar muten die Gebäude sehr schmuck an, nur sind sie leider nicht bewohnt, waren es vielfach auch noch nie.

Die Immobilieneigentümer hatten nicht bedacht, dass zunächst die Rendite, aber vor allem auch die Lage eines Objekts darüber entscheidet, ob es sich lohnt, sein Geld in eine Immobilie zu stecken. Das dicke Ende kommt für diese Anleger, wenn es mit den Steuergeschenken vorbei ist.

## a) Rendite

Fehler Nummer eins, den diese Anleger gemacht haben: Kauf oder Bau einer Immobilie sollten sich nicht erst *nach* den Steuerersparnissen rechnen, sondern schon *davor*. Die erste Frage muss also immer lauten: Ist jemand bereit, die für mein Objekt veranschlagte Miete zu zahlen?

Eine Immobilie, die man vermieten möchte, ist in erster Linie ein Renditeobjekt. Für einen nüchtern kalkulierenden Vermieter ist daher ausschlaggebend, dass die Einnahmen aus der Immobilie hoch genug sind, damit sich das eingesetzte Kapital ausreichend verzinst, zumindest langfristig gesehen. Ansonsten hätte er sein Geld auch genausogut in eine andere Geldanlage stecken können.

Erst dann kommen die Steuervorteile ins Spiel. Die Steuerersparnis ist quasi das Sahnehäubchen, eine Zusatzrendite, deren Höhe davon abhängt, wie geschickt man den Gestaltungsspielraum nutzt, um – wohlgemerkt: ganz legal – zusätzlich Steuern zu sparen. Im „Fall Ostdeutschland“ haben sehr viele Anleger nur nach dieser Zusatzrendite geschielt. Leider haben sie nie danach gefragt, ob die „eigentliche“ Rendite stimmt.

## b) Lage

Viele Ost-Anleger haben einen zusätzlichen Fehler begangen: Sie haben sich für die Lage ihrer Immobilie wenig interessiert und damit praktisch alles vernachlässigt, was Miet- und Wertzuwächse eines solchen Objekts überhaupt ausmachen. Es gibt eine alte Anlegerweisheit: Man kaufe das schlechteste Haus in der besten Lage. Der Grund ist simpel. Immobilie kommt von immobil und heißt unbeweglich. Das bedeutet: Die Lage einer Immobilie ist nicht veränderbar, wohl aber deren baulicher Zustand und die Ausstattung.

Je nachdem, wo sich das Gebäude befindet, wird man in Zukunft mit Wertsteigerungen der Immobilie rechnen können. Daraus ergibt sich natürlich die Frage, woran man eine gute Lage erkennt. Dabei kommt es auf mehrere Dinge an, zum Beispiel auf die Anbindung an öffentliche Verkehrsmittel, auf die Infrastruktur, auf Einkaufsmöglichkeiten, auf das Schulangebot, welche kulturellen Einrichtungen vorhanden sind,

aber auch wie groß der Erholungswert ist, also welche Freizeitangebote und welche Möglichkeiten der Naherholung vorhanden sind.

Außerdem sollte darauf geachtet werden, ob sich die Immobilie in einer Umgebung mit hoher Arbeitslosigkeit befindet oder ob es sich um eine prosperierende Region handelt. Letztlich hängt es auch davon ab, ob das Wohnungsangebot in der Gegend, in der man kaufen (oder bauen) will, schon groß genug ist oder ob weiter Nachfrage besteht.

Alles Fragen zur „Lagebeurteilung" – die ein Makler oder ein Hochglanzprospekt aus der Ferne mit Sicherheit nicht beantworten können. Deshalb führt kein Weg daran vorbei:

**WISO rät:** Um die Lage einer Immobilie richtig beurteilen zu können, müssen sich Immobilienanleger vor Ort selbst umschauen und sich einen eigenen Eindruck verschaffen. Die einfachste Meßgröße, die Lage richtig einzuschätzen, ist immer noch das eigene Wohlbefinden: Wer die Frage mit Ja beantworten kann, ob er unter bestimmten Umständen, also abhängig von Einkommen und Familienstand, selbst dort in eine Wohnung oder in ein Haus einziehen würde, hat schon die halbe Miete beisammen.

Leider haben sich viele Käufer von Ost-Immobilien diese Frage wohl nie gestellt. Zwar profitieren sie zunächst von der Steuerersparnis. Doch irgendwann will schließlich auch das Darlehen zur Finanzierung der Vermietungsobjekte getilgt werden. Und wenn dann die versprochenen Mieterträge und deren Zuwächse ausbleiben, wird das Immobilienengagement langfristig zu einer echten Schuldenfalle.

## c) Besondere Anlageformen

Wer in eine Immobilie in erster Linie deshalb investiert, damit er im Rentenalter finanziell möglichst wenig belastet und unabhängig wohnen kann, hat durchaus weitere Möglichkeiten, als nur mietfrei in den eigenen vier Wänden zu wohnen:

### Betreutes Wohnen

Betreutes Wohnen wird in Deutschland immer beliebter. Alte Menschen wohnen dabei eigenständig in abgeschlossenen Wohneinheiten. Sie können Serviceleistungen individuell auswählen und bezahlen nur für die Hilfe, die sie wirklich beanspruchen. Das ermöglicht ein weitestgehend unabhängiges Leben in den eigenen vier Wänden auch im hohen Alter. 2004 gab es über 4.000 dieser alten- und behindertengerechten Wohnanlagen. Das Angebot hat sich damit seit 1997 verdoppelt, und jährlich wird es größer.

In diesen Anlagen kann man sich je nach Projekt und Konzept eine Wohnung mieten oder kaufen. In beiden Fällen hat man für die Miete oder die Ratenzahlungen sowie für die laufenden Kosten der Wohnung aufzukommen. Der zusätzliche Service, wie Putzen, Einkaufen usw., wird je nach Wunsch hinzugekauft. In einigen Wohnanla-

gen ist es sogar möglich, als Pflegefall eigenständig zu wohnen. Allerdings kann das sehr teuer werden, unter anderem, weil die Pflege in betreuten Wohnanlagen als ambulantes Angebot angesehen wird, dessen Satz deutlich niedriger liegt als bei der stationären Pflege.

**WISO rät:** Wenn man sich also zum Service-Wohnen entschließt, muss man sich des Risikos bewusst sein, dass man finanziell schnell in die Enge geraten kann, falls es einem gesundheitlich schlechter geht.

Wer sich eine solche Wohnung kauft, opfert sein Erspartes oder verkauft eine andere Immobilie. Oder er investiert langfristig in eine solche Immobilie, zum Beispiel über einen geschlossenen Immobilienfonds. Bei diesem Modell kann die Wohnung an jemanden vermietet werden, bis man später selbst dort einziehen möchte. Ein solcher Fonds ist wegen möglicher Sonderabschreibungen auch steuerlich interessant.

Wie bei Immobilieninvestitionen generell kommt es bei diesen Wohnanlagen auf den Preis und natürlich auf die Lage des Objekts an. Wichtig ist hier zum Beispiel eine günstige Infrastruktur, die von der Post bis zur Nahverkehrsanbindung alles bietet, damit man sich auch als älterer Mensch wohlfühlt.

**WISO rät:** Vorsicht vor „umetikettierten" Wohnanlagen. Es gab in der Vergangenheit mehrere Objekte, bei denen ganz normale Wohnanlagen wegen ihrer schlechten Vermarktungs- und Verkaufschancen einfach zu Service-Wohnprojekten erklärt wurden.

Ein wichtiger Indikator, ob es sich um „echte" Anlagen handelt, sind behindertengerechte und barrierefreie Wohnungen. Dafür gibt es die DIN-Norm 18025, die sich daran orientiert, dass ein Rollstuhlfahrer beziehungsweise ein Mensch mit Behinderungen jeglicher Art in solchen Wohnungen leben kann. Zum Beispiel müssen alle Lichtschalter und Steckdosen in einer bestimmten Höhe angebracht, extra breite Gänge gebaut und alle Badezimmertüren nach außen zu öffnen sein.

**WISO rät:** Wer absolut auf Nummer Sicher gehen möchte, sollte sich von einem Sachverständigen bestätigen lassen, dass die Wohnung die DIN-Norm erfüllt.

Die Mehrkosten, die zur Einhaltung der Norm anfallen, sind gar nicht so hoch. Experten meinen, sie sollten höchstens um 5% über den Kosten anderer Wohnungen liegen. Teuer ist das Service-Wohnen vor allem durch die Gemeinschaftsanlagen, die anteilig gezahlt werden müssen. In Großstädten wie München muss teilweise doppelt soviel für eine solche Wohnung gezahlt werden wie für eine herkömmliche. Ungerechtfertigt, meinen die Experten:

**WISO rät:** Eigentlich sollte die Wohnung in einem solchen Objekt nicht mehr als 15 bis 20% über dem ortsüblichen Verkaufspreis anderer Wohnungen liegen.

Wichtig ist auch, wie hoch die Grundpauschale ist, die alle Bewohner für die Notrufanlage oder Gebäudeinstandhaltung entrichten müssen. Die Pauschale liegt in der Regel zwischen 30 und 100 Euro im Monat.

## Verkauf auf Rentenbasis

Eine Alternative ist der Verkauf der eigenen Immobilie auf Rentenbasis. Das bedeutet: Jemand kauft die Immobilie, indem er dem Eigentümer anstelle des Kaufpreises in den nächsten Jahren eine laufende Rente zahlt. Diese Rente steuert zum Lebensunterhalt des Verkäufers bei. Dabei kann das Rentenmodell ganz unterschiedlich gestaltet sein, etwa als gleich hohe monatliche Zahlungen oder als hoher Einmalbetrag, dem geringere Rentenbeiträge folgen. Ein Rentenvertrag muss notariell beurkundet werden.

Man kann sich für eine Leib- oder eine Zeitrente entscheiden. Eine Leibrente wird bis zum Tode des Verkäufers gezahlt und bedeutet aus seiner Sicht Sicherheit bis an sein Lebensende. Dafür sind die monatlichen Raten geringer. Bei einer Zeitrente wird die Höhe und Zahl der Renten genau festgelegt. Lebt der Verkäufer länger, muss er ohne diese Zusatzrente auskommen. Deshalb wird in den meisten Fällen eine Leibrente vereinbart.

Problematisch ist die Höhe der Rentenzahlungen. Zum einen richtet sie sich nach dem Kaufpreis der Immobilie, meistens nach dem Verkehrswert, wobei auch geklärt werden muss, wie hoch dieser Kaufpreis Jahr für Jahr verzinst werden soll. Zum anderen muss die Lebenserwartung des Verkäufers berücksichtigt werden. Daraus ergibt sich die Laufzeit und mit der Vereinbarung über die Verzinsung des Kaufpreises auch die Höhe der zukünftigen Rentenzahlungen.

Eine ähnliche Konstruktion mit einer völlig anderen Zielrichtung ist die vorweggenommene Erbfolge. Eltern überlassen ihren Kindern schon zu Lebzeiten eine vermietete Immobilie mit der Maßgabe, dass ihnen aus den Mieteinkünften Versorgungsleistungen zukommen, etwa in Form von Rentenzahlungen. Das kann auch steuerlich sehr interessant sein, denn unter bestimmten Voraussetzungen sind für die Kinder diese Unterhaltszahlungen als Sonderausgaben bei der Einkommensteuer abzugsfähig. Im Gegenzug müssen die Eltern diese Leistungen zwar versteuern, haben aber unter Umständen einen sehr viel geringeren Steuersatz als ihre Kinder.

**WISO rät:** Vorsicht, ein solches Modell ist mit vielen Steuerfallstricken verknüpft! Die Verträge müssen absolut wasserdicht sein, und das Verhältnis von Mieterträgen zu Unterhaltszahlungen muss eine bestimmte Größenordnung haben. Andernfalls akzeptiert das Finanzamt eine vorweggenommene Erbfolge nicht – Ergebnis: höhere Steuerbelastungen! In jedem Fall sollte man sich vorab mit einem Steuerberater abstimmen.

## Wohnungs- und Nießbrauchrecht

Es besteht außerdem die Möglichkeit, die eigene Immobilie zu verkaufen, sich aber vertraglich das Recht einräumen zu lassen, die Immobilie oder wenigstens einen Teil davon weiter bewohnen zu dürfen (Wohnungsrecht) oder sämtlichen Nutzen aus der Immobilie ziehen zu können (Nießbrauch).

Der Fall des Wohnungsrechts kann dann interessant sein, wenn es sich zum Beispiel um ein Mehrfamilienhaus handelt. Die Immobilie wird verkauft, man lässt sich aber das Recht einräumen, eine der Wohnungen selbst zu nutzen, das heißt, sie auch vermieten zu dürfen, ohne dass der Eigentümer dagegen etwas einwenden kann. Die anderen Wohneinheiten werden vom Eigentümer bewirtschaftet. Häufig wird ein Wohnungsrecht im Familienverbund eingeräumt, wenn zum Beispiel die Eltern den Kindern ein Haus überlassen. Ein Wohnungsrecht muss notariell beurkundet und im Grundbuch eingetragen werden. Es ist weder vererb- noch veräußerbar.

Ähnlich dem Wohnungsrecht, nur viel umfänglicher ist das Nießbrauchrecht. Sehr weit gefasst kann dieses Recht bedeuten, dass jemand eine Immobilie verkauft, der Nutzen daraus aber bei ihm als Nießbraucher verbleibt. So kann zum Beispiel ein vermietetes Mehrfamilienhaus verkauft werden, der Eigentümer wechselt also, doch sämtliche Mieteinnahmen gehen an den Nießbraucher.

Normalerweise muss der Nießbraucher dann auch sämtliche Lasten tragen, die mit der Bewirtschaftung einer Immobilie verknüpft sind. Diese Nutzungsrechte können aber modifiziert werden, beispielsweise so, dass der Eigentümer sämtliche Lasten trägt. Umgekehrt können aber auch die Nutzungsrechte für den Nießbraucher eingeschränkt werden. Ein Nießbrauchrecht muss jedenfalls beurkundet und im Grundbuch eingetragen sein. Das Recht erlischt mit dem Tod des Nießbrauchers.

Nießbrauchrechte werden häufig im Familienverbund angewendet. Die Eltern überlassen ihren Kindern eine Immobilie, verbringen dort ihren Lebensabend, und mit ihrem Tod geht der Nutzen aus dieser Immobilie an die Kinder über.

Wohnungs- und Nutzungsrechte haben allerdings zwei entscheidende Nachteile: Zum einen ist eine mit diesen Rechten belastete Immobilie praktisch unverkäuflich, was vielleicht durchaus im Sinne der Rechte-Inhaber sein mag. Zum anderen sind damit in einigen Fällen, je nach Vertragskonstruktion, erhebliche steuerliche Nachteile verknüpft, sowohl für den Eigentümer wie auch für den Rechte-Inhaber. Wer sich also zu einem solchen Schritt entschließt, sollte vorab einen in Immobilienangelegenheiten gewieften Steuerberater zu Rate ziehen.

# 3. Immobilienerwerb

Wer Wohneigentum erwerben will, kann sehr unterschiedliche Wege gehen:

- Man kann selbst bauen,
- eine neue Immobilie von einem Bauträger kaufen,
- eine gebrauchte Immobilie kaufen oder
- eine Immobilie bei einer Versteigerung erwerben.

Wichtigster Punkt bei der Entscheidung für die eine oder andere Alternative ist, wie kann es anders sein (s.o.), die Frage nach dem gewünschten Standort. Dies bestimmt mit über Grundstücksgröße, Haustyp und Größe der Immobilie. Während der Bauininteressent außerhalb von Ballungszentren niedrigere Bodenpreise bei einer größeren Auswahl an Grundstücken findet, kommt in unmittelbarer Stadtnähe oft nur der Kauf eines Reihenhauses von einem Bauträger in Betracht.

Aber auch andere Aspekte spielen eine wichtige Rolle. Der große Vorteil eines Neubaus zum Beispiel gegenüber einem Altbau, den man gekauft oder ersteigert hat, sind elektrische Anlagen sowie Leitungs- und Rohrsysteme, die auf dem neuesten Stand sind, also in näherer Zukunft keine Sanierungs- oder Reparaturkosten verursachen werden. Außerdem kann sich der Auftraggeber sein neues Umfeld in Ruhe aussuchen und bei der Gestaltung des Hauses seine eigenen Vorstellungen mit einbringen.

Wichtig geworden beim Erwerb einer Immobilie ist der Umweltaspekt, egal, ob man eine Immobilie baut, kauft oder ersteigert. Denn seit 1.2.2002 gilt die Energiesparverordnung, die die frühere Wärmeschutzverordnung abgelöst hat. Das hat weitreichende Konsequenzen, nicht nur für Altbau-Eigentümer, die ihre Heizungsanlagen in vielen Fällen erneuern lassen müssen. Auch „Häuslebauer“ sind nun gezwungen, ihre Immobilie in Zukunft besser zu isolieren und sparsamer zu beheizen.

Erklärtes Ziel der Verordnung: den Heizenergiebedarf von Neubauten um rund 30% zu senken. Dabei können Maßnahmen zur Gebäudedämmung und Maßnahmen für die Heizanlagentechnik gegeneinander „verrechnet“ werden. Der Bauherr muss entscheiden, ob er eher auf eine effiziente Wärmedämmung setzt oder eher auf die bessere Heiztechnik. Sinnvollerweise zieht er dabei den Architekten oder einen anderen Fachmann noch in der Planungsphase als Berater hinzu.

Im Ergebnis soll mit dieser Verordnung der bereits schon früher verwendete Standard des so genannten Niedrigenergiehauses als Norm für alle Neubauten erreicht werden. Danach dürfen pro Quadratmeter Wohnfläche und pro Jahr umgerechnet nicht mehr als 7 Liter Heizöl oder 7 $m^2$ Erdgas verbraucht werden. Dieser Wert wird allerdings nur im besten Fall erreicht.

Die entsprechenden Daten müssen in einem Energiebedarfsausweis, einem „Energiepass“, dokumentiert werden. Darin werden also die energetischen Eigenschaften des

Gebäudes festgehalten, ähnlich wie beim Kfz-Brief von Autos. Das ist nicht nur wichtig, solange der Eigentümer in dem Gebäude selbst wohnt. Auch wenn er ein Gebäude vermietet, kann/muss er dem Mieter nachweisen, dass das Gebäude diesen Standards entspricht. Und wer eine Immobilie wieder veräußern will, braucht diese Unterlagen für den Käufer oder auch für die Behörden. Vorsicht, wer Altbauten renovieren lässt:

**WISO rät:** Auch bei größeren Modernisierungs- und Sanierungsmaßnahmen gilt die neue Regelung. Falls man zum Beispiel ein Dach ausbauen lässt, müssen die Dämmeigenschaften für Wände und Fenster sehr viel besser sein als nach der alten Wärmeschutzverordnung. Man sollte sich also vorher nach den gesetzlichen Bestimmungen erkundigen.

Mit Einführung der Energiesparverordnung ist die Öko-Zulage für Neubauten gestrichen worden (siehe Seite 191).

## a) Bauen

Beim Neubau eines Hauses kann man entweder selbst bauen oder einen Bauträger beauftragen. Entscheidet man sich für letzteres, ist ein Bauträger der Geschäfts- und Vertragspartner. Man kommt als Auftraggeber weder mit Architekten noch mit Handwerkern in Berührung. Das bedeutet aber auch: Eventuelle Konflikte muss und kann man nur mit ihm austragen. Der Bauträger baut in eigenem Namen und auf eigene Rechnung. Er stellt das Grundstück, ist zusätzlich für dessen Erschließung verantwortlich und zieht das Gebäude hoch.

Demzufolge ist er dann auch der eigentliche Bauherr des Bauvorhabens, das heißt, ihm obliegen die nach öffentlich-rechtlichen Vorschriften erforderlichen Anträge, Vorlagen und Anzeigen an die Bauaufsichtsbehörde.

### Bauträger

Da dem Bauträger also beinahe alle Verantwortung abgegeben wird, ist die richtige Wahl des betreffenden Vertragspartners für die Qualität der Ausführung von entscheidender Bedeutung. In der Regel werden Schäden am Bau wegen Schlamperei und schlechter Arbeit erst nach Jahren festgestellt – und dann existiert unter Umständen das beauftragte Unternehmen gar nicht mehr, zumal Gewährleistungsansprüche nach einigen Jahren verjähren. Vor allem deshalb sollte man über die wirtschaftliche Lage des Partners Erkundigungen einziehen – schließlich stehen auch Bauunternehmen häufig genug kurz vor der Pleite. Wichtig ist auch, wie lange das Unternehmen bereits existiert. Je länger, umso besser, denn schlechte Bauträger werden nicht allzu häufig Aufträge bekommen. Qualifikationen muss ein Bauträger übrigens nicht nachweisen, als einzig nötiger Nachweis gilt eine Zulassung vom Ordnungsamt.

Woran erkennt man nun den guten Bauträger? Am besten besorgt man sich Referenzen von Kunden, die mit diesem Bauträger bereits zu tun hatten. Handelt es sich um einen guten Anbieter, wird er auch wenig Probleme damit haben, an die entsprechenden Adressen zu verweisen.

**WISO rät:** Seriöse Bauträger geben nicht nur Auskunft über bisherige Projekte und manchmal sogar über die Bilanzen des Unternehmens, sie nennen dem Interessenten auch Referenzobjekte, die zur Besichtigung freistehen. Sehr hilfreich können auch Gespräche mit früheren Kunden sein. Dabei lassen sich Fragen nach der Zuverlässigkeit und Fachkundigkeit aus erster Hand beantworten.

Eine weitere Informationsquelle sind die mit der Finanzierung von Bauvorhaben betrauten Kreditinstitute. Die kennen nämlich ihre „Pappenheimer". Allerdings sollte das Institut nicht der einzige Informant bleiben, weil es in der Vergangenheit schon Fälle gegeben hat, dass Kreditgeber und (unseriöse) Bauträger unter einer Decke steckten. Falls ein Finanzierer aber von schlechten Erfahrungen berichtet, sollte man in jedem Fall die Finger von dem Bauträger lassen!

**WISO rät:** Wer ganz sichergehen möchte, kann Mitglied in einem Verein oder Verband werden, der Schutz vor schlechten Bauträgern verspricht.

Gegen einen monatlichen Beitrag bietet eine solche Einrichtung fachliche Beratung beim Bauen, organisiert gegen zusätzliches Entgelt einen unabhängigen Sachverständigen, der bei Bauprojekten nicht nur das Vertragswerk, sondern auch den Fortgang und die Ausführung der Bauabschnitte begutachtet, und hält juristischen Rat bereit, falls trotz aller Vorsorge etwas schiefläuft.

Als größere Institutionen sind derzeit bekannt:

- der Bauherren-Schutzbund, Kleine Alexanderstr. 9/10, 10178 Berlin, Tel.: 030/312 80 01;
- der Verband privater Bauherren, Chausseestr.8, 10115 Berlin, Tel.: 030/278 90 10;
- Verbraucherberatung für Wohnungs- und Hauskäufer, Aidenbachstr. 78, 81379 München, Tel.: 089/780 780 00;
- Haus & Grund Deutschland, Mohrenstr. 33, 10117 Berlin, Tel.: 030/20 21 60.

Beim schlüsselfertigen Bauen, wie dies der Fall ist, wenn ein Bauträger den Auftrag erhält, wird ein Gebäude nach einer genau definierten Baubeschreibung zu einem Festpreis erstellt. Indem er die Rolle des Bauherrn übernimmt, ist der Bauträger dafür verantwortlich, dass folgende Leistungen erbracht werden:

- sämtliche Architekten- und Ingenieurleistungen,
- Einholen der Baugenehmigung und aller sonstigen Genehmigungen,
- sämtliche Bauleistungen gemäß Baubeschreibung,
- technische und wirtschaftliche Beratung.

Da der Bauträger als Verkäufer seiner Leistung natürlich nicht uneigennützig auftritt, sollte man dessen Beratungsleistung, was die Wirtschaftlichkeit betrifft, mit der gebotenen Vorsicht angehen. Einen günstigen Gesamtpreis kann man erkennen, wenn man die verschiedenen Baubeschreibungen und die Preise pro Quadratmeter Wohnfläche miteinander vergleicht.

Der Vertrag, den man mit dem jeweiligen Bauträger eingeht, muss detaillierte Bau- und Leistungsbeschreibungen enthalten. Diese sollten Informationen zu Form, Größe und Ausstattung des Hauses sowieso zu allen anderen Leistungen enthalten. Jedes Gewerk und jeder Ausstattungsbereich sind aufzuführen, die einzelnen Baustoffe präzise, mit eindeutigen Material-, Mengen- und Qualitätsangaben zu listen.

**WISO rät:** Bauträger machen bei ihrer Auftragserfüllung oft an vielen Stellen Abstriche. Deshalb muss der Auftraggeber selbst auf Qualität, gutes Material und eine qualifizierte Ausführung am Bau achten. Hinzu kommt, dass die Ausstattungen oft nur von mittlerer Qualität sind und man bei Sonderwünschen mit zum Teil erheblichen Preissteigerungen rechnen muss.

Im Vertrag sollte man eine so genannte Vertragserfüllungsbürgschaft vereinbaren. Das sichert gegen alle Arten von Schäden ab, die durch Bauverzögerungen entstehen können, bzw. gegen Mehrkosten, die mit der Fertigstellung des Bauwerks durch ein anderes Unternehmen entstehen. Die Bürgschaft sollte in etwa 10% der Bausumme betragen. Sie ist gleichzeitig ein Indiz für die Bonität des Unternehmers. Seriöse Unternehmen dürften damit eigentlich kein Problem haben. Falls doch:

**WISO rät:** Man kann dem Unternehmen im Gegenzug ebenfalls eine Bürgschaft in gleicher Höhe anbieten. Das dürfte kein Problem sein, weil man die Immobilie ohnehin über ein Darlehen finanziert.

Ein Bauträger wird in den allerwenigsten Fällen die Arbeiten selbst ausführen. Bauträger treten heute als Generalunternehmer auf, die als Dienstleister alles anbieten, von der Ausschreibung der Arbeiten bis hin zur schlüsselfertigen Übergabe. Das bedeutet wiederum, dass die Arbeiten selbst von Unternehmen durchgeführt werden, mit denen man direkt gar nichts zu tun hat.

Leider hat es inzwischen überhand genommen, dass dabei Billigstanbieter ihre Dienste anbieten – und der Bauherr hat hinterher den Ärger, die Mängel am Bau beseitigen zu lassen. Häufig genug kommt es zu Pfusch am Bau. Empfehlenswert ist es deshalb, im Vertrag festzuhalten, dass nur solche Subunternehmen zum Zuge kommen, die im Unternehmer- und Lieferantenverzeichnis (ULV) eingetragen sind oder ersatzweise Unbedenklichkeitsbescheinigungen von Finanzamt, Sozialversicherungsträger und Berufsgenossenschaft vorlegen können. Das gibt eine gewisse Sicherheit, dass die Arbeit auch vom Subunternehmen vertragsgemäß ausgeführt wird. Im Übrigen haftet für dessen Arbeit der Bauunternehmer, mit dem der Vertrag abgeschlossen wurde.

Die Gesamtkosten, die beim Bau durch einen Bauträger entstehen, lassen sich nach Fertigstellung der Immobilie nur noch schwer durchschauen. Immerhin verdient das durchführende Unternehmen erfahrungsgemäß rund 15 Prozent vom Gesamtbetrag.

Abschließend noch einmal kurz beleuchtet das Pro und Kontra, falls man einen Bauträger einschalten will:

Vorteile:

- geringer Aufwand,
- große Kalkulationssicherheit bei Terminen und Kosten

Nachteile:

- geringe Einflussmöglichkeit auf Planung, Bauleistung und Kosten,
- keine objektive Beratung, deshalb zusätzlicher Expertenrat bezüglich Vertragsabschluss, Controlling, Bautenstandskontrolle und Abnahme nötig,
- Preis-Leistungsvergleiche schwer möglich (mehr zum Bauvertrag siehe Seite 257).

Entscheidet man sich dafür, die Rolle des Bauherrn selbst wahrzunehmen und sie nicht einem Bauträger zu übertragen, hat man für das Vorhaben die volle Verantwortung. Dies bedeutet unter anderem, dass man selbst nach einem geeigneten Architekten suchen und die verschiedenen Unternehmen für diverse Bauleistungen beauftragen muss.

## b) Kaufen

Wer sich für den Kauf einer Immobilie entscheidet, muss zwar Einbußen bei der Individualität des neuen Eigenheims akzeptieren, kann aber unter Umständen auf ein günstiges Angebot stoßen und vermeidet den ganzen Ärger, der in der Regel mit dem Bau verbunden ist. Trotzdem birgt natürlich auch der Kauf einige Risiken. Damit der Kauf eines gebrauchten Hauses kein Reinfall wird, sind einige Dinge zu beachten.

Die Suche nach einem geeigneten Objekt kann über eine Zeitung, in Form einer Suchanzeige, über einen Makler, das Internet, über Zwangsversteigerungen (s.u.), Bausparkassen und Banken oder die eigene Hausbank erfolgen, die oftmals gute Angebote haben.

### Makler

Wenn ein Makler helfen soll: Woran kann man einen seriösen Anbieter von einem windigen Geschäftemacher unterscheiden? Ein Makler macht nichts anderes, als dem Immobilieninteressierten die Arbeit abzunehmen, sich selbst nach einem geeigneten Objekt umzuschauen. Er soll als Vermittler den Nachfrager an den Anbieter einer Immobilie heranführen, damit die beiden einen Bau- oder Kaufvertrag abschließen. Für diese Dienstleistung bekommt er eine Provision.

So weit die Theorie. In der Praxis kommt es häufig genug vor, dass man als Laie an die schwarzen Schafe gerät, die einem das Blaue vom Himmel herunterlügen, das Geld kassieren, ohne eine echte Gegenleistung erbracht zu haben. Hauptproblem: Die Maklertätigkeit ist kein Ausbildungsberuf; es bedarf keiner besonderen Kenntnisse oder Fertigkeiten, keiner besonderen Eignungsprüfung, sieht man davon ab, dass ein Makler nicht vorbestraft sein darf.

Woran lässt sich also ein richtiger, ein guter Makler erkennen, der etwas von seinem Geschäft versteht und seriös ist? Damit man nicht an einen Gelegenheitsmakler gerät, sollte er zumindest Mitglied in einem Berufsverband sein, nämlich beim Immobilien Verband Deutschland (IVD), zu dem sich die beiden früheren Berufsverbände, der Ring Deutscher Makler (RDM) und der Verband Deutscher Makler (VDM), im Sommer 2004 zusammengeschlossen haben. Aber Achtung:

**WISO rät:** Die bloße Zugehörigkeit zu einem Berufsverband ist noch keine Garantie, dass man es mit einem kompetenten Makler zu tun hat.

Wie umgekehrt ein Nichtmitglied auch nicht unbedingt unseriös ist. Wer jedoch auf Nummer Sicher gehen will, sollte als erstes nach einem solchen Hinweis schauen.

Eine wichtige Rolle spielt auch der äußere Eindruck eines Maklerbüros. Deshalb sollte man den Makler immer dort besuchen. Ist der Makler zu normalen Geschäftszeiten erreichbar, gibt es einen Festanschluss oder nur eine Handynummer? Beginnt der Makler seine Tätigkeit, ohne sofort Geld zu verlangen? Wenn ja, sollte man seine Mithilfe sofort ablehnen. Macht er außerdem den Eindruck, dass er sich in rechtlichen und steuerlichen Fragen auskennt? Besser noch: Hat er Mitarbeiter zur Hand, die ihn in solchen Fragen unterstützen? Schließlich kann einer auch nicht alles wissen. Und:

**WISO rät:** Man sollte außerdem immer nach Referenzen fragen, nach Adressen von ehemaligen Kunden, die mit der Vermittlungstätigkeit dieses Maklers zufrieden sind.

Wichtiges Kriterium für seine Glaubwürdigkeit:

**WISO rät:** Hat ein Makler angeblich sofort das passende Objekt zur Hand, ohne nach persönlichen Wünschen oder nach der finanziellen Situation gefragt zu haben, sollte man auf jeden Fall auf seine Dienste verzichten.

Denn ohne diese Informationen wird er die passende Immobilie wohl kaum vermitteln können. Wichtig ist auch, dass er dem Immobilieninteressierten genaue Auskunft über das angebotene Objekt geben kann, bei gebrauchten Immobilien also über Alter, Bauzustand, Verkäufer, Gründe für den Verkauf, bei Neubauten über Baupläne, Fertigstellungsdaten und den möglichen Bauträger usw.

Letzter Punkt ist der Maklervertrag. Er darf nicht so formuliert sein, dass man nur mit hohen Kosten aus dem Vertrag herauskommt. Im Gegenteil: Ein Makler darf bei Misserfolg seiner Tätigkeit eigentlich gar kein Geld verlangen. Außerdem muss im Vertrag die Höhe der Courtage genau festgelegt sein.

**WISO rät:** Vorsicht, wenn der Makler schwarz Provision verlangt. Das ist illegal und macht den Maklervertrag ungültig. Wenn der Bau- oder Kaufvertrag doch nicht zustande kommt, ist das Geld sehr wahrscheinlich für immer verschwunden.

Zum Schluss: Nicht selten steht in Zeitungsanzeigen „courtagefrei für den Käufer“. Dieser Hinweis ist in den meisten Fällen schlichtweg Augenwischerei. Denn natürlich hat der Verkäufer die Kosten für den Makler auf den Preis der Immobilie aufgeschlagen.

Was spielt denn nun bei der Auswahl des Objekts eine wichtige Rolle? Zuerst sollte man sich über die gewünschte Lage des Objektes im Klaren sein. Wie sollte die Infrastruktur sein (Verkehrs- und Nahverkehrsanbindungen, Einkaufsmöglichkeiten, Schulen, Kindergarten usw.), welche Art von Wohngebiet will man, wie soll die Lage sein (reines Wohngebiet, Umfeld, Grundstücksausrichtung usw.). Mehr zu diesem Thema auf Seite 36.

Hat man ein vermeintlich geeignetes Objekt gefunden, muss man es einer genauen Prüfung unterziehen. Wichtig ist vor allem das Erbauungsjahr, denn daraus lassen sich Rückschlüsse auf die für eine jeweilige Zeit typischen Baumängel ziehen. So können bei Nachkriegsbauten oft qualitativ geringerwertige Materialen verwendet worden sein. Immobilien aus den 50er und 60er Jahren fehlt es fast immer an ausreichender Wärme- und Schallisolierung. Dies kann bedeuten, dass später teure Modernisierungen zu übernehmen sind.

Sanierungen können auch fällig werden, wenn an verschiedenen Hausteilen bereits Schäden zu verzeichnen sind. Deshalb sollte der Kaufinteressent besonders die folgenden Elemente auf mögliche Beschädigungen beziehungsweise Mängel hin untersuchen.

- Dach (Sattel- oder Flachdach, Zustand des Dachstuhls, Dämmungen vorhanden?)
- Leitungen (Elektro-, Wasser-, Entwässerungssysteme prüfen)
- Fenster (Material, Schall- und Wärmedämmung?)
- Keller (Feuchtigkeit?)
- Fassade (Risse, Feuchtigkeit, Wärmedämmung?)
- Dachrinnen (Kupfer, Zink, Alter?)
- Innenwände (Massiv- oder Leichtbau, feuchte Stellen?)
- Heizung und Bad (Art, Alter, späterer Umbau erwünscht?)
- Geschoßdecken (Holz, Beton?)
- Aufteilung der Räume (entspricht der Grundriss den persönlichen Bedürfnissen?)
- Ausstattung (sollen vorhandene Einbauten übernommen werden?)

All diese und noch sehr viele weitere Punkte bestimmen den Wert eines Gebäudes mit. Wenn man sich hier nicht bestens auskennt, sollte man vor Abschluss eines Kaufvertrages ein Verkehrswertgutachten einholen.

**WISO rät:** Entsprechende Sachverständige vermittelt die Industrie- und Handelskammer. Die Kosten für ein solches Gutachten sind relativ gering. Ein solches Verkehrswertgutachten hilft außerdem bei der Frage, welcher Preis für die Immobilie zu zahlen ist (s.u.). Außerdem akzeptieren Kreditinstitute in vielen Fällen dieses Gutachten, um festzulegen, wie hoch sie das Objekt beleihen wollen (siehe Seite 92).

Die nach dem Kauf anfallenden Renovierungsaufwendungen sind oft erheblich. Auch darauf macht ein Gutachter aufmerksam. Dieser kann somit in technischer wie auch finanzieller Hinsicht vorsorgen. Bei umfangreicheren Renovierungen sollte man einen Architekten hinzuziehen, mit dem man gemeinsam die Modernisierungsziele und nötigen Baumaßnahmen plant und der die anfallenden Kosten kalkuliert. Leider gilt dabei: Wirklich notwendige Sanierungen müssen vor Sonderwünschen Vorrang haben!

## Preis

Wie teuer darf die Immobilie eigentlich sein? Was ist der richtige Preis dafür? Eine einfache Antwort darauf gibt es nicht. Immerhin dient als Anhaltspunkt der Verkehrswert; das ist der auf dem Markt erzielbare Preis einer Immobilie (siehe Seite 93). Doch selbst für versierte Immobilienanleger sind solche Berechnungen sehr, wenn nicht zu kompliziert.

Und es gilt eine Grundregel:

**WISO rät:** Den absolut richtigen, den wahren und objektiv messbaren Wert einer Immobilie gibt es nicht. Er kann immer nur geschätzt werden.

Trotzdem will man natürlich gerne wissen, ob das angebotene Objekt überteuert oder seinen Kaufpreis wert ist. Eine Möglichkeit besteht darin, einen Sachverständigen vor dem Kauf der Immobilie zu Rate zu ziehen (s.o.). Der verlangt für seine Dienste Geld, mindestens 0,2% des von ihm ermittelten (Verkehrs-)Wertes.

Einige Immobilienexperten empfehlen als Alternative, um Objektwerte selbst zu schätzen, den so genannten Kaufpreis- bzw. Mietpreisfaktor. Dieser Faktor lässt sich auch für die selbst genutzte Immobilie anwenden, allerdings nur unter der Bedingung, dass fiktive Mieteinnahmen eingesetzt werden. Damit man die Höhe der Miete veranschlagen kann, müssen Objekte gleicher Lage und Ausstattung zum Vergleich herangezogen werden.

**Rechenbeispiel:** *Eine Wohnung soll selbst genutzt werden, sie kostet 225.000 Euro, Größe 110 Quadratmeter: mögliche (fiktive) Mieteinnahme 8 Euro kalt pro Quadratmeter ergibt eine Jahresmiete von (110 x 8 Euro x 12 Monate =) 10.560 Euro. Nun wird der Kaufpreis von 225.000 Euro durch die Jahresmiete (10.560 Euro) geteilt, das ergibt einen Kaufpreis- bzw. Mietpreisfaktor von rund 21,3.*

Nun sagen diese Experten, dass der sich daraus ergebende Faktor zwischen 12 (preiswert) und 28 (sehr teuer) liegen muss. Und: im Durchschnitt beträgt der Faktor für Vermietungsobjekte rund 14, für selbst genutzte Immobilien etwa 22. Das oben beschriebene Rechenbeispiel erfüllt also beide Kriterien.

Das heißt also:

**WISO rät:** Je niedriger der Kaufpreis- bzw. Mietpreisfaktor ist, umso günstiger ist das Objekt.

Aber diese Rechenmethode hat eine Schwäche: Sie macht es bei selbst genutzten Immobilien notwendig, dass man sich nach vergleichbaren Objekten umschaut, die vermietet werden. Wenn man jedoch einen solchen Aufwand treiben muss, um diese Zahlen zu recherchieren, dann kann man eigentlich auch gleich nach den Preisen vergleichbarer Immobilien fragen.

Sehr viel einfacher, um nicht zu sagen effektiver,ist allerdings eine andere Herangehensweise:

**WISO rät:** Als grober Anhaltspunkt für die Bewertung einer Immobilie dienen Preisspiegel, die regional bedeutende Maklerfirmen und vor allem der Immobilien Verband Deutschland (IVD) regelmäßig veröffentlichen.

Solche Preisspiegel sind immerhin so detailliert, dass auch „gute“ und „schlechte“ Wohnlagen in Regionen oder Stadtteilen berücksichtigt werden können.

Aber Vorsicht: Die Betonung liegt auf „grober Anhaltspunkt“. Denn man darf nicht vergessen: Je höher der Preis einer Immobilie, umso besser verdienen Makler. Ihr Honorar richtet sich (prozentual) nach dem Verkaufspreis. Und natürlich kann es nur im Interesse der Makler sein, ein Objekt möglichst hoch zu bewerten und die Preise oben zu halten.

Mit Hilfe dieser Listen kann man im Übrigen recht schnell erkennen, dass die Preise regional sehr unterschiedlich ausfallen. Gründe dafür gibt es viele, unter anderem spielt eine Rolle, ob die Immobilie im Einzugsgebiet einer Großstadt liegt, wie die Infrastruktur oder wie stark das Einkommensgefälle unter der Bevölkerung ist.

## c) Ersteigern

Versteigerungen sind neben dem Kauf und dem Neubau eine günstige Alternative auf der Suche nach der eigenen Immobilie. So traurig es ist: durch die hohe Arbeitslosigkeit und die nach wie vor hohen Scheidungsraten müssen sich immer mehr Menschen von ihrem Eigentum trennen. Da kann immer ein Schnäppchen dabei sein.

Neben solchen Zwangsversteigerungen gibt es auch noch Teilungsversteigerungen. Die gibt es immer dann, wenn sich zerstrittene Erben- oder Eigentümergemeinschaf-

ten nicht den Vermögenswert der Immobilie, sondern lediglich die Vermögensmasse teilen möchten.

In gerichtlichen Zwangsversteigerungen kann man als Eigennutzer oder Kapitalanleger eine Immobilie deutlich unter ihrem eigentlichen Wert erwerben, denn die so genannten Steigpreise (Ersteigerungspreise) liegen regelmäßig unter dem tatsächlichen Verkehrswert des Objektes.

Für Immobilienversteigerungen ist übrigens nicht der Gerichtsvollzieher zuständig, sondern der Rechtspfleger beim Amtsgericht, in dessen Bezirk das Grundstück liegt bzw. ins Grundbuch eingetragen ist. Zwangsversteigerungen sind also unabhängig von Wert und Größe der Immobilie immer bei den Amtsgerichten angesiedelt. In einigen Gemeinden kann es der Fall sein, dass Zwangsversteigerungen bei den größeren Amtsgerichten zentral abgehalten werden. Dies kann man bei dem für die entsprechende Region zuständigen Gericht erfragen. Wann und wo welche Objekte versteigert werden, erfährt man aus jeder Tageszeitung oder am Aushang des Amtsgerichts.

Der verantwortliche Rechtspfleger handelt in seiner Rolle als Gerichtsorgan stets unparteiisch. Er erledigt seine Aufgabe selbstständig und ist nicht weisungsgebunden. Das heißt, er ist lediglich der Wahrung der Gesetze und seinem eigenen Gewissen unterworfen. Gegenüber allen am Verfahren Beteiligten hat er eine umfassende Aufklärungs- und Belehrungspflicht. Seine Aufgabe ist es, dafür zu sorgen, dass alle für die Versteigerung notwendigen Informationen vollständig und wahrheitsgemäß vorgetragen werden und kein für die Entscheidung unerläßlicher Gesichtspunkt übersehen wird.

Hat man sich für den Immobilienerwerb auf diesem Weg entschieden, kann man über den Rechtspfleger folgende Objektarten ersteigern:

- bebaute und unbebaute Grundstücke, wie zum Beispiel Ein- oder Mehrfamilienhäuser, Industriegrundstücke, Bau- oder Ackerland,
- Wohnungseigentumseinheiten, wie zum Beispiel Dreizimmerwohnungen oder Appartements,
- Teileigentumseinheiten, wie zum Beispiel Ladenlokale, Büroeinheiten, Gaststätten oder auch Kfz-Stellplätze,
- Erbbaurechte.

Der Immobilieninteressent sollte sich die Aufklärungs- und Belehrungspflicht des zuständigen Rechtspflegers zunutze machen und bei jeder Unklarheit bzw. bei auftretenden Verständnisproblemen umgehend nachfragen. Beim Amtsgericht kann man auch ein Gutachten einsehen, das über den baulichen Zustand der Immobilie und über den festgesetzten Wert informiert. Da das Gericht keinen Vorbesitzer, Schuldner oder Mieter dazu zwingen kann, Besichtigungen des betreffenden Objektes zu ermöglichen, kann man sich über den tatsächlichen Zustand, vor allem was den Innenausbau betrifft, keine hundertprozentige Gewißheit verschaffen. Die Interessenten müssen sich

auf das Verkehrswertgutachten verlassen, das bei jeder Versteigerung von einem vom Gericht beauftragten Immobiliensachverständigen ausgestellt wird.

**WISO rät:** Man sollte es allerdings nicht unversucht lassen, die Immobilie vorab zu besichtigen. Da muss man schon etwas Geduld und Fingerspitzengefühl entwickeln, denn die Eigentümer befinden sich ja nun nicht gerade in einer besonders rosigen Situation.

Falls übrigens der Gutachter selbst auch keine Möglichkeit hatte, die Immobilie von innen zu besichtigen, weil der Eigentümer ihn nicht eingelassen hatte, wird er durch einen so genannten Sicherheitsabschlag den Wert des Objekts vermindern. Damit soll auch das Risiko des Ersteigerers reduziert werden.

Der Erwerb ist nach dem Zwangsversteigerungsgesetz (ZVG) verbindlich durch die so genannten Versteigerungsbedingungen geregelt. Im Versteigerungstermin müssen diese noch vor der Gebotsabgabe erläutert werden.

Aber Achtung:

**WISO rät:** Nicht völlig blauäugig und unerfahren mitsteigern. Man sollte zunächst drei-, viermal zu einem Versteigerungstermin von Objekten gehen, die einen interessieren könnten. Dabei lernt man das Procedere einer Versteigerung kennen, erfährt etwas über Taktiken beim Mitsteigern bzw. über Tricks von Mitbietern und kann danach eine eigene Strategie festlegen.

Am Anfang der Versteigerung gibt der Rechtspfleger außerdem bekannt, ob der Ersteher der Immobilie zusätzlich Grundbuchrechte übernehmen muss. Anschließend wird das geringste Gebot bekannt gegeben. Dabei handelt es sich um das Mindestgebot, zu dem, falls nicht höher geboten wird, der Rechtspfleger den Zuschlag erteilen kann. Eine Bietrunde dauert immer 30 Minuten. Der Zuschlag kann von Amts wegen verweigert werden, wenn beim ersten Versteigerungstermin nicht die Hälfte des Verkehrswertes erreicht wird. Auch der Gläubiger kann das Verfahren abbrechen, wenn nicht sieben Zehntel des Verkehrswertes erreicht werden.

Wer mit realistischen Preisvorstellungen zu einer Versteigerung erscheint, kann bei Kaufabschluss durchaus mit Preisnachlässen von 20 bis 30% rechnen. Und auch dazu gleich ein wichtiger Hinweis:

**WISO rät:** Man sollte sich vorab ein bestimmtes Preis-Limit setzen, bis zu dem man bereit ist, mitzusteigern, und dann auch nicht darüber hinausgehen. So verhindert man, dass man im Eifer des Gefechts viel zu hoch bietet.

Bei Abgabe eines Gebotes werden die Personalien festgehalten. Falls man den Zuschlag erhält, müssen sofort 10% des Kaufpreises als Sicherheit geleistet werden, nicht unbedingt bar, aber mit einem bestätigten Bankscheck oder einer Bankbürgschaft. Das ZVG legt verbindliche Erwerbsbedingungen fest:

- Mit der Erteilung des Zuschlages bei der Versteigerung geht das Objekt an den neuen Eigentümer über, auch wenn er zu dem Zeitpunkt noch nicht als solcher im Grundbuch eingetragen ist.
- Rechte, die im Grundbuch eingetragen sind, die aber der neue Eigentümer nach den Versteigerungsbedingungen nicht übernehmen muss, erlöschen.
- Mit dem Zuschlag erhält man auch das Recht zur sofortigen Nutzung der Immobilie, sei es durch eigenen Einzug oder durch Mieteinnahmen.
- Man übernimmt natürlich auch alle Lasten wie Grundsteuern oder Zinsen, falls Rechte ausdrücklich bestehen geblieben sind.

Mit Erteilung des Zuschlages wird man zwar unmittelbar zum Neueigentümer der betreffenden Immobilie, muss aber den Erlös nicht direkt zahlen. Dies erfolgt in der Regel sechs bis acht Wochen nach der Versteigerung zu dem so genannten Verteilungstermin. Dabei wird der neue Eigentümer ins Grundbuch eingetragen, aber erst, wenn er die Grunderwerbsteuer gezahlt hat und eine Unbedenklichkeitsbescheinigung des Finanzamts vorliegt. Selbstverständlich wird dann auch die restliche Kaufsumme fällig.

**WISO rät:** Man muss bei einer Versteigerung mit zusätzlich etwa 1,5% von der Kaufsumme als weiteren Kosten rechnen. Bekommt man den Zuschlag, werden Zuschlagsgebühr und Verfahrenskosten fällig.

Dem großen Vorteil, eine Immobilie vielleicht billiger zu bekommen, stehen aber auch eine Reihe von Nachteilen gegenüber. Dazu zählt besonders die fehlende Gewährleistung bei auftretenden Mängeln. Der Ersteher handelt auf eigenes Risiko, da der zuständige Rechtspfleger weder bestimmte Eigenschaften zusichern noch für spätere Mängel oder Schäden haften kann.

# 4. Immobilientyp

Die Entscheidung für ein Einfamilienhaus, ein Doppelhaus oder ein Reihenhaus wird nicht nur durch das Budget beeinflusst, das zur Verfügung steht. Vielmehr steht auch die Überlegung dahinter, ob man lieber alleine leben und seine Ruhe haben möchte oder ob man besonderen Wert auf nachbarschaftliche Nähe legt. Nichts ist schlimmer als die Erkenntnis, dass man es absolut nicht ertragen kann, wenn der Nachbar beim Frühstück auf der Terrasse von der Seite zuschaut.

## a) Einfamilienhaus

Das Einfamilienhaus ist ein Gebäude, das nur eine Wohnung hat. Darunter kann man allerdings etwas ganz unterschiedliches verstehen, nämlich alle Varianten vom einfachen Siedlungshaus bis hin zur exklusiven Villa. Es bedeutet unter allen Wohnformen diejenige mit den größten Gestaltungsmöglichkeiten, natürlich nur im Rahmen der bestehenden Bauvorschriften. Der Typ des freistehenden Einfamilienhauses ist bei vielen Immobilieninteressierten am beliebtesten. Denn der Eigentümer eines freistehenden Einfamilienhauses ist in dessen Nutzung weitestgehend unabhängig, und der dazugehörige Garten bzw. die Terrasse erweitern diesen Freiraum zusätzlich.

Das freistehende Einfamilienhaus ist gekennzeichnet durch ein eigenes Grundstück (meist Garten). Außerdem gibt es keine direkt an die Hauswand angrenzenden Nachbarhäuser. Unter allen Formen des Wohneigentums ist ein freistehendes Einfamilienhaus die teuerste: Es braucht das größte Grundstück, und die Baukosten sowie später die Betriebskosten sind am höchsten.

Wichtig beim freistehenden Einfamilienhaus: Bestimmte Rahmenbedingungen müssen erfüllt sein. Abstände zu den angrenzenden Häusern sind zum Beispiel einzuhalten, zur Nachbargrenze ein Mindestabstand von drei Metern, ausgenommen die Garage. Rechnet man dies zu beiden Hausseiten hoch, muss die Grundstücksbreite mindestens 12 Meter betragen. Und ein geeignetes Grundstück sollte wenigstens 500 $m^2$ haben. Schon allein daran kann man erkennen, dass sich nicht jedes Grundstück für ein freistehendes Einfamilienhaus eignet.

## b) Doppelhaus

Beim Doppelhaus handelt es sich um eine Immobilie mit zwei abgeschlossenen Wohneinheiten auf einem Grundstück. Für den Hausbesitzer bedeutet dies, dass sein Neuerwerb lediglich drei Außenwände hat, wodurch die Kosten im Vergleich zu einem Einfamilienhaus niedriger sind: Durch den direkten Anbau der vierten Wand an ein anderes Haus werden bei der Errichtung Baukosten eingespart, und später mindert sich ent-

sprechend der Energieverlust. Für die Bauplanung kann eine geringere Grundstücksbreite angesetzt werden. Da lässt sich zusätzlich sparen, nämlich bei dem Preis für das Grundstück. Zudem sind sowohl die Erschließungs- als auch die Anliegerkosten geringer als bei dem oben beschriebenen freistehenden Haus.

Das Doppelhaus ist im Gegensatz zum Reihenhaus einer weniger ausgeprägten Standardisierung unterworfen. Der Bauherr kann sowohl bei der Grundrissgestaltung als auch bei der äußeren Gestaltung noch eigene Wünsche einbringen, auch wenn der Architekt letztlich doch eine einheitliche Erscheinung gewährleisten muss. Das geschieht vor allem durch prägende Architekturelemente (Fensterform, Materialwahl, Fassadenstruktur, Farbgebung). Was der jeweilige Besitzer zu einem späteren Zeitpunkt an seinem Haus ändert, liegt weitestgehend in seinem Ermessen, sollte aber der Ästhetik und des sozialen Friedens wegen mit dem Nachbarn abgeglichen werden.

Der Wohnwert eines Doppelhauses reicht nahe an den des freistehenden Einfamilienhauses heran, ist aber unterm Strich eine günstigere Alternative. Sie eignet sich besonders zur Bebauung städtischer Grundstücke, bei denen ein hoher Quadratmeterpreis verlangt wird.

## c) Reihenhaus

Das Reihenhaus ist eine der preiswertesten Wohnformen, Eigentum zusammen mit Garten zu erwerben. Es ist vor allem wegen des geringen Grundstücksanteils das kostengünstigste Einfamilienhaus. Allerdings: In die Entscheidung über den Grundriss des Hauses kann der Bauherr eigentlich nicht eingreifen, weil der weitestgehend standardisiert ist.

Ein weiterer Vorteil sind die geringen Heizkosten, da im Vergleich zum freistehenden Einfamilienhaus der Energieverlust an den Außenwänden bzw. zu den Nachbarhäusern am geringsten ist. Im Vergleich zum freistehenden Objekt kann man hier bis zu 50% Heizkosten einsparen.

Auch bei den Grundstückspreisen kann ähnlich wie beim Doppelhaus gespart werden. Es benötigt unter Umständen nur ein Drittel der Grundfläche eines freistehenden Einfamilienhauses. Außerdem sind hier die Erschließungs- und Anliegerkosten am geringsten. Im Vergleich zu Reihenhäusern, die schon älter sind, ist bei neueren Bauten die Abschirmung der Freisitze in aller Regel besser.

Reihenhäuser haben in der Regel einen Grundriss mit einer Breite von ca. sechs Metern und einer Länge von ca. 12 Metern. Die begehrten Eckhäuser haben drei freie Außenseiten und meistens einen größeren Gartenanteil. Legt man aber von vornherein Wert darauf, nur einen direkten Nachbarn zu haben, sollte man darüber nachdenken, ob nicht ein Doppelhaus die bessere Lösung wäre.

Entscheidet man sich für die Alternative „Reihenhaus“, hat man in jedem Fall intensiveren Kontakt zur Umgebung. Deshalb sollte man auch besonderen Wert auf

die Schalldämmung zu beiden Nachbarhäusern bzw. zu einem Nachbarhaus (beim Eckhaus) legen. Gerade für junge Familien ist es von Vorteil, das zukünftige Wohnumfeld zu kennen oder sogar zusammen mit befreundeten Familien in eine Reihenhaussiedlung zu ziehen. Auf diese Weise kann man besser abschätzen, was auf einen zukommt.

Meistens werden Reihenhäuser von Wohnungsbaugesellschaften oder auch von Bauträgern errichtet. Das bedeutet:

**WISO rät:** Mit Sonderwünschen sollte man möglichst früh zum Bauträger gehen. Durch die hohe Standardisierung beim Reihenhaus kann er die Vorstellungen nur dann berücksichtigen, wenn sie in einer frühen Phase des Planungsprozesses eingebracht werden. Kommt man erst in der Bauphase mit speziellen Wünschen, darf man sich nicht wundern, wenn der Bauträger abwinkt bzw. sehr viel mehr Geld verlangt.

## d) Typenhaus

Typenhäuser sind sozusagen die „Häuser von der Stange“. Bei ihnen entfällt die teure Architektenplanung. Deshalb sind sie auch vergleichsweise günstig. Typenhäuser gibt es in Holztafelbauweise, aber auch aus massiven Baustoffen. Sie werden in ihrer Bauart meist als Fertighäuser (s.u.) angeboten.

Bewährte Grundrisse und Bauweisen werden von einigen Herstellern in großer Stückzahl produziert und können so günstiger als einzelne Häuser kalkuliert werden. Das bringt auf der einen Seite zwar Einbußen bei der individuellen Gestaltung der Immobilie mit sich, auf der anderen Seite muss aber auch nicht zwingend ein Haus dem anderen gleichen. Man kann durch eine größere Zahl an Standardvarianten zwischen unterschiedlichen Größen und Ausstattungen wählen. Auf speziellere Kundenwünsche wird der Typenhaus-Anbieter durchaus eingehen, solange diese für ihn produktions- bzw. bautechnisch erfüllbar sind. So kann man sich für einen bestimmten Grundriss entscheiden, aber den Wohnbereich zum Beispiel anders gestalten, indem eine nichttragende Wand versetzt wird.

Der Bauherr schließt beim Typenhaus einen Vertrag mit einem Bauunternehmen ab und hat es auf diese Weise im Gegensatz zum Architektenhaus nicht mit einer größeren Anzahl an Handwerksfirmen zu tun. Vertragspartner sind entweder Bauträger oder Generalunternehmer. Wer sich für einen Generalunternehmer entscheidet, muss sich noch zusätzlich um ein Grundstück kümmern; als Kunde eines Bauträgers erwirbt man dagegen das Grundstück gleich mit. Das Haus wird in den meisten Fällen schlüsselfertig übergeben.

**WISO rät:** Vor Vertragsabschluss sollte man sich aber unbedingt darüber informieren, was die jeweilige Firma unter dem Begriff „schlüsselfertig“ versteht. Man muss vor allem darauf achten, dass Erschließungskosten und Anschlussgebühren mit im Preis

enthalten sind, sonst läuft man Gefahr, noch einmal ein paar tausend Euro dazulegen zu müssen.

## e) Architektenhaus

Hierbei handelt es sich um ein Haus, das von einem Architekten nach speziellen Wünschen geplant und gebaut wird. Für den Bauherrn bedeutet das, dass er sich intensiv mit dem Außen- und Innenausbau beschäftigen muss und der Hausbau einen hohen Zeitaufwand erfordert. Da hier ganz individuelle Vorstellungen umgesetzt werden, ist das Architektenhaus von den drei vorgestellten Alternativen natürlich die teuerste.

Die Kosten, die durch den Auftrag an den Architekten entstehen, werden als Prozentsatz der gesamten Baukosten festgesetzt. Neben diesen Kosten gilt es zu bedenken, dass beim Architektenhaus kein Produkt aus einer Hand zu erhalten ist. Zusätzlich zum Hausbau muss man sich selbst um die Beschaffung eines geeigneten Grundstücks kümmern. Für die Errichtung des Bauwerkes (Roh- und Ausbau) wird zusätzlich ein Bauunternehmen beauftragt. Alle benötigten Handwerksleistungen werden ausgeschrieben. Damit sind, verglichen mit anderen Bauweisen, neben höherem Aufwand und Kosten auch Risiken verknüpft, da unter anderem Terminabsprachen mit mehreren Vertragspartnern aufeinander abgestimmt werden müssen. Der zuständige Architekt ist an den Ausschreibungen zwar beteiligt, der Bauherr bleibt aber zu jedem Zeitpunkt des Baus der rechtliche Vertragspartner der beauftragten Unternehmen. Für die zeit- und sachgemäße Durchführung der Arbeiten ist hingegen der Architekt verantwortlich.

Deshalb bleibt ein nicht geringes Restrisiko, dass sich während der Realisierung der Zeitplan verschiebt. Logistik, Arbeitsabläufe und das Zusammenwirken der Handwerker stellen beim Architektenhaus in der Regel eben höhere Ansprüche als beim Bau von Typen- oder Fertighäusern. Kein Wunder, dass in vielen Fällen der Endpreis der Immobilie doch höher ist, wenn das Gebäude schließlich fertig ist.

## f) Fertighaus

Bei einem Fertighaus handelt es sich um eine Bauart, bei der verschiedene vorgefertigte Module zu einem kompletten Bau zusammengefügt werden. Die Anbieter von Fertighäusern bemühen sich darum, eine möglichst individuelle Bauweise zu ermöglichen. Das moderne Fertighaus muss heutzutage eigentlich nicht mehr an ein in Massen produziertes Standardhaus erinnern. Von den Fensterrahmen über die Fassade, die Gestaltung der Innenräume bis hin zur Auswahl der Dachziegel haben deutsche Fertighaushersteller um die 3.000 verschiedene Haustypen im Angebot. In der Regel haben diese Unternehmen auf einem Gelände Musterhäuser aufgestellt, bei denen man sich die verschiedenen Standards und Ausführungen anschauen kann.

**WISO rät:** Doch auch wer aus einer reichen Vielfalt verschiedener Varianten wählen kann, sollte stets bedenken: Jeder Extrawunsch kommt teuer zu stehen. Man sollte sich vorab ein Limit setzen, wieviel man ausgeben will. Nichts vor Ort unterschreiben, sich Bedenkzeit geben lassen, die Unterlagen mit nach Hause nehmen und noch einmal alles durchrechnen. Vielleicht lässt sich an der einen oder anderen Stelle ja doch noch mal sparen.

Dazu ein paar Regeln, was man beachten sollte, bevor der endgültige Kaufvertrag unterschrieben wird:

- Die Musterhäuser und Referenzobjekte ausführlich besichtigen und sich alle Details erklären lassen.
- Eine Garantie für Normeneinhaltung und die Verwendung umweltgerechter Materialien verlangen.
- Technische Anlagen müssen gültige Prüfsiegel haben!
- Vorher die Ausstattungsteile in ihrer Qualität festlegen, außerdem die technische Konstruktion des Gebäudes, die im Kaufpreis enthalten ist. Falls man sich für ein Ausbauhaus (s.u.) entscheidet, muss der Lieferumfang der Ausstattungspakete festgelegt und bei erfolgter Lieferung geprüft werden.
- Prüfen, ob die Statik des Hauses später Aus- und Umbauten ermöglicht.
- Skeptisch sein bei Sonderangeboten. Der Anbieter hat nichts zu verschenken!
- Schrittweise Zahlungen verlangen; das heißt, zahlen immer erst nach erbrachten Leistungen.
- Einen Festpreis verlangen. Kommt es zu Bauverzögerungen, muss man nicht drauflegen!
- Baubetreuung und Nachbetreuung im Reklamationsfall schriftlich zusichern lassen!

Der Nachteil des Fertighauses: Alle persönlichen Vorstellungen lassen sich nicht umsetzen. Schließlich kombiniert man nur fertige Module nach gegebenen Regeln. Außerdem lässt die Standardplanung in der Regel örtliche Gegebenheiten wie Sonnenausrichtung, Erschließung oder auch Topografie außer acht. Daher muss man die Gebäudeplanung und das Baugrundstück immer im Zusammenhang sehen und das Zusammenwirken beider Faktoren kritisch prüfen. Kurze Bauzeit und – bei wenigen Sonderwünschen – relativ überschaubare Kosten sind dagegen die Hauptvorteile des Fertighauses.

Um die Nachteile etwas auszugleichen, kann sich der Bauherr auch nach einem Mit- oder Ausbauhaus umschauen. Dabei handelt es sich um ein Fertighaus, dessen Innenausbau von ihm ganz oder teilweise selbst übernommen wird. Die Leistungen, die der Hersteller erbringt, umfassen die Montage eines kompletten Hauses auf eine vorhandene Kellerdecke, die also selbst erstellt werden muss (siehe Kapitel II. 6).

# 5. Grundstückskauf

Wie in den Kapiteln zuvor schon festgestellt: Oftmals bestimmt die Beschaffenheit und Größe des Grundstücks die Art und Größe des Hauses. Viele Immobilieninteressierte gehen deshalb so vor, sich zunächst einmal nach einem Grundstück umzuschauen, das ihnen von der Umgebung her behagt, und planen dann das Gebäude. Andere haben eine relativ klare Vorstellung vom Haus und suchen sich dann das passende Grundstück.

## a) Standortprofil

Man muss sich vor allem im Klaren sein, was für ein Grundstück man eigentlich will. Dazu muss ein so genanntes Standortprofil erstellt werden (s.u.). Was nichts anderes heißt, als dass man sich Gedanken darüber macht, wo das Grundstück liegen soll, was es kosten darf, welche weiteren Kosten möglicherweise erwachsen, etwa durch längere Fahrten zur Arbeit usw. Wenn man ein im Nachhinein betrachtet ungeeignetes Grundstück gekauft hat, dürfte das ein Fehler sein, der wohl nur schwer zu korrigieren ist. Dementsprechend planvoll sollte man an die Grundstückssuche und den anschließenden Kauf herangehen.

Der Kauf eines geeigneten Grundstücks gestaltet sich in der Regel erheblich schwieriger als der einer fertigen Immobilie. Dies liegt daran, dass der Markt für Bauland im Gegensatz zu dem für Häuser wesentlich kleiner ist, gute Grundstücke immer teurer und in der Regel auch binnen kürzester Zeit verkauft werden. Aus diesem Grund sollte man, wie oben bereits kurz angedeutet, bereits vor dem Einholen konkreter Angebote eine Liste von Anforderungen und Randbedingungen aufstellen, die das gewünschte Grundstück auf alle Fälle erfüllen sollte.

Als erstes sollte man ein Standortprofil für das gesuchte Grundstück entwickeln. Dies beantwortet Fragen wie:

- Wo soll das Grundstück liegen?
- In welcher Entfernung von der Arbeitsstelle sollte es sich befinden?
- Wie sollte der landschaftliche Charakter des Umlandes sein?
- Eher ruhige oder lieber urbane Lage?
- Wie sieht die gewünschte Infrastruktur aus?
- Welche Bebauung ist geplant? Soll diese freistehend ausfallen?

Bevor man sich über das rein Finanzielle Gedanken macht, spielen zunächst noch andere Fragen eine Rolle, zum Beispiel, ob man in der Stadt leben möchte oder am Stadtrand oder vielleicht sogar ganz auf dem Land.

Dabei wird man schnell sehen: Hier verzahnen sich individuelle Vorstellungen vom Wohnen mit ganz handfesten (eben doch finanziellen) Argumenten. Wer in die Stadt oder in die Ortsrandlage zieht, muss für die eigene Immobilie wesentlich mehr zahlen,

profitiert aber von der guten Infrastruktur und muss auch sehr viel weniger mobil sein. Wer weiter außerhalb wohnt, für den sind die Grundstücke nicht ganz so teuer, er hat vielleicht mehr Wohnkomfort. Dafür muss er unter Umständen zwei Autos haben, bringt die Kinder jeden Tag einige Kilometer weit zur Schule und fährt für den Theaterbesuch lange Wege in die Stadt.

Eine letztlich auch nur individuell zu beantwortende Frage ist die Entscheidung, ob die neue Immobilie eine Wohnung oder ein ganzes Haus sein sollte. Das ist nicht immer nur eine Frage der Finanzen. Wer in seinem eigenen Haus lebt, braucht weniger Rücksicht auf Nachbarn zu nehmen. Dafür hat der Wohnungseigentümer weniger Aufwand mit der Erhaltung seiner Immobilie. Eng verknüpft mit diesem Thema ist die Überlegung, ob man eine Altimmobilie kauft oder einen Neubau – oder will man lieber nach eigenen Vorstellungen sogar selbst bauen? Möchte man also ein fertiges Objekt vom Bauträger kaufen oder sein eigener Bauherr sein?

Doch zunächst geht es erst einmal um die Lage der gewünschten Immobilie. Wie ist das Wohnumfeld und wie die Infrastruktur? Liegt die Immobilie an einer verkehrsreichen Straße oder ruhig im Grünen? Sind die dafür verlangten Preise angemessen?

All diese Fragen lassen sich am besten dann beurteilen, wenn man über ausreichend Ortskenntnis verfügt. Nur wer sich vor Ort genau über die Lage des Objekts informiert hat, der wird unangenehme Überraschungen so gering wie möglich halten können. Hochglanzprospekte können manchmal doch sehr blenden. Deshalb hinfahren, Erkundigungen bei (zukünftigen) Nachbarn einholen, ins Rathaus gehen, die zuständigen Baubehörden ansprechen.

Dort wird man auch etwas über mögliche Altlasten erfahren, ein wichtiger Aspekt für denjenigen, der zunächst ein Baugrundstück erwerben möchte. Durch solche Altlasten, kontaminierte Erde, verrotteten Müll oder ähnliches, können die Baukosten enorm in die Höhe schnellen. Die Behörden sind auch Ansprechpartner, um zu erfahren, ob es irgendwelche Auflagen beim Bauen gibt, für Geschoßzahlen, Dacheindekkung, Begrünung, Verglasung oder dergleichen.

## Anfahrtswege zur Arbeit

Jeder Bauherr sollte gerade in Zeiten steigender Energiekosten und reduzierter steuerlicher Entlastungsmöglichkeiten genau ausrechnen, was eine längere Fahrt zur Arbeit monatlich an zusätzlichen Fahrtkosten verursacht.

**WISO rät:** Um eine solche Rechnung aufzumachen, darf man nicht nur die reinen Fahrtkosten sehen. Dazu kommen die monatlichen Fahrtzeiten, die (relativ ungewissen) Steuerminderungen, die schnellere Abnutzung des Fahrzeugs, mehr Reparaturen, eventuell auch Lohnausfall durch längere Fahrtzeiten. Unter Umständen braucht man ein zweites Auto, weil der Lebenspartner andere Arbeitszeiten hat (aber nicht nur dann, s.u.).

Am Ende kann es durchaus sinnvoller sein, ein teureres Grundstück zu erwerben, wenn es dafür günstiger zum Arbeitsplatz liegt.

Eine relativ simple Methode hilft bei dieser Betrachtung:

**WISO rät:** Kreise einzeichnen auf einer Landkarte, die Gebiete markieren, in denen das Baugrundstück liegen kann, liegen muss oder sich auf keinen Fall befinden darf. Der Radius der Kreise ergibt sich aus den finanziellen Belastungen durch die verschiedenen Anfahrtswege.

### Öffentlicher Nahverkehr

Nicht nur der Gang oder die Fahrt zur Arbeitsstelle, sondern auch die jeweiligen Entfernungen zu allen Einrichtungen des täglichen Lebens muss man bedenken. Dazu zählen Einkaufsmöglichkeiten, Ärzte, Schulen. Kann man die Strecken zu Fuß bewältigen oder zumindest auf den öffentlichen Personennahverkehr zurückgreifen? Sollte dies nicht der Fall sein, muss man sich zwangsläufig ein zweites Auto anschaffen.

### Schulen

Kauft man ein Grundstück außerhalb von Ballungszentren, muss man damit rechnen, dass das Angebot an Schulen knapp, dadurch die Wahlmöglichkeit der Schulform beschränkt ist. Unter Umständen haben die Kinder lange Schulwege. Das kann ein Familienleben ganz schön belasten.

### Ärzte, Apotheken

In ländlichen Gegenden finden sich häufiger weder ein Facharzt (zum Beispiel Zahnarzt) noch eine Apotheke direkt vor Ort. In Stadtnähe ist dagegen im Krankheitsfall schnelle Hilfe zu finden.

### Einkaufsmöglichkeiten

Muss man für jeden Einkauf längere Strecken in Kauf nehmen, schlägt auch dies im Laufe der Zeit nicht unerheblich zu Buche. Einkäufe in der Stadt können meist zu Fuß erledigt werden, und wenn man etwas vergessen hat, muss nicht wieder das Auto benutzt werden.

### Freizeiteinrichtungen

Freizeiteinrichtungen, wie zum Beispiel Schwimmbäder, Restaurants oder Kinos, findet man natürlich dort am meisten, wo die größere Bevölkerungsdichte ist, nämlich in der Stadt oder in deren Umgebung. Geht man gerne ins Kino oder ins Theater, bedeutet die Entscheidung für ein ländliches Grundstück einen Verlust an Lebensqualität. Oder man zahlt teuer dafür durch lange Anfahrtswege mit dem Auto.

## Landschaftliche Lage

Für Naturliebhaber ist dies wohl das stärkste Argument für ein Grundstück auf dem Land. Dennoch sollte man trotz aller idyllischen Vorstellungen nicht vergessen, dass auch die Landwirtschaft Lärm- oder Geruchsbelästigungen mit sich bringen kann. Und startende oder landende Flugzeuge haben einen sehr weiten Radius rund um einen Flugplatz.

## Baugrundbesonderheiten

Die Beschaffung des Baugrundes kann dazu führen, dass die Bebauung eingeschränkt ist oder Mehraufwendungen mit sich bringt. Zum einen kann die Tragfähigkeit des Baugrundes unzureichend sein. Dies kann auftreten, wenn

- im Untergrund teilweise tiefliegende kompressible Schichten (zum Beispiel Schluff) vorhanden sind;
- der Baugrund nicht natürlich gewachsen ist, sondern aufgeschüttet und dabei nicht ausreichend verdichtet wurde;
- im Bereich der Hausgründung wasserführende Schichten liegen.

Sollten solche Probleme auftreten, muss man unter Umständen mit erheblichen Mehraufwendungen für verstärkte Gründungsarbeiten oder besonders abgedichtete Kellergeschoße rechnen. Tritt der gegenteilige Fall ein, nämlich dass im Untergrund extrem schwerer Felsboden liegt, sind auch hier höhere Kosten für die aufwändige Beseitigung zu erwarten.

## Altlasten

Bevor man ein Grundstück kauft, sollte man auf mögliche Altlasten durch frühere industrielle Nutzung achten. Diese können von Fundamenten, die im Boden verblieben sind, bis hin zu Verseuchungen mit Ölen oder chemischen Stoffen reichen. Achtung:

**WISO rät:** Ist man erst einmal Eigentümer eines verseuchten Grundstücks, müssen (von Ausnahmen abgesehen) die anfallenden Sanierungskosten übernommen werden, selbst wenn man nicht der Verursacher ist. Da kommen ganz schnell mehrere hunderttausend Euro zusammen.

Um solchen Risiken vorzubeugen, können Vorsichtsmaßnahmen getroffen werden:

- eine Baugrunduntersuchung durchführen lassen, um festzustellen, wie die statischen Bedingungen des Grundstücks sind, welche Abdichtungsmaßnahmen notwendig werden;
- Behörden und Nachbarn zur vorherigen Nutzung des Grundstücks befragen, außerdem dazu, welche Besonderheiten bei einer Bebauung zu erwarten sind.

**WISO rät:** Bleiben die Fragen ungeklärt, sollte man lieber auf den Kauf des Grundstückes verzichten. Wer erfährt, dass das Grundstück industriell genutzt wurde, sollte auf eine schriftliche Auskunft der Gemeinde bestehen. Im Streitfall kann man sich auf das Schreiben berufen.

## Grundwasserspiegel

Die Nutzbarkeit von Baugründen ist aber nicht nur von der Beschaffenheit der Bodenschichten abhängig, sondern auch von der Höhe des Grundwasserspiegels. Dieser kann in Abhängigkeit von der jeweiligen Jahreszeit stark schwanken. Möchte man also möglichst kostengünstig bauen, sollte man bedenken, dass stark ansteigende Grundwasserspiegel automatisch höhere Baukosten bedeuten. So kann zum Beispiel eine Aufschüttung des Grundstücks erforderlich sein, oder das Untergeschoss muss als wasserdichte Betonwanne ausgebildet sein. Um sich vor bösen Überraschungen zu schützen, sollte man sich also vor Vertragsabschluss Angaben vom zuständigen Bau- beziehungsweise Wasserrechtsamt einholen oder sich die nötigen Informationen von ansässigen Nachbarn besorgen.

## Behördliche und andere Auflagen

Von Behörden werden normalerweise Auflagen gemacht, wenn das zu bebauende Grundstück in einem Landschafts- oder Wasserschutzgebiet oder im Bereich einer Lärmschutzzone liegt. Doch es gibt noch mehr: Befindet sich auf dem gekauften Baugrundstück ein Abrisshaus, das unter Denkmalschutz steht, kann es Probleme geben. Es darf meistens nicht entfernt, sondern höchstens wieder instandgesetzt werden.

Auflagen gibt es von den Behörden auch bei der Bepflanzung des Grundstücks. So sollte man sich vor Baubeginn dringend informieren, ob zum Beispiel zu einer Seite ein Grünstreifen anzulegen ist, außerdem ob die Baugenehmigungsbehörde Auflagen zum Schutz von Bäumen oder Hecken macht. Sollte dies der Fall sein, muss entweder der beauftragte Architekt einen Baumbestandsplan erstellen, oder der Bauherr zeichnet selbst die genaue Lage und den Kronendurchmesser der einzelnen Bäume ein, damit deren Bestand bei der weiteren Planung des Vorhabens berücksichtigt werden kann.

Falls man ein Gutachten erstellen lässt, dürfen übrigens in der Regel Bäume, die nach ihrer Art und Größe geschützt sind, durch Ersatzpflanzungen ersetzt werden. Welche Bäume unter diese Bestimmungen fallen, regelt die Baumschutzverordnung. Obstbäume fallen zum Beispiel nicht darunter. Sind in einem bestimmten Fall Ersatzpflanzungen nicht möglich, muss für die Abholzung des alten Bestandes eine finanzielle Entschädigung gezahlt werden. Strengere Auflagen gelten für Bäume, die unter Naturschutz stehen. Welche das sind, lässt sich bei der zuständigen Gemeinde erfragen.

Über all dies muss man sich frühzeitig – am besten vor dem Kauf – bei den zuständigen Behörden (Bauordnungsamt, Liegenschaftsamt) informieren, um nachträgliche Überraschungen bei der Baugenehmigung zu vermeiden.

**WISO rät:** Am besten ist es, die Bebauungsmöglichkeiten des Grundstücks noch vor dem Kaufabschluss mit einem Fachmann zu besprechen, und zwar anhand eines rechtskräftigen Bebauungsplanes. Der Fachmann kann erkennen, ob zum Beispiel die geplante Geschoßzahl, die vorgesehene Dachneigung oder auch die gewünschte Fassadenausführung überhaupt realisierbar ist. Sind solche Dinge aus dem Bebauungsplan nicht ersichtlich, sollte man mit ihm zusammen das direkte Gespräch mit der Behörde suchen.

Neben den behördlichen Auflagen können auch die Nachbarn Einsprüche erheben. Es ist keineswegs so, dass eine einmal erteilte Baugenehmigung einen solchen Einspruch grundsätzlich ausschließt. Ganz im Gegenteil: Die Rechte der Anrainer können sogar die Genehmigung der Baubehörde hinfällig werden lassen. Selbst wenn eine Bebauung den Vorschriften folgt, können also die Nachbarn zum Beispiel wegen mangelnder „Belichtung" die Art der Bebauung anfechten. Selbst wenn die Klage letztlich nicht erfolgreich sein sollte, ein vorübergehender Baustopp verursacht dennoch unnötige Verzögerungen und zusätzliche Kosten.

Um sich vor solchen Unannehmlichkeiten zu schützen, sollte man zuvor ein Gespräch mit den zukünftigen Nachbarn suchen, bei dem ein unparteiischer Zeuge zugegen sein sollte. Ein freundliches und aufklärendes Gespräch vor Baubeginn kann sogar der Beginn einer guten Nachbarschaft sein.

## Umwelteinflüsse

Es hat sich in jedem Fall bewährt, das gewünschte Baugrundstück an verschiedenen Tagen zu unterschiedlichen Uhrzeiten zu besichtigen. Auf diese Weise können Beeinträchtigungen durch Lärm (zum Beispiel Verkehrslärm zur Rush-hour) recht schnell erkannt werden. Dies schließt zudem aus, dass der Verkäufer das Grundstück nur zu ruhigen Tageszeiten zeigt, um solche Belästigungen verschweigen zu können.

**WISO rät:** Hierbei sollte man vor allem auf zunächst scheinbar nicht sonderlich auffallende Geräusche achten. Denn mit der Zeit können dauerhafte Geräusche sich zu einem Störfaktor entwickeln, besonders wenn man zum Beispiel im Sommer versucht, auf der Terrasse seine Ruhe zu finden.

Wenn sich in unmittelbarer Nachbarschaft noch unbebaute Grundstücke befinden, sollte man mit den Eigentümern über ihre vielleicht bereits bestehenden Bebauungspläne sprechen.

Ein Blick in den Gebietsentwicklungsplan bei den zuständigen Behörden (Straßenbauamt) kann schließlich davor schützen, zu einem späteren Zeitpunkt von dem Bau einer stark befahrenen Umgehungsstraße überrascht zu werden. Dies wäre nicht nur eine erhebliche Lärmbelästigung, sondern hätte auch eine rapide Wertminderung des Grundstücks zur Folge. Wird ein Grundstück scheinbar unter Wert angeboten, immer auch auf eventuelle zukünftige Baumaßnahmen im Umkreis achten.

## Größe

Natürlich ist die Frage, für welche Grundstücksgröße man sich entscheidet, vor allem von den persönlichen Vorstellungen, dem Angebot und den zur Verfügung stehenden finanziellen Mitteln abhängig. Dennoch gibt es ein Richtmaß, das die benötigte Grundstücksgröße je nach Haustyp abschätzen lässt:

- 200 $m^2$ bis 300 $m^2$ Grundfläche für eine Doppelhaushälfte beziehungsweise für ein Reihenhaus;
- 500 $m^2$ bis 800 $m^2$ Grundfläche für den Bau eines freistehenden Hauses;
- über 800 $m^2$ Grundfläche für die zusätzliche Anlage eines Nutzgartens für Obst und Gemüse.

## Lage

Die Lage und die Form des gekauften Grundstücks bestimmen stark das spätere Aussehen des Hauses. Deshalb sollte man bereits im Vorfeld der Baumaßnahmen eng mit dem Architekten zusammenarbeiten, damit dieser klären kann, ob sich die Vorstellungen vom Eigenheim auf dem ausgesuchten Grund auch wirklich problemlos umsetzen lassen. Auch hier gibt es wieder einen Richtlinienkatalog, der bei der Entscheidung helfen kann:

- Wie ist die Aufschließungsstraße gelegen, das heißt die Straße, über die später die Kanalisation, das Strom-, Gas- und Wassernetz angebunden wird?
- Ist die Längsachse des Grundstückes eher Nord-Süd oder Ost-West ausgerichtet? Dies muss sowohl bei der Grundrissplanung als auch für eine spätere Gartenanlage mit berücksichtigt werden.
- Handelt es sich um ein ebenes Grundstück, oder liegt der Bauplatz am Hang?
- Um die Höhe der Energiekosten abschätzen zu können, die da auf den Eigentümer zukommen, muss geklärt werden, ob das Grundstück eher sonnig oder windstill liegt oder vielleicht sogar ungeschützt auf einer Kuppe bzw. am Waldrand. Günstig ist ein Bauplatz, auf dem das Haus möglichst windgeschützt liegt und nach der Sonne ausgerichtet werden kann.
- Nicht die schmale, sondern die breite Seite des Hauses sollte nach Süden zeigen, damit möglichst viele Räume Wärme und Sonnenlicht abbekommen können.
- Vorab sollte der Bauherr prüfen, ob die Bebauung und Nachbarbebauung, die im Lageplan eingezeichnet sind, in Größe und Lage der Wirklichkeit entsprechen.
- Entscheidet man sich für ein – in der Regel günstigeres – Grundstück in der Einflugsschneise eines Flughafens, muss man bedenken, dass von der Genehmigungsbehörde erhöhte Schallschutzmaßnahmen für Außenwände und Dächer verlangt werden können, was sich durch höhere Baukosten bemerkbar machen würde.

## b) Günstige Wege zum Grundstück

Auskünfte über Bodenwerte von Grundstücken, aus denen sich grob die Kaufpreise herleiten lassen, erhält man bei der Geschäftsstelle des Gutachterausschusses und den Katasterämtern. Durch die Kartenübersicht kann der zukünftige Bauherr dort die jeweils aktuellen Bodenrichtwerte in Erfahrung bringen, die ihm einen ersten Anhaltspunkt für Grundstückspreise geben.

Üblicherweise findet sich ein Baugrundstück über Zeitungsannoncen oder über Immobilienmakler. Genauso erfolgreich kann eine Anfrage bei der jeweiligen Gemeinde sein, die häufig Informationen über Baugrund hat, der veräußert werden soll. Der Kaufinteressent kann beim Bauamt der Gemeindeverwaltung Einsicht in die örtlichen Bebauungspläne nehmen.

Um verschiedene Angebote einzuholen und gegeneinander abwägen zu können, muss man zwar nicht gleich einen Makler beauftragen, kann aber dennoch in Makler-Büros nach geeignetem Grund fragen. Auch ein Immobiliengesuch in der Zeitung kann hilfreich sein. Hat man schon einen bestimmten Standort ins Auge gefasst, sollte man versuchen, über Mundpropaganda Kontakte herzustellen, zum Beispiel über Aushänge in Supermärkten oder beim örtlichen Rathaus.

Egal, wo und wie man Kontakte knüpft: Vor dem Kauf sollte man in jedem Fall klären, ob es sich bei dem in Frage kommenden Grundstück tatsächlich um Bauland handelt. Das ist dann der Fall, wenn

- die Erschließung gesichert ist und das Vorhaben im Einklang mit dem Bebauungsplan steht,
- das Grundstück nicht unbedingt im Geltungsbereich eines Bebauungsplanes, aber innerhalb eines im Zusammenhang bebauten Ortsteiles liegt, sich in die Umgebung einfügt, das Ortsbild nicht beeinträchtigt und die Erschließung gesichert ist,
- es nicht einem land- oder forstwirtschaftlichen Betrieb oder anderen privilegierten Zwecken dient und sonstige Vorhaben öffentlicher Belange nicht beeinträchtigt.

Neben den eigentlichen Baukosten kommt es in den späteren Jahren zu weiteren finanziellen Belastungen, weil der Grundstückseigentümer regelmäßig Gebühren für die verschiedenen Ent- und Versorgungswege an die Behörden zu zahlen hat. Jedes Grundstück, auf dem gebaut werden soll, muss erschlossen sein. Damit wird die Zu- bzw. Abfuhr von Wasser (Wasserwerke), die Versorgung mit Strom (Elektrizitätswerke), eventuell mit Gas (Gaswerke), durch Fernheizung (Gemeinde), mit Telefon (Telekom), die Abwasser- (Gemeinde) und Abfall-Entsorgung (Gemeinde) garantiert.

Bereits vollständig erschlossene Grundstücke sind in der Regel teurer, denn der Voreigentümer wird seine Erschließungskosten in den Verkaufspreis einkalkulieren. Entscheidet man sich für Bauland, das noch aufgeschlossen wird, sollte man sich vorab auf jeden Fall über die Höhe der diversen Zusatzkosten informieren. Es gibt da keine

festen Größen, aber mehrere tausend Euro werden es schon sein. Gebühren werden anfallen für:

- die Kanalerschließung, um anfallende Abwässer abzuleiten. Die Höhe der Gebühren variiert von Gemeinde zu Gemeinde und richtet sich nach der Grundstücksgröße und dem Gebäudevolumen;
- die Gehsteigherstellung, wobei die zuständige Behörde Breite, Höhenlage und Bauart vorschreibt. Ist bereits ein Bürgersteig vorhanden, müssen die Kosten anteilig ersetzt werden;
- die Kosten zur Herstellung von Verkehrsflächen. Die Gemeinde kann beim erstmaligen Anbau an Verkehrsflächen (zum Beispiel Parkplätze oder Straßen) vom Bauherrn einen Beitrag zu den Herstellungskosten erheben. Über die jeweiligen Gebühren und Berechnungsgrundlagen gibt die Gemeinde Auskunft;
- die Wasseranschlussgebühr, damit Gebäude mit Aufenthalts- bzw. Wohnräumen mit Trinkwasser versorgt sind. Darüber hinaus fallen laufend Gebühren wie die Wasserbezugsgebühr für das verbrauchte Wasser oder die Wasserzählergebühr für die Bereitstellung und Wartung des Wasserzählers an. Wie die Kanalgebühren richten sich auch hier die Kosten nach der Grundstücksgröße und dem Gebäudevolumen;
- generelle Straßenkosten, die sich nach den tatsächlich entstehenden Kosten richten. Einen kleinen Teil übernimmt die Stadt, den Rest die Grundstückseigentümer. Breitere Gehwege, verkehrsberuhigende Maßnahmen, Grünflächen mit Bäumen oder auch Parkplätze lassen die Straßenkosten steigen.

Die jeweils aktuell geltenden Berechnungswerte für die Gebühren bekommt man vom Bauamt der zuständigen Gemeinde- oder bei der Stadtverwaltung.

## c) Erbbaupacht

Wer hat schon einmal daran gedacht, ein Grundstück im Erbbaurecht, quasi auf Zeit zu erwerben? Das macht angesichts der Tatsache, dass Grund und Boden immer knapper und immer teurer wird, durchaus Sinn. Denn die Zinsen, die beim Erbbau verlangt werden, sind in jedem Fall niedriger als bei einem Darlehen, mit dem sie ein Grundstück kaufen würden.

Erbbaupacht funktioniert so: Ein Grundstück wird per Erbbaurecht für 99 Jahre überlassen, manchmal auch für eine kürzere Zeit. Darauf kann man ein Gebäude errichten. Für die Nutzung des Grundstücks wird der Erbbauzins gezahlt. Allerdings gibt es Auflagen: Man darf nur das darauf bauen, was vertraglich erlaubt wird, etwa ein Eigenheim als Doppelhaus oder Reihenhaus oder nur ein Mietshaus mit Garage(n). Wichtig deshalb:

**WISO rät:** Auf Auflagen im Vertrag achten, zum Beispiel hinsichtlich Größe oder Bauweise der Immobilie, damit für das Bauvorhaben auch das „passende" Grundstück gepachtet wird. Sonst ist man am Ende unnötig eingeengt.

Erbbaurecht kann man veräußern, aber auch vererben. Kündigen können aber weder der Pächter noch der Grundstückseigentümer während der Laufzeit. Das Erbbaurecht gibt dem Rechteinhaber eine fast gleichwertige Stellung wie einem „richtigen" Grundstückseigentümer. Der Vertrag muss vor einem Notar abgeschlossen und ins Grundbuch eingetragen werden, in diesem Fall in das so genannte Erbbaugrundbuch. Ein Erbbaugrundstück kann übrigens auch beliehen werden. Die Hypothek wird nicht auf das Grundstück, sondern auf das Erbbaurecht eingetragen. Erschließungskosten müssen vom Erbbauberechtigten übernommen werden.

**WISO rät:** Im Erbbauvertrag sollte genau festgelegt werden, wofür die Erschließungskosten zu zahlen sind, also für Straßenanschluss, Kanalisation usw. Denn sonst kommen unter Umständen noch Jahre später Zahlungen auf den Pächter zu, die er nicht einkalkuliert hat.

Erbbaugrundstücke werden von den Kirchen, vor allem von der katholischen Kirche, angeboten, aber auch von Städten und Gemeinden. Insbesondere sozial schwache oder kinderreiche Familien werden bedacht. Informationen gibt es bei den Pfarrgemeinden beziehungsweise beim zuständigen Liegenschaftsamt.

Die Erbbauzinsen betragen normalerweise zwischen 4,0 und 6,0%, in besonderen Fällen, etwa bei kinderreichen Familien, auch nur 2,0 bis 3,0%. Dass sich das rechnet, zeigt folgendes Beispiel: Der Grundstückspreis beträgt 50.000 Euro. Bei einem langjährigen durchschnittlichen Hypothekenzins von 8,0% zuzüglich 1% Tilgung ergibt sich eine jährliche Belastung von 4.500 Euro. Bei einem Erbbauzins von 4,0% fallen aber nur 2.000 Euro im Jahr an. Daraus wird klar:

**WISO rät:** Je höher der aktuelle Hypothekenzins ist und je niedriger der Erbbauzins, umso eher rechnet sich die Erbbaupacht.

Aber Vorsicht: Der Zinssatz wird fast immer mit einer Anpassungsklausel verknüpft. Häufig wird die Klausel an einen amtlichen Index gekoppelt, zum Beispiel an den Diskontsatz der Bundesbank oder den Lebenshaltungskostenindex. Die Anpassung darf aber nicht über die „allgemeinen wirtschaftlichen Verhältnisse" hinausgehen und auch nur alle drei Jahre gefordert werden.

Wer das Grundstück in Erbbaupacht erworben hat und ein Gebäude darauf erstellt, ist Eigentümer der Immobilie. Er selbst oder seine Nachkommen können sie umbauen, sanieren oder abreißen und wieder neu aufbauen. Wird das Erbbaurecht verkauft, geht das Eigentum an dem Gebäude auf den anderen über. Das gilt aber auch umgekehrt, wenn das Gebäude verkauft wird, das heißt Grundstück und Gebäude werden

immer gemeinsam veräußert. Meistens wird deshalb festgelegt, dass bei einem Hausverkauf die schuldrechtlichen Verpflichtungen aus dem Erbbauvertrag an den Erwerber übergehen.

Häufig besteht der Grundstückseigentümer darauf, dass das Erbbaurecht samt Gebäude nicht weiterverkauft werden darf, wenn er nicht zustimmt. Das kann er im Prinzip aber nur, wenn er nachweist, dass der Käufer die Verpflichtungen aus dem Erbbauvertrag aller Voraussicht nach nicht erfüllen kann, dass also der Erbbauzins in Gefahr ist.

**WISO rät:** Falls man also die Immobilie und damit das Erbbaurecht verkaufen will, sollte man auf einen solventen Käufer achten. Dann kann der Grundstückseigner keine Schwierigkeiten machen.

Ein anderes Problem ist der so genannte Heimfall, allerdings weniger, wenn man ein Grundstück von der Kirche oder Gemeinde per Erbbaupacht erwirbt. Darunter werden Gründe verstanden, bei deren Eintreten das Grundstück dem Eigentümer wieder „anheim" fällt, zum Beispiel, weil Eigenbedarf reklamiert wird. In einem solchen Fall geht das Grundstück gegen eine Entschädigungszahlung an den Grundstückseigentümer zurück.

**WISO rät:** Im Vertrag sollte festgelegt sein, dass ein Heimfall nur stattfinden kann, wenn das Gebäude nicht fristgerecht errichtet, zweckentfremdet (zum Beispiel als Saunaclub) genutzt oder verwahrlost wird. Damit werden Streitigkeiten verhindert.

Das Grundstück und damit das errichtete Gebäude geht nach 99 Jahren wieder auf den Grundstückseigentümer über. Dann muss er aber den Erben, sofern diese das Haus noch besitzen und es nicht mit dem gesamten Erbbaurecht schon weiterverkauft haben, eine Entschädigung zahlen. Die muss dem Marktwert des Hauses in 99 Jahren entsprechen. In vielen Fällen wird in dem Erbbauvertrag eine Kaufoption auf das Grundstück eingebaut. Diese greift, wenn der Grundstückseigentümer vorzeitig verkaufen will.

# 6. Eigenleistung

Wer sich seine Immobilie bauen lässt, für den bietet sich eine Möglichkeit, die Kosten zu senken, nämlich durch Eigenleistungen. Es gibt Bauträger, die von vornherein die Möglichkeit anbieten, durch diese so genannte Muskelhypothek die finanzielle Belastung zu reduzieren, indem man zum Beispiel selbst tapeziert oder den Teppichboden verlegt. Auf so etwas sollte man sich allerdings nur einlassen, wenn man handwerklich einigermaßen geschickt ist.

Außerdem machen Eigenleistungen nur da Sinn, wo sie sich wirklich rechnen, zum Beispiel beim Fliesenlegen, Tapezieren und bei Sanitärinstallationen. Wer wochenlang mit Schaufel und Pickel eine Baugrube aushebt, wofür ein Bagger ein paar Tage braucht, hat sich nicht nur umsonst Blasen geholt. Es hat sich schlichtweg nicht bezahlt gemacht. Außerdem kann es passieren, dass man am Schluss Schuld daran ist, dass sich der Einzug verzögert, und das kann ganz schön ins Geld gehen.

**Rechenbeispiel:** *Bau einer Immobilie, Kosten samt Grundstück 225.000 Euro. Als Eigenleistung wird das Haus selbst tapeziert, Gesamtwert dieser Arbeiten etwa 7.000 Euro, erfahrungsgemäß rund 3% der gesamten Baukosten. Davon entfallen allerdings auf das Material Kosten in Höhe von 1.500 Euro, für Tapeten, Leim, Farbe usw. Den Rest von 5.500 Euro kann man als Eigenleistung verbuchen.*

Im Übrigen sollte man sich als Laie nichts vormachen, was die Höhe solcher möglichen Eigenleistungen betrifft:

**WISO rät:** Wer nicht vom Fach ist, sollte davon ausgehen, dass er höchstens 10% aller Kosten, in Geld ausgedrückt aber maximal 7.500 Euro als Muskelhypothek einbringen kann. Alles andere sollte man den Profis überlassen – die sind einfach schneller, sparen Nerven, Zeit und damit Geld!

Etwas anderes ist es, wenn man sich nach einem Mit- oder Ausbauhaus umschaut. Dabei wird der Innenausbau vom Bauherrn ganz oder teilweise selbst übernommen. Er muss außerdem in den meisten Fällen eine Kellerdecke erstellen lassen.

Zu den Leistungen, die der Hersteller erbringt, zählen die Wände, das eingedeckte Dach nebst fertiggestellter Dachunterschicht, der Schornstein, die Wärmedämmung der Außenwände, die Verkleidung der Fassade, die einmontierten Fenster samt Roll- oder Schlagläden, die Haustür mit Schließanlage, die Terrassentür, eine Treppe in das obere Geschoss mit begehbarer Geschoßdecke, die Anlage der Leerrohre für die elektrischen Leitungen sowie die Vormontage der Rohre für Wasser-, Abwasser- und Gasanschlüsse. Was man also vom Hersteller erhält, ist demnach ein regendichtes und wärmegedämmtes Haus, dessen Innenausbau der Eigentümer nun so weit wie gewünscht in Eigenregie ausführen kann.

Welche Ausbaustufen standardmäßig angeboten werden, ist von Hersteller zu Hersteller verschieden. Manche Leistungen beinhalten die Verlegung der Fußbodenheizung samt Einbringung des Estrichs und den Einbau der kompletten Heizungsanlage. Andere Ausbaustufen betreffen die sanitäre Installation oder auch die Wärmedämmung des Daches.

Der Bauherr muss selbst entscheiden, welche Arbeiten er in Eigenregie ausführen will. Der Hersteller des Ausbauhauses bietet verschiedene Ausbaupakete an. Diese Pakete enthalten für die Weiterverarbeitung aufeinander abgestimmte Komponenten, und zwar nur in der Menge, wie sie für den jeweiligen Bauabschnitt auch wirklich benötigt werden. Dies hat den Vorteil, dass man sich bei der Bedarfsberechnung nicht verrechnen kann und keine unnötigen Kosten entstehen. Zum Lieferumfang dieser Ausbaupakete gehört aber nicht nur das genau berechnete Material, zusätzlich erhält der Bauherr ein Handbuch bzw. eine Verarbeitungsanleitung für die gelieferten Materialien und den jeweils anstehenden Bauabschnitt.

Vor der Bestätigung der Lieferung muss das Ausbaupaket unbedingt auf Vollständigkeit überprüft werden. Sollten bei der eigenständigen Arbeit dennoch Fragen auftreten, bieten die Hersteller in der Regel Hotlines an, an die man sich wenden kann, wenn man nicht zurechtkommt. Aber Achtung:

**WISO rät:** Nicht das Können überschätzen trotz der verlockenden Aussicht, durch Eigenarbeit eventuell Kosten zu sparen. In der Regel sind Schäden bei Ausbauhäusern auf Fehler des Bauherrn zurückzuführen. Stellt man also während des Innenausbaus fest, dass man seine handwerklichen Fähigkeiten überschätzt hat, besser anrufen und auf den Montageservice zurückgreifen, den fast alle Hersteller für solche Fälle anbieten.

Mehr und mehr nachgefragt werden inzwischen auch Komplett-Systemhäuser. Anbieter solcher Häuser bieten normalerweise Anleitungen und Beratung auf der Baustelle für den, der nicht mehr weiter kann. Davon sollte man auch Gebrauch machen.

Beim Selbstbauen muss man mindestens 1.000 Stunden für Eigenleistungen einkalkulieren, also je nach Freizeitstunden bis zu einem Jahr Dauer. Dafür versprechen die Anbieter von solchen Systemhäusern Einsparungen von bis zu 50.000 Euro. Für bestimmte Arbeiten sollte man allerdings immer noch einen Fachmann hinzuziehen, etwa beim Erstellen des Dachstuhls oder bei Estrich- und Putzarbeiten. Ohnehin sind zwei Dinge Voraussetzung, wenn man sich zum Selbstbauen entschließt:

**WISO rät:** Man muss über handwerkliches Know-how und, so banal sich das anhört, über einen entsprechenden Grundstock an hochwertigem Werkzeug verfügen.

Das Bauen kann man übrigens auch in Seminaren erlernen, die zum Beispiel der Verband Europäischer Selbstbau e.V. regelmäßig anbietet. Informationen dazu und auch sonst rund ums Selbstbauen bekommt man auf der Internetseite des Verbandes (www.selbstbauverband.de).

# 7. Grundriss

Die Größe und damit verbunden natürlich auch die Kosten eines jeden Neubauprojektes sind durch den Wohnflächenbedarf bestimmt, den seine zukünftigen Bewohner wünschen und planen. Der Anspruch an moderne Lebensweisen fordert dabei seinen Tribut, da statistisch gesehen dieser Wohnflächenbedarf jedes Jahr ansteigt.

## a) Wieviel Wohnfläche wird benötigt?

Um zu vermeiden, dass das Bauprojekt durch eine unüberlegt große Raumgestaltung in einem finanziellen Desaster endet, sollte man sich bereits in einer frühen Phase der Planung ernsthaft fragen, welche Räume in welcher Größe wirklich gebraucht werden bzw. ob man sie sich überhaupt leisten kann. Zusätzliche Zimmer wie den Fitnessraum, die Kellerbar, das separate Esszimmer, ein Gästezimmer oder auch mehrere Bäder zu haben, sind zwar ganz nett und liegen voll im Trend. Aber ist dieser Luxus überhaupt bezahlbar? Man sollte sich immer vor Augen halten: Was hat man letztlich davon, wenn der zu groß geplante Bau einen direkten Verkauf oder, noch schlimmer, eine Zwangsversteigerung zur Folge hat? Luxus ade!

Wo soll denn nun welches Zimmer liegen und wie groß soll es im Endeffekt sein? Eine allgemein gültige Antwort gibt es darauf nicht. Dies hängt letztlich von ganz individuellen Wünschen ab. Es gibt aber doch ein paar allgemeine Richtlinien, auf die man achten sollte, will man sich am Ende eine Menge Ärger ersparen:

Bei der Planung der optimalen Raumaufteilung sollte man immer die Lebensgewohnheiten der zukünftigen Bewohner berücksichtigen. Sprich: genau schauen, ob das Kind, das demnächst volljährig wird, unbedingt an allen vorbei im obersten Stockwerk sein Schlafzimmer haben sollte. Oder ob das Elternschlafzimmer direkt neben dem Kinderzimmer geplant werden sollte, wenn man weiß, dass die Kleinen ab sechs Uhr morgens regelmäßig putzmunter sind.

Um in der Kostenplanung so effizient wie möglich zu bleiben, sollte man das Haus außerdem nur so groß planen, wie es wirklich sein muss. Diese Devise gilt natürlich auch für den Kauf und die Ersteigerung einer Immobilie. Um diese Entscheidung zu erleichtern, sollte man ein so genanntes Raumbuch erstellen.

Das Raumbuch listet alle benötigten Räume samt des dazugehörigen Flächenbedarfes auf. Besonders zu beachten ist hierbei nicht nur der aktuelle, sondern eben auch der zu erwartende Raumbedarf. Man sollte den Familienzuwachs ebenso einplanen wie den Auszug der Kinder, der früher oder später folgt. Auch eine zukünftige Fremdvermietung ungenutzter Räume (Kinderzimmer) sollte man deshalb in Betracht ziehen. Gibt es spezielle Vorlieben oder Aktivitäten, die gesonderte Räume in Anspruch nehmen, muss dies mit bedacht werden (Sport, Arbeitszimmer o. ä.).

Auch wenn eine Beschränkung auf den ersten Blick vielleicht nicht einfach ist, sollte man sich darüber im Klaren sein, dass jeder Kubikmeter überflüssigen Bauvolumens zwischen 150 und 300 Euro kostet und dass man für jeden entbehrlichen Quadratmeter an Wohnfläche 1.000 bis 2.000 Euro zu viel ausgegeben hat.

Um eine optimale Wohnqualität zu gewährleisten, sollte man bei der Planung des Hauses die bestmögliche Raumausrichtung wählen, und zwar an den Himmelsrichtungen orientiert:

- Wohnzimmer = S, S/W
- Esszimmer = O, S/O
- Schlafzimmer = N/O, N
- Badezimmer = N/W, N, N/O
- Terrasse = S/W, W
- Küche = O, S/O
- Eingang = N/W, N, N/O

Übrigens: Berufstätige Hausbauer sollten beachten, dass Terrassen nicht unbedingt im Süden liegen müssen. Werden sie insbesondere in den Abendstunden genutzt, ist eine Ausrichtung zur Sonne nach Westen sinnvoller.

Mit Hilfe des Raumbuches kann nun der Architekt die Menge der gewünschten Räume mit ihren jeweiligen Grundflächen in einen bewohnbaren Grundriss kombinieren. Eine optimale Lösung wird man hier nur beim Architektenhaus finden: eben in einer individuell zugeschnittenen Einzellösung (siehe Seite 34).

Gute Architekten legen funktionellen Räumen nur geringe Flächen zugrunde, ohne dabei auf Wohn- und Nutzungsqualität zu verzichten. Standardgrundrisse, wie sie zum Beispiel bei Typen- oder Fertighäusern vorkommen, sind zwar eine gute Ausgangsbasis zur Planung, werden aber im Endeffekt nicht unbedingt das Ergebnis bringen, das man sich vorstellt.

Der Bauherr kann bei der Planung mit dem zuständigen Architekten Hand in Hand arbeiten. So sollte das Raumbuch nicht nur die Anzahl und Funktionalität der einzelnen Räume auflisten, sondern ebenfalls ein Ziel für die Gesamtwohnfläche vorgeben. Diese richtet sich natürlich in erster Linie nach den finanziellen Mitteln, die zur Verfügung stehen. Hat man den Wunschbedarf vorgegeben, kann man die Fläche auf die einzelnen Räume verteilen. Nach dieser Liste kann man dann schnell abgleichen, bei welchen Räumen die angestrebte Quadratmeterzahl überschritten wird.

Einen weiteren Anhaltspunkt bietet auch die jetzige Wohnung. Zimmergrößen, mit denen man unzufrieden ist, können in einem solchen Plan nach den eigenen Wünsche vergrößert oder auch verkleinert werden. Die in der folgenden Liste aufgeführten Räume sollten dabei einem solchen Ist-/Sollvergleich unterzogen werden:

| Räume | Ist ... $m^2$ | Soll ... $m^2$ |
|---|---|---|
| Wohnzimmer | | |
| Esszimmer | | |
| Küche | | |
| Schlafzimmer | | |
| Kinderzimmer | | |
| Gästezimmer | | |
| Hausarbeitsraum | | |
| Hobbyraum | | |
| Arbeitsraum | | |
| Flur(e) | | |
| Badezimmer | | |
| WC | | |
| Balkon | | |
| Terrasse | | |
| Keller | | |
| Dachräume (Speicher) | | |
| Garage | | |
| Autoabstellplatz | | |
| (Nutz-)Garten | | |
| Rasenfläche | | |
| Kellerzugang von außen | | |
| Wintergarten | | |
| Sonstige Räume / Flächen | | |
| Gesamt | | |

im Folgenden werden nun einige Hinweise gegeben, mit denen man den Flächenbedarf schon einmal grob überschlagen kann. Diese gelten als Richtwerte und sollten bei der Planung des Grundrisses helfen können.

Zunächst muss man einfach einmal auflisten, wie viele Bewohner das Haus haben wird. Danach multipliziert man das Ganze mit dem Bedarf an Wohnfläche. Der lag laut einer Statistik von 1998 pro Einwohner bei ungefähr 39 $m^2$ (ermittelt nach DIN 277 bzw. Zweiter Berechnungsverordnung).

**Summe Wohnflächenbedarf:**
Anzahl Bewohner (zum Beispiel 4 Personen) x 39 $m^2$ = 156 $m^2$

Dabei sieht das Flächenverhältnis der unterschiedlichen Raumgruppen im Idealfall wie folgt aus:

- Gemeinschafts-/Individualbereich (Wohnzimmer, Esszimmer, Wohnküche, Schlafzimmer, Kinderzimmer, Arbeitszimmer) = 72% der Wohnfläche
- Hauswirtschafts-/Technikbereich (Küche, Hauswirtschaftsraum, Bad, WC) = 18% der Wohnfläche
- Verkehrsbereich (Flure, Treppen) = 10% der Wohnfläche

## b) Effiziente Grundrisse

Die Wohnbedürfnisse einer Familie ändern sich im Laufe der Zeit. So ist es empfehlenswert, die Zimmer der Kinder, solange sie noch sehr klein sind, in Hörweite des elterlichen Schlafzimmers zu planen. Für Jugendzimmer hingegen empfiehlt es sich, eine größere Distanz zu den Wohnräumen der Erwachsenen zu schaffen. Wer also noch sehr kleine Kinder hat, sollte bei der Hausplanung demnach auch die Zeit im Blick haben, in der der Nachwuchs größer wird und eigene Lebensgewohnheiten hat.

Eine geeignete Grundrissplanung macht dies möglich: Wenn das zukünftige Eigenheim einen neutralen Grundriss ohne besondere Hierarchien bei der Lage und Größe der Raumgestaltung aufweist, ist ein späterer Umzug innerhalb des Hauses bzw. ein Raumtausch zwischen den Generationen relativ unproblematisch, ebenso wie eine Umgruppierung von Raumgruppen bei veränderten Gewohnheiten der Bewohner.

Sind die Kinder aus dem Haus, wird das Gebäude für die verbliebenen Bewohner in vielen Fällen zu groß. Das sollte der Architekt bei der Planung von vornherein berücksichtigen.

**WISO rät:** Es sollte später möglich sein, Teile der Immobilie so abzutrennen, dass man sie an andere vermieten kann, indem es mehrere Eingangsmöglichkeiten und Sanitärräume gibt. Bei geeigneter Konstruktion und ausreichendem Schallschutz kann man zunächst zusammenhängende Räumlichkeiten später aufteilen oder bei Bedarf diesen Schritt auch wieder rückgängig machen.

Am besten geht das, indem die Räume von Beginn an eine annähernd gleiche Größe haben. Viele Bauherren machen den Fehler, Wohnzimmer aus Repräsentationsgründen mit 30 $m^2$ und mehr einzuplanen. Die Küche fällt oft klein und rein funktional aus. Das gleiche geschieht häufig mit den Kinderzimmern, bei denen viele denken, 8 $m^2$ würden reichen, ohne zu berücksichtigen, dass Kinder auch mal wachsen und später einen erhöhten Platzbedarf haben. Das Elternschlafzimmer ist in der Regel mit 16 $m^2$ doppelt so groß. Diese Größenaufteilung macht später eine Neuaufteilung schwierig. Deshalb sollte man bereits bei der Planung darauf achten, dass vor allem die Individualräume eine annähernd gleiche Größe haben. Hierfür sind ca. 15 $m^2$ pro Zimmer empfehlenswert.

## Einfache Hausform

Bei der äußeren Gestaltung des Hauses sollte man einen geradlinigen und kompakten Baukörper wählen und sich nicht durch das Vorurteil beeindrucken lassen, solche Häuser seien durch eine verschattete, dunkle Innenarchitektur geprägt. Ganz im Gegenteil: Kompakte Baulösungen sind in vielen Fällen vorteilhafter, denn sie geben wenig Energie nach außen hin ab und helfen auf diese Weise, laufende Kosten zu reduzieren.

Bei der Innengestaltung sollte man darauf achten, dass die Räume rechtwinkelig geplant werden. So geht der Ausbau schneller voran. Außerdem fällt weniger Verschnitt beim Fußbodenbelag an. Kosten können zum Beispiel auch dadurch gesenkt werden, dass ein Küchenfenster an der Vorderfront eingeplant wird; damit spart man sich den Kauf einer Gegensprechanlage. Ein kompakter, einfacher Baukörper muss nicht von einer aufwändigen und teuren Fassadengestaltung geprägt sein. Die lässt sich auch auf einfache und vor allem preiswerte Weise mit Holzverkleidungen, Farben oder auch Kletterpflanzen verschönern.

Bei der Wahl der Fensterformen sollte man auf jegliche komplizierte Ausführung verzichten. Rechteckige Fensterformate ohne Unterteilungen oder auch Fenster mit festeingebauter Verglasung sind kostensparende Lösungen. Auch bei der Dachplanung kann man preisbewusst vorgehen, indem man zum Beispiel ein einfaches Satteldach mit einer geometrisch klaren Form ohne unnötige Walme, Kehlen und Gaupen wählt.

Ein weiterer Aspekt, der für eine einfache Hausform spricht: Ein Gebäude, dessen äußere Gestaltung von Logik und Einfachheit geprägt ist, ist von Stil und Zeit unabhängiger als eine dekorative und experimentelle Architektur. Außerdem ist bei einer schlichten Gestaltung die Gefahr geringer, dass man sich im Laufe der Zeit an dem neuen Heim satt sieht.

## „Verkehrsflächen" reduzieren

Am effektivsten lassen sich Baukosten reduzieren, wenn unnötige „Verkehrsflächen" vermieden werden. Das heißt, Dielen oder auch Flure nicht nur klein halten, sondern,

wenn möglich, ganz darauf verzichten; alles eine Frage der Planung. Möglich wird dies, indem man solche Verkehrsbereiche gleichzeitig als Wohnflächen nutzt. Eines der bekanntesten Beispiele dafür ist die Essdiele. Dabei wird der Verbindungsbereich zwischen den Nutzräumen für Kochen, Wohnen, Schlafen und Eingang so groß ausgeführt, dass man den dadurch entstandenen Platz als Esszimmer nutzen kann. Und gerade für junge Familien mit kleinen Kindern bietet eine so gestaltete Diele zusätzlich einen Spielplatz für den Nachwuchs, der gut zu beaufsichtigen ist, ohne dass man bei der Hausarbeit einen unnötig langen Weg zwischen Koch- und Wohnbereich zurücklegen müsste. Einer der wichtigsten Planungspunkte also:

**WISO rät:** Die Ausstattung und Optimierung von Räumen, die eine Mehrfachnutzung ermöglichen, spart Flächen ein und reduziert Kosten. Dies gilt für jeden Wohnbereich, insbesondere aber für Verkehrsflächen.

## Offene Wohnbereiche

Wer bei der Innenarchitektur des neuen Heimes einen eher offenen Grundriss mit weniger Innenwandflächen und Innentüren plant, kann noch einmal die Baukosten reduzieren. Jede Innenwand kostet ca. 50 Euro pro $m^2$, jede Tür mitsamt Einbau mindestens 150 Euro.

Je offener also der Grundriss gemeinsam mit dem Architekten oder Bauingenieur angelegt wird, desto preiswerter kann man bauen (lassen), und desto mehr Nutzfläche steht den Bewohnern zur Verfügung. Ein weiterer Vorteil: Ein Haus, das auf dem Papier klein erscheint, wirkt durch eine offene Planung der Wohnbereiche großzügiger, weil im Endeffekt weniger Fläche benötigt wird. Außerdem verringern sich die Ausgaben für Verputz und Tapeten. Um solch eine offene Gestaltung der Wohnbereiche zu ermöglichen, sollten die tragenden Bauteile ins Erdgeschoß verlagert werden, das heißt, dass sich hier die etwas kleineren Zimmer befinden müssten.

Einen Nachteil hat diese Bauweise allerdings: Weniger Innenwände bieten auch weniger Schallschutz. Will man also den Familienmitgliedern eine Möglichkeit zum Rückzug geben, sollte man dies bei der räumlichen Anordnung bedenken. Ist alles zu offen angelegt, kann die kostengünstigere Bauweise zulasten der Privatsphäre gehen.

## Funktionsgerechte Raumgruppen

In der ersten Phase hat man die benötige Wohnfläche festgelegt. In einem zweiten Schritt geht es bei der Grundrissplanung des Hauses nun darum, die einzelnen Räume in einer sinnvollen Weise zueinander und zur Außenanlage anzuordnen.

So sollten zum Beispiel die Wohnbereiche Küche, Bad und WC möglichst über- bzw. nebeneinander geplant werden. Dies bedeutet nämlich, dass für Wasser und Abwasser lediglich kurze Leitungswege benötigt werden. Außerdem vermeidet man unnötige Geräuschbelästigungen durch abfließendes Wasser, wenn die Installationswand nicht direkt an eine Schlaf- oder Kinderzimmerwand grenzt. Zudem können die In-

stallationen bei einer funktionsgerechten Bauweise in den Zwischenwänden gebündelt und ein gemeinsames System zur Entlüftung eingebaut werden. Das spart unnötige Zusatzkosten für mehrere Installationssysteme. Für die funktionsgerechte Anordnung von Raumgruppen gibt es aber noch weitere Faktoren, die man bedenken muss. Dies sind:

- die Himmelsrichtungen,
- die Stockwerkanzahl,
- der Verlauf des Baugrundstückes,
- die Hauptwindrichtung,
- Lage von möglichen Lärmquellen oder anderen beeinträchtigenden Faktoren,
- die baurechtlichen Vorschriften.

Natürlich soll man die eigenen Wünsche (in dem vorgegebenen Rahmen) möglichst kreativ umsetzen, doch es schadet nichts, einige Punkte zu bedenken: Schlaf-, Kinder-, Arbeits- oder Gästezimmer sollten morgens gutes Licht bekommen, der Bestrahlung aber ab nachmittags nicht mehr ausgesetzt sein. Das Gegenteil gilt für Wohn-, Ess-, Aufenthalts- und Spielbereiche. Ganz ohne direkte Sonneneinstrahlung sollten die Vorratsräume eingeplant werden. Also den Sonnenstand vorher einkalkulieren!

Räume, die einen großen Anteil an der Außenwand haben, sollten nur einen niedrigen Energieverbrauch aufweisen. Ergo müssen Wohnbereiche wie das Badezimmer oder die Küche, die jeweils eine Wärmeenergie-Überschussproduktion mit sich bringen, eher im Hausinneren liegen. Um passiv die Sonnenenergie zu nutzen und damit Energie zu sparen, sollten zum Beispiel die Fenster der Südfassade große Flächen haben. Der so genannte Wärmedurchlasswiderstand, der k-Wert, sollte auf dieser Seite möglichst hoch sein. Die Bauteile an der Nordseite des Hauses oder in der Hauptwindrichtung sollten hingegen einen möglichst niedrigen k-Wert aufweisen.

Natürlich gibt es keine allgemeine Regel für die beste Raumanordnung. Bewährt haben sich architektonische Lösungen, bei denen man vom Eingangsbereich direkt zur Garderobe, zum Gäste-WC, zum Wohnbereich, zum Arbeits- oder Gästezimmer, zur Küche und zum nächsten Flur gelangt, der sowohl zu Schlaf- und Kinderzimmer als auch zum Vorrats- und Abstellbereich führt. Ist ein Garten vorhanden, sollte dieser vom Wohn- und Essbereich, vom Keller, der Küche und dem Kinderspielbereich ohne weiteres zugänglich sein. Der Flurbereich vor Kinder-, Bade- und Schlafzimmer sollte vom Hauseingang aus nicht einsehbar sein.

# c) Pro und Kontra: Balkon, Keller, Garage, Rollläden

## Balkon

Der Balkon steht von der Konstruktion her mit der Geschoßdecke in Verbindung. Sein Boden wird gegen nichtdrückendes Wasser abgedichtet und so gebaut, dass er ein Gefälle hat, über das die Entwässerung über die dazugehörigen Bodenabläufe, Dachrinnen oder Regenabfallrohre erfolgt. Bodenbeläge, die sich besonders für Balkone eignen, sind Fliesen und Platten aus Keramik, Bodenklinkerplatten, frostbeständiger Naturwerkstein, wetterbeständige, verrottungsfeste und UV-stabile Kunststoffbeläge oder auch Teppichböden.

Plant man beim Hausbau Balkone ein, sollten diese mindestens eine Tiefe von 1,60 m aufweisen, da eine schmalere Konstruktion es wohl ziemlich schwer machen dürfte, Sommermöbel oder Pflanzen aufzustellen. Für die Balkonmöbel muss man außerdem einen zusätzlichen Lagerplatz für die Winterzeit einplanen. Für die Zugangstür zum Balkon sollte man eine Breite von mindestens 90 cm veranschlagen.

Da der Balkon für Einbrecher eine willkommene Möglichkeit bietet, einzusteigen, muss für spezielle Schutzvorkehrungen gesorgt sein. Dies sind in erster Linie abschließbare Türbeschläge mit einer Aufhebelsicherung oder Rolladensysteme für die Balkontür.

Alles in allem: Balkone sind beim Bau eines Hauses eine zusätzliche finanzielle Belastung. Falls man beim Planen merkt, dass der Bau zu teuer wird, ist ein Balkon ein Hauselement, auf das man als erstes verzichten kann. Dies gilt besonders, wenn ohnehin eine Terrasse oder ein Garten geplant ist.

**WISO rät:** Hat man in späteren Jahren trotzdem den Wunsch nach einem Balkon, lässt sich ohne weiteres nachrüsten. So Genannte Fertigbalkone machen einen nachträglichen Anbau leicht. Übrigens: Auch der Austausch von sanierungsbedürftigen Balkonen ist durch dieses System möglich.

Fertigbalkone bestehen meistens aus einer Aluminium- oder Stahlkonstruktion. Es gibt grundsätzlich zwei unterschiedliche Arten des nachträglichen Balkonanbaus:

- Hänge- oder Konsolensysteme, bei denen die Balkonplatten in der Geschoßdecke verankert und über Konsolen oder Stahlseile/Stahlrohre ober- oder unterseitig an der Fassade gehalten werden;
- ein Balkonsystem, das mit Stützen aus Holz, Aluminium oder Stahl freistehend angebracht ist. Diese Konstruktionsweise hat den besonderen Vorteil, dass bauliche Probleme wie Wärmebrücken oder statische Eingriffe in das fertige Bauwerk vermieden werden.

## Keller

Um Kosten zu sparen, schlagen einige Ratgeber vor, völlig auf einen Keller zu verzichten. Einen solchen Schritt sollte man sich sehr genau überlegen, denn schließlich kann ein Keller nicht nachträglich eingebaut werden. Und die zunächst scheinbar sinnvolle Einsparung kann schnell zum Problem werden, wenn man im Nachhinein feststellt, dass ein Keller doch besser gewesen wäre.

Deshalb lieber zweimal vorab die Platz- und Nutzungsbedürfnisse prüfen! Gleich, ob es sich bei der Immobilie um ein Einfamilien- oder Reihenhaus handelt, der Keller ist in jedem Falle derjenige Raum, den man von allen Zimmern noch am flexibelsten nutzen kann. Schließlich entlastet er die Wohnfläche und ist zum Beispiel nutzbar als:

- Wohn- und Büroraum;
- Gästezimmer, Spielzimmer, Partyraum oder später ausbaubares Jugendzimmer;
- Hobby- und Arbeitsraum, Werkstatt, Wasch-, Trocken- und Bügelraum;
- frostfreier und kühler Lagerraum für Lebensmittel oder als Weinkeller;
- Abstellraum (Fahrräder, Möbel, Gartengeräte);
- eigene Sauna oder Fitnessraum.

**WISO rät:** Viel sinnvoller, als den Keller wegzulassen, ist es, auf Räume in den oberen Stockwerken zu verzichten, wenn man sie stattdessen in einem ausgebauten, gut belichteten Vollkeller unterbringt. Auf diese Weise könnte das Haus insgesamt kleiner (und billiger) ausfallen.

Keller haben außerdem noch weitere, zusätzliche Funktionen, an die man in der Planungsphase oftmals gar nicht denkt. So werden im Keller üblicherweise die Heizungsanlage und das Brennstofflager untergebracht. Hier liegen die Anschlüsse für Strom, Wasser und Telefon, außerdem ist er eine ideale Feuchtigkeits- und Wärmepufferzone zwischen dem feuchten Erdreich und den oberirdischen Räumen. Das ist wiederum wichtig, um Energiekosten zu sparen.

Ein Keller ist sowohl ökonomisch als auch ökologisch sinnvoll, weil unter anderem der bereits überbaute Baugrund und die bereits vorhandenen Fundamente genutzt werden. Zudem muss später die wertvolle Gartenfläche nicht als Kellerersatz bzw. für außen liegende Lagerräume herhalten.

Zwar spart man unter Umständen zwischen 16.000 und 35.000 Euro, wenn man darauf verzichtet, das Haus voll zu unterkellern. Doch die Ersparnisse muss man relativieren: Bei jedem Bau ist eine frostsichere Gründung des Hauses in einer Tiefe von 80 bis 120 cm unter der Geländeoberkante erforderlich. Ein Keller ist dann schnell mit einer Verlängerung der Wände um 140 cm nach unten plus einer Bodenplatte erstellt.

Doch die Rechnung geht weiter. Verzichtet man auf den Keller, werden je nach Bedarf zusätzliche (ebenerdige) Anbauten erforderlich:

- Brennstofflager als Außentank;
- Heizkessel als Wandheizgerät im Haustechnikraum;

- Brauchwasserspeicher im Haustechnikraum;
- Waschmaschine im Haushaltsraum;
- Hausanschlusskasten unter der Treppe anstatt eines Hausanschlussraumes im Keller;
- Wäschetrocknung im Haustechnikraum;
- Vorratshaltung im Haustechnikraum oder zusätzlicher Vorratsraum;
- Gefriertruhe im Haustechnikraum oder zusätzlicher Vorratsraum;
- überdachte Freiflächen als Abstellräume außerhalb des Gebäudes;
- Hobby- und Werkräume, die, falls gewünscht, im Haus untergebracht werden müssen;
- entsorgte Gegenstände/Möbel und Sperrmüll müssen in einen separaten Lagerraum.

Wer am Hang baut, hat zudem die Möglichkeit, einen so genannten Hochkeller anzulegen. Dies sind 50 bis 80 cm aus dem Gelände herausragende Untergeschoße, die durch ihre Bauweise besonders gute Lichtverhältnisse bieten. Außerdem kann man über eine zusätzliche Einliegerwohnung nachdenken. Denn verbunden mit einer Böschung entsteht auf diese Weise vollwertiger Wohnraum. Ob das zulässig ist und wie gebaut werden muss, geht aus dem Bauplanungs- und Bauordnungsrecht der jeweiligen Landesbauordnungen hervor. Ist so ein Hochkeller aber erst einmal genehmigt, bedeutet er verbesserte steuerliche Möglichkeiten durch Abschreibung oder unentgeltliche Überlassung an Angehörige (siehe Seite 181 f.). Und er erleichtert die Finanzierung der Immobilie, weil zusätzliche Einnahmen durch Vermietung damit verbunden sind. Was man bei der Entscheidung für oder gegen eine Unterkellerung keinesfalls vergessen darf:

**WISO rät:** Ein Keller beeinflusst den Wiederverkaufswert eines Hauses. Immobilien ohne Keller sind nur schwer zu verkaufen. Ihr Wert liegt außerdem meist deutlich unter dem von Immobilien mit einem Keller.

Wer also bereits bei der Errichtung der Immobilie über eine spätere Veräußerung nachdenkt, sollte besser die höheren Kosten zum Bauzeitpunkt in Kauf nehmen, als später das Haus nur zu schlechten Konditionen verkaufen zu können. Schließlich ist es bewiesen, dass die überwiegende Gruppe der Immobilienkäufer in Deutschland erwartet, dass ein Haus einen Keller besitzt.

Bei Reihen- und Doppelhäusern ohne Keller kommt ein zusätzliches Problem hinzu: Der Schallschutz verschlechtert sich. Denn ohne diesen Raum ist die Laufstrecke des Schalls zwischen den Gebäuden kürzer. So kann etwa die vierfache Schallenergie aus dem Nachbarhaus in das eigene dringen.

Entscheidet man sich für einen Keller, sollte er auf seinen späteren Verwendungszweck hin konzipiert werden. So sollte man für die Nutzung als Wohnbereich eine so genannte Perimeterdämmung (Abdichtung und Außendämmung der Kelleraußen-

wand) vorsehen, da ein nachträglicher Aushub für eine Dämmung dieser Art sehr teuer ist. Den Kellerausbau muss man übrigens nicht zeitgleich mit dem Hausbau abgeschlossen haben. Je nachdem, was man finanziell erübrigt, kann man Anstrich, Bodenbelag, den Bau nichttragender Wände veranlassen sowie Sanitär- und Elektroinstallationen nachrüsten.

Zusammenfassend muss noch einmal betont werden:

**WISO rät:** Bei der Entscheidung für oder gegen einen Keller muss man immer mitkalkulieren, dass ohne diesen Raum weitere Ausweichflächen benötigt werden. Kostengünstige Wohn- und Nutzfläche entsteht im Keller, die zu mehr Qualität im restlichen Wohnbereich beiträgt.

## Garage

Die Garage ist beim Haus der Abstellraum für das Auto. Gebaut werden muss sie nach den bauordnungsrechtlichen Vorschriften der Garagenverordnung, die je nach Bundesland unterschiedlich ausfallen kann. Zum einen wird unterschieden nach offenen und geschlossenen Garagen. Außerdem unterteilt das Bauordnungsrecht nach Kleingaragen (bis 100 $m^2$ Nutzfläche), Mittelgaragen (zwischen 100 und 1.000 $m^2$ Nutzfläche) und Großgaragen (über 1.000 $m^2$ Nutzfläche). In die Berechnung der Geschoßflächen- und Baumassenzahlen gehen Garagen nicht ein, jedenfalls solange es keine weiteren Bestimmungen im Bebauungsplan gibt.

Die Garage wird nicht nur zum geschützten Parken des Autos verwendet, sondern sollte auch als Stau- und Lagerraum mit eingeplant werden. Die Devise heißt also: Garage so groß wie möglich planen. Denn auch wer vielleicht zu Beginn noch nicht so viel zu verstauen hat, im Laufe der Zeit sammelt sich doch einiges an, das untergebracht werden muss. Dies sind insbesondere Dinge, an die man nicht immer von vornherein denkt: Gartengeräte wie Rasenmäher, Schubkarre, Blumentöpfe oder aber auch Balkonkästen sowie Garten- und Terrassenmöbel finden leicht Platz in einer Garage, dazu zum Beispiel Fahrräder, Winterreifen oder auch Mülltonnen, wenn dafür zusätzliche Aufbewahrungsmöglichkeiten fehlen. Ist von vornherein klar, dass zwei Autos Platz finden müssen, sollte man eine Doppelgarage mit breiter Auffahrt planen.

Beim Bau der Garage ist es sinnvoll, an einen Durchgang zu denken, der einen direkten Zugang ins Haus ermöglicht. Vorteil: eine bequeme Ent- und Beladung des Autos, besonders bei schlechten Witterungsverhältnissen. Nachteil: eine deutlich höhere Einbruchsgefahr. Denn wenn ein Einbrecher erst einmal in die Garage eingedrungen ist, kann er sich unbeobachtet Zugang zum Haus verschaffen. Aus diesem Grund sollte man bei der Wahl einer Durchgangstür unbedingt auf deren Schlösser und Sicherheitssysteme achten.

Anstelle einer Garage kann man sich auch für ein Carport entscheiden: ein offener, also nicht rundherum abgeschlossener Unterstellplatz für PKW mit Überdachung.

Carports haben ähnlich wie Garagen die Aufgabe, das Fahrzeug vor Schnee, Regen, herabfallenden Ästen, Laub, Verschmutzung und zu starker Erwärmung durch direkte Sonneneinstrahlung zu schützen. Auch hierbei muss man zunächst die baurechtlichen Bestimmungen bei der zuständigen Behörde klären, wobei Carports nach Baurecht als offene Garagen definiert werden. So richten sich ihre Mindestabmessungen nach der notwendigen Stellfläche für PKW: Die lichte Breite zwischen den Stützen muss mindestens 2,30 m betragen, die Länge mindestens 5 m.

Die jeweiligen Vor- und Nachteile von Carports beziehungsweise den unterschiedlichen Garagentypen sind in der folgenden Tabelle noch einmal zusammengefasst:

| | **Carport** | **Fertiggarage (Stahl)** | **Fertiggarage (Beton)** | **gemauerte Garage** |
|---|---|---|---|---|
| Preis ohne Fundament (in Euro) | ca. 650 | ca. 2.250 | ca. 3.750 | ca. 12.500 |
| Bauzeit | ca. 1 Std. | ca. 5 Std. | ca. 5 Std. | 14–21 Tage |
| Haltbarkeit bei mangelnder Pflege | ca. 15 Jahre | ca. 20 Jahre | ca. 20 Jahre | ca. 50 Jahre |
| Belüftung | sehr gut | gut | ausreichend | gut |
| Vorteile | günstig; schneller Aufbau; gute Belüftung des Fahrzeuges; Selbstaufbau möglich | günstig; schneller Aufbau; gute Belüftung des Fahrzeuges; Selbstaufbau möglich | schneller Aufbau; solide | gute optische Anpassung; steigender Grundstückswert |
| Nachteile | mangelnde Diebessicherung; Lagerung fast unmöglich | schlechtes Image | wird schnell unansehnlich; problematische Anlieferung | relativ teuer |

Übrigens: Damit die Garage nicht irgendwann völlig zugestellt ist, bietet sich zusätzlich ein Gartenhäuschen an. Dabei muss man aber unbedingt den geforderten Mindestabstand zum Nachbargrundstück einhalten. Und daran denken, dass ein Gartenhäuschen seinem Besitzer Platz und Licht nehmen kann.

## Rollläden

Für die Verdunkelung der Außenfenster einer Immobilie werden heutzutage so gut wie immer Rollläden eingebaut, in manchen Fällen auch noch die eher aus der Mode gekommenen Klappläden. Im Gegensatz zu diesen können die moderneren Rollläden von innen heruntergelassen und heraufgezogen werden, ohne dass dazu die Fenster geöffnet werden müssen.

Zur besseren Wärmedämmung werden Rollläden heutzutage auch mit ausgeschäumten Profilen angeboten. Nachts dienen sie heruntergelassen vor allem als temporärer Wärmeschutz. Falls ein biegesteifer Rolladenpanzer mit hohem Gewicht vorhanden ist, können sie sogar dazu beitragen, den Schallschutz zu verbessern. Außerdem wirken sie einbruchhemmend, wenn sie fachgerecht eingebaut werden. Schwere Lamellen, dazu Spezialbeschläge, die ein Hochschieben von außen verhindern, unterstützen das. Rollläden lassen sich wahlweise manuell über einen Gurtzug, über Kurbelantrieb, elektromotorisch oder aber auch mit Fernsteuerung über ein Telefonzusatzgerät bzw. eine Zeitschaltuhr bedienen.

Muss man zunächst mit den finanziellen Mitteln etwas haushalten, besteht natürlich die Möglichkeit, Rollläden vorerst nur im Erdgeschoß einzuplanen und sie zu einem späteren Zeitpunkt in den oberen Stockwerken nachzurüsten.

Rollläden werden aus Aluminium, PVC, Stahl oder Edelstahl angeboten. In seltenen Fällen auch aus Holz, allerdings mit dem Nachteil, dass sie nicht nur äußerst schwer zu bedienen, sondern auch sehr witterungsabhängig sind. Sie können sich zum Beispiel bei Regen verformen und müssen entsprechend oft nachgestrichen werden. Und: Holzrollläden machen zwar auf viele Menschen einen soliden Eindruck, weil sie so schwer und massiv sind. Der Glaube, dass sie deshalb einen guten Schutz vor Einbrechern bieten, ist aber falsch. Denn ein Schutz vor ungebetenen Besuchern hat nichts mit dem Gewicht des Rolladens zu tun. So kann man bei Holzrollläden die einzelnen Lamellen mit einem Teppichmesser trennen, sie aus den Führungsschienen hebeln und sich relativ leicht Zugang zum Haus verschaffen. Der Holzrolladen in guter Qualität ist übrigens recht teuer und wird von Bauherren nur noch selten verlangt.

Die Mehrzahl der Rollläden, die heutzutage verkauft werden, bestehen aus Aluminium oder PVC. Der Rolladen aus PVC ist von den drei vorgestellten Alternativen die preisgünstigste Lösung, die man auch noch leicht bedienen kann. Allerdings hat der PVC-Rolladen auch einige Nachteile:

- er bleicht relativ schnell aus;
- ab einer Länge von 2 m ist PVC nicht mehr stabil;
- er ist verformbar und
- genau wie beim Holz kann ein Einbrecher den PVC-Rolladen leicht zerschneiden.

Der Alu-Rolladen ist zwar die teuerste Lösung, bietet aber auch die meisten Vorteile:

- er behält seine Farbe;
- Aluminium kann bis zu einer Länge von 3 m verbaut werden;
- Aluminium verformt sich nicht;
- Einbrecher können solche Rollläden nicht einfach zerschneiden.

**WISO rät:** Sollen also beim Hausbau auch Rollläden eingebaut werden und lässt es das Budget zu, sollte man sich für die Variante aus Aluminium entscheiden.

Man sollte auf jeden Fall auf die Farbe der Rollläden achten. Sie darf nicht zu dunkel gewählt werden, da sie sonst besonders im Sommer unnötig die Hitze auffängt und in den Raum abgibt. Außerdem muss der Rolladenkasten, der sich über dem Fenster befindet, wirklich zu 100% wärmegedämmt sein. Gerade an dieser Stelle sind immer wieder Nachlässigkeiten zu beobachten, die zu Kältebrücken führen können. Solche Kältebrücken bringen ungewollt Energie- bzw. Wärmeverluste mit sich, oft sogar noch Schimmelbildung.

Bei der Wahl des Rolladentyps kann man sich außerdem zwischen Links- und Rechtsrollern entscheiden. Da sich bei vielen Altbauten nicht jede Alternative verbauen lässt, wird zur Zeit der Linksroller häufiger verwendet. Dieser hat kein Luftpolster und bewegt sich beim Herablassen direkt am Fenster entlang. Der Rechtsroller hingegen bewegt sich in seiner Laufrichtung vom Fenster weg, wodurch ein Zwischenraum mit einem zusätzlichen Luftpolster entsteht. Über den k-Wert des Fensters hinaus (Wärmedurchgangswert) gewinnt man bei dieser Variante also eine zusätzliche Wärmedämmung.

## d) Aus- und Umbaumöglichkeiten

Nun kann es ja durchaus sein, dass einem zu einem späteren Zeitpunkt die Immobilie zu klein wird, der Platz einfach nicht mehr reicht. Eine Möglichkeit, daran etwas zu ändern: das Dach- oder Kellergeschoß ausbauen und damit zusätzliche Wohnfläche schaffen. Eine andere: bereits vorhandene Räumlichkeiten umwandeln, die ursprünglich anderen Zwecken dienten. Allerdings ist das nur mit einem relativ hohen Bauaufwand möglich.

Neben dem Ausbau der Immobilie gibt es natürlich noch eine andere Variante, nämlich das Gebäude durch einen Anbau oder eine Aufstockung zu erweiten.

Andererseits kann man einen Ausbau bewusst von vornherein planen. Nicht etwa, weil die Immobilie irgendwann aus allen Nähten platzt, sondern weil es eine sinnvolle Möglichkeit ist, die Kosten über einen längeren Zeitraum zu strecken. Denn: Baut man nicht alles sofort in einem Zug, wird ein Haus eher finanzierbar.

Demnach kann man bei der Planung der Immobilie zunächst roh belassene Flächen mitkalkulieren, meistens das Dachgeschoß, in wenigen Fällen aber auch ein ganzes

Vollgeschoß. Lässt es die finanzielle Lage nicht anders zu, könnten sogar nur die notwendigen Räume und Einrichtungen der Immobilie realisiert und später durch Anbauten schrittweise vervollständigt werden, um Raum für mehr Personen oder gestiegene Wohnansprüche zu erhalten.

Die phasenweise Erstellung des eigenen Hauses hat zudem den Vorteil, dass der Ausbau in (teilweiser) Eigenarbeit erstellt werden kann. Außerdem wohnt man schon „auf der Baustelle", was die Kosten für Unterbringung oder Fahrtkosten zum Bauplatz wegfallen lässt. Zudem ist die Organisation der geplanten Vorhaben wesentlich leichter.

**WISO rät:** Der phasenweise Bau einer Immobilie ist allerdings nur etwas für jemanden, der keine Probleme damit hat, vielleicht über mehrere Jahre auf einer Baustelle zu leben. Um es drastisch auszudrücken: Wer schon von jeher einen weiten Bogen um Campingplätze macht, für den ist diese Art, eine Immobilie zu bauen, nicht das Richtige.

# 8. Versicherungen

Damit man vor erheblichen finanziellen Belastungen durch unerwartete Probleme beim Hausbau geschützt ist, sollte man eine Reihe verschiedener Versicherungen abschließen. Sinn und Zweck der Versicherungen ist es, dem Versicherungsnehmer Risiken abzunehmen, die durch unvorhergesehene Schäden eintreten können, wie zum Beispiel durch Diebstahl und Unfälle auf der Baustelle oder am Haus selbst.

Versicherungsnehmer kann sowohl das Bauunternehmen als auch der Bauherr sein, da beide bei der Ausführung von Bauvorhaben zum Teil erhebliche Risiken tragen. im Folgenden sollen uns aber nur die Versicherungsarten interessieren, die den Bauherrn selbst betreffen, und darunter auch nur solche, die in der Bauphase wichtig sind.

Der Bauherr ist letztlich mitverantwortlich für die Vorgänge auf der Baustelle, selbst wenn er einen Architekten als Bauleiter bzw. Bauunternehmer und Handwerker mit der Bauausführung beauftragt hat. Zwar sind die in erster Linie für die Sicherheit am Bau verantwortlich, doch in einigen Punkten haftet der Bauherr selbst auch mit. Er muss zum Beispiel darauf achten, dass ausreichend qualifizierte Unternehmen mit den einzelnen Gewerken betraut sind, dass die Baustelle gesichert ist und Baumaterialien ordnungsgemäß gelagert werden. Notfalls muss er auch eingreifen, wenn er drohende Gefahren erkennt, auch wenn er keine Ahnung vom Bau hat.

Selbst wenn die Hauptschuld vielleicht beim Architekten oder bei einem Handwerker liegt:

**WISO rät:** Bei einem Unglücksfall kann der Bauherr voll in Regress genommen werden, weil ein Geschädigter seine Ansprüche gegen jeden am Bau Beteiligten, also auch gegen ihn als Bauherrn, in voller Höhe geltend machen kann. Ist beim Architekten, beim Handwerker nichts mehr zu holen, ist er dran. Und er muss dann zusehen, wie er sich das Geld von den eigentlichen Verursachern wieder zurückholt.

## a) Grundstückshaftpflichtversicherung

Liegt zwischen dem Kauf des Grundstücks und dem Bau einer Immobilie ein längerer Zeitraum, empfiehlt sich eine Grundstückshaftpflichtversicherung. Falls das Grundstück, aus welchen Gründen auch immer, nicht richtig abgesichert ist, ist der Bauherr zum Beispiel dagegen versichert, wenn spielende Kinder zu Schaden kommen. Wird die Immobilie innerhalb von zwei Jahren fertiggestellt, reicht statt dessen auch nur eine Bauherrenhaftpflichtversicherung (s.u.).

## b) Bauherrenhaftpflichtversicherung

Schon vor Baubeginn sollte man eine Bauherrenhaftpflichtversicherung abgeschlossen haben. Die besitzt für die gesamte Baudauer Gültigkeit, endet aber spätestens zwei Jahre nach Vertragsabschluss. Die Kosten betragen in der Regel ein Promille der Baukosten. Damit werden Schäden in unbegrenzter Haftung abgedeckt, die Dritten widerfahren, zum Beispiel wenn ein fremdes Auto beschädigt wird, während ein Lastwagen auf der Baustelle abgeladen wurde. Unberechtigte Ansprüche gegen den Bauherrn werden von der Versicherungsgesellschaft abgewehrt, wobei sie eventuelle Kosten einer gerichtlichen Auseinandersetzung trägt.

**WISO rät:** Man sollte auf eine möglichst hohe Deckungssumme achten, konkret: mindestens eine Million Euro pauschal für Personen- und Sachschäden oder 1,5 Millionen für Personen- und eine halbe Million für Sachschäden.

Aber Vorsicht: Nicht versichert sind Schäden an gemieteten bzw. geliehenen Sachen, zum Beispiel Maschinen, oder Unfälle, die Nachbarn oder Freunde während ihrer Hilfe am Bau erleiden. Das muss man dann besonders beachten, wenn man einen Teil der Bauarbeiten (als Selbstbauer) in Eigenregie erledigt, zusammen mit Angehörigen, Freunden oder Nachbarn. Wer nicht ohnehin längst eine abgeschlossen hat, sollte spätestens dann an eine Privathaftpflichtversicherung denken. Darin sind Bauvorhaben bis zu einer bestimmten Bausumme mit versichert. Bei der Privathaftpflichtversicherung ist eine Deckungssumme von 1,5 bis 2,5 Millionen Euro empfehlenswert.

## c) Unfallversicherung bei Selbstbauern

Selbst wenn alle Personen, die auf der Baustelle arbeiten, privat über eine Unfallversicherung verfügen, ist der Bauherr bei Eigenbauleistungen für Helfer am Bau vom Gesetzgeber verpflichtet, eine gesetzliche Unfallversicherung abzuschließen. Dies gilt auch dann, wenn die beschäftigten Personen nicht für ihre Tätigkeit bezahlt werden. Zuständig ist die Bau- und Berufsgenossenschaft des jeweiligen Bundeslandes. Dieser ist binnen Wochenfrist der Name, die ausgeführte Tätigkeit und der Lohn der versicherten Personen zu melden.

Die Leistungen dieser Versicherung sind unbeschränkt, Schadenersatz- oder Schmerzensgeldforderungen aber ausgeschlossen. Die Schuldfrage bleibt unberücksichtigt, es sei denn, der Unfall wurde vorsätzlich oder grob fahrlässig herbeigeführt. Die Beitragshöhe richtet sich nach den gezahlten Löhnen und nach der Art der Arbeit, die verrichtet wird.

Bauhelfer sind also automatisch in der gesetzlichen Unfallversicherung pflichtversichert, Ausnahme: der Bauherr und sein Ehegatte. Sie haben aber die Möglichkeit, sich freiwillig einen Unfallversicherungsschutz bei der Bau-Berufsgenossenschaft zu besorgen, mit einem schriftlichen Antrag und gegen Bezahlung natürlich.

Aber: Falls für das Eigenheim öffentliche Mittel geflossen sind und falls die Selbsthilfearbeiten mindestens 1,5% der gesamten Herstellungskosten betragen, besteht beitragsfreier Unfallversicherungsschutz beim zuständigen gemeindlichen Versicherungsträger, und zwar für alle Selbsthilfearbeiten. Dazu zählen alle Arbeitsleistungen, die der Bauherr, sein Ehegatte, Angehörige, Freunde oder Nachbarn erbracht haben, entweder unentgeltlich oder auf Gegenseitigkeit („Hilfst du mir beim Dach, helfe ich dir beim Fensterbau“). Achtung:

**WISO rät:** War der Bauherr zu leichtsinnig, zu risikobereit oder hat sich schlichtweg in seinem Können überschätzt, kann das dazu führen, dass er den Versicherungsschutz verliert.

## d) Bauleistungsversicherung

Mit einer Bauleistungsversicherung sind Schäden abgedeckt, die am Roh- oder Neubau durch höhere Gewalt wie Hochwasser oder Sturm entstehen, aber auch durch Konstruktions-, Material- und Ausführungsfehler sowie durch Diebstahl bereits eingebauter Sachen und Vandalismus. Eine solche Versicherung ist nicht vorgeschrieben, jedoch empfehlenswert. Aber Achtung:

**WISO rät:** Gegen Pfusch am Bau gibt es mit dieser Versicherung keinen Schutz. Auch wenn Material noch nicht eingebaut ist, hilft diese Versicherung nicht. Das Gleiche gilt für Schäden, die durch normalen Witterungseinfluss entstehen können, zum Beispiel durch Frost im Winter.

Außerdem wichtig: Wenn Baufirmen oder der Bauherr selbst gegen anerkannte Regeln der Technik verstoßen oder Sicherungsmaßnahmen vernachlässigen (zum Beispiel gegen Frost), geht der Versicherungsschutz verloren.

## e) Feuerversicherung

Ausgeschlossen bei einer Bauleistungsversicherung sind auch Schäden durch Feuer, das durch Brand, Blitzschlag oder Explosion entstanden ist. Eine Feuerversicherung ist für die Zeit der Bauarbeiten besonders empfehlenswert. In den meisten Fällen ist sie Voraussetzung dafür, dass ein Kreditgeber Geld gibt.

## f) Wohngebäudeversicherung

Hat man keine Feuerversicherung bzw. muss man auch keine abschließen, kann man sich diesen Schutz auch über die Wohngebäudeversicherung holen. Feuerschäden am Rohbau sind dann bis zu zwölf Monate mitversichert.

## g) Rechtsschutzversicherung

Für mögliche gerichtliche Auseinandersetzungen mit dem Architekten oder auch dem beauftragten Bauunternehmen ist es ratsam, eine Rechtsschutzversicherung abzuschließen. Ärger am Bau ist leider programmiert, und da ist es gut, wenn man einen Teil des Ärgers auf die Versicherung abwälzen kann.

1.550
250
150
Einheit: 1.950
30% = 650

# III. Kassensturz

## 1. Ermittlung der monatlichen Belastbarkeit

Wer sich für eine Immobilie interessiert, sollte zunächst klären, wie hoch die (monatliche) Belastung aus den eigenen vier Wänden eigentlich sein darf. Er sollte einen Kassensturz machen. Dazu müssen die (monatlichen) Einnahmen den (monatlichen) Ausgaben gegenübergestellt werden.

### a) Monatliche Einnahmen

Vergleichsweise schnell auszurechnen ist das Einkommen, die Einnahmenseite. Wichtig dabei ist, das monatliche *Netto*einkommen anzusetzen. Nur dauerhafte Einnahmen dürfen einbezogen werden, also zum Beispiel keine unregelmäßigen Überstundenzahlungen.

**WISO rät:** Das gleiche gilt für das 13. Monatsgehalt, das Weihnachts- oder Urlaubsgeld. Diese zusätzlichen Einnahmen sind nicht nur ein schönes, sondern auch ein äußerst wichtiges Polster, falls in der Finanzierungsphase – und die kann bis 30 Jahre dauern – irgendwann einmal unvorhergesehene Ausgaben entstehen.

Kindergeldzahlungen oder regelmäßige andere Einnahmen aus Miete oder Rente können dagegen eingerechnet werden. Beträge, die nur einmal im Jahr zufließen, müssen auf zwölf Monate verteilt werden.

Alle Einnahmeposten aufaddiert ergeben schließlich das verfügbare Einkommen.

### b) Monatliche Ausgaben (Lebenshaltungskosten)

Leider allzu häufig unterschätzt werden die monatlichen Ausgaben. Beispiele: Das Zeitungsabo wird vergessen, oder man denkt nicht an die Mitgliedsbeiträge für den Sportverein. Kleine Beträge, die aber in Summe ganz schön ins Geld gehen.

#### Faustregeln

Die meisten Kreditinstitute können oder wollen sich nicht die Mühe machen, die monatlichen Ausgaben detailliert zu berechnen. Sie orientieren sich deshalb an einigen Faustregeln, die ein erster Anhaltspunkt dafür sind, wie es um die finanzielle Situation des Kreditinteressierten steht.

**Erste Faustregel:** Der Kreditgeber stellt fest, wieviel nach Abzug der Zins- und Tilgungsraten fürs Leben übrigbleiben sollte. Die Erfahrungswerte lauten:

- für Alleinstehende: 550 Euro,
- für ein Ehepaar: 850 Euro,
- pro Kind zuzüglich: 200 Euro.

Das würde bedeuten, dass eine Familie mit zwei Kindern mit rund 1.250 Euro im Monat auskommen kann. Wohlgemerkt: eine grobe Faustregel, die viele Dinge gar nicht berücksichtigen kann, zum Beispiel, dass man zwei Autos braucht, wenn das Häuschen im Umland steht. Einige Kreditgeber veranschlagen den Betrag für die monatlichen Ausgaben übrigens auch niedriger – bei der erwähnten Familie zum Beispiel mit 1.100 Euro, ein Betrag, bei dem die meisten Familien wohl darüber liegen dürften und der wirklich schon die unterste Grenze darstellt. Andere unterscheiden außerdem bei Prüfung der Ausgabenseite danach, zu wieviel Prozent die Immobilie aus Eigenkapital beziehungsweise aus Fremdmitteln finanziert wird. Je niedriger der Eigenkapitalanteil, umso vorsichtiger wird gerechnet.

**Zweite Faustregel:** Hier werden die monatlichen Ausgaben von der Kreditseite her betrachtet. Danach dürfen die Ausgaben für Zins und Tilgung mittelfristig nicht mehr als 50% des Nettoeinkommens übersteigen. Sehr vorsichtige Rechner sagen sogar 30%. Dabei muss man allerdings berücksichtigen: Je höher das Einkommen steigt, umso weniger Anteil wird für die monatlichen Ausgaben benötigt. Bei einer Familie mit zwei Kindern, die ein Nettoeinkommen von insgesamt 1.750 Euro hat, wird es schon bei einer finanziellen Belastung von 40% eng, eine andere mit 3.000 Euro netto könnte sogar 50% verkraften. Eine goldene Regel gibt es also nicht.

**Dritte Faustregel:** Dabei betrachtet man die monatliche Belastbarkeit des Kreditkunden für den Kapitaldienst (Zins und Tilgung) unter extremen, das heißt unter ungünstigen Bedingungen. Um das finanzielle Polster auszuloten, legen viele Institute bei den Darlehenskonditionen bewusst nicht das aktuelle Zinsniveau zugrunde. Gerade in Zeiten niedriger Zinsen schlägt ein (seriöses) Kreditinstitut ein paar Prozentpunkte auf, um zu sehen, ob der Darlehensnehmer auch dann noch kreditwürdig wäre. Bei dem günstigen Zinsniveau seit 1998 haben zum Beispiel einige Institute bei der Berechnung des Zinses vier Prozentpunkte aufgeschlagen.

## Berechnung der monatlichen Ausgaben

Wer es genauer wissen möchte, der muss selbst rechnen.

**WISO rät:** Wer genügend Zeit hat bis zur Wahl einer Immobilie, der sollte vorab eine Zeitlang ein Haushaltsbuch führen, und zwar über Wochen, am besten sogar über Monate hinweg. Darin können alle anfallenden Ausgaben eingetragen werden. Wichtig: alle Ausgaben müssen im Anschluss daran auf den Monat umgerechnet werden.

**Haushaltskosten**

Den größten Betrag machen die Kosten für die Haushaltsführung aus: für Lebensmittel, Kleidung, Hausrat oder Körperpflegemittel und Arzneien. Besonders schwierig ist hier die monatliche Umrechnung für neue Kleidung oder neue Haushaltsgeräte. Im Zweifel muss dafür eine Pauschale angesetzt werden.

**Wohnnebenkosten**

Miete ist das einzige, was Immobilieneigentümer in Zukunft nicht mehr zahlen müssen. Doch die Nebenkosten fürs Wohnen, wie Heizung und Strom, Abwasser, Steuern, Müllbeseitigung oder Straßenreinigung, fallen auch weiterhin an. Es gibt Erfahrungswerte, wonach die Betriebskosten für ein Haus pauschal mit 1,50 Euro, vorsichtshalber mit 2 Euro pro Monat und Quadratmeter (nur das Gebäude) anzusetzen sind, für eine Wohnung mit 2 Euro oder sogar mit 2,50 Euro, weil in der Regel eine Hausverwaltung bezahlt werden muss. Einige Ausgaben kommen hinzu, zum Beispiel Instandhaltungskosten, für die eine Rücklage einzukalkulieren ist. Dafür sollte man von Anfang an 0,50 Euro pro Quadratmeter berücksichtigen. Später tut es sonst mehr weh, wenn bei einem Schaden im oder am Gebäude zu wenig Rücklagen bestehen und größere Summen auf einmal aufzubringen sind.

**WISO rät:** Die zuständigen Behörden informieren über Nebenkosten wie Müllabfuhr und Wasser sowie über die Höhe der Grundsteuer, die von Gemeinde zu Gemeinde unterschiedlich ist.

Schließlich dürfen die Kabel- sowie Rundfunkgebühren und vor allem die Telefonrechnung nicht vergessen werden.

**Auto**

Bei den Kosten für das Auto reicht es leider nicht, nur Benzin, Steuern und Versicherung einzurechnen. Reparaturen müssen ebenso berücksichtigt werden wie die Tatsache, dass das Fahrzeug irgendwann einmal ersetzt werden muss. Der jährliche Wertverlust für Autos ist enorm hoch, vor allem in den ersten Jahren.

**WISO rät:** Listen über diesen Wertverlust gibt es für wenig Geld im Buchhandel und inzwischen auch im Internet (www.eurotax.de). Alle Zahlen werden regelmäßig aktualisiert. Damit lässt sich umrechnen, was monatlich zurückgelegt werden muss, wenn alle paar Jahre ein Neuer vor der Tür stehen soll.

Nicht zu vergessen: die Kosten für die Nahverkehrsmittel oder für die Anschaffung von Fahrrädern.

**Private Versicherungen**

Noch relativ einfach zu überblicken sind die Ausgaben bei Versicherungen für die Haftpflicht, den Rechtsschutz usw. Beiträge für die Kapitallebensversicherung können normalerweise gestrichen werden, weil diese sich bei der Eigenheimfinanzierung in der Regel nicht lohnt. Es gibt viele Ausnahmen, aber ob und wie, entscheidet letztlich die konkrete Ausgestaltung des Versicherungsvertrages. Später dazu mehr (siehe Seite 125).

**Zahlungsverpflichtungen**

Es kann sein, dass ein länger laufender Kredit noch abgezahlt werden muss, etwa für das Auto oder die Möbel. Diese Raten sollten möglichst vor dem Kauf einer Immobilie getilgt werden, denn gerade in den ersten Jahren wird die Belastung durch die Immobilie sehr hoch sein. Viele Haushalte in Deutschland sind heillos überschuldet, weil sie irgendwelche Ratenkredite abstottern. Mit so etwas sollte man sich nicht noch zusätzlich belasten, nur weil Zahlungsverpflichtungen „vergessen“ wurden.

**Freizeit/Unterhaltung**

Alles, was das Leben, außer der neuen Immobilie natürlich, angenehm macht, gehört unter diesen Posten, also etwa das Bier um die Ecke oder der Besuch im Theater. Dazu kommen Vereinsbeiträge und auch der Urlaub. Hier können außerdem die Kindergartenbeiträge oder die Kosten für die Tagesmutter verbucht werden. Zeitungsabos nicht vergessen!

**Sonstige Ausgaben**

Einfach eine Vorsichtsmaßnahme: Wenn trotz aller genauen Pläne etwas vergessen wurde, ist ein finanzielles Polster hilfreich. Ein Betrag von 25 Euro pro Monat ergibt sich schnell, und sei es nur, weil irgendwelche Vereins- oder Kindergartenbeiträge plötzlich steigen.

## Checkliste: Finanzielle Belastbarkeit

Annahme: Familie mit zwei Kindern, monatliche Posten in Euro, geplante Größe des Wohnobjekts 110 Quadratmeter

| Finanzielle Belastbarkeit | | |
|---|---|---|
| **Nettoeinkommen** | **2.522** | |
| + Kindergeld (2x) | 308 | |
| + Sonstige Einnahmen | – | |
| **= Verfügbares Einkommen** | **2.830** | |
| – Lebensmittel | 300 | 200 |
| – Kleidung | 125 | 100 |
| – Körperpflege/Gesundheit | 50 | 30 |
| – Hausrat | 100 | 50 |
| – Strom/Heizung | 110 | 60 |
| – Wohnnebenkosten | 220 | 230 |
| – Instandhaltungsrücklage | 55 | – |
| – Telefon | 60 | 70 |
| – Auto/Verkehrsmittel | 280 | 250 |
| – Versicherungsbeiträge | 75 | 50 |
| – Zahlungsverpflichtungen | 40 | 100 |
| – Freizeit/Unterhaltung | 105 | 50 |
| – Urlaub | 185 | 50 |
| – Sonstige Ausgaben | 25 | 20 |
| **= Finanzielle Belastbarkeit** | **1.100** | |

# 2. Maximaler Kreditbetrag

Im nächsten Schritt gilt es zu ermitteln, wie hoch das Darlehen sein darf. Zunächst ging es nur darum, wieviel Geld monatlich erübrigt werden kann, jetzt berechnet sich daraus der maximale Kreditbetrag. Dessen Höhe hängt neben der finanziellen Belastbarkeit von zwei weiteren Faktoren ab:

- vom aktuellen **Nominalzinssatz** für den Kredit: Das ist der Zinssatz, den man für das Darlehen zahlen muss – nicht zu verwechseln mit dem höheren **Effektivzins**, der weitere, aber auch nicht alle Kreditkosten mit berücksichtigt (siehe Kapitel IV.2). Der Nominalzins soll an dieser Stelle verwendet werden, um die Rechnung möglichst anschaulich zu gestalten. Alle weiteren Finanzierungskosten, die beim Bau oder Kauf einer Immobilie entstehen, werden dann bei der Ermittlung des effektiven Zinses gesondert betrachtet;
- vom **Tilgungssatz:** Das ist der Anteil des Darlehens, den man monatlich zurückzahlt, um die Schulden zu verringern. Zu Beginn der Rückzahlung beträgt der Tilgungsanteil meist 1 bis 2%.

Um den Kreditrahmen auszuloten, gibt es eine einfache Formel:

$$\textbf{\textit{Maximaler Kreditbetrag}} = \frac{\textit{Finanzielle Belastbarkeit x 12 Monate x 100}}{\textit{Zinssatz + Tilgungssatz (in \%)}}$$

**Rechenbeispiel:** *Finanzielle Belastbarkeit monatlich 1.100 Euro bei einem Nominalzins von 7,0%, die Tilgung beträgt 1%:*

$$\textbf{\textit{Maximaler Kreditbetrag}} = \frac{\textit{1.100 Euro x 12 x 100}}{7 + 1}$$

Das ergibt in diesem Fall einen maximalen Kreditbetrag von immerhin 165.000 Euro. An diesem Beispiel zeigt sich schnell, wie sehr der Kreditbetrag von Zins und Tilgung abhängt. Steigt der Zins bei gleichbleibender finanzieller Belastbarkeit zum Beispiel nur um einen Prozentpunkt, verringert sich der maximale Kreditbetrag um fast 18.500 Euro. Sinkt der Zins dagegen um einen halben Prozentpunkt, erhöht sich der maximale Kreditbetrag auf 176.000 Euro. Das gleiche gilt für die Tilgungsrate.

Noch einmal der Hinweis: Bei dieser sehr vereinfachten Berechnung des maximalen Kreditbetrages wird zunächst von einem einzigen Zinssatz ausgegangen. Tatsächlich wird ein Kreditnehmer ziemlich sicher mehrere verschiedene Darlehensarten beziehungsweise Darlehen mit unterschiedlich langen Zinsbindungen neben- oder nacheinander einsetzen. Das hat zur Folge, dass es nur in ganz wenigen Fällen zu einer dau-

erhaft gleichmäßigen Belastung kommt, bis ein Immobilienfinanzierer schuldenfrei ist. Wie die genaue monatliche Belastung letztlich aussehen wird, lässt sich nur mit Hilfe eines detaillierten Finanzierungsplans berechnen (siehe Kapitel V.5).

## 3. Verfügbares Eigenkapital

Die Schritte 1 und 2 waren notwendig, um den Kreditrahmen auszuloten. Die nächste wichtige Frage lautet: Ist der Kreditgeber auch tatsächlich bereit, ein entsprechend hohes Darlehen zur Verfügung zu stellen?

### a) Regeln der Kreditgeber

Das hängt in erster Linie davon ab, wieviel Eigenkapital der Immobilieninteressierte zur Verfügung hat, wieviel Geld er also selbst erübrigen kann. Denn ebenso wie bei der Frage nach der monatlichen Belastbarkeit setzen Kreditinstitute bei der Finanzierung einer Immobilie einen bestimmten Eigenanteil voraus. Deshalb sei gewarnt:

**WISO rät:** Mit Anzeigen, die vorgaukeln, man könne den Bau oder Kauf einer Immobilie ohne einen Pfennig Eigenkapital finanzieren, sollte man nur eins machen: wegschmeißen!

Ein seriöser Kreditgeber würde sich auf so etwas nur einlassen, wenn er es mit jemandem zu tun hat, der ein sehr hohes regelmäßiges Einkommen nachweisen kann. Nur dann nämlich ist ein Kreditnehmer in der Lage, eine Immobilie ausschließlich über den monatlichen Verdienst zu finanzieren beziehungsweise darüber, was er auf Dauer monatlich für die Abzahlung des Kredits erübrigen kann. Ausnahmen machen Banken nur dann, wenn der Kreditnehmer anstelle des Eigenkapitals zinsverbilligte öffentliche Darlehen oder zinslose Zuschüsse bezieht (siehe Kapitel VIII).

Im Allgemeinen aber haben Banken und Sparkassen eine Art goldene Regel, wonach mindestens 20% der Gesamtkosten durch Eigenkapital finanziert werden sollten. Das heißt aber auch: Je höher die Quote ist, umso besser. Denn die Institute honorieren es in der Regel mit ein paar Zehntelprozentpunkten weniger bei den Zinsen, je mehr Kapital eingebracht wird.

**WISO rät:** Probleme gibt es mit „Schwarzgeld" aus heimlichen Geldanlagen, Schenkungen oder Erbschaften. Das Finanzamt prüft beim Bau oder Kauf einer Immobilie sehr genau, woher das Geld für die Finanzierung stammt. Bei selbst genutzten Immobilien geschieht das, sobald die Eigenheimzulage beantragt wird, bei vermieteten Immobilien spätestens bei der Steuererklärung. Tauchen dabei Beträge aus bisher nicht deklarierten Geldanlagen auf, ist der Ärger mit dem Fiskus programmiert!

## b) Guthaben

Die erste und wichtigste Regel lautet hier: Der Kreditnehmer sollte soviel Eigenkapital wie möglich flüssig machen. Wer mehr als eine eiserne Reserve zurückbehält, muss nur einen unnötig hohen Kredit für die Finanzierung aufnehmen.

Die Erklärung ist ganz einfach: Sollzinsen, und dazu zählen die Zinsen für ein Hypothekendarlehen, sind in aller Regel höher als die Habenzinsen beziehungsweise die Rendite, die eine Geldanlage bringt.

Das gilt vor allem für Geldanlagen auf dem Sparkonto, aber auch für Termingelder. Dabei sollte man übrigens rechtzeitig an die Kündigung denken, sonst werden „Strafzinsen" fällig!

Selbst bei einem Rentenpapier lohnt sich der Verkauf. Angenommen, das Papier wurde zu einem früheren Zeitpunkt in einer Hochzinsphase zu nominal 9% Zinsen gekauft. Der aktuelle Hypothekenzins liegt bei 6%. Dann kann das Rentenpapier jetzt an der Börse zu einem deutlich höheren Kurs verkauft werden, als ursprünglich dafür bezahlt wurde. Denn der Kurswert eines festverzinslichen Wertpapiers richtet sich immer nach dem aktuellen Zins. Sinkt der Zins, steigt der Kurs eines nominal hochverzinsten Rentenpapiers. Eine Ausnahme sind hier die nicht an der Börse gehandelten Bundesschatzbriefe, die je nach Typ bei Fälligkeit zum Nennwert oder Rückzahlungswert gutgeschrieben werden.

Die Regel, möglichst alles zu versilbern, gilt auch für Aktien oder Investmentfonds. Zwar kann durch Kursgewinne unter Umständen langfristig mehr Rendite erzielt werden, als ein Hypothekendarlehen an Zinsen kostet, aber das ist reine Spekulation! Wer auf Nummer Sicher gehen möchte, sollte verkaufen, wenn nicht gerade ein absoluter Tiefpunkt an der Börse ist.

Bausparguthaben sollte man nur dann sofort einbringen, wenn der Vertrag bereits zuteilungsreif ist. Ein zuteilungsreifer Bausparvertrag ist ein günstiges Finanzierungsmittel (siehe Kapitel V.3). Laufende Verträge sollte man kündigen und dafür ein größeres Hypothekendarlehen aufnehmen, nachdem man über folgende Alternative nachgedacht hat:

**WISO rät:** Bei einem laufenden Bausparvertrag könnte man auch einen Teil des Eigenkapitals für eine Soforteinzahlung in den Bausparvertrag nutzen. Vorab sollte man mit dem Bausparberater abklären, wieviel eingesetzt werden muss, um die Wartezeit zu verkürzen, damit der Vertrag sofort zuteilungsreif wird.

Eine weitere Variante besteht darin, die Bausparsumme herabzusetzen oder zu teilen. Das kostet allerdings einen Teil der Abschlussgebühr, nämlich den, der auf den reduzierten Teilbetrag entfällt. Hier muss die Gegenrechnung gemacht und verglichen werden, was günstiger ist.

Wer nach einem solchen Beratungsgespräch doch lieber einen Hypothekenkredit aufnimmt, sollte bedenken:

**WISO rät:** Das Weitersparen an einem Bausparvertrag, der nicht zuteilungsreif ist, lohnt sich nur unter ganz bestimmten Bedingungen. Ausnahmen kann es zum Beispiel dann geben, wenn das Mindestsparguthaben fast erreicht ist. In einem solchen Fall hat man aber die Doppelbelastung aus Hypothekendarlehen und Bausparvertrag.

Entscheidungshilfen zum Thema „Bauspardarlehen“ finden sich im Kapitel V.

Ähnliche Überlegungen muss der Darlehensnehmer auch bei Lebensversicherungen anstellen. Laufende Verträge weiter zu bedienen, zahlt sich nicht unbedingt aus, es sei denn, die Lebensversicherung wird für die Immobilienfinanzierung (siehe Kapitel V. 2) genutzt. Dabei müssen allerdings vorab zwei wichtige Aspekte berücksichtigt werden: zum einen die steuerliche Seite – Erträge aus Kapitallebensversicherungen müssen versteuert werden, wenn sie vor Ablauf von zwölf Jahren zurückgekauft werden. Zum anderen sollte vor einer Kündigung geklärt werden, wie hoch der Rückkaufswert der Versicherung ist. Je nach Vertragsdauer ist er unter Umständen am Ende niedriger als die Summe dessen, was in den vergangenen Jahren eingezahlt wurde!

## c) Familiendarlehen

Der Eigenkapitalersatz durch ein Familiendarlehen, also das von einem Familienangehörigen geschenkte oder geborgte Geld, ist für die jetzige Generation von potentiellen Immobilieneigentümern immer wichtiger. Es gibt viel zu erben. Man sollte sich nicht davor scheuen, Eltern oder andere Verwandte nach einem Familiendarlehen zu fragen.

**WISO rät:** Aufgepasst, wenn das zur Verfügung gestellte Geld aus schwarzen Kanälen kommt. Denn das Finanzamt fragt nach, woher und von wem das Familiendarlehen stammt. Hat das Familienmitglied Zinseinkünfte oder andere Einkünfte verschwiegen und nicht versteuert, gibt es Ärger mit dem Fiskus!

Viele Kreditinstitute akzeptieren ein solches Darlehen allein schon deshalb, weil damit der für die Kreditzusage notwendige Eigenkapitalanteil erreicht wird. Auf so etwas sollte man sich aber nur in Ausnahmefällen einlassen. Dazu zählt zum Beispiel, wenn das Kreditinstitut das Darlehen zu einem günstigeren Zins anbietet. Das ist dann der Fall, wenn durch ein Familiendarlehen (beziehungsweise eine Schenkung, siehe unten) mehr Eigenkapitalanteil nachgewiesen werden kann als der von dem Institut geforderte Mindestanteil.

Das Beste, was einem passieren kann, ist natürlich ein Geldgeschenk, eine Schenkung. Aber Achtung:

**WISO rät:** Man sollte mögliche Freibetragsgrenzen beachten! Wenn die Sprößlinge oder sonstige Verwandte zu viel geschenkt bekommen, bedient sich der Staat in Form der Schenkungsteuer. Die Freibetragsgrenzen richten sich nach dem Verwandtschaftsgrad und nach der Steuerklasse des Beschenkten.

Aber selbst wer das Darlehen an den Verwandten zurückzahlen muss, ob mit oder ohne Zinsen, kommt noch immer billiger weg, als wenn er größere Schulden bei einem Kreditinstitut machen muss. Denn eine Bank oder Sparkasse wird in jedem Fall höhere Zinsen verlangen.

**WISO rät:** Als „echtes" Eigenkapital darf nur eingesetzt werden, was später nicht wieder zurückgezahlt werden muss, also ein Geldgeschenk!

Unabhängig davon, wie die Konditionen des Familiendarlehens sind, ob nun mit oder ohne Rückzahlung, ob mit oder ohne Verzinsung, gilt:

**WISO rät:** Auch mit einem Geldgeber aus der Familie sollte ein Darlehensvertrag abgeschlossen werden. Das geht ohne Notar und Grundbucheintragung und erspart unter Umständen spätere Familienstreitigkeiten. Ein solcher formloser Vertrag sollte die Höhe des Darlehens, die Höchstdauer, monatliche (Mindest-)Raten, eventuelle Zinstermine und Sicherheiten berücksichtigen.

## d) Eigenleistungen

Ab Seite 47 wurde bereits alles Wichtige zum Thema „Eigenleistungen" beschrieben. An dieser Stelle sei aber noch einmal ausdrücklich an zwei Dinge erinnert:

Eigenleistungen sollte man nur da übernehmen, wo sie wirklich Sinn machen, zum Beispiel beim Fliesenlegen, Tapezieren und bei Sanitärinstallationen. Also gar nicht erst anfangen, mit Schaufel und Pickel die Baugrube auszuheben.

**Rechenbeispiel:** *Bau einer Immobilie, Kosten samt Grundstück 225.000 Euro, Angebot des Bauträgers, als Eigenleistung das Haus selbst zu tapezieren. Der Gesamtwert dieser Arbeiten liegt etwa bei 7.000 Euro, erfahrungsgemäß rund 3% der gesamten Baukosten. Davon entfallen allerdings auf das Material Kosten in Höhe von 1.500 Euro, für Tapeten, Leim, Farbe usw. Der Rest von 5.500 Euro kann als Eigenleistung verbucht werden.*

**WISO rät:** Wer als Laie selbst Hand anlegt, sollte davon ausgehen, dass er höchstens 10% aller Kosten, in Geld ausgedrückt aber maximal 7.500 Euro als Muskelhypothek einbringen kann. Alles andere sollte man den Profis überlassen – die sind einfach schneller, man spart Nerven, Zeit und damit Geld!

### Checkliste: Verfügbares Eigenkapital

Wer nun Punkt für Punkt durchgegangen ist, kann sich nach dem Muster des untenstehenden Beispiels eine Checkliste für das verfügbare Eigenkapital anfertigen:

| Verfügbares Eigenkapital (in Euro) | |
|---|---|
| **Girokonto** | **4.000** |
| + Sparguthaben und Termingelder | 9.000 |
| + Festverzinsliche Wertpapiere | 13.000 |
| + Aktien/Investmentfonds | – |
| + Zuteilungsreifes Bausparguthaben | 25.000 |
| + Rückkaufswert Lebensversicherung | – |
| + Sonstige Werte (Gold, Immobilien) | – |
| + Geldgeschenk | 35.000 |
| + Wert der Eigenleistungen | – |
| **= Verfügbares Eigenkapital** | **86.000** |

# 4. Maximale Finanzierungsmöglichkeit

Spätestens an diesem Punkt müsste klar sein, wie hoch der maximale Kreditbetrag sein darf, der aufgenommen werden kann, und wieviel Eigenkapital zur Verfügung steht. Damit hat man die beiden wichtigsten Informationen zur Verfügung, um zu wissen, in welcher Höhe sich eine Immobilie finanzieren lässt. Aus der Summe beider Beträge ergibt sich schließlich die maximale Finanzierungsmöglichkeit.

**Rechenbeispiel:**

| Maximale Finanzierungsmöglichkeit (in Euro) | |
|---|---|
| Maximaler Kreditbetrag | 165.000 |
| + Eigenkapital | 86.000 |
| **= Maximale Finanzierungsmöglichkeit** | **251.000** |

# 5. Maximale Objektkosten

Nun ist das, was als maximaler Betrag finanziert werden kann, keineswegs identisch mit dem, was das Objekt selbst maximal kosten darf. Denn die maximalen Objektkosten liegen deutlich darunter. Häufig genug kommt es allerdings vor, dass unseriöse Finanzierungsberater alle möglichen Nebenkosten unterschlagen.

**WISO rät:** Was von diesen Beratern gerne vergessen wird, sind Kauf- und Baunebenkosten wie Erschließungskosten, Notargebühren oder Maklerprovisionen.

Umgekehrt werden die Möglichkeiten an Eigenleistungen (Muskelhypothek) gerne übertrieben. Ebenso die steuerlichen Tricks, die gerade der Selbstnutzer häufig gar nicht ausschöpfen kann oder von denen man ihm tunlichst abraten sollte (zum Beispiel ein Disagio einzusetzen, siehe Seite 99).

Vielfach unterschlagen diese Berater auch die Tatsache, dass die Eigenheimzulage nach acht Jahren ausläuft. Wird dies nicht mit berücksichtigt, gibt es später unter Umständen eine Finanzierungslücke – die übrigens noch größer ausfällt, falls aus Unkenntnis tatsächlich ein Disagio eingesetzt wurde.

Daher gilt entgegen allen möglichen falschen Versprechungen: Wer eine Immobilie baut oder kauft, muss immer mit einer Reihe von zusätzlichen Kosten und Gebühren rechnen.

**WISO rät:** Wer grob überschlagen möchte, was an zusätzlichen Kosten entsteht, der kann sich an folgende Faustregel halten: Beim Bau oder Erwerb einer Immobilie können bis zu 16% an Nebenkosten zusätzlich zum reinen Objektpreis auf den Immobilienfinanzierer zukommen.

Im Einzelfall mag das zwar deutlich weniger sein; das hängt zum Beispiel schon allein davon ab, ob eine Immobilie gebaut oder gekauft wird, ob diese neu oder gebraucht ist oder ob man einen Makler eingeschaltet hat. In keinem Fall aber sollte man diese Nebenkosten unterschätzen und im Zweifel bei der Finanzierungsplanung etwas großzügiger sein. Denn man muss immer darauf vorbereitet sein, dass in der Bau- oder Finanzierungsphase plötzlich Kosten entstehen, die nicht einkalkuliert waren. Damit sich diese unangenehmen Überraschungen wenigstens in Grenzen halten, sollte man vorher alle möglicherweise anfallenden Kosten und die damit verbundenen Nebenkosten Punkt für Punkt auflisten.

## a) Kosten beim Kauf

Beim Kauf einer Immobilie muss zwischen einer neuen und einer gebrauchten unterschieden werden:

## Kaufpreis

Der Kaufpreis muss in jedem Fall entrichtet werden. Wurde ein Makler eingeschaltet, verlangt dieser für seine Dienste ein Honorar, auch Courtage genannt. Es ist regional unterschiedlich hoch, liegt aber mindestens bei 3,48% des Kaufpreises.

## Grunderwerbsteuer

Ebenfalls nach dem Kaufpreis richtet sich die Grunderwerbsteuer von 3,5%. Bemessungsgrundlage ist in den meisten Fällen der Gesamtkaufpreis, also sowohl der Kaufpreis für das Grundstück wie für das Gebäude beziehungsweise für die Wohnung.

Das Bundesverfassungsgericht (BVG) hat übrigens entschieden, dass die Grunderwerbsteuer erhoben werden darf (AZ: BvL 14/98). Lange Zeit war das unklar, weil einige Finanzgerichte die Verfassungsmäßigkeit in Frage gestellt hatten. In einem früheren Urteil hatte das BVG zur Vermögensteuer festgestellt, dass privates Gebrauchsvermögen steuerlich freigestellt werden muss. Später verwarf es jedoch selbst die Schlussfolgerung der Finanzgerichte: Die Begründung für das Urteil zur Vermögensteuer sei nicht als allgemeines Prinzip zu verstehen.

## Geldbeschaffungskosten

Es werden außerdem Geldbeschaffungskosten fällig, also Notargebühren (1%) und die Gebühren für die Eintragung beziehungsweise bei gebrauchten Immobilien für die Umschreibung im Grundbuch (0,5%). Der Notar hat feste Gebührensätze, die sich nach der Höhe des Objektpreises richten.

## Instandsetzungskosten

Zusätzliche Instandsetzungs- und Modernisierungskosten können bei der gebrauchten Immobilie entstehen, zum Beispiel wegen einer veralteten Heizungsanlage oder weil das Dach undicht ist. Solche Kosten sollte man nicht unterschätzen, am besten – vor dem Kauf – einen Sachverständigen zu Rate ziehen!

Apropos Heizung: Spätestens ab November 2004 werden alle Anlagen stillgelegt, die dem Abgas-Standard der Bundes-Immissionsschutz-Verordnung vom Januar 1998 nicht genügen. Außerdem gilt seit Februar 2002 die Energiesparverordnung: Mit ihr kommt – mit wenigen Ausnahmen – das Aus für alle vor Oktober 1978 installierten Heizkessel. Aber auch Heizanlagen jüngeren Datums müssen längerfristig ausgetauscht werden. Der Staat unterstützt die dafür notwendigen Investitionen mit Zuschüssen von der staatseigenen KfW, der Kreditanstalt für Wiederaufbau (siehe Seite 206).

Die Energiesparverordnung empfiehlt bei Altbauten vor allem für vermietete Immobilien die Ermittlung der realen, witterungsbereinigten Energieverbrauchskennwerte. Dieser Kennwert soll, so die Idee, dem Käufer einer Immobilie bzw. dem Mieter die Möglichkeit geben, die Betriebskosten und die Wohnqualität einzuschätzen. Auch Kreditinstitute sollen daran ablesen können, ob sich die Finanzierung eines Objekts

lohnt. Das bedeutet: Wer in die Modernisierung einer Altimmobilie investiert, für den soll sich das richtig bezahlt machen beim Verkauf oder bei der Vermietung der Immobilie.

Die Energieverbrauchskennwerte der Immobilie kann man mittels eines Energieverbrauchs-Zertifikats (Kostenpunkt rund 35 Euro) ermitteln lassen. Oder wer einen Internetanschluss hat, kann sie sich selbst über die WISO-Homepage (www.zdf.de/ratgeber) kostenlos ausrechnen; und erfährt, was man anschließend machen muss, um seinen Altbau, falls notwendig, energietechnisch aufzurüsten. Dabei kann ein „offizieller" Berater, ein Ingenieur helfen. Dessen Aufwandsentschädigung wird über ein Förderprogramm der Bundesregierung bezuschusst, anders übrigens, wenn man einen Schornsteinfeger damit beauftragt. Näheres findet man auch dazu auf der WISO-Homepage.

## b) Kosten beim Bau

Bei den Baukosten muss zwischen den Aufwendungen für das Grundstück und für das Gebäude selbst unterschieden werden.

### Grundstückskosten

Auch hier ist zunächst der Kaufpreis zu entrichten. Wurde das Grundstück über einen Makler erworben, wird Maklercourtage (mindestens 3,48%) fällig.

#### Grunderwerbsteuer

Auf den Grundstückspreis wird – wie bereits erwähnt – die Grunderwerbsteuer von derzeit 3,5% erhoben. Bemessungsgrundlage ist normalerweise das Grundstück, häufig wird jedoch der Kaufpreis des Gebäudes bzw. der Wohnung mit in die Bemessungsgrundlage einbezogen, schon allein deshalb, weil es in den letzten Jahren üblich war, beim Bau einer Immobilie alles aus einer Hand zu machen. Der Verkäufer des Grundstücks war nicht selten gleichzeitig der Bauträger.

Das lässt sich nur umgehen, wenn man dem Fiskus glaubhaft nachweisen kann, dass der Kauf des Grundstücks mit dem Bau des Gebäudes nichts zu tun hat. Das setzt voraus, dass der Kaufvertrag für das Grundstück und der Bauvertrag über das Haus getrennt voneinander abgeschlossen werden. Eine Möglichkeit:

**WISO rät:** Wenn der Verkäufer des Grundstücks und der Bauträger nicht dieselbe Rechtsperson sind oder nicht in irgendeinem rechtlichen Zusammenhang stehen, kann man vom Fiskus verlangen, die Grunderwerbsteuer nur für das Grundstück zahlen zu müssen.

Es kommt nämlich darauf an, dass der Bauherr bei der Unterzeichnung des Bauvertrags unabhängig in seiner Entscheidung war, wen er mit dem Bau beauftragt; dann muss das Finanzamt von zwei verschiedenen Rechtsvorgängen ausgehen. Zwischen

den Verträgen darf kein enger sachlicher Zusammenhang bestehen. Dies wäre dann der Fall, wenn der Verkäufer aufgrund einer ganz konkreten Vorplanung ein bestimmtes Gebäude auf einem bestimmten Grundstück zu einem im Wesentlichen feststehenden Preis anbietet und der Erwerber dieses Angebot nur einheitlich bzw. insgesamt annehmen kann.

Diese Ansicht untermauert noch einmal ein Urteil des Bundesfinanzhofs (v. 27.10.1999, AZ II r 17/99). Wer ein unbebautes Grundstück kauft, gleichzeitig mit dem Veräußerer oder ihm nahestehenden Unternehmen Verträge abschließt, die die künftige Bebauung des Grundstücks betreffen, der muss von einem einheitlichen Vertragswerk ausgehen. Das bedeutet: Der Käufer muss sowohl auf die Grundstücks- als auch auf die Gebäudekosten Grunderwerbsteuer zahlen.

Wer ein Grundstück kauft, das zur Erschließung ansteht, sollte darauf achten, dass ausdrücklich das unerschlossene Grundstück Kaufgegenstand ist. Dann braucht er für die später anfallenden Erschließungskosten keine Grunderwerbsteuer zahlen. Das gilt selbst dann, wenn er sich im Kaufvertrag verpflichtet, die Erschließungskosten zu übernehmen (BFH-Urteil v. 15.3.2001, AZ: II R 39/99).

Verkauft ein Bauherr während der Bauphase das Grundstück und verlangt vom Erwerber in den Bauvertrag einzutreten und von allen vertraglichen Verpflichtungen freigestellt zu werden, liegt kein einheitliches Vertragswerk vor. Das bedeutet: Das Finanzamt darf nur die zum Verkaufszeitpunkt vorhandene Bausubstanz, selbstverständlich zuzüglich Grundstückswert, für die Berechnung der Grunderwerbsteuer zugrunde legen, also nicht den später komplett fertigen Bau. Etwas anderes gilt, wenn dem Verkäufer und dem mit dem Bau beauftragten Unternehmen ein abgestimmtes Verhalten nachgewiesen werden kann (BFH-Urteil v. 22.5.2002, AZ: II R 1/00).

**Geldbeschaffungskosten**

Außerdem fallen Geldbeschaffungskosten wie Notargebühren für die Kaufabwicklung (ca. 1%) und die Gebühren für die Eintragung im Grundbuch (0,5%) an.

**Erschließungskosten**

In der Regel müssen Erschließungskosten einkalkuliert werden. Dazu muss vorab geklärt sein, ob und wieviel Gebühren für den Bau von Straßen, für Wasser-, Abwasser-, Strom-, Gas-, sowie Telefon- und Kabelanschluss zu zahlen sind. Dafür gibt es keine allgemeine Richtgröße, aber es können durchaus mehrere tausend Mark anfallen.

## Gebäudekosten

Anteilig am höchsten sind natürlich die Baukosten eines Hauses. Nur unter der Voraussetzung, dass ein Bauunternehmen das Gebäude zum Festpreis erstellt, weiß man genau, was das Objekt kosten wird.

Wer die Bauleitung selbst in die Hand nimmt beziehungsweise sich das Haus von ei-

nem Architekten bauen lässt, für den wird es deutlich schwieriger, die Kosten im voraus zu schätzen. Um sie wenigstens ungefähr vorhersagen zu können, haben Fachleute nach Ausstattung, Geschoßzahl und -ausbau sowie abhängig davon, ob es sich um Ein- oder Mehrfamilienhäuser handelt, DIN-Normen für den Rauminhalt und den umbauten Raum entwickelt. Diese können aber allenfalls nur eine ungefähre Richtgröße sein, denn in der Praxis sind solche Kosten nach oben hin offen. Letztlich wird nur der Architekt sagen können, welche Material- und Handwerkerkosten einzukalkulieren sind. Dazu muss es natürlich einen endgültigen Entwurf des Hauses geben.

**WISO rät:** Wichtig ist deshalb, alle Gebäude- und Ausstattungsmerkmale von vornherein in ihrer endgültigen Größenordnung zu planen. Schon durch kleinere Veränderungen an der Ausstattung kann die Immobilie unter Umständen um bis zu 50% teurer werden.

**Kosten der Außenanlage**

Zu den eigentlichen Gebäudekosten kommen die Kosten der Außenanlage hinzu. Dazu zählen Anschlüsse der Versorgungsleitungen von der Hauptleitung in das Gebäude, Entwässerungs- und Gartenanlagen, Wege, Parkplatz, Grundstücksmauer usw.

**Baunebenkosten**

Honorare für den Architekten, für Ingenieur- und Statikerleistungen sind ebenfalls einzurechnen. Diese Positionen können als Baunebenkosten zusammengefasst werden. Dabei müssen auch die Gebühren für die behördliche Prüfung und Genehmigung berücksichtigt werden.

**Versicherungen**

Nächster wichtiger Punkt sind die Versicherungen. Der Bauherr ist für die Sicherheit an seiner Baustelle verantwortlich. Daher ist es dringend geboten, beim Bau einer Immobilie entsprechende Versicherungen abzuschließen. In einigen Fällen kommt man gar nicht daran vorbei: Ohne eine Feuerversicherung zum Beispiel würde man keinen Kreditgeber für das Bauvorhaben finden. Aber selbst wenn man eine Immobilie kauft, wird man um eine Versicherung nicht herumkommen. Zum Beispiel muss eine Gebäudeversicherung nachgewiesen werden. Eine private Haftpflichtversicherung ist in jedem Fall sinnvoll (mehr zum Thema „Versicherungen“ siehe Seite 63 ff).

Wichtig außerdem: Seit der Baustellenverordnung aus dem Jahr 1998 haftet nicht mehr der Bauunternehmer für die Sicherheit seiner Arbeitnehmer auf der Baustelle, sondern der Bauherr allein hat die Verantwortung für die Sicherheit am Bau. Diese Baustellenverordnung ist so eng gefasst, dass sie unter Umständen schon für den Bau eines einfachen Einfamilienhauses gilt. Angesichts der Baustellenverordnung ist es umso dringender geboten, beim Bauen extra Versicherungen abzuschließen.

Allerdings kann sich der Bauherr einen „Sicherheitskoordinator" bestellen, der schon während der Planung eines Gebäudes einen Sicherheits- und Gesundheitsschutzplan erstellt und dessen Einhaltung später überwacht.

**WISO rät:** Abgeklärt werden muss auch, wer letztlich im Schadensfall geradestehen und damit haften muss: der Bauherr oder sein Sicherheitskoordinator.

## c) Finanzierungsnebenkosten

Sowohl beim Kauf als auch beim Bau einer Immobilie fallen Finanzierungskosten an. Diese Kosten werden bei der Betrachtung des effektiven Zinses detailliert beschrieben (siehe Kapitel IV).

Doch es gibt noch weitere Kosten, die bei der Kreditaufnahme anfallen: die so genannten Finanzierungsnebenkosten. Die meisten Kreditgeber erheben vor der Kreditvergabe zunächst Wertermittlungsgebühren, auch Schätzkosten genannt. Zahlen muss, wer von seinem Kreditinstitut prüfen lässt, wie hoch der Objektwert einer Immobilie ist, also was an Sicherheiten da ist, wenn ein Kredit aufgenommen wird. Die Gebühr richtet sich entweder nach der Höhe des voraussichtlichen Schätzwertes oder nach der – niedrigeren – Darlehenssumme und macht je nach Kreditgeber zwischen 0,2 und 0,5% einer dieser beiden Größen aus. Der Einfachheit halber sollte man sich bei seinen Planungen nach der Höhe der Darlehenssumme richten.

Zinsbelastungen können schon während der Bau- beziehungsweise Fertigstellungsphase und auch beim Kauf entstehen. In diesem Fall spricht man von Bauzeitzinsen (Bau) oder Bereitstellungszinsen (Kauf).

Bauzeitzinsen können anfallen, wenn das Darlehen nicht in einer Summe, sondern in mehreren Raten abgerufen wird, was bei Bauvorhaben eher die Regel ist. Sobald Kreditinstitute das Darlehen zugesagt haben, verlangen einige von ihnen sofort, andere nach einem vorher festgelegten Zeitraum diese Zinsen auf den Teil der Darlehenssumme, der noch nicht ausgezahlt wurde. Der Kreditgeber fordert quasi eine Gebühr dafür, dass er das Geld auf Vorrat hält.

**WISO rät:** Vorsicht, in Darlehensverträgen findet sich häufig die Formulierung „Auszahlung nach Baufortschritt". Damit fallen automatisch Bauzeitzinsen an. Das Darlehen wird in diesem Fall nur Schritt für Schritt mit dem Fortgang der Bauarbeiten ausgezahlt.

Mit Bereitstellungszinsen muss rechnen, wer für den Immobilienkauf ein Darlehen braucht und – gewollt oder ungewollt – eine gewisse Frist verstreichen lässt, ohne dass er den Betrag abruft.

Beide Zinsarten betragen in der Regel 0,25% pro Monat für das Darlehen beziehungsweise für den Restbetrag.

## d) Geldbeschaffungskosten

Durch die Eintragung einer Hypothek oder Grundschuld ins Grundbuch sichern sich die Institute die Finanzierung dieses Bau- oder Kaufvorhabens ab (siehe Kapitel IV). Für diese so genannte Grundschuldbestellung werden noch einmal Notar- und Grundbuchkosten fällig. Die Gebühren richten sich – ebenso wie bei der Wertermittlungsgebühr – nach der Darlehenssumme und betragen 0,5%.

Bei einer gebrauchten Immobilie besteht unter Umständen neben der Eintragung im Grundbuch eine Briefschuld. Dieses Papier wurde früher den Kreditgebern ausgestellt, damit sie ein beglaubigtes Papier in Händen hielten und über eine entsprechende Sicherheit verfügten. Mit der Veränderung der Grundbuchordnung im Jahr 1978 ist dieses Papier überflüssig geworden. Deshalb:

**WISO rät:** Man sollte verlangen, dass der Kreditgeber auf ein Briefrecht verzichtet. Sonst entstehen nur unnötige zusätzliche Gebühren.

## e) Sonstige Kosten

Unter dieser Position werden alle Posten eingetragen, die zwangsläufig mit einer neuen Immobilie verknüpft sind; das betrifft vor allem die Eigenheimbesitzer. Schließlich sollte man nicht vergessen, dass der Umzug etwas kostet und dass unter Umständen Neuanschaffungen notwendig sind. Ein Beispiel dafür ist der Kauf einer neuen Einbauküche.

## Checklisten: Bau einer Immobilie/Kauf einer Immobilie

| Bau einer Immobilie | |
|---|---|
| **Grundstück** | |
| Kaufpreis | – |
| Grunderwerbsteuer | 3,5% vom Kaufpreis |
| Notarkosten für Kaufabwicklung | 1% vom Kaufpreis |
| Grundbuchkosten für Eigentumseintragung | 0,5% vom Kaufpreis |
| Maklerprovision | mind. 3,48% vom Kaufpreis |
| Evtl. Erschließungskosten | nach Bedarf |
| **Gebäude** | |
| Baukosten der Immobilie | – |
| Kosten der Außenanlagen | – |
| Honorar Architekt/Ingenieur | – |
| Prüfung und Genehmigung durch Behörde | – |
| Versicherungen | nach Bedarf |
| **Finanzierungsnebenkosten** | |
| Wertermittlungsgebühren | 0,2–0,5% der Darlehenssumme |
| Bauzeitzinsen | 0,25% der Darlehenssumme |
| **Geldbeschaffungskosten** | |
| Kosten für Notar und Grundschuldbestellung | 0,5% der Darlehenssumme |
| **Sonstige Kosten** | |
| Umzug, Neuanschaffungen | nach Bedarf |

| Kauf einer Immobilie | |
|---|---|
| Kaufpreis | – |
| Grunderwerbsteuer | 3,5% vom Kaufpreis |
| Notarkosten für Kaufabwicklung | 1% vom Kaufpreis |
| Grundbuchkosten für Eigentumseintragung | 0,5% vom Kaufpreis |
| Maklerprovision | mind. 3,48% vom Kaufpreis |
| Evtl. Erschließungskosten | nach Bedarf |
| Evtl. Instandsetzungs-/Modernisierungskosten | nach Bedarf |
| **Finanzierungsnebenkosten** | |
| Wertermittlungsgebühren | 0,2–0,5% der Darlehenssumme |
| Bereitstellungszinsen | 0,25% der Darlehenssumme |
| **Geldbeschaffungskosten** | |
| Kosten für Notar und Grundschuldbestellung | 0,5% der Darlehenssumme |
| **Sonstige Kosten** | |
| Umzug, Neuanschaffungen | nach Bedarf |

## f) Errechnung der maximalen Objektkosten

Zum Schluss müssen alle Kosten zur Ermittlung der maximalen Objektkosten Punkt für Punkt zusammengetragen werden. Nun zeigt sich, wieviel Haus oder Wohnung der Immobilieninteressierte sich eigentlich leisten kann.

Wer irgendwo ein Bau- oder Kaufangebot sieht, bekommt zunächst Informationen über die Objektkosten oder darüber, ob zum Beispiel eine Maklerprovision anfallen wird. Auf dem umgekehrten Weg, also von den Finanzierungsmöglichkeiten her, nähert man sich den maximalen Objektkosten in den beiden folgenden Rechenbeispielen. Hier werden zunächst alle Kosten abgezogen, die unabhängig vom Kaufpreis oder von der Darlehenssumme sind. Anschließend werden alle Gebühren, die sich nach der Darlehenshöhe richten, berechnet. Das Ergebnis ist sozusagen der Bruttopreis eines Objekts. Mit Hilfe einer Formel werden dann die Nebenkosten eingesetzt, die vom Objektpreis selbst abhängen. Zum Schluss zeigt sich, wie hoch die maximalen Objektkosten sind, also wo die Grenze für die maximalen Baukosten oder für den maximalen Kaufpreis ist.

Als Erleichterung für die Berechnung dienen die beiden folgenden Checklisten, die – getrennt nach Kauf und Bau – auf das Beispiel abgestimmt sind.

## Kauf einer Immobilie

**Rechenbeispiel:** *maximale Finanzierungsmöglichkeit: 251.000 Euro*
*maximaler Darlehensbetrag: 165.000 Euro*

| Maximaler Kaufpreis (Euro) | |
|---|---|
| Finanzierungsmöglichkeit | 251.000 |
| – Sonstige Kosten (Umzug, Neuanschaffungen) | 5.500 |
| – Modernisierungs-/Instandsetzungskosten | - |
| **Finanzierungsnebenkosten** | |
| – Wertschätzungsgebühren (0,4% des Darlehens) | 660 |
| – Bereitstellungszinsen (0,25% des Darlehens) | - |
| **Geldbeschaffungskosten** | |
| – Notar- und Grundbuchgebühren (0,5% des Darlehens) | 825 |
| = Bruttopreis | 244.015 |

*Ist der Bruttopreis des Objektes bekannt, wird zur Ermittlung des maximalen Kaufpreises folgende Formel angewendet:*

$$\textit{Maximaler Kaufpreis} = \frac{\textit{Bruttopreis x 100}}{\textit{100 + Maklerprovision + Grunderwerbst. + Notar/Grundbuchg.}}$$

$$\textit{Maximaler Kaufpreis} = \frac{244.015 \text{ x } 100}{100 + 3{,}48 + 3{,}5 + 1{,}5}$$

***Maximaler Kaufpreis = 224.940, also ca. 225.000 Euro***
*Maklerprovision = ca. 7.828 Euro*
*Grunderwerbsteuer = ca. 7.872 Euro*
*Notar-/Grundbuchgebühren = ca. 3.374 Euro*

Anhand dieser Formel lässt sich auch zeigen, wie sich der maximale Kaufpreis verändert, falls keine Maklercourtage gezahlt werden muss, zum Beispiel weil direkt vom Bauträger gekauft wird. In dem Beispiel oben könnte der Kaufpreis auf rund 232.750 Euro steigen.

**WISO rät:** Zusätzliche Instandsetzungs- und Modernisierungskosten reduzieren natürlich den maximalen Kaufpreis noch. Solche Kosten werden aber meist erst bekannt sein, wenn (mit Hilfe eines Sachverständigen) die Wunsch-Immobilie begutachtet wurde. Das muss bei der Berechnung des maximalen Kaufpreises nachträglich berücksichtigt werden.

## Bau einer Immobilie

Leider lassen sich für den Bau einer Immobilie die Kosten und damit der maximale Kaufpreis nicht so einfach berechnen. In einer mit der oben vergleichbaren Checkliste wären einige Positionen enthalten, die man *vor* dem Kauf eines Grundstücks gar nicht richtig beurteilen kann. So sind zum Beispiel die Ausmaße des Hauses beziehungsweise der Betrag, den man für die Immobilie selbst noch erübrigen kann, abhängig von der Größe und von den Kosten des Grundstücks. Das wiederum beeinflusst die Kosten der Außenanlage und vor allem natürlich die Honorare für Architekten- und Ingenieurleistungen.

Wer sich also zum Bau einer Immobilie entschließt, kann sich nur sehr grob an die Checkliste auf Seite 85 halten. Sind dort alle ermittelten Positionen aufaddiert, muss dieser Betrag mit den ermittelten maximalen Finanzierungsmöglichkeiten verglichen werden. Das geht nur auf einem etwas mühsameren Weg, wobei sich (finanzielle) Überraschungen nicht ganz vermeiden lassen.

## Haus zum Festpreis

Wer sich allerdings entschließt, ein Haus zum Festpreis oder ein Fertighaus zu bauen, für den ist diese Checkliste wiederum genauso einfach zu handhaben wie beim Kauf einer Immobilie. Sie dient als Grundlage bei der Suche nach einem passenden Grundstück. Der errechnete Betrag ist das, was letztlich nach Abzug aller restlichen Kosten für ein adäquates Grundstück übrigbleibt, auf dem ein Fertighaus oder ein zum Festpreis geplantes Haus errichtet werden soll.

**Rechenbeispiel:** *Kosten des Hauses zum Festpreis: 145.000 Euro*
*maximale Finanzierungsmöglichkeit: 251.000 Euro*
*maximaler Darlehensbetrag: 165.000 Euro*

| Maximale Grundstückskosten | |
|---|---|
| Finanzierungsmöglichkeit | 251.000 |
| – Sonstige Kosten (Umzug, Neuanschaffungen) | 5.500 |
| **Gebäude** | |
| – Baukosten des Hauses | 145.000 |
| – Kosten der Außenanlagen | 9.000 |
| – behördl. Prüfung und Genehmigung | 1.750 |
| – Honorare (Architekten, Ingenieure) | 2.500 |
| – Versicherungen | 1.000 |
| **Grundstück** | |
| – Erschließungskosten | 9.000 |
| **Finanzierungsnebenkosten** | |
| – Wertschätzungsgebühren (0,4% des Darlehens) | 660 |
| – Bauzeitzinsen (0,25% des Restdarlehens)[1] | 500 |
| **Geldbeschaffungskosten** | |
| – Notar- und Grundbuchgebühren (0,5% des Darlehens) | 825 |
| **= Bruttopreis** | **75.265** |

*[1] Es kann sich in diesem Fall nur um einen Näherungswert handeln, da die Zinsen immer auf den verbleibenden Restbetrag des Darlehens berechnet werden.*

Sind die Bruttokosten für das Grundstück ermittelt, wird wieder die bereits bekannte Formel angewendet:

$$\textbf{Max. Grundstückskosten} = \frac{\text{Bruttopreis x 100}}{\text{100 + Maklerprovision + Grunderwerbst. + Notar/Grundbuchg.}}$$

$$\textbf{Max. Grundstückskosten} = \frac{75.265 \times 100}{100 + 3{,}48 + 3{,}5 + 1{,}5}$$

***Maximale Grundstückskosten = 69.381,50, also knapp 69.500 Euro***

*Maklerprovision = ca. 2.414 Euro*
*Grunderwerbsteuer = ca. 2.428 Euro*
*Notar-/Grundbuchgebühren = ca. 1.040 Euro*

Achtung: Bei dieser Rechnung wird davon ausgegangen, dass die Grunderwerbsteuer nur auf das Grundstück erhoben wird. Oftmals wird der Wert der Immobilie als Bemessungsgrundlage für die Steuer mit berücksichtigt (siehe Seite 80). Ist dies auch hier der Fall, muss der höhere Betrag der Grunderwerbsteuer angesetzt werden.

**WISO rät:** Wichtig bei der Kostenberechnung sind vor allem die Nebenkosten. Gerade bei diesen Positionen versuchen unseriöse Kreditanbieter, Makler und Bauträger, die angebotene Immobilie besser darzustellen, als sie ist. Bau- und Finanzierungsnebenkosten werden zu niedrig angesetzt, und am Schluss ist ein Finanzierungsloch zu stopfen. Deshalb vorsichtshalber bei der Behörde, bei zukünftigen Nachbarn und beim Kreditgeber die Aussagen des Anbieters prüfen.

# IV. Finanzierungskosten

Auf dem Immobilienmarkt tummeln sich Banken, Sparkassen, Hypothekenbanken, Bausparkassen, Versicherungen, unabhängige Finanzberater oder Finanzvermittler. Wer sich heute in den Zeitungen oder im Fernsehen umschaut, wird schier erschlagen von der Fülle an Finanzierungsmöglichkeiten und -varianten, die tagtäglich angeboten werden. Je nach Anbieter geht der Immobilieninvestor unterschiedliche Verpflichtungen, Chancen und Risiken ein und wird mit verschiedensten Abwicklungsformen des Finanzierungsgeschäfts konfrontiert.

Allen gemeinsam ist allerdings, dass es dieses Geld nicht umsonst gibt. Bevor die verschiedenen Finanzierungsformen vorgestellt werden, sollen daher an dieser Stelle zunächst einmal die Kosten beleuchtet werden, die für ein Immobiliendarlehen aufzubringen sind.

## 1. Der Immobilienwert für den Finanzierer

Kreditgeber verlangen für ein Darlehen zur Finanzierung einer Immobilie gewisse Sicherheiten. Bei Grundstücken und Wohneigentum sichern sie sich dadurch ab, dass sie ihre Forderung gegenüber dem Kreditnehmer als so genanntes Grundpfandrecht eintragen lassen. Das bedeutet: Sie pfänden die Immobilie und lassen dies im Grundbuch eintragen, entweder in Form einer Hypothek oder einer Grundschuld.

Bei einer **Hypothek** hat der Kreditgeber eine konkrete Forderung gegenüber dem Darlehensnehmer. Eine Hypothek geht deswegen im Laufe der Tilgung im gleichen Maße zurück wie die Darlehensschuld. Das bedeutet: Hat der Darlehensnehmer den Kredit zurückgezahlt, erlischt die Hypothek.

Da mehrere Grundpfandrechte auf einer Immobilie lasten können, wird die Eintragung im Grundbuch in einer bestimmten Reihenfolge festgelegt. Falls der Kreditnehmer das Darlehen aus irgendeinem Grund nicht mehr weiter zurückzahlen kann, ist diese Reihenfolge sehr wichtig für den Kreditgeber. Denn wer an erster Stelle im Grundbuch eingetragen ist, wird auch als erster bedient, wenn es zu einer Zwangsversteigerung oder einem Notverkauf kommt. Die größte Sicherheit für einen Kreditgeber bietet also eine Eintragung an erster Stelle, eine so genannte erstrangige Hypothek.

Baukredite werden heute allerdings nur noch selten über eine Hypothek abgesi-

chert, selbst wenn bei bestimmten Finanzierungsgeschäften immer noch von „Hypotheken“-Darlehen die Rede ist.

Sehr viel häufiger wird die Immobilie heutzutage über eine **Grundschuld** gepfändet. Der Unterschied zur Hypothek: Wer den Kredit tilgt, reduziert zwar seine Darlehensschuld, die Grundschuld bleibt aber in voller Höhe bestehen. Das hat Vorteile für Kreditnehmer und -geber gleichermaßen, denn auch bei mehreren Kreditgebern reicht eine einzige Eintragung im Grundbuch. Ändert sich der Darlehensgeber, weil man zum Beispiel umfinanzieren will, braucht der Kreditnehmer keine Löschung beantragen und neu eintragen lassen. Vielmehr reicht eine Abtretungserklärung von einem Kreditgeber an den nächsten. Das spart Zeit und Geld, weil viele Institute nur eine Pauschale von 50 Euro dafür verlangen. Die Abtretung muss anschließend vom Notar beglaubigt und im Grundbuch eingetragen werden. Noch einfacher geht es bei Sparkassen und Landesbanken. Dort fallen nur Bearbeitungsgebühren und Amtsgerichtskosten an, weil diese siegelführenden Institute keine Beglaubigung und damit keinen Notar brauchen.

Die Grundschuld hat wegen der einfacheren Handhabung die Hypothek fast vollständig verdrängt.

## a) Beleihungswert

Ein Kreditinstitut prüft zunächst, wie kreditwürdig jemand ist, der ein Darlehen wünscht (siehe Kapitel XI). Außerdem will es wissen, wie wertvoll die Immobilie eigentlich ist, für den Fall, dass der Kreditnehmer in Schwierigkeiten kommt, also die Finanzierung im schlimmsten Fall stoppen muss.

Dabei geht der Baufinanzierer vom so genannten Beleihungswert einer Immobilie aus. Darunter ist jener Wert zu verstehen, den der Kreditgeber abzüglich eines Sicherheitsabschlags jederzeit für das Objekt erzielen kann. Der Beleihungswert ist in jedem Fall niedriger als der aktuelle Wert der Immobilie oder der Preis, den der Darlehensnehmer dafür bezahlt hat, weil es um den langfristig erzielbaren Wert der Immobilie geht. Das Kreditinstitut schätzt entweder selbst oder schickt einen Gutachter. Dafür fallen beim Darlehensnehmer Gebühren an, die zwischen 0,2 bis 0,5% der Darlehenssumme beziehungsweise des Schätzwertes liegen.

Unterschieden wird nach selbst genutzten und vermieteten Objekten. Bei **selbst genutztem Wohneigentum** wird der Beleihungswert nach dem Sachwertverfahren berechnet. Dabei werden der Boden- und der Bauwert addiert. Der Bodenwert ist relativ einfach zu kalkulieren: Die Zahl der Quadratmeter wird mit einem Quadratmeterpreis multipliziert, der langfristig zu erzielen ist.

Die Ermittlung des Bauwerts ist sehr viel schwieriger. Entweder wird dabei ein Indexverfahren angewandt, bei dem die Baukosten hochgerechnet werden. Oder der Schätzer rechnet die seiner Ansicht nach „angemessenen“, also nicht die tatsächlichen

Herstellungskosten zusammen und zieht davon je nach Alter des Hauses oder der Wohnung zwischen 10 und 30% als Risikoabschlag ab.

Das Sachwertverfahren zielt also entweder auf den Substanzwert einer Immobilie oder auf deren Herstellungskosten.

Bei einem **vermieteten Objekt** wird nach dem Ertragswertverfahren geschätzt. Man orientiert sich also an der erzielbaren Miete oder genauer an dem „nachhaltig erzielbaren Nettoertrag", der sich aus den jährlichen Mieteinnahmen abzüglich sämtlicher Kosten ergibt. Wie hoch das Kreditinstitut die Immobilie beleiht, errechnet sich anschließend nach dem so genannten Kapitalisierungsfaktor, der bei einem Mehrfachen der krisenfesten Jahresmiete liegt und zugleich Alter, Bauzustand, Nutzung und Größe des Objekts berücksichtigt.

Einige Kreditgeber berechnen auch einen gewichteten Wert oder schlicht den Mittelwert aus Sach- und Ertragswert.

Der aktuelle **Verkehrswert** ist die Obergrenze für jeden Beleihungswert. Er ist der Wert beziehungsweise Preis, mit dem man normalerweise mindestens rechnen muss, wenn eine Immobilie angeboten wird. Der Verkehrswert ergibt sich auf Basis des Sach- oder Ertragswerts, berücksichtigt aber außerdem die Lage des Objekts und natürlich auch die momentane Situation am Wohnungsmarkt. Der Beleihungswert liegt rund 20 bis 30% unter dem Verkehrswert.

**WISO rät:** Mit dem Kreditgeber sollte man durchaus verhandeln, wenn es um die Festsetzung des Beleihungswertes geht. Wichtig ist die Berechnungsmethode. Sollte der Kreditnehmer feststellen, dass er für die Immobilie einen Kaufpreis gezahlt hat, der unter dem Verkehrswert liegt, so kann er für die Absicherung seiner Finanzierung fordern, dass der bezahlte Kaufpreis möglichst ganz berücksichtigt wird.

## b) Beleihungsgrenze

Der Beleihungswert ist für den Kreditgeber nur eine erste Bewertungsgrundlage, denn er beleiht die Immobilie nur bis zu einer Grenze, die jedes Institut für sich selbst festlegt. Erfahrungsgemäß liegen diese Beleihungsgrenzen bei Geschäftsbanken, Volksbanken und Raiffeisenbanken bei 80% des Beleihungswertes. Lebensversicherer sind deutlich zurückhaltender: Ihre Beleihungsgrenzen sind sogar nur bei 40 bis 60% des Beleihungswertes festgelegt; bei Hypothekenbanken sind es immerhin bis zu 60%, manchmal auch bis zu 65%.

Bewegt sich die Höhe eines Darlehens jeweils in diesem Bereich, also bis zur Beleihungsgrenze, wird es als 1a-Hypothek bezeichnet. Ein solcher Kredit wird durch ein erstrangiges Grundpfandrecht abgesichert. Das heißt: Falls der Kreditnehmer nicht mehr in der Lage ist, das Darlehen abzuzahlen, und es zum Verkauf oder zu einer Zwangsvollstreckung kommt, wird die Forderung dieses Baufinanzierers als erste bedient.

Daraus ergibt sich, dass der Beleihungswert nur einen Bruchteil dessen beträgt, was tatsächlich für den Kauf oder Bau einer Immobilie bezahlt wurde.

**Rechenbeispiel:** *Eine Immobilie hat einen Kaufpreis von 225.000 Euro. Beträgt der Beleihungswert 80% des tatsächlichen Kaufpreises, sind das umgerechnet 180.000 Euro. Legt man das Rechenbeispiel aus Kapitel III zugrunde, beträgt der ermittelte maximale Darlehensbetrag 265.000 Euro. Für die Finanzierung ergibt sich damit:*

- ***bei Banken und Sparkassen:** Die Beleihungsgrenze für eine erstrangige Hypothek liegt bei 80% des Beleihungswerts, umgerechnet also 144.000 Euro. Das bedeutet, dass lediglich knapp zwei Drittel des Kaufpreises über eine 1a-Hypothek finanzierbar sind. Von dem notwendigen Gesamtdarlehen von 165.000 Euro fehlen 21.000 Euro.*
- ***bei einer Hypothekenbank:** Die Beleihungsgrenze beträgt hier 60%, macht umgerechnet 108.000* Euro *aus. Der Kaufpreis ist in diesem Fall nur noch zu knapp 50% über eine 1a-Hypothek finanzierbar. Vom maximal möglichen Kreditbetrag fehlen 57.000 Euro.*
- ***bei den Lebensversicherungen:** Diese rechnen entweder bestenfalls wie die Hypothekenbanken oder setzen ihre Beleihungsgrenze bei gerade mal 40% an. Auf das Beispiel bezogen, wären im schlechtesten Fall 72.000 Euro an Finanzierung über eine 1a-Hypothek abgedeckt, also umgerechnet nur ein Drittel des Kaufpreises! Vom maximal möglichen Darlehensbetrag fehlen knapp 93.000 Euro.*

Aber natürlich haben die Kreditgeber auch die Möglichkeit, ein Darlehen zu geben, das über ihrer eigentlichen Beleihungsgrenze liegt. Dieses nennt man sinnigerweise eine 1b-Hypothek. Es wird durch ein zweitrangiges Grundpfandrecht und zusätzlich durch eine öffentliche Bürgschaft, die ein Bundesland oder ein öffentlich-rechtliches Kreditinstitut eingeht, abgesichert. Allerdings gibt es das nicht frei Haus: Die Institute verlangen dafür in der Regel einen um 0,5 Prozentpunkte höheren Nominalzins oder eine Bürgschaftsgebühr von bis zu 1% des verbürgten Darlehens pro Jahr.

1a- und 1b-Hypotheken heißen übrigens beide Realkredite, da die Sicherheiten durch das Objekt selbst abgedeckt sind.

Falls der Finanzierungsrahmen immer noch zu eng ist, kann der Kreditnehmer unter Umständen einen so genannten gedeckten Personalkredit bekommen. Dabei kommt es selbstverständlich auf die Bonität des Kunden an; er muss dem Institut als besonders kreditwürdig erscheinen. Auch hier wird ein Grundpfandrecht eingetragen.

Bausparkassen begnügen sich übrigens meist mit einer nachrangigen Besicherung. Wer also einen Finanzierungsbedarf hat, der über eine 1a-Hypothek hinausgeht, dem wird über die Bausparkassen die Möglichkeit geboten, ein Bauspardarlehen einzusetzen oder eines aufzunehmen (für die damit verbundenen Besonderheiten siehe auch Kapitel V. 3).

**WISO rät:** Jede Finanzierung, die über eine 1a-Hypothek hinausgeht, ist vergleichsweise teuer. Daher kommt es darauf an, einen möglichst hohen Beleihungswert und eine entsprechende Beleihungsgrenze zu erzielen. Der Darlehensnehmer sollte mit dem Kreditgeber verhandeln und sich die Beleihungswertberechnung von ihm vorlegen lassen. Ist der Darlehensnehmer mit einigen Positionen nicht einverstanden, sollte er sich an den Sachbearbeiter wenden.

Außerdem sollte der Darlehensnehmer immer auch die Beleihungsgrenzen verschiedener Kreditgeber vergleichen. Möglicherweise ist ein höherer Zins immer noch günstiger als ein niedriger, wenn dafür die Beleihungsgrenze für eine 1a-Hypothek deutlich höher liegt!

Dieses Problem spielt vor allem bei den Versicherungsdarlehen eine entscheidende Rolle, wie in dem oben angeführten Beispiel zu sehen war (siehe außerdem Kapitel V. 2).

# 2. Zinsberechnung

Banken und Sparkassen geben Wertpapiere – so genannte Sparbriefe – heraus oder nutzen die Spareinlagen ihrer Kunden, um ein Immobiliendarlehen anbieten zu können. Hypothekenbanken dagegen verkaufen Pfandbriefe an Anleger. Mit den Einnahmen aus dem Verkauf besorgen sie sich die Mittel für die Darlehen. Ähnlich verfahren Versicherungen mit den eingenommenen Prämien ihrer Versicherten.

Alle diese Refinanzierungsarten, wie das unter Banken, Sparkassen und Versicherungen bezeichnet wird, ergeben sich aus den Geschäften der Institute mit Anlegern. Sie leihen sich also Geld von ihnen aus und geben dafür Zinsen. Die Institute reichen dieses Geld an einen Immobilienfinanzierer weiter und verlangen dafür natürlich einen entsprechend höheren Zins. Denn die Differenz aus beiden Zinsen, Haben und Soll, ist nach Abzug aller Kosten der Gewinn des Instituts.

Das bedeutet aber auch, dass Habenzinsen für die Anleger und Sollzinsen für die Kreditnehmer in enger Beziehung zueinander stehen. Mit dem Steigen oder Fallen der Zinsen auf dem Kapitlamarkt ändert sich auch die Richtung für Bauzinsen. Die entsprechenden Zusammenhänge zeigt die folgende Abbildung:

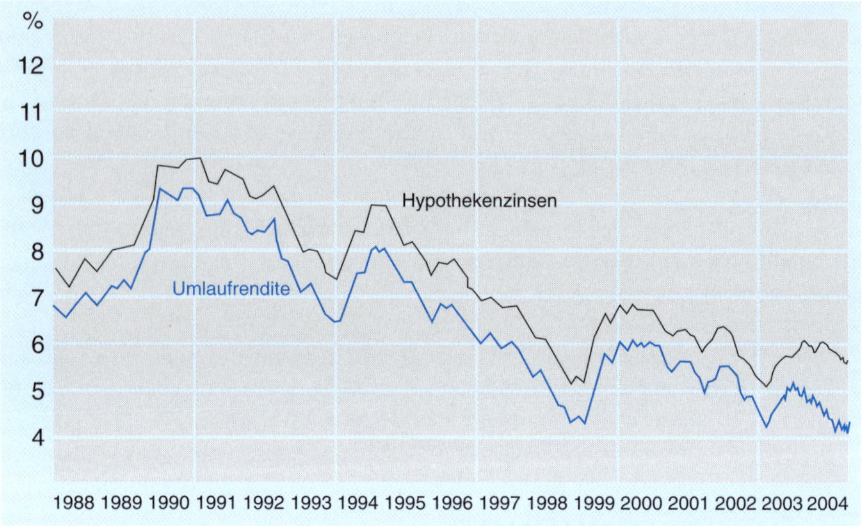


Die Art der Refinanzierung hat auch Einfluss darauf, wie lange ein Kreditinstitut das Darlehen zur Verfügung stellen kann, wie lange also die Laufzeit eines Darlehens ist. Banken und Sparkassen bieten meist nur Darlehen mit variablen Zinssätzen an, die sich an die jeweilige Marktlage anpassen, oder mit festen Zinssätzen für Laufzeiten von zunächst fünf bis maximal zehn Jahren. Anders bei den Hypothekenbanken: Dort bekommt man Darlehen, die über 15 Jahre mit festen Zinsen laufen, teilweise sogar über die gesamte Finanzierungszeit. Welche Vor- beziehungsweise Nachteile das hat, wurde weiter vorne bereits genauer behandelt.

Aber auch eine Sparkasse bietet möglicherweise ein Festzinsdarlehen über mehr als zehn Jahre an. Das ist dann der Fall, wenn sie sich den Teil des Darlehens, der über ihre eigenen Möglichkeiten hinausgeht, von einer mit ihr „freundschaftlich" verbundenen Hypothekenbank besorgt hat. Der Fachbegriff dafür lautet **„Verbundfinanzierung"** oder **„Finanzierung aus einer Hand"**. Der Kreditnehmer weiß oft gar nicht, dass er es eigentlich mit zwei Kreditgebern zu tun hat, was nicht immer von Vorteil ist: Oftmals sind diese Gesellschaften rechtlich miteinander verwoben, und die eine muss bei ihrer Geschäftspolitik Rücksicht auf die andere nehmen.

**WISO rät:** Eine „Verbundfinanzierung" sollte sehr genau geprüft werden, denn nicht immer ist gewährleistet, dass die Finanzierung mit der längeren Laufzeit gleichermaßen günstig ist wie die mit der kürzeren Laufzeit. Bevor man sich also bei einer Sparkasse oder Bank auf eine „Finanzierung aus einer Hand" einlässt, sollte man die Zinsbedingungen anderer Hypothekenbanken vergleichen.

Unter Umständen stellt sich dabei heraus, dass man besser zweigleisig fährt: hier den langfristigen Kredit, dort – bei der Sparkasse – den mit der kurzen Laufzeit.

Es gibt aber auch die umgekehrte Situation: Wenn jemand ein Darlehen bei einer Hypothekenbank aufgenommen hat und eine Vorfinanzierung einbauen muss, braucht er kurzfristiges Geld. Eine Vorfinanzierung ist den Hypothekenbanken nicht erlaubt, sodass sie andere Institute einschalten müssen. In diesem Fall sollte sich der Kreditsuchende lieber selbst das günstige Darlehen zur Vorfinanzierung suchen.

## a) Effektiver Zins

Wenn bisher vom Zins die Rede war, so ging es immer um den Nominalzins. Nun könnte man meinen, dass man sich nur nach dem niedrigsten Nominalzins umsehen muss, um das billigste Angebot zu ergattern. Leider weit gefehlt! Oft genug ist eher das Gegenteil der Fall, denn beim Nominalzins und den damit verbundenen Nebenkosten hat ein Kreditinstitut sehr viele Gestaltungsmöglichkeiten, sodass man schnell den Überblick verliert und danebengreifen kann. Da wirbt ein Institut mit einem angeblich geringeren Nominalzins, und trotzdem ist die Finanzierung am Ende teurer als mit dem höheren Nominalzins eines Konkurrenzinstituts.

Einen etwas verläßlicheren Vergleich von Darlehensverträgen lässt – mit Einschränkungen – daher nur der so genannte Effektivzins zu. Anders als beim Nominalzins werden hier die wichtigsten Finanzierungsnebenkosten mit berücksichtigt. Der Gesetzgeber hat den Kreditinstituten in der so genannten Preisangabenverordnung (PAngV) genau vorgegeben, was sie beim effektiven Zins einrechnen müssen.

Mit Einführung des Euro wird es für Häuslebauer noch interessanter, sich Darlehen von Instituten im Ausland zu besorgen. Das Problem bisher war allerdings die Vergleichbarkeit des effektiven Zinses, weil dieser in den einzelnen Ländern unterschiedlich berechnet wird. Das hat sich geändert. Am 1.9.2000 trat die neue Preisangabenverordnung in Kraft. Banken müssen seit diesem Termin den Effektivzins entsprechend dem neu vorgeschriebenen Verfahren mitteilen. Im Unterschied zu früher werden jetzt 365 statt wie bisher nur 360 Zinstage zugrunde gelegt. Der Vorteil: Dies macht eine unterjährige Betrachtung möglich, ist also genauer als bisher. Der nach dieser Methode ausgewiesene Effektivzins liegt in jedem Fall etwas höher als nach der alten PAngV- Berechnungsmethode; an der Höhe der tatsächlichen Zinslasten für den Bankkunden hat sich jedoch nichts geändert.

Um den möglichen Finanzierungsrahmen auszuloten, wurde in Kapitel III die monatliche Belastbarkeit des Immobilieninvestors herangezogen. Umgekehrt lässt sich nun mit Hilfe des effektiven Zinses berechnen, wie stark den Kreditnehmer ein bestimmtes Darlehen jährlich beziehungsweise monatlich belasten würde.

Die Veränderungen beim Nominalzins und beim Tilgungssatz sowie deren Einfluss auf die monatlichen Belastungen wurden bereits genauer betrachtet. Beide sind beim

effektiven Zins mit eingerechnet. Doch es gibt noch weitere Kostenelemente, die berücksichtigt werden.

## Tilgungssatz

Neben dem Nominalzins beeinflusst der Tilgungssatz die monatlich zu zahlenden Beträge. Die meisten Darlehen sehen standardmäßig eine Anfangstilgung von 1%, manchmal auch 2% vor. Das muss aber nicht sein.

**WISO rät:** Wer es sich finanziell leisten kann, sollte schon bei der ersten Zinsbindungsfrist einen höheren Tilgungssatz im Darlehensvertrag festlegen. Das hat gleich mehrere Vorteile: Geld, das man für die Tilgung einsetzt, beschleunigt den Schuldenabbau, reduziert also die Kreditlaufzeit und hilft Zinsen sparen. Außerdem erhöht es die Planungssicherheit bei der Finanzierung.

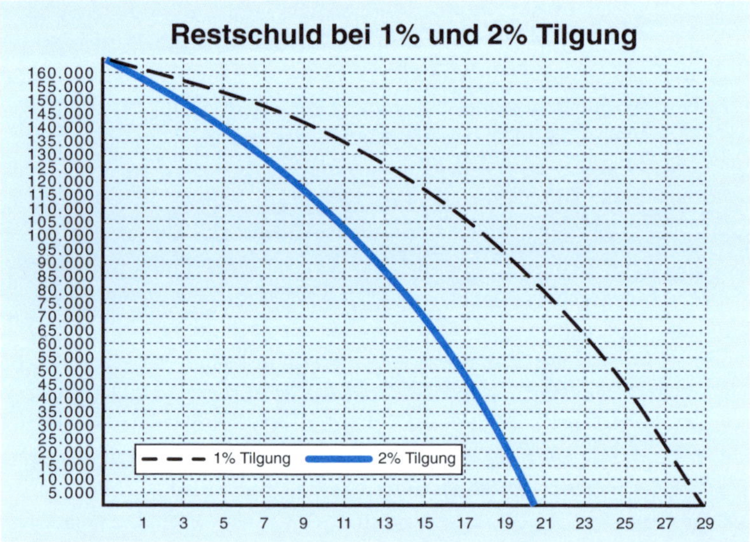


Wie aus der Grafik ersichtlich ist, hat der Kreditnehmer bei der 1%igen Tilgung nach zehn Jahren rund 15% des Darlehens zurückgezahlt; bei der 2%igen Tilgung immerhin schon rund ein Viertel. Da man nie genau weiß, wie hoch die Zinsen in späteren Jahren sein werden, ist es natürlich von Vorteil, bis dahin schon so viele Schulden wie möglich abgebaut zu haben. Auch der Kreditgeber profitiert letztlich vom schnelleren Schuldenabbau, weil er das zur Verfügung gestellte Geld wegen der kürzeren Laufzeit selbst billiger refinanzieren kann. Ist das Institut fair, gibt es diesen Zinsvorteil an den Kreditnehmer weiter. Daraus ergibt sich auch, dass Darlehen mit höheren Tilgungssätzen in der Regel um rund 0,25% günstiger sind.

Einziger Schönheitsfehler: Gerade am Anfang hat der Kreditnehmer oft einen so engen finanziellen Spielraum, dass er sich eine höhere Tilgung kaum leisten kann.

**Rechenbeispiel:** *Darlehensbetrag: 165.000 Euro, Zinssatz: 7,0%, Tilgungssatz: 2%.*

$$\textbf{\textit{Finanzielle Belastung (pro Jahr)}} = \frac{\textit{Darlehensbetrag x (Zins + Tilgung)}}{100}$$

$$\textbf{\textit{Finanzielle Belastung (pro Jahr)}} = \frac{165.000 \times (7 + 2)}{100}$$

*Die jährliche Belastung beträgt hier 14.850 Euro, als monatlicher Betrag also umgerechnet 1.237,50 Euro. Zum Vergleich (siehe Seite 72): Bei 1%iger Tilgung liegt die Belastung bei 1.100 Euro – immerhin um fast 150 Euro pro Monat weniger. Dort lässt sich auch nachvollziehen, welchen Einfluss die Veränderung des Nominalzinses auf die monatlich zu zahlenden Beträge hat.*

## Disagio

Das Disagio ist ein Abschlag vom Darlehensbetrag, den der Kreditgeber vor der Auszahlung zurückbehält. Mit anderen Worten: der Kreditnehmer bekommt weniger Geld ausgezahlt, als er eigentlich als Darlehen aufgenommen hat. Oder er nimmt ein Darlehen in der Höhe des von ihm benötigten Finanzierungsbetrags auf – und zusätzlich einen weiteren, kleineren Darlehensbetrag, mit dem er gleich zu Anfang eine Zinsvorauszahlung leistet, um später die laufenden monatlichen Belastungen zu drücken. Insgesamt muss er also in jedem Fall ein größeres Darlehen aufnehmen, als er für die Finanzierung seiner Immobilie tatsächlich braucht.

Ein Disagio wird immer in Prozent, als Anteil der Darlehenssumme, ausgedrückt.

**Rechenbeispiel:** *Gewünschter Finanzierungsbetrag: 165.000 Euro. Der Kreditgeber bietet einen Kredit mit einem Disagio von 5% an. Der Kreditnehmer bekommt also nur 95% des Darlehens ausgezahlt. Somit muss er einen höheren Darlehensbetrag vereinbaren, der nach dem Abzug durch das Disagio genau seinem Finanzierungswunsch entspricht. Bei einem 5%igen Disagio muss er einen Darlehensbetrag von 173.684 Euro vereinbaren. Nach Abzug des Disagios erhält er tatsächlich 165.000 Euro. Der Rest ist der Darlehensanteil für seine Zinsvorauszahlung.*

### Steuervorteile durch Disagio

Aus Sicht des Kreditinstituts ist ein Disagio eine vorweggenommene Zinsvorauszahlung in einer Summe. Deshalb sind Kreditinstitute in solchen Fällen bereit, niedrigere Nominalzinsen für den laufenden Vertrag zu vereinbaren.

Mit einem Disagio war bis Ende 1995 eine Steuerersparnis möglich. Bis dahin akzeptierte der Fiskus nämlich das Disagio als Sonderausgabe, was sich steuermindernd

bemerkbar machte. Damit ist seit der 1996 festgelegten neuen Eigenheimförderung Schluss – zumindest für **selbst genutzte Immobilien**. Für Finanzierer, die ihre **Immobilie vermieten** wollen, gilt das nicht. Ganz im Gegenteil: Unter steuerlichen Aspekten kann ein Disagio in diesem Fall sehr interessant sein, weil es als Sonderausgabe die steuerlichen Belastungen senkt (siehe Seite 221).

### Finanzierungsnachteile für Selbstnutzer

Trotzdem schummeln dubiose Finanzvermittler auch bei Selbstnutzern immer noch gerne mit dem Disagio. Denn durch ein hohes Disagio wird in der ersten Zinsbindungsphase die monatliche Belastung deutlich gedrückt und damit der Eindruck erweckt, dass es mit den Monatsraten gar nicht so schlimm ist. Doch das dicke Ende kommt, wenn der Darlehensnehmer danach weiter abzahlen muss.

**Rechenbeispiel:** *Gewünschte Darlehenssumme: 165.000 Euro, Anfangstilgung 1%.*
***Variante 1:*** *100% Auszahlung, ausgezahlter Darlehensbetrag 165.000 Euro, Nominalzins 7,0%, macht eine monatliche Belastung von 1.100 Euro.*
***Variante 2:*** *90% Auszahlung auf 183.333 Euro, ausgezahlter Darlehensbetrag: 165.000 Euro, Nominalzins 6,0% auf die höher vereinbarte Darlehenssumme, macht eine monatliche Belastung von knapp 1.070 Euro (aufgerundeter Betrag), rund 30 Euro pro Monat weniger.*

### Disagio und Anschlussfinanzierung

Auf den ersten Blick also ein billigeres Angebot für den gleichen ausgezahlten Darlehensbetrag. Unangenehm wird es aber dann, wenn nach der ersten Zinsbindungsfrist die Anschlussfinanzierung kommt: Da in Variante 2 eine höhere Darlehenssumme vereinbart wurde, nämlich 183.333 Euro, verbleibt trotz niedrigerem Nominalzins, aber bei gleichen Tilgungssätzen nach Ende der Zinsbindungsfrist eine deutlich höhere Restschuld. Es kann sogar noch extremer kommen: Wenn wie in Variante 2 ein hohes Disagio gewählt wurde, ist es möglich, zum Beispiel nach fünf Jahren Zinsbindung, dass die Restschuld zu diesem Zeitpunkt höher ist als der zu Anfang effektiv ausgezahlte Darlehensbetrag.

Zweites Problem: Zum Zeitpunkt der Anschlussfinanzierung passt der Kreditgeber seine monatlichen Forderungen automatisch an den höheren Nominalzins an, der in Variante 2 nur deswegen zunächst niedriger war, weil das Disagio quasi als Zinsvorschuss an die Bank gezahlt wurde. Also steigen schon allein deshalb die Monatsraten.

### Zusätzliches Zinsänderungsrisiko

Außerdem muss der Kreditnehmer mit einem höheren Zinsänderungsrisiko rechnen, vor allem dann, wenn das Zinsniveau vom Zeitpunkt des Immobilienkaufs bis zur

Phase der Anschlussfinanzierung deutlich gestiegen ist. Dann wird er für die höhere Restschuld noch mehr Zinsen zahlen, als er jetzt wegen der automatischen Zinsanpassung ohnehin zahlen muss. Viele Darlehensnehmer stellen zu diesem Zeitpunkt mit Entsetzen fest, dass sie sich finanziell überhoben haben.

Eine Finanzierung mit einem Disagio bedeutet letztlich nichts anderes, als dass sich das Darlehen insgesamt verteuert und die Finanzierungskosten mit allen damit verbundenen Zinsunsicherheiten in die Zukunft verlagert werden.

So ganz nebenbei hat der Darlehensnehmer dem Finanzvermittler außerdem noch eine höhere Provision in den Rachen geworfen – höher als unbedingt notwendig, weil er ja eine größere nominale Darlehenssumme abschließen musste.

**WISO rät:** Von einem Disagio sollte man grundsätzlich die Finger lassen, wenn man eine Immobilie selbst nutzen will. Finanzvermittler, die Selbstnutzern mit irgendwelchen Disagio-Rechenkunststücken kommen, sollten einfach stehengelassen werden. Sie können nur unseriös sein.

## Zins- und Tilgungsverrechnung

Auch die Zins- und Tilgungsverrechnung hat Einfluss auf die Höhe des Effektivzinses. Dabei kommen mehrere Aspekte gleichzeitig zum Tragen. Zum einen geht es um die Frage, wann die Zinsen das Kreditkonto belasten. Üblicherweise ist das nicht jeweils zum Ende des Jahres, sondern sehr viel früher, nämlich zum Quartalsende, möglicherweise sogar jeden Monat. Das Kreditinstitut verdient an der Verkürzung dieser Intervalle, ergibt sich doch damit eine Art Zinseszinseffekt, der dazu führt, dass der Effektivzins über dem Nominalzins liegt.

Wichtig sind außerdem die Zahlungstermine, das heißt, wann die laufenden Raten für Zinsen und Tilgung zu zahlen sind. Üblich sind Monats- und Vierteljahrestermine. Doch die Bank kann die Verrechnung dieser Raten, speziell der darin enthaltenen Tilgung, verspätet vornehmen, zum Beispiel jeweils nur zum Jahresende. Obwohl also schon im Laufe des Jahres weiter getilgt wurde, berücksichtigt der Kreditgeber das nicht und verringert auch nicht die Restschuld. Konsequenz: Der Darlehensnehmer zahlt Zinsen für einen Betrag, den er schon längst zurückgezahlt hat.

## Bearbeitungsgebühren

Viele Kreditinstitute verlangen bei Abschluss des Kreditvertrags einmalige Bearbeitungsgebühren von bis zu 2% der Darlehenssumme, zusätzlich zu den Nominalzinsen. Verzichtet ein Kreditgeber darauf, fordert er in der Regel einen höheren Nominalzins. Der Kreditnehmer muss dann entscheiden, was für ihn vorteilhafter ist: ein günstigeres Darlehen mit Bearbeitungsgebühren oder eines mit höheren Zinsen, aber ohne die Gebühren. Unter Umständen lässt sich beides miteinander verknüpfen:

**WISO rät:** Bearbeitungsgebühren gehören zu den Verhandlungspunkten mit dem Kreditgeber. Wer ein günstiges Darlehen in Aussicht hat, aber die Gebühren für zu hoch hält, sollte sich nicht davor scheuen, sie herunterzuhandeln. Ähnlich verhält es sich natürlich mit den Provisionen von Finanzvermittlern.

Kreditvermittlungsprovisionen müssen als weitere Position im effektiven Zins enthalten sein. Außerdem können die Beiträge für eine Restschuldversicherung eingeschlossen sein, vorausgesetzt, sie sind Bestandteil des Darlehensvertrages (siehe Kapitel XI.1).

### b) Anfänglich effektiver Jahreszins

Wer einmal den Vertrag über ein Hypothekendarlehen in Händen hält, dem wird bei genauerer Betrachtung auffallen, dass darin von einem „anfänglich effektiven Jahreszins" die Rede ist. Das besagt, dass sich die Angabe dieses effektiven Zinses auf den Zeitraum beschränkt, für den der Vertrag seine Gültigkeit hat. Er gilt also nur für die Zinsbindungsfrist bei Festzinsverträgen und für eine mittlere Laufzeit bei Verträgen mit variablen Zinsen.

Daraus ergibt sich: Hypothekendarlehen lassen sich mit Hilfe des anfänglich effektiven Jahreszinses nur dann miteinander vergleichen, wenn die angebotenen Verträge eine gleiche Zinsbindungsfrist beziehungsweise gleich lange Laufzeiten haben.

## 3. Nebenkosten der Finanzierung

Bei der Berechnung des effektiven Jahreszinses müssen alle oben aufgeführten Positionen berücksichtigt werden. So sieht es die Preisangabenverordnung vor, die der Gesetzgeber erlassen hat, um den Markt transparenter und die Konditionen der Darlehen vergleichbar zu machen. Aber, wie es meist ist: Findige – oder eher windige? – Banken haben natürlich längst wieder herausgefunden, dass man durch die Einführung immer neuer Neben- und Zusatzkosten den Kunden zur Kasse bitten kann, ohne dass er das so richtig merkt. Nach den Buchstaben des Gesetzes hat alles seine Ordnung – doch tatsächlich zahlt der Kreditnehmer unter Umständen viel mehr, als der effektive Zins ausweist.

Für den Kreditnehmer ist es zum Beispiel finanziell völlig egal, ob er 1% der Darlehenssumme als Bearbeitungsgebühren oder als so genannte Schätzkosten (siehe unten) zu zahlen hat. Aber: die einen müssen beim effektiven Zins berücksichtigt werden, die anderen nicht. Was macht also das Kreditinstitut? Es verlangt Schätzkosten und kann damit den ausgewiesenen effektiven Zins künstlich niedrig halten. Deswegen

muss man leider festhalten: Als Vergleichsmaßstab ist der (anfänglich) effektive Zins nur bedingt tauglich.

Die wichtigsten Nebenkosten in dieser reichhaltigen Palette an zusätzlichen Kosten sind:

## a) Schätzkosten/Wertschätzungsgebühren

Schätzkosten beziehungsweise Wertschätzungsgebühren verlangen die Institute, um den Beleihungswert einer Immobilie zu ermitteln. Sie machen etwa 0,2% bis 1% der Darlehenssumme aus, manchmal werden sie aber auch auf den gesamten Immobilienwert angerechnet.

**WISO rät:** Schätzkosten zählen ebenfalls zur Verhandlungsmasse bei der Vertragsgestaltung. Gerade wenn nicht ein externer Sachverständiger eingeschaltet wird, sondern ein Mitarbeiter des eigenen Hauses die Immobilie schätzt, kann der Kreditgeber auf solche Gebühren genausogut verzichten oder sie zumindest deutlich reduzieren.

## b) Bauzeit-/Bereitstellungszinsen

Sobald das Kreditinstitut ein Darlehen zugesagt hat, können Bauzeit- beziehungsweise Bereitstellungszinsen anfallen. Wenn das Darlehen, wie häufig beim Bauen, nicht in einer Summe, sondern in mehreren Raten abgerufen wird, verlangen einige Kreditinstitute sofort, andere auch nach einem vorher festgelegten Zeitraum Zinsen für die Darlehenssumme, die noch nicht ausgezahlt wurde. Das sind die Bauzeitzinsen.

Mit Bereitstellungszinsen muss man rechnen, wenn beim Kauf einer Immobilie eine gewisse Frist verstreicht, ohne dass das Darlehen abgerufen wird. Grund dafür können zum Beispiel Verzögerungen beim Notar oder bei der Abnahme sein.

Aus Sicht des Kreditgebers erklären sich solche Gebührenforderungen damit, dass er Geld bereithalten muss, mit dem er andernfalls zusätzliche Zinsen erwirtschaften würde. Beide Zinsarten betragen in der Regel 0,25% pro Monat für das Darlehen beziehungsweise für den Restbetrag.

Wieviel Zinsen letztlich zu zahlen sind, hängt sehr stark davon ab, wann die Zinsberechnung beginnt. Einige verlangen nämlich diese Gebühren schon nach einem Monat, andere erst bis zu einem Jahr nach der Darlehenszusage.

**WISO rät:** Wer nicht verhindern kann, dass das Kreditinstitut Bauzeit-/Bereitstellungszinsen verlangt, der kann zumindest versuchen, die Frist zu verlängern, ab der diese Zinsen anfallen. Auf diese Weise lassen sich immerhin einige tausend Euro sparen. Wenn der Kreditgeber partout auf diese Zinsen besteht, hat der Darlehensnehmer immer noch die Möglichkeit, das Darlehen in einem Betrag rechtzeitig vor Fristende abzurufen und als Tagesgeld bei einer anderen Bank anzulegen.

## c) Teilauszahlungszuschläge

Sind Bauzeit- und Bereitstellungszinsen wirtschaftlich noch nachvollziehbar, so gilt das für gesonderte Teilauszahlungszuschläge überhaupt nicht mehr. Trotzdem erheben einige Darlehensgeber die Gebühren extra, wenn das Darlehen in mehreren Teilbeträgen abgerufen wird. Meist zahlt der Kreditnehmer dann 1%, manchmal sogar 1,5% Zinsen auf die Teilbeträge bis zur vollständigen Auszahlung – und zwar oftmals zusätzlich zu den Bauzeitzinsen.

**WISO rät:** Teilauszahlungszuschläge muss man nicht einfach hinnehmen. Besteht der Kreditgeber darauf, sollte man sich einen neuen suchen!

## d) Kontoführungsgebühren

Wer ein Darlehen aufnimmt, muss automatisch ein Kreditkonto einrichten. Es gibt viele Institute, die dafür zusätzlich Kontoführungsgebühren verlangen. Diese werden dem Darlehensnehmer jährlich berechnet. Einige Kreditinstitute langen dabei im Laufe der Jahre kräftig zu!

## e) Auszahlungsweise

Durch die Auszahlungsweise bei Teilzahlungen können weitere Nebenkosten entstehen. Dies ist vor allem beim Bau einer Immobilie wichtig.

**WISO rät:** Der Kreditnehmer sollte vertraglich vereinbaren, dass er das Geld jederzeit dann abrufen kann, wenn in einzelnen Bauabschnitten Rechnungen zu begleichen sind. Gibt es nämlich nur eine begrenzte Zahl solcher Auszahlungstermine, ist er unter Umständen gezwungen, teuer zwischenzufinanzieren.

## Checkliste: Effektiver Zins

| Effektiver Zins | |
|---|---|
| **Berücksichtigt:** | **Berücksichtigt nicht:** |
| Nominalzins | Schätzkosten |
| Tilgungssatz | Bauzeitzinsen/Bereitstellungszinsen |
| Disagio | Teilauszahlungszuschläge |
| Auszahlungsbetrag | Kontoführungsgebühren |
| Tilgungszahlungs- und -verrechnungstermine | Auszahlungsweise bei Teilzahlungen |
| Zinszahlungs- und -verrechnungstermine | |
| Ratenhöhe pro Termin | |
| Bearbeitungsgebühren | |
| Vermittlungsprovision | |
| Restschuldversicherung | |

Interessant ist nun, wie sich der Nominalzins einerseits durch Berücksichtigung der Zinsbindung, andererseits durch Kostenkomponenten im effektivem Zins beziehungsweise durch Einbeziehung weiterer Kreditkosten, die nicht im Effektivzins enthalten sind, verändert.

**Rechenbeispiel:** *Darlehensbetrag: 165.000 Euro, jeweils 55.000 Euro werden alle 2 Monate ausgezahlt, Nominalzins 7,0%, Tilgungssatz 1%, außerdem:*

*(a) effektiver Zins nach Preisangabenverordnung*

*(b) Schätzkosten: 0,4% der Darlehenssumme = 660 Euro*

*(c) Bereitstellungszinsen ab dem 3. Monat nach Darlehenszusage, 0,25%/Monat auf den noch nicht ausgezahlten Darlehensbetrag*

*(d) Teilauszahlungszuschlag: 1% auf den ausgezahlten Betrag bis zur vollen Auszahlung des Darlehens*

*(e) Kontoführungsgebühren: 1,50 Euro/Monat*

| Veränderung des Effektivzinses | | | | |
|---|---|---|---|---|
| (a) | +(b) | +(c) | +(d) | +(e) |
| 7,23 | 7,33 | 7,34 | 7,61 | 7,62 |

*Die folgende Tabelle weist aus, wie groß der Einfluss auf die jährliche beziehungsweise die monatliche Belastung ist, wenn die oben genannten Positionen (a) bis (e) berücksichtigt werden (gleiches Rechenbeispiel, also Darlehensbetrag 165.000 Euro, Nominalzins 7%, Tilgungssatz 1%). Allein mit dem Nominalzins gerechnet, liegt die monatliche Belastung bei 1.100 Euro.*

| Veränderung der monatl. Belastung | | | | |
|---|---|---|---|---|
| (a) | +(b) | +(c) | +(d) | +(e) |
| 1.100,00 | 1.104,40 | 1.104,40 | 1.115,40 | 1.115,40 |

An diesem Beispiel ist deutlich zu sehen, wie stark die monatlichen Belastungen voneinander abweichen, wenn sämtliche Finanzierungskosten in die Berechnung mit einbezogen werden. Über die gesamte Darlehenslaufzeit gesehen kann so ein Unterschied von 1% eine Finanzierung leicht um 25.000 Euro verteuern.

# 4. Zinsniveau

Die nächste, für den Darlehensnehmer wichtige Entscheidung ist, für wie lange er den Zins zunächst festschreiben soll. Denn in der Regel wird dieser nicht von vornherein über die gesamte Finanzierungszeit festgelegt (es gibt allerdings auch Ausnahmen).

## a) Zinsänderungsrisiko

Mit dem Umstand, dass man den Zins nicht gleich für die gesamte Laufzeit festlegt, ist ein Zinsänderungsrisiko verbunden. Denn man kann nie exakt wissen, in welche Richtung sich die Zinsen bis zur Anschlussfinanzierung verändern werden. Es spricht zwar vieles dafür, dass sich ein Darlehen, in einem Zinstal abgeschlossen, bei der Anschlussfinanzierung von der Zinsseite her verteuern wird – aber das muss nicht so sein. Eine Garantie gibt es dafür ebensowenig wie für die umgekehrte Entwicklung.

Immerhin ist es recht wahrscheinlich, dass ein Zins, der sich seit Jahren auf niedrigstem Niveau bewegt, eher wieder nach oben weist. Deshalb der Hinweis:

**WISO rät:** Ein Kreditnehmer sollte von Anfang an so viel in die Rückzahlung des Darlehens stecken, wie er monatlich entbehren kann. Das gilt gerade auch dann, wenn durch ein niedriges Zinsniveau seine monatlichen Zinsbelastungen relativ niedrig sind. Den verbleibenden Rest sollte er für eine entsprechend höhere Tilgung nutzen.

Diese Regel macht für vorsichtige Immobilienfinanzierer Sinn, wie folgendes Beispiel zeigt:

**Rechenbeispiel:** *Hypothekendarlehen: 165.000 Euro, zehn Jahre Laufzeit. Bei einem aktuellen Zinsniveau von 5,0% und einer Tilgung von 1% sind monatlich 825 Euro zu zahlen. Die monatliche Belastbarkeit liegt aber bei 1.100 Euro. Der finanzielle Spielraum von 275 Euro wird voll für eine höhere Tilgung von 3% ausgenutzt. Nach zehn Jahren hat der Kreditnehmer eine Restschuld von knapp 101.000 Euro.*

*Angenommen, in dieser Zeit hat sich der Zinssatz auf jetzt 10,0% verdoppelt. Die monatliche Belastung sollte weiter bei 1.100 Euro liegen. Das funktioniert, wie die folgende Rechnung zeigt, und die Tilgung kann unverändert bei 3% bleiben:*

$$\textbf{Finanzielle Belastung (pro Jahr)} = \frac{\text{Darlehensbetrag x (Zins + Tilgung)}}{100}$$

$$\textbf{Finanzielle Belastung (pro Jahr)} = \frac{101.000 \text{ x } (10 + 3)}{100} = 13.130$$

*Auf zwölf Monate umgerechnet, ergibt sich eine Belastung von knapp 1.095 Euro.*

*Nun die gleiche Rechnung für den Fall, dass der Darlehensnehmer den finanziellen Spielraum nicht genutzt, die Tilgung also bei 1% vereinbart hat. Die Restschuld liegt nach zehn Jahren bei rund 143.650 Euro, gleiches Szenario wie oben vorausgesetzt:*

$$\textbf{Finanzielle Belastung (pro Jahr)} = \frac{143.650 \text{ x } (10 + 1)}{100} = 15.801{,}50$$

*Die monatliche Belastung steigt auf über 1.300 Euro, und das, obwohl die Tilgung nur bei 1% liegt. Selbst wenn der Kreditnehmer den finanziellen Spielraum von 275 Euro in den ersten zehn Jahren genutzt haben sollte, zum Beispiel in Rentenpapiere verzinst angelegt hat, stellt er sich bedeutend schlechter. Das wird zusätzlich untermauert, wenn man sich die Restschuld nach 20 Jahren anschaut: Im ersten Fall liegt sie bei knapp 48.000 Euro, im zweiten bei über 117.000 Euro.*

## b) Zinsbindung und Zinsniveau

Mit der Entscheidung für eine bestimmte Zinsbindungsfrist bindet sich der Darlehensnehmer an den Zins, der bei Vertragsabschluss aktuell ist. Die Zinsbindungsfrist ist ein ganz wichtiger Faktor, um Darlehen miteinander vergleichen zu können. Im vorangegangenen Kapitel wurde der effektive Zins als Maßstab genannt, der – mit Einschränkungen – Kreditvergleiche ermöglicht. Aber dieser Vergleich ist nur zulässig, wenn Darlehen mit gleich langen Laufzeiten und damit mit gleich langen Zinsbindungfristen nebeneinander betrachtet werden. Daher die Grundregel:

**WISO rät:** Ohne gleich lange Zinsbindungsfristen ist ein Vergleich verschiedener Darlehen nicht möglich.

Schon bei der Betrachtung der Laufzeiten von Darlehen wurde kurz dargestellt, dass Kreditinstitute in der Regel Zinsbindungsfristen von zwei, fünf und zehn Jahren anbieten, Hypothekenbanken darüber hinaus über 15 oder in einigen Fällen bis zu 30 Jahre. Andererseits bieten Kreditinstitute auch die Möglichkeit, auf eine Zinsbindung ganz

zu verzichten. Das bedeutet: Der Darlehensnehmer akzeptiert, dass der Kreditgeber während der Vertragsdauer die Zinsen des Darlehens laufend an das jeweils gültige Zinsniveau anpasst. Solche Darlehen mit variablem Zinssatz werden am Schluss dieses Kapitels betrachtet.

In der Regel muss man davon ausgehen, dass es längere Zinsbindungsfristen nur zu einem höheren Zinssatz gibt als bei den kurzen Laufzeiten (Ausnahme: die inverse Zinsstruktur in einer Hochzinsphase, siehe Seite 109). Das erklärt sich daraus, dass der Kreditnehmer quasi für seine größere Sicherheit auch mehr bezahlen muss. Denn je kürzer die Zinsbindungsfrist, umso größer ist das Risiko, dass sich der Zinssatz bis zum Zeitpunkt der Anschlussfinanzierung erhöht. Der Zins für eine lange Zinsbindungsfrist über 15 Jahre und mehr kann durchaus um bis zu 2% höher liegen. Allerdings hat eine langfristige Zinsbindung nicht nur Vorteile für den Darlehensnehmer. Denn während dieser Zeit ist eine Sondertilgung, also eine Reduzierung seiner Kreditschuld in einem gesonderten Einmalbetrag, normalerweise nicht möglich – es sei denn, sie wurde vorher vertraglich vereinbart. Dazu später mehr.

## Durchschnittlicher Hypothekenzins

Woran erkennt man, ob ein Zins hoch oder niedrig ist? Zur Beantwortung dieser Frage kann man nur auf Erfahrungswerte zurückgreifen. Wie sich die Hypothekenzinsen in den vergangenen 25 Jahren entwickelt haben, zeigt die folgende Grafik:

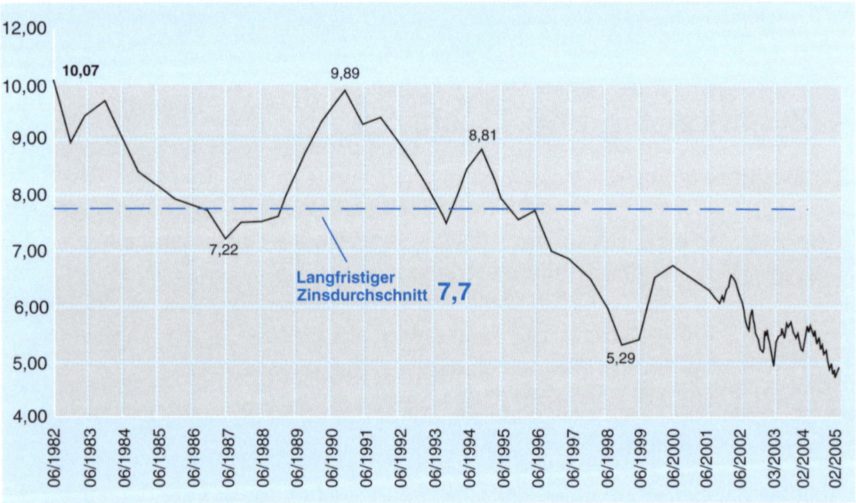

Daraus abgeleitet errechnet sich derzeit ein durchschnittlicher nominaler Hypothekenzins von 8,0% bei zehnjähriger Zinsbindung. Als erste grobe Faustregel gilt daher:

**WISO rät:** Alle Darlehen, die unter einem nominalen Zinssatz von 8% angeboten werden, können als günstig betrachtet werden. In einem solchen Fall sollte der Immobilienfinanzierer sich eher langfristig binden, das heißt ein Hypothekendarlehen mit mindestens zehn Jahren Zinsbindungsfrist wählen.

Aber das ist, wie gesagt, nur eine Faustregel!

## Hochzinsphase

Eine lange Zinsbindungsfrist bedeutet nicht automatisch, dass man immer besser wegkommt als bei einer kurzen Laufzeit. Man stelle sich vor, ein Kreditvertrag wird in einer Hochzinsphase abgeschlossen, und der Kreditnehmer würde sich über zehn, vielleicht sogar 15 Jahre binden. Ergebnis: Während die Zinsen allgemein sinken, muss er immer noch die alten Zinsen zahlen und hat damit unnötig hohe Belastungen. Also ist es in einer Hochzinsphase naheliegend, sich zunächst mit einer kurzen Zinsbindungsdauer zu begnügen. Was übrigens zunächst auch teurer sein wird: Für die kurze Zinsbindungsfrist verlangen die Institute in einer Hochzinsphase höhere Zinsen als für längere Laufzeiten, und zwar dann, wenn allgemein damit gerechnet wird, dass das Zinsniveau demnächst nach unten gehen wird. Der Fachbegriff dafür lautet inverse Zinsstruktur.

## Niedrigzinsphase

Das umgekehrte Szenario gilt für eine Niedrigzinsphase. Auch hier zunächst das Negativbild: Der Kreditnehmer hat sich entschieden, das Darlehen vorerst mit einer kurzen Zinsbindungsfrist abzuschließen. Dadurch hat er zwar den Vorteil, niedrigere Zinsen zahlen zu müssen, und die monatlichen Belastungen halten sich in Grenzen. Doch wenn in dieser kurzen Zeit das Zinsniveau deutlich steigt, dann hat das schlimme Konsequenzen: Der Darlehensnehmer muss nach der ersten Zinsbindungsfrist eine Anschlussfinanzierung mit deutlich höheren Zinsen vereinbaren, und die monatliche Belastung schnellt rapide in die Höhe – und zwar so stark, dass er, wenn es ganz schlimm kommt, seine weiteren Pläne aufgeben muss.

**Rechenbeispiel:** *Darlehen von 165.000 Euro, Nominalzins von 7,0%, Tilgungssatz von 1%, ergibt eine monatliche Belastung von 1.100 Euro.*

*Bei einer Zinsbindungsfrist von fünf Jahren ist die Restschuld in dieser Zeit noch nicht einmal um 5% gemindert, nämlich auf ungefähr 155.150 Euro.*

*Szenario: Die Zinsen sind nach der Zinsbindung um zwei Prozentpunkte auf 9,0% gestiegen. Die Formel zur Berechnung der neuen monatlichen Belastung:*

$$\textbf{Finanzielle Belastung (pro Jahr)} = \frac{\text{Darlehensbetrag x (Zins + Tilgung)}}{100}$$

$$\textbf{Finanzielle Belastung (pro Jahr)} = \frac{155.150 \text{ x } (9 + 1)}{100}$$

*Hier steigt die monatliche Belastung auf ungefähr 1.292 Euro. Das ist ein deutliches Plus von 193 Euro.*

*Nun kann man immerhin dagegenhalten, dass man auch nach einer langen Zinsbindungsfrist in eine Hochzinsphase geraten kann. Das wirkt sich aber lang nicht so deutlich auf die monatliche (Mehr-)Belastung aus. Denn in zehn oder 15 Jahren hat man bereits wesentlich mehr von den Schulden tilgen können als in der kurzen Laufzeit.*

*Nach zum Beispiel zehn Jahren hat der Kreditnehmer noch eine Restschuld von 85% abzuzahlen. Das sind in dem Beispiel umgerechnet etwa 141.200 Euro. Eingesetzt in die Formel:*

$$\textbf{Finanzielle Belastung (pro Jahr)} = \frac{141.200 \text{ x } (9 + 1)}{100}$$

*Somit ergibt sich in diesem Fall eine neue monatliche Belastung von 1.176,50 Euro.*

Anhand dieses Beispiels wird klar: Während sich bei der zehnjährigen Zinsbindungsfrist die Erhöhung der monatlichen Rate um gut 75 Euro noch in Grenzen hält, macht sich die gleiche Zinserhöhung nach der fünfjährigen Frist schon sehr viel deutlicher finanziell bemerkbar.

## c) Zinsbindung und Anschlussfinanzierung

Der Kreditnehmer wird immer vor der Wahl stehen, wie lange er die Zinsbindung vereinbaren soll, wenn ihm Kreditinstitute ein Darlehen anbieten. Vor allem in Niedrigzinsphasen fällt die Entscheidung schwer. Angenommen, das Institut bietet ein Darlehen mit einer Zinsbindungsfrist von zehn Jahren sowie ein anderes Darlehen mit einer Bindung von zunächst fünf Jahren an. Wofür soll man sich entscheiden?

Tatsächlich hängt das von der Erwartung des Darlehensnehmers ab, wie stark sich während der Zinsbindungsphase der Zins verändern wird. Entscheidend ist schließlich der Zins, den er für die Anschlussfinanzierung zahlen muss.

**WISO rät:** Je mehr man damit rechnet, dass der Zins für die Anschlussfinanzierung deutlich höher sein wird als der aktuelle, umso eher empfiehlt sich eine längerfristige Zinsbindung.

**Rechenbeispiel:** *Für ein Darlehen von 165.000 Euro macht der Kreditgeber zwei unterschiedliche Angebote: Bei dem einen kann sich der Kreditnehmer mit einem Nominalzins von 7,0% zehn Jahre binden, bei dem anderen zunächst einmal nur für fünf Jahre, bei einem Nominalzins von 6,0%. Der Darlehensnehmer will in jedem Fall bei beiden Darlehensangeboten die gleiche monatliche Belastung haben. Das bedeutet: Alles, was er bei der niedrigeren Bindungsfrist weniger an Zinsen zahlt, steckt er statt dessen in die Tilgung. Der Einfachheit halber bedeutet das beim ersten Angebot eine Tilgung von 1%, bei der zweiten Offerte eine Tilgung von 2%. Wofür soll sich der Kreditnehmer entscheiden?*

*Bei dem ersten Angebot hätte er eine monatliche Belastung von 1.100 Euro, die Restschuld würde nach fünf Jahren 155.150 Euro und nach Ende der Zinsbindungsfrist von zehn Jahren 141.201 Euro betragen.*

*Bei dem zweiten Angebot hätte er ebenfalls eine monatliche Belastung von 1.100 Euro, aber mit einer höheren Tilgung, und damit eine Restschuld von 145.813 Euro nach fünf Jahren.*

*Auf den ersten Blick spricht alles für das zweite Angebot. Denn hier ist die Restschuld nach fünf Jahren um rund 9.340 Euro niedriger. Doch ob dieser Vorteil auch weiter bestehen bleibt, hängt davon ab, wie teuer die Anschlussfinanzierung wird.*

*Deshalb muss das erwartete Zinsniveau für die folgenden fünf Jahre in die Betrachtung mit einbezogen werden. Dabei gibt es einen kritischen Wert, ab dem es sinnvoller gewesen wäre, sich von vornherein über zehn Jahre zu binden als über zweimal fünf Jahre. In unserem Beispiel beträgt dieser Zins 8,55%. Bei diesem Zinswert ist die Restschuld beider Darlehensangebote nach jeweils insgesamt zehn Jahren gleich hoch, über diesen Zinssatz hinaus ist sie bei der zunächst fünfjährigen Zinsbindung höher. Liegt der Wert dagegen darunter, so war es sinnvoller, sich zunächst kurzfristig zu binden.*

Einziges Problem bei diesen Überlegungen: Es ist schlichtweg unmöglich, genau vorherzusagen, wie stark das Zinsniveau steigen wird. Ergo ist es genauso unmöglich, de-

finitiv festzulegen, ob die eine Zinsbindungsfrist beziehungsweise Laufzeit besser ist als die andere.

**WISO rät:** Mit Hilfe dieser Methode lässt sich aus dem Abstand der Zinsen bei unterschiedlichen Laufzeiten immerhin ablesen, wie weit sich der Zins verändern muss, damit die eine oder andere Entscheidung vorteilhafter ist. Anschließend muss der Kreditnehmer überlegen, wie wahrscheinlich eine solche Veränderung ist, damit er sich für die kürzere oder längere Laufzeit entschließen sollte.

## Finanzierungsregeln für Zinsbindung

Es gibt allerdings Finanzierungsregeln, die nicht nur auf das aktuelle oder zukünftige Zinsniveau abzielen, sondern auch die finanziellen Spielräume des Kreditnehmers mit berücksichtigen.

**WISO rät:** Je weniger Geld ein Darlehensnehmer zur Verfügung hat, umso länger sollte er die Zinsbindung festschreiben. Muss er für diese lange Festlegung (unnötig) hohe Zinsen zahlen, ist das der Preis für sein geringeres Risiko. Sollten die Zinsen steigen, ist er dagegen abgesichert. Sollten sie sinken, ärgert er sich vielleicht – aber das ist immer noch besser, als in die Schuldenfalle zu geraten.

Wer über größeren finanziellen Spielraum verfügt, kann sich dagegen an folgende einfache Formel halten: Je niedriger der Zins, umso länger sollte er sich binden. Das bedeutet, in **Niedrigzinsphasen** sollte eine Zinsbindungsfrist von mindestens zehn Jahren eingegangen werden.

Die Formel „Je höher der Zins, desto kürzer die Zinsbindungsfrist“ stimmt zwar im Prinzip auch, es gibt aber eine weitere Möglichkeit. In **Hochzinsphasen** sollte man kurze Zinsbindungsfristen von maximal fünf Jahren eingehen. Wenn ein Kreditnehmer auf Nummer Sicher gehen will, ist das die einzig sinnvolle Strategie. Er kann aber auch einen variablen Zinssatz vereinbaren.

Wer einen Vertrag mit fünfjähriger Zinsbindung abgeschlossen hat, wird sich unter Umständen ärgern, wenn die Zinsen in dieser Zeit sinken. Das ist der Preis, den er für die Verringerung seines Zinsrisikos zahlt. Denn die Vereinbarung eines variablen Zinssatzes, also die ständige Angleichung der Zinsen an das Kapitalmarktniveau, birgt ein hohes Risiko: Es kann sein, dass die Zinsen nach unten gehen, sie *müssen* aber nicht. Wenn die Zinsen wider Erwarten doch steigen, wächst die finanzielle Belastung von Monat zu Monat.

## d) Variabler Zinssatz

Für den, der zu Beginn seiner Finanzierung mit einer Hochzinsphase konfrontiert ist, mag auf den ersten Blick ein Darlehen mit variablem Zinssatz durchaus attraktiv sein. Während der Laufzeit eines solchen Darlehens passt der Kreditgeber die zu zahlenden Zinsen an das aktuelle Zinsniveau an. Gehen die Zinsen nach unten, sinkt damit auch die monatliche Belastung. Sobald der Kreditnehmer der Ansicht ist, dass die Zinsen nicht mehr weiter sinken werden, hat er die Möglichkeit, diesen Zins für sein Darlehen festschreiben zu lassen. Das wird ihm vertraglich zugestanden.

Die Kreditinstitute bieten Darlehen, bei denen keine feste Zinsbindung verabredet wird, sehr viel günstiger an – der variable Zins ist meist niedriger als jeder festgeschriebene Zins, teilweise um bis zu einen Prozentpunkt. In der Regel werden bei zinsvariablen Darlehen auch keine Bauzeit- oder Bereitstellungszinsen verlangt. Der Kreditnehmer kann ein solches Darlehen jederzeit kündigen, allerdings mit einer Frist von drei Monaten, und den Gesamtbetrag auf einmal zurückzahlen. Außerdem ist auch eine Sondertilgung ohne Probleme machbar.

Diesen Vorteilen stehen aber gravierende Nachteile gegenüber. Natürlich *kann* das Zinsniveau sinken, es *muss* aber nicht. Und wenn die Zinsen wider Erwarten steigen, kann der Darlehensnehmer finanziell arg in Bedrängnis geraten. Wie schon bei den Überlegungen zu den Zinsbindungfristen nachgerechnet, kann sich eine Zinserhöhung nur um 1% oder 2% schon sehr deutlich in monatlichen Mehrbelastungen bemerkbar machen. Eine solche Zinsveränderung innerhalb nur eines Jahres hat es in der Vergangenheit des öfteren gegeben.

Wer also seine Finanzierung auf sichere Füße stellen möchte, sollte besser auf ein Darlehen mit variablen Zinssätzen verzichten.

Dazu kommt, dass es die Kreditinstitute in der Regel sehr eilig haben, ihre Zinskonditionen anzupassen, wenn die Zinsen steigen. Geht der Zins in die andere Richtung, verfallen sie häufig in Lethargie. Dauerärger mit dem Kreditgeber ist hier eigentlich programmiert. Der Kunde muss praktisch permanent kontrollieren, ob die Zinsen, die ihm abverlangt werden, überhaupt noch aktuell sind. Das gilt bei Zinserhöhungen durchaus genauso, da es das Institut vielleicht ein bißchen zu eilig haben könnte oder über das Ziel hinausschießt, dass es also zu hoch anpasst.

Permanente Kontrolle ist aber erst recht bei Zinssenkungen notwendig. Immerhin gibt es eine Orientierungsgröße, mit der der Kreditgeber kontrolliert werden kann, festgelegt nach einem Richterspruch. Danach ist der Durchschnittssatz für variable Hypothekendarlehen maßgeblich, den die Bundesbank laufend ermittelt und in der Tagespresse veröffentlicht.

**WISO rät:** Der Kreditnehmer muss überprüfen, wie hoch der Marktzins an dem Tag ist, an dem er den Darlehensvertrag abschließt, und ihn mit dem Nominalzins vergleichen, der in seinem Vertrag vereinbart ist. Dieser Abstand muss während der Ver-

tragslaufzeit immer gleich bleiben. Vergrößert er sich um mehr als 0,2% nach oben, kann der Darlehensnehmer von seinem Institut eine Zinssenkung verlangen.

Diese Regelung geht auf ein Gerichtsurteil zurück (OLG Celle, AZ: 3 U 240/89). Das Institut muss den Zinssatz aber nicht täglich korrigieren. Auch hier gab es schon entsprechende Urteile. Es kann sich maximal drei Monate Zeit lassen und quartalsweise anpassen.

Eines wird damit deutlich: Ein Darlehen mit variablen Zinssätzen birgt nicht nur eine Menge Unsicherheiten, sondern ist auch mit viel Aufwand und unter Umständen mit Ärger verbunden.

**WISO rät:** Es versteht sich von selbst, dass man in einer Niedrigzinsphase auf keinen Fall ein Darlehen mit einem variablen Zinssatz abschließen sollte.

# V. Finanzierungsformen

Viele Kreditinstitute haben ihren Finanzierungsangeboten einen illustren Namen gegeben. Teilweise handelt es sich auch um Mischformen und Kombinationen von Darlehen. Letztlich lassen sich aber alle auf die drei klassischen Finanzierungsformen zurückführen: auf das Hypothekendarlehen, das Versicherungsdarlehen und das Bauspardarlehen.

## 1. Das Hypothekendarlehen

Ein Hypothekendarlehen ist die wohl bekannteste Finanzierungsform für Immobilien. Ansprechpartner für diese Art der Baufinanzierung sind Banken und Sparkassen sowie die darauf spezialisierten Hypothekenbanken.

### a) Annuitätendarlehen

In der Regel handelt es sich um ein Annuitätendarlehen. Die dabei entstehenden Rückzahlungsraten setzen sich aus einem Zins- und einem Tilgungsanteil zusammen. Was der Kreditnehmer jährlich an Zins und Tilgung leistet, wird Annuität genannt und ist betragsmäßig identisch mit dem, was in den vorangegangenen Kapiteln als „finanzielle Belastung (pro Jahr)“ bezeichnet wurde.

Erster entscheidender Punkt dabei: Die Raten bleiben während der Zinsbindungsfrist eines Darlehens immer gleich hoch. Wie hoch, das hängt davon ab, welcher Zins- und Tilgungssatz im Kreditvertrag vereinbart wurde.

**Rechenbeispiel:** *Darlehensbetrag: 165.000 Euro, Zinssatz: 7,0%, Tilgungssatz: 1%. Die Annuität wird nach folgender Formel berechnet:*

$$\textbf{Annuität} = \frac{\text{Darlehensbetrag x (Zins + Tilgung)}}{100}$$

$$\textbf{Annuität} = \frac{165.000 \text{ x } (7 + 1)}{100}$$

*Die Annuität beträgt in diesem Beispiel 13.200 Euro, umgerechnet also 1.100 Euro monatlich (sie ist damit identisch mit der in den vorangegangenen Kapiteln errechneten finanziellen Belastung).*

Zweiter entscheidender Punkt: Diese Annuität bleibt zwar während der Laufzeit konstant, aber ihre Zusammensetzung ändert sich dauernd. Da die Schulden durch die Tilgung abnehmen, wird während der Laufzeit auch die Belastung durch den Zinsanteil, der durch die Schulden entsteht, immer weniger. Gleichzeitig wächst der Tilgungsanteil.

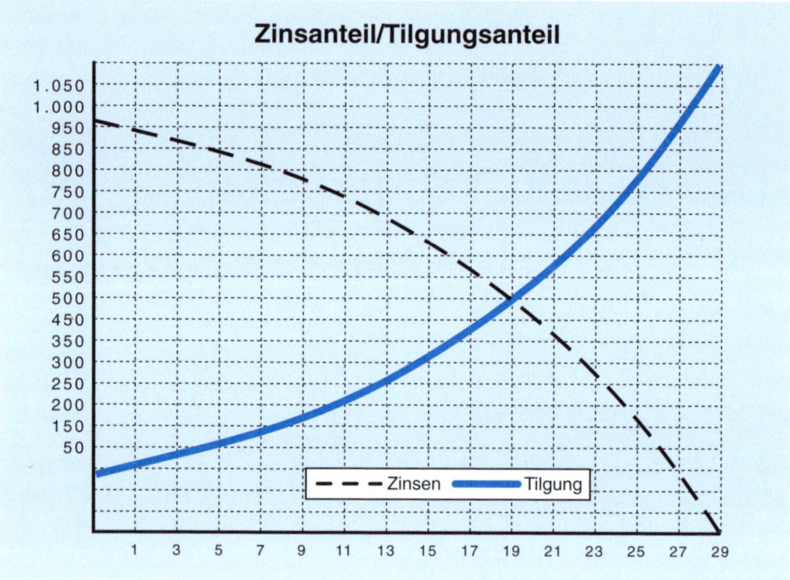


Das ist das entscheidende Merkmal eines Annuitätendarlehens. Man hat eine fest kalkulierbare Größe pro Monat abzuzahlen, gleichzeitig sinken die Restschulden immer mehr. Der Nachteil: Am Anfang sind die Restschulden noch relativ hoch, erst in den letzten Jahren der Laufzeit nehmen sie rapide ab. So kommt es auch, dass ein Darlehen mit einer (Anfangs-)Tilgung von 1% wie im Beispiel trotzdem nicht erst nach 100 Jahren abbezahlt ist, sondern schon nach 25 oder 30 Jahren.

**Rechenbeispiel:** *Darlehensbetrag: 165.000 Euro, Zinssatz: 7,0%, Tilgungssatz: 1%. Der Einfachheit halber wird davon ausgegangen, dass die Zinsbindung über die gesamte Laufzeit gilt.*

| Annuitätendarlehen | | | | | |
|---|---|---|---|---|---|
| Jahr | Restschuld am Anfang | Tilgung | Zinsen | Jahresleistung | monatliche Belastung |
| 1 | 165.000,00 | | | | |
| 2 | 163.296,02 | 1.703,98 | 11.496,02 | 13.200,00 | 1.100,00 |
| 3 | 161.468,86 | 1.872,16 | 11.372,84 | 13.200,0 | 1.100,00 |
| 4 | 159.509,61 | 1.959,25 | 11.240,75 | 13.200,00 | 1.100,00 |
| 5 | 157.408,73 | 2.100,88 | 11.099,12 | 13.200,0 | 1.100,00 |
| 6 | 155.155,98 | 2.252,75 | 10.947,25 | 13.200,0 | 1.100,00 |
| 7 | 152.740,37 | 2.415,61 | 10.784,39 | 13.200,0 | 1.100,00 |
| 8 | 150.150,14 | 2.590,23 | 10.609,77 | 13.200,0 | 1.100,00 |
| 9 | 147.372,66 | 2.777,48 | 10.422,52 | 13.200,0 | 1.100,00 |
| 10 | 144.349,40 | 2.978,26 | 10.221,74 | 13.200,0 | 1.100,00 |
| 11 | 141.200,84 | 3.193,56 | 10.006,44 | 13.200,0 | 1.100,00 |
| 12 | 137.776,42 | 3.424,42 | 9.775,58 | 13.200,0 | 1.100,00 |
| 13 | 134.104,44 | 3.671,98 | 9.528,02 | 13.200,0 | 1.100,00 |
| 14 | 130.167,02 | 3.937,42 | 9.262,58 | 13.200,0 | 1.100,00 |
| 15 | 125.944,96 | 4.222,06 | 8.977,94 | 13.200,0 | 1.100,00 |
| 16 | 121.417,68 | 4.527,27 | 8.672,73 | 13.200,0 | 1.100,00 |
| 17 | 116.563,13 | 4.857,55 | 8.345,45 | 13.200,0 | 1.100,00 |
| 18 | 111.357,65 | 5.205,49 | 7.994,51 | 13.200,0 | 1.100,00 |
| 19 | 105.775,86 | 5.581,79 | 7.618,21 | 13.200,0 | 1.100,00 |
| 20 | 99.790,56 | 5.985,30 | 7.214,70 | 13.200,0 | 1.100,00 |
| 21 | 93.372,58 | 6.417,98 | 6.782,02 | 13.200,0 | 1.100,00 |
| 22 | 86.490,65 | 6.881,93 | 6.318,07 | 13.200,0 | 1.100,00 |
| 23 | 79.111,22 | 7.379,43 | 5.820,57 | 13.200,0 | 1.100,00 |
| 24 | 71.198,34 | 7.912,89 | 5.287,11 | 13.200,0 | 1.100,00 |
| 25 | 62.713,43 | 8.484,91 | 4.715,09 | 13.200,0 | 1.100,00 |
| 26 | 53.615,14 | 9.098,29 | 4.101,71 | 13.200,0 | 1.100,00 |
| 27 | 43.859,14 | 9.756,00 | 3.444,00 | 13.200,0 | 1.100,00 |
| 28 | 33.397,88 | 10.461,26 | 2.738,74 | 13.200,0 | 1.100,00 |
| 29 | 22.180,37 | 11.217,51 | 1.982,49 | 13.200,0 | 1.100,00 |
| 30 | 10.151,95 | 12.028,42 | 1.171,58 | 13.200,0 | 1.100,00 |
| 31 | 0,00 | 10.151,95 | 314,70 | 10.466,65 | 872,22 |

## b) Vorschaltdarlehen

In den vorangegangenen Kapiteln wurde ausführlich auf das Problem steigender Zinsen verwiesen. Gerade auch in einer Hochzinsphase steht der Kreditnehmer vor der Frage, wie lange er den Zins festschreiben soll. Immerhin könnte es ja sein, dass sich der Zins demnächst wieder nach unten bewegt.

Verlockend sind da so genannte Vorschaltdarlehen, die Kreditinstitute anbieten, um genau solche Hochzinsphasen zu überbrücken. Auf der einen Seite sind diese Angebote für die Institute in erster Linie ein gutes Verkaufsargument, um Bauwillige auch in Hochzinsphasen als Kunden zu gewinnen, auf der anderen Seite sind gewisse Vorteile für den Kreditnehmer tatsächlich nicht ganz von der Hand zu weisen. Vorschaltdarlehen haben nämlich eine sehr kurze Laufzeit mit einem festen Zinssatz und können jederzeit gekündigt oder vorzeitig verlängert werden. Wenn die Zinsen sinken, kann der Kreditnehmer aus dem Vorschaltdarlehen aussteigen und sich einen günstigeren Kredit mit niedrigeren Zinsen sichern. Einziger „Schönheitsfehler": Kein Kreditgeber kann garantieren, dass die Zinsen auch wirklich nach unten gehen. Dazu kommt, dass diese kurzfristigen Darlehen im Vergleich zu anderen Festzinsdarlehen in der Regel teurer sind.

**WISO rät:** Vorsicht also, wenn ein Vorschaltdarlehen angeboten wird. Wer Pech hat, für den gehen die Zinsen in eine andere als die erhoffte Richtung, und er steht bei Vertragsende schlechter da als zuvor.

### Vorschaltdarlehen mit Tilgungsaussetzung

Eine besondere Ausgestaltung dieses Darlehens ist ein Vorschaltdarlehen mit Tilgungsaussetzung. Während der Laufzeit eines solchen Darlehens zahlt man nur Zinsen, tilgt aber nicht. Die monatliche Belastung wird dadurch niedriger.

**WISO rät:** Ein Vorschaltdarlehen mit Tilgungsaussetzung ist ebenfalls keine empfehlenswerte Alternative. Die Schulden verringern sich während der Darlehensphase nicht, und damit wird auch der Finanzierungsbedarf größer. Das hat zur Folge, dass die Gesamtkosten unnötig in die Höhe klettern.

Im Übrigen gilt hier dasselbe wie bei allen anderen Vorschaltdarlehen. Niemand kann versprechen, dass die Zinsen tatsächlich sinken. Sind in diesem Fall außerdem während der Laufzeit noch keine Tilgungsbeiträge geleistet worden, wird es erst recht teuer.

## c) Hypothekenmix

Eine sehr viel bessere Lösung zur Überbrückung einer Hochzinsphase ist ein Hypothekenmix. Dabei wird das Gesamtdarlehen in mehrere Teilbeträge aufgeteilt. Darlehen mit kurzen Bindungsfristen von fünf Jahren kombiniert der Kreditnehmer mit einem Darlehen, mit dem er sich auf zehn Jahre, vielleicht zusätzlich sogar mit einem auf 15 Jahre, festlegt.

**WISO rät:** Ein Hypothekenmix kann ein guter Kompromiss sein, wenn man in einer Hochzinsphase nicht auf Sicherheit verzichten will, gleichzeitig aber auch nicht auf die Möglichkeit, an niedrigere Zinsen heranzukommen.

In einer Hochzinsphase haben Verträge mit langer Zinsbindung die niedrigeren Zinssätze. Damit wird man in die Lage versetzt, wenigstens einen Teil der Finanzierung, wenn auch auf hohem Niveau, billiger zu gestalten.

Läuft das Darlehen mit der kurzen Zinsbindungsfrist aus, kann der Kreditnehmer von gesunkenen Zinsen profitieren. Sind die Zinsen wider Erwarten gestiegen, muss er nur diesen Teil, und nicht das gesamte Darlehen, zu den noch schlechteren Zinsbedingungen finanzieren. Das Risiko beschränkt sich also auf diesen Teil des Darlehens.

**WISO rät:** Wer über geringe finanzielle Reserven verfügt, sollte das Schwergewicht des Hypothekenmixes auf die Darlehen mit den längeren Zinsbindungsfristen legen.

Im Übrigen ermöglicht ein Hypothekenmix, dass man bei Ablauf der jeweiligen Bindungsfristen eine Sondertilgung leistet.

## d) Sondertilgung

Sondertilgungen sind bei Hypothekendarlehen nicht immer ohne weiteres möglich. Das ist gerade auch ein Nachteil der längeren Zinsbindungsfristen. Dieses Problem stellt sich dann, wenn man einen größeren Betrag zurückzahlen will, der über die im Vertrag vereinbarte Tilgung hinausgeht, sei es, weil man geerbt hat, oder einfach nur, weil man jetzt mehr verdient.

### Sondertilgung ohne zusätzliche Kosten

Hier sollen nur die Sondertilgungen behandelt werden, bei denen durch einen solchen Schritt keine zusätzlichen Kosten entstehen, also keine so genannten Vorfälligkeitsentschädigungen anfallen (siehe Kapitel VII.2).

- Das Ende einer Zinsbindungsfrist ist ein günstiger Zeitpunkt für eine Sondertilgung. Dann kann der Kreditnehmer seine Restschulden reduzieren und für den Restbetrag eine weitere Zinsbindung eingehen. Diese Möglichkeit spielt auch eine wichtige Rolle beim Hypothekenmix (siehe oben).

- Außerdem erlaubt das Gesetz grundsätzlich die Kündigung eines Darlehensvertrages nach zehn Jahren. Allerdings muss man nach einer Kündigung noch sechs Monate Geduld haben; so lange dauert die Kündigungsfrist.
- Handelt es sich um einen Darlehensvertrag mit variablem Zinssatz, kann man jederzeit eine Sondertilgung leisten. Die Wartezeit beträgt dann drei Monate, manchmal auch weniger.
- Überhaupt keine Wartefrist gibt es beim Bauspardarlehen, das jederzeit ganz oder in Teilbeträgen zurückgezahlt werden kann.

## Vertraglich vereinbarte Sondertilgung

Wer von vornherein eine Sondertilgung plant oder sie zumindest nicht ausschließen kann, für den bietet sich eine weitere Variante an:

**WISO rät:** Der Kreditnehmer kann schon bei Abschluss seines Darlehensvertrages die Möglichkeit einer Sondertilgung vereinbaren. Von dieser Möglichkeit sollte man vor allem dann Gebrauch machen, falls geplant ist, die Immobilie kurzfristig wieder abzustoßen: Gerade wer von vornherein weiß, dass er die Immobilie schon in wenigen Jahren wieder verkaufen möchte, sollte sich ein Sondertilgungsrecht einräumen lassen. Falls nämlich der spätere Käufer der Immobilie nicht das Darlehen samt Konditionen übernimmt, muss der Darlehensnehmer dem Kreditgeber eine Vorfälligkeitsentschädigung zahlen (siehe Kapitel VII.2).

Kleinere Kreditinstitute sind eher zu einer solchen vertraglichen Vereinbarung zu bewegen. Probleme gibt es bei den großen Anbietern; vor allem Hypothekenbanken machen das sehr ungern. Die meisten Kreditgeber verlangen ohnehin als Gegenleistung einen höheren Zinssatz. Aus Sicht der Institute übernehmen sie nämlich mit dem Recht auf Sondertilgung einen Teil des Zinsrisikos: Während sinkender Zinsen ist eine Sondertilgung aus Sicht des Kreditgebers äußerst ungünstig. Für ihn bedeutet das, dass er diesen Betrag als neues Darlehen nur zu Bedingungen weitergeben kann, die für ihn schlechter sind.

**WISO rät:** Das Recht auf Sondertilgung zählt zu den Verhandlungspunkten bei der Vertragsgestaltung. Der Kreditnehmer sollte mit dem Finanzberater darüber reden und darauf pochen, dass ihm dieses Recht kostenlos, also ohne Zinserhöhung, zugestanden wird.

## Vertraglich vereinbarte Sondertilgung in Niedrigzinsphasen

Wer einen Vertrag in einer Niedrigzinsphase abschließt, muss sich die Sondertilgung nicht unbedingt vertraglich einräumen lassen. Falls die Zinsen steigen, wird der Kreditgeber wenig gegen eine Sondertilgung einzuwenden haben, denn dieses Geld kann das Institut als Darlehen problemlos zu einem sehr viel höheren Zinssatz weiterreichen.

## Regeln für die Sondertilgung

Allerdings ist es nicht immer eindeutig, ob der Kreditnehmer von diesem Recht auf Sondertilgung überhaupt Gebrauch machen sollte, ob also eine Sondertilgung finanziell sinnvoll ist. Er hat immerhin auch die Möglichkeit, das Geld auf die hohe Kante zu legen.

**WISO rät:** Um herauszufinden, ob sich eine Sondertilgung finanziell lohnt, muss der Effektivzins des Darlehens mit der Rendite festverzinslicher Wertpapiere verglichen werden, die eine gleiche Laufzeit haben wie die (restliche) Zinsbindungsfrist des Darlehens. Ist der Effektivzins höher, sollte der Darlehensnehmer eine Sondertilgung vornehmen.

Für das Rechenbeispiel soll eine typische Situation dargestellt werden. Um die Herangehensweise verständlich zu machen, wird allerdings auf Rechengenauigkeit verzichtet.

**Rechenbeispiel:** *Darlehenssumme 165.000 Euro, frei verfügbarer Betrag 20.000 Euro, (Rest-)Zinsbindung zehn Jahre, Effektivzins 8,0%, Rendite des Wertpapiers 7,0%, Laufzeit zehn Jahre.*
***Variante 1:*** *Man verzichtet auf die Sondertilgung und kauft statt dessen das Wertpapier. Damit wird in zehn Jahren eine Rendite von 1.400 Euro (20.000 Euro x 7,0%, ohne Zinseszinsen) erwirtschaftet. Gleichzeitig zahlt man für die volle Darlehenssumme in den zehn Jahren insgesamt 13.200 Euro an Zinsen. Das Plus aus dem Wertpapier berücksichtigt, ergibt in den zehn Jahren eine Belastung von 11.800 Euro.*
***Variante 2:*** *Der Kreditnehmer leistet eine Sondertilgung. Dadurch reduziert sich sein Restdarlehen auf 145.000 Euro. Zu 8,0% verzinst, hat er in den zehn Jahren eine Belastung von 11.600 Euro. Mit der Sondertilgung spart er also 200 Euro gegenüber der Lösung, den Betrag in ein Wertpapier anzulegen.*

*Zur Berechnung kann auch eine einfache Formel verwendet werden:*

*frei verfügbarer Betrag x (Effektivzins – Rendite) =* ***Belastung***

*Anhand der Zahlen aus dem Beispiel bedeutet das:*
*20.000 Euro x (8% – 7%) = 200 Euro*
*Hat das Ergebnis dieser Rechnung ein positives Vorzeichen, bedeutet das: Sondertilgung ist sinnvoll. Ist die Zahl negativ, ist die Anlage in Wertpapieren zweckmäßiger.*

**WISO rät:** Die Anlage in Wertpapieren ist in der Regel dann sinnvoller als eine Sondertilgung, wenn seit Abschluss des Darlehensvertrages die Zinsen deutlich gestiegen sind. Bis zum Ende der Zinsbindung sollte man in diesem Fall das Geld festverzinslich anlegen.

Bei vermieteten Immobilien sieht die Rechnung anders aus, weil die Schuldzinsen aus dem Darlehen als Werbungskosten steuerlich anerkannt werden (siehe Kapitel IX.3). Außerdem sind Kapitaleinkünfte steuerfrei, solange der Sparerfreibetrag nicht überschritten wird. Doppeltes Plus also sozusagen: Hier wird die Steuer gemindert (Schuldzinsen aus Darlehen), dort fällt sie nicht an (Kapitaleinkünfte).

## e) Ratentilgungsdarlehen

Das Ratentilgungsdarlehen ist weit weniger bekannt als das Annuitätendarlehen. Dafür gibt es zwei einfache Gründe: Zum einen ist die Anfangsbelastung vergleichsweise hoch, zum anderen verdienen die Kreditinstitute deutlich weniger daran als an einem Annuitätendarlehen. Deshalb sind sie nicht gerade besonders erpicht darauf, dem Kreditnehmer eine solche Möglichkeit überhaupt anzubieten.

Bei einem Ratentilgungsdarlehen verpflichtet sich der Darlehensnehmer vertraglich, über eine festgelegte Laufzeit von Anfang an gleich große Tilgungsraten zu zahlen. Jedesmal am Ende eines Jahres wird die Restschuld um diesen Tilgungsbeitrag reduziert. Auf diese verringerte Restschuld wird jeweils der vereinbarte Zinssatz berechnet. Das vermindert Jahr für Jahr auch die Zinsbelastung entsprechend.

Die gleichbleibenden Tilgungsraten und die Zinszahlungen ergeben zusammen die Jahresleistung. Daraus resultieren ungleichmäßige finanzielle Belastungen über die Jahre der Finanzierung hinweg. Konkreter: Von Jahr zu Jahr werden diese Belastungen immer ein bißchen weniger. Die Jahresleistung sinkt ständig.

Genau darin liegt aber gleichzeitig der große Nachteil einer solchen Darlehensform: Gerade zu Beginn des Vertrages sind die finanziellen Belastungen am höchsten. Für den Schuldner ist ein solcher Verlauf natürlich äußerst ungünstig, denn selbst wenn man nicht darauf bauen sollte, so kann man in der Regel doch davon ausgehen, dass das Einkommen eher wächst als sinkt. Damit ist die finanzielle Belastung in den meisten Fällen später einfacher zu verdauen als am Anfang. Hinzu kommt, dass die Schulden – gemessen an der Kaufkraft – durch die Inflation in der Zukunft weniger wert sein werden als heute.

Ein Vorteil sind allerdings die insgesamt deutlich geringeren Finanzierungskosten im Vergleich zum Annuitätendarlehen. Im Endeffekt zahlt der Kreditnehmer sehr viel weniger an Zinsen, weil der Schwerpunkt der Zahlungen auf der Rückzahlung des Darlehens, eben auf der Tilgung, liegt. Daraus ergibt sich auch der Umstand, dass sich bei gleichem Finanzierungsvolumen nach rund einem Drittel der Vertragslaufzeit die (monatliche) Belastung zugunsten des Ratentilgungsdarlehens verändert.

Kreditgeber haben daher wenig Interesse daran, ein Ratentilgungsdarlehen anzubieten, weil die Finanzierungskosten niedriger sind. Eines dürfte ohnehin klar sein: Eine Tilgungsrate von zum Beispiel 1% würde kein Institut der Welt akzeptieren, denn sonst wäre der Darlehensnehmer erst nach 100 Jahren schuldenfrei. Daran lässt sich

aber auch ermessen, wie hoch die Jahresbelastungen aus Tilgung und Zinsen am Anfang sind.

Versicherungsgesellschaften und Hypothekenbanken bieten diese Darlehensform übrigens gar nicht erst an.

Nach den kurzen Erläuterungen dürfte eines deutlich geworden sein:

**WISO rät:** Ein Ratentilgungsdarlehen ist nur für Kreditnehmer interessant, die für die Finanzierung einer Immobilie nicht jede Mark umdrehen müssen. In einem solchen Fall ist diese Form des Darlehens eine überlegenswerte Alternative, unter einer Voraussetzung: Man will die Immobilie selbst nutzen.

Für Vermieter ist es unter rein steuerlichen Aspekten wenig sinnvoll, schnell zu tilgen, weil sie alle Schuldzinsen beim Fiskus geltend machen können. Das bedeutet: Je mehr Schulden beziehungsweise Schuldzinsen nachgewiesen werden können, umso besser, steuerlich gesehen (siehe Kapitel IX.3).

Es gibt mehrere Varianten von Ratentilgungsdarlehen:

Eine betrifft den Zahlungsmodus, also ob monatlich oder vierteljährlich gezahlt wird. Eine weitere variiert die Höhe der Tilgungsrate. Entweder wird eine feste Jahresleistung vereinbart oder ein bestimmter Prozentsatz, bezogen auf die ursprüngliche Darlehenssumme.

**WISO rät:** Im Übrigen gibt es durchaus die Möglichkeit, mit einem Kreditgeber zu vereinbaren, dass das Darlehen zu Beginn der Laufzeit tilgungsfrei bleibt. Der Kreditnehmer sollte nach einer solchen Variante fragen, wenn ihm ein reines Ratentilgungsdarlehen zu teuer ist.

Das führt zwar den eigentlichen Gedanken eines Ratentilgungsdarlehens ad absurdum, nämlich sich so schnell wie möglich zu entschulden; andererseits könnte dies ein guter Kompromiss zwischen einem Annuitätendarlehen und dieser Darlehensform sein. Bei den Kreditinstituten wird man aber so oder so auf nicht sehr viel Begeisterung stoßen.

**Rechenbeispiel:** *Darlehen über 165.000 Euro, Zinssatz 7,0%, vereinbarte jährliche Tilgung: 5.550 Euro, nachschüssige, also jeweils zum Jahresende berechnete Tilgung und Verzinsung, Laufzeit entsprechend 30 Jahre. Im folgenden Beispiel wird der Einfachheit halber davon ausgegangen, dass die Zinsbindung über die gesamte Vertragslaufzeit besteht.*

| Ratentilgungsdarlehen | | | | | |
|---|---|---|---|---|---|
| Jahr | Restschuld am Anfang | Tilgung | Zinsen | Jahres-leistung | monatliche Belastung |
| 1 | 165.000 | 5.550 | 11.550 | 17.100 | 1.425,00 |
| 2 | 159.450 | 5.550 | 11.161 | 16.711 | 1.392,63 |
| 3 | 153.900 | 5.550 | 10.773 | 16.323 | 1.260,25 |
| 4 | 148.350 | 5.550 | 10.384 | 15.934 | 1.327,88 |
| 5 | 142.800 | 5.550 | 9.996 | 15.546 | 1.295,50 |
| 6 | 137.250 | 5.550 | 9.607 | 15.157 | 1.263,13 |
| 7 | 131.700 | 5.550 | 9.219 | 14.796 | 1.230,75 |
| 8 | 126,150 | 5.550 | 8.830 | 14.380 | 1.198.38 |
| 9 | 120.600 | 5.550 | 8.442 | 13.992 | 1.166,00 |
| 10 | 115.050 | 5.550 | 8.053 | 13.603 | 1.133,63 |
| 11 | 109.500 | 5.550 | 7.665 | 13.215 | 1.101,25 |
| 12 | 103.950 | 5.550 | 7.276 | 12.826 | 1.066,88 |
| 13 | 98.400 | 5.550 | 6.888 | 12.438 | 1.036,50 |
| 14 | 92.850 | 5.550 | 6.500 | 12.049 | 1.004,13 |
| 15 | 87.300 | 5.550 | 6.111 | 11.661 | 971,75 |
| 16 | 81.750 | 5.550 | 5.722 | 11.272 | 939,38 |
| 17 | 76.200 | 5.550 | 5.334 | 10.884 | 907,00 |

Dieses Beispiel zeigt: Ab dem zwölften Jahr hat der Kreditnehmer eine geringere monatliche Belastung als bei einem Annuitätendarlehen, das zu gleichen Zinskonditionen, aber mit einer (zunächst) 1%igen Tilgung abgeschlossen wird (siehe Tabelle für Annuitätendarlehen, Seite 117). Dort liegt die monatliche Belastung bei 1.100 Euro, allerdings von Anfang an.

# 2. Das Versicherungsdarlehen

Wer auf der Suche nach einem Kreditgeber ist, wird früher oder später auch auf Versicherungsunternehmer stoßen. Diese bieten Darlehen, die auf den ersten Blick sehr viel günstiger scheinen als ein Hypothekendarlehen. Die Zinssätze sind um bis zu 0,25 Prozentpunkte niedriger als die von Banken und Sparkassen.

Bei einem Versicherungsdarlehen wird ein so genanntes Festdarlehen angeboten, das während der gesamten Laufzeit zwar verzinst, aber nicht getilgt wird. Das ist überhaupt der Grund, warum das Institut ein solches Hypothekendarlehen zu einem günstigeren Zins anbieten kann. Der Kreditnehmer tilgt also nicht in monatlichen Raten, sondern erst am Ende der Laufzeit in einem einzigen Betrag.

Um diesen bezahlen zu können, schließt er zusätzlich eine Kapitallebensversicherung ab. Deren Ablaufleistung am Ende der Versicherungslaufzeit dient der Finanzierung des tilgungsfreien Darlehens. Daraus ergibt sich: Für ein Versicherungsdarlehen zahlt man Zinsen, tilgt aber nicht und zahlt statt dessen monatlich die Prämie für eine Lebensversicherung. Damit wird gleichzeitig das Todesfallrisiko abgedeckt. Im Todesfall wird die Versicherungssumme ausgezahlt, das Darlehen sofort getilgt, und die Hinterbliebenen können (hoffentlich) schuldenfrei leben.

Vor allem Versicherer bieten eine solche Darlehenskonstruktion an. Einen Teil der eingenommenen Versicherungsprämien dürfen sie nämlich zur Immobilienfinanzierung nutzen. Aber auch Banken und Sparkassen haben ein Versicherungsdarlehen in ihrem Angebot. Meist ist deren Offerte gleich mit dem Namen beziehungsweise dem Angebot eines „befreundeten" Versicherers verbunden. Theoretisch hat der Darlehensnehmer aber auch die Möglichkeit, sich Bank und Versicherer unabhängig voneinander auszusuchen.

### Angebot eines Versicherers

Falls man sich für das Angebot eines Versicherungsunternehmens entscheidet, so bekommt man dort ein solches Darlehen meist etwas günstiger als über die Bank oder Sparkasse. Dafür sind aber die Beleihungsgrenzen deutlich niedriger als bei den Kreditinstituten. Maximal 60%, oft aber nur bis zu 45% des Beleihungswerts werden für eine 1a-Hypothek angesetzt (siehe Kapitel IV). Da der Beleihungswert meist nicht mehr als 80% des Kauf- oder Baupreises ausmacht, kann der Kreditnehmer in der Regel deutlich weniger als die Hälfte seiner tatsächlich benötigten Finanzierung mit Hilfe einer erstrangigen Hypothek aus einem Versicherungsdarlehen abdecken.

Da er häufig einen höheren Finanzierungsbedarf hat, muss er sich nach weiteren Kreditmöglichkeiten umsehen. Entweder stopft er die Lücke mit einer nachrangigen Finanzierung beim Versicherer selbst, oder er besorgt sich einen zusätzlichen Bankkredit. Dieses Darlehen ist erwartungsgemäß als nachrangige Hypothek teuer; es wird ein höherer Zins verlangt.

### Angebot von Banken und Sparkassen

Wird ein Versicherungsdarlehen über Banken und Sparkassen abgeschlossen, hat man zwar zunächst einen höheren Effektivzins, dafür akzeptieren die Kreditinstitute für eine 1a-Hypothek aber immerhin bis zu 80% des Beleihungswerts. Das wiederum verbilligt die Restfinanzierung.

## a) Ablauf einer Finanzierung

Die Mehrzahl der Versicherungsdarlehen wird so gestaltet, dass am Ende der Laufzeit Versicherungssumme plus Überschussanteile (beides zusammen ist die so genannte Ablaufleistung) der Darlehenssumme entspricht. In den meisten Verträgen macht die Versicherungssumme erfahrungsgemäß etwa 60% des Darlehensbetrags aus. Der Rest muss durch die Überschussanteile abgedeckt werden. Genau hier liegt das Problem dieses Modells: Die Höhe der Überschussanteile wird und kann eine Versicherungsgesellschaft nicht garantieren. Wenn die Überschussanteile nicht so groß sind wie vom Versicherer ursprünglich prognostiziert, muss teuer nachfinanziert werden, um den Darlehensbetrag zurückzahlen zu können.

Es gibt allerdings Versicherungsverträge, in denen die voraussichtliche Ablaufleistung nicht genau auf die Darlehenssumme abgestimmt ist. Statt dessen wird eine so genannte Mindestunterlegung verlangt. Das bedeutet, eine bestimmte Prozentzahl – 60, 80 oder manchmal auch 100% des Darlehens – muss allein schon durch die Versicherungssumme abgedeckt sein. Je höher diese Mindestunterlegung und je länger die Laufzeit, umso mehr übersteigt am Ende die Ablaufleistung die tatsächlich benötigte Darlehenssumme, also jene Summe, die tatsächlich zurückgezahlt werden muss. Mit anderen Worten: bei einer solchen Konstruktion mit hoher Mindestunterlegung spart der Kreditnehmer, eher unfreiwillig als freiwillig, zusätzlich zur Tilgung weiteres Kapital an.

Wie bereits erwähnt, wird mit einem Versicherungsdarlehen auch der Todesfall des Kreditnehmers abgesichert. Das Problem dabei ist: Wenn, wie bei der eingangs erwähnten Gestaltung eines Vertrags, die Versicherungssumme nur 60% des Darlehens abdeckt, gilt das natürlich auch im Todesfall. Je früher jedoch ein solch trauriger Fall eintritt und je weiter weg das Vertragsende liegt, desto mehr beschränkt sich die Dekkung des Darlehensbetrags allein auf die vereinbarte Versicherungssumme. Denn in den ersten Versicherungsjahren fallen kaum Überschussanteile an. Diese Versorgungslücke stopfen Versicherer mit Zusatzangeboten wie einer höheren Versicherung speziell für den Todesfall, für die sie aber höhere Prämien fordern (mehr dazu am Ende dieses Kapitels).

Die Prämien steigen im Übrigen auch mit dem Eintrittsalter, weil das Todesfallrisiko für den Versicherer zunimmt. Das bedeutet: Je älter der Kreditnehmer ist, umso teurer wird ein Versicherungsdarlehen für ihn.

## b) Finanzierungsvarianten

Die Finanzierung über ein Versicherungsdarlehen läuft immer nach dem oben beschriebenen Muster ab. Trotzdem gibt es unterschiedliche Finanzierungsvarianten, nach denen das Versicherungsdarlehen ausgestaltet ist. Letztlich sind aber alle diese Offerten auf den Standardtyp zurückzuführen.

- *Todesfallrisiko abgedeckt*

Bei dieser Variante wird die Versicherungssumme so festgelegt, dass die Darlehenssumme der Ablaufleistung entspricht. Der Unterschied zum Standardtyp: Im Todesfall zahlt der Versicherer den vollen Betrag der Darlehenssumme aus. Das ist das bereits erwähnte Zusatzangebot im Todesfall. Ein Nachteil wird damit aber nicht wettgemacht: Im Erlebensfall muss der Kreditnehmer nach wie vor auf die unsichere Ablaufleistung setzen; und die Zusatzvereinbarung macht dieses Modell teurer, denn es muss ein höherer Versicherungsbeitrag geleistet werden.

Eine Variante dazu: Im Todesfall zahlt die Versicherung nur die eingezahlten Beiträge zurück, die Risikovorsorge fällt natürlich deutlich geringer aus.

- *Versicherungssumme = Darlehenssumme*

Bei diesem Modell ist die Versicherungssumme genauso hoch wie die Darlehenssumme. Am Ende der Laufzeit, die meist 25 bis 30 Jahre beträgt, deckt die Versicherung genau den Kreditbetrag ab. Zusätzlich hat der Darlehensnehmer durch die Überschussanteile Kapital angespart. Dieses Modell ist das sicherste, zugleich aber auch das teuerste. Sicher deshalb, weil der Kreditnehmer nicht auf die vorhergesagte Ablaufleistung spekulieren muss, und teuer, weil er Monat für Monat eine hohe Versicherungsprämie zahlt. Diese Variante ist umso teurer, je älter der Schuldner ist, da für die Versicherungsgesellschaft das Todesfallrisiko steigt und sie entsprechend höhere Prämien verlangt. Das alles fällt zusätzlich zum Zins an, den der Kreditnehmer für das Hypothekendarlehen aufbringen muss. Beide Belastungen zusammen sind auf jeden Fall sehr viel teurer, als wenn ein Hypothekendarlehen aufgenommen wird.

**WISO rät:** Dieses Modell eignet sich, wenn überhaupt, nur dann, wenn der Kreditnehmer sehr finanzstark und jung ist, wobei es sicher bessere Möglichkeiten gibt, als Immobilienfinanzierung und Altersvorsorge auf diese Art miteinander zu verknüpfen.

- *Tilgung bei Erreichen der Darlehenssumme*

Hier entspricht die Versicherungssumme ebenfalls der Darlehenssumme, der Vertrag wird aber für eine sehr lange Laufzeit abgeschlossen: bis zu einem Lebensalter von 80 oder sogar 85 Jahren. Dadurch ist die Prämie nicht mehr so hoch wie in dem vorangegangenen Modell geschildert. Sobald die Ablaufleistung, also die angesparte Versicherungssumme plus Überschussanteile, ausreicht, um den Darlehensbetrag zu tilgen, wird der Vertrag vorzeitig beendet, das Darlehen getilgt und damit auch kein zusätzliches Kapital angespart.

**WISO rät:** Von solchen Angeboten ist abzuraten, denn dabei geht auch die versprochene Rendite der Versicherung verloren! Bei vorzeitiger Auflösung des Vertrags fallen die Überschussanteile natürlich sehr viel geringer aus als zum eigentlich vereinbarten Vertragsende.

Nur einer freut sich über eine solche Vertragsvariante, und das ist der Versicherungsvertreter: Er kassiert eine nicht gerade kleine Provision, weil die Versicherungssumme sehr hoch ist, jedenfalls höher als unbedingt notwendig.

- *Prämienverrechnung*

Auch hier entspricht die Versicherungssumme der Darlehenssumme. Der Unterschied zu den anderen Modellen: Die Überschussanteile werden nicht mit Zinsen angesammelt, sondern jährlich mit den Prämien verrechnet, die sich dadurch verringern. Trotzdem wird das Darlehen erst am Ende mit der Auszahlung der Versicherungssumme getilgt.

Genau das macht jedoch finanziell wenig Sinn. Statt die Prämien zu senken, wäre es besser, die entsprechenden Beträge zur Tilgung zu nutzen, um die Zinsbelastung möglichst gering zu halten.

- *Dynamische Beitragsanpassung*

Die Versicherungssumme macht unter 50% der Darlehenssumme aus. Eine dynamische Beitragsanpassung sorgt aber dafür, dass während der Laufzeit die Prämien ansteigen und die Ablaufleistung am Ende zum Tilgen des Darlehens ausreichen soll. Dafür gibt es, wie immer, keine Garantie.

**WISO rät:** Von einem solchen Angebot ist ebenfalls dringend abzuraten! Die dynamische Anpassung ist eine äußerst unrentable Angelegenheit, denn bei jeder Beitragserhöhung wird beim Kreditnehmer ein neues Eintrittsalter zugrunde gelegt, und je älter er wird, umso mehr steigt die Risikoprämie.

Freude bereitet man allerdings dem Versicherungsvertreter, denn der kassiert bei jeder Erhöhung immer wieder kräftig mit.

## c) Gesamteffektivzins

Auf den ersten Blick scheinen die Zinsen beim Versicherungsdarlehen günstiger zu sein als beim Hypothekendarlehen. Doch genau das Gegenteil ist oft der Fall.

**WISO rät:** Beim Versicherungsdarlehen darf nicht allein der Effektivzins des Darlehens verglichen werden. Vielmehr muss als weiterer Indikator die Rendite der Lebensversicherung mit in die Zinsberechnungen einbezogen werden.

Wer feststellen möchte, wie hoch die Rendite einer Lebensversicherung ist, sollte zunächst auf die Ablaufleistung schauen, die am Ende der Vertragszeit ausgezahlt werden

soll. Die Betonung liegt auf „soll“, da derzeit lediglich die Versicherungssumme und ein Sparanteil von 2,75% (ab 1. Januar 2004, davor lag der Garantiezins bei 3,25%) pro Jahr auf laufende Verträge garantiert wird, so sehen die gesetzlichen Regelungen dies vor. Der Rest sind die Überschussanteile, die Ausdruck dessen sind, wie gut die Versicherung mit dem zur Verfügung gestellten Geld gewirtschaftet hat, wie gut sie also die eingezahlten Beiträge während der Vertragslaufzeit angelegt hat.

Um festzustellen, wie hoch die Rendite ist, reicht es nicht, nur auf die Ablaufleistung beziehungsweise Überschussanteile zu schauen. Wichtig ist auch die Höhe der Prämie, die monatlich zu zahlen ist. Von dem eingezahlten Betrag zweigt die Versicherungsgesellschaft erst einmal das ab, was ihr an Kosten entsteht, zum Beispiel für die Verwaltung und für die Provision des Versicherungsvertreters. Was übrigbleibt, wird aufgeteilt auf den Risikoanteil für den Todesfall und auf den Sparanteil für die Überschussbeteiligung.

Eine bestimmte Ablaufleistung lässt sich durch unterschiedlich hohe Prämien erreichen. Beides ins Verhältnis gesetzt, ergibt die Rendite der Versicherung. Folglich ist die Rendite dann am höchsten, wenn bei gleichen monatlichen Raten die (versprochene) Ablaufleistung am größten ist; oder umgekehrt: wenn bei gleicher (versprochener) Ablaufleistung die monatliche Rate am niedrigsten ist.

Die Rendite aus der Lebensversicherung und der Effektivzins des Darlehens müssen nun immer gemeinsam betrachtet werden. Beides zusammen ergibt den Gesamteffektivzins eines Versicherungsdarlehens. Ist die Rendite der Versicherung berechnet, muss anschließend überprüft werden, wie hoch der Effektivzins des Darlehens und somit die monatliche Belastung aus dem Darlehen ist. Denn der Kreditnehmer kann von einer renditestarken beziehungsweise günstigen Versicherung wenig profitieren, wenn er gleichzeitig hohe Effektivzinsen für ein Darlehen zu zahlen hat. Umgekehrt gilt das genauso: Ein Darlehen mit niedrigem Effektivzins bringt wenig, wenn gleichzeitig die Rendite aus der Versicherung dürftig ausfällt.

Grundsätzlich gilt:

**WISO rät:** Der Gesamteffektivzins eines Versicherungsdarlehens, also der Effektivzins, der die Rendite der Lebensversicherung mit berücksichtigt, ist immer höher als der ausgewiesene Effektivzins für das Darlehen allein. Ein Versicherungsdarlehen wird demnach im Endeffekt immer teurer sein als das, was der Versicherer als Effektivzins des Darlehens verspricht.

Der Grund ist relativ einfach nachzuvollziehen: Der Versicherer legt die eingesammelten Beiträge an, zum Beispiel in festverzinsliche Wertpapiere, oder er vergibt Hypothekendarlehen. Daraus erwirtschaftet der Versicherer seine Gewinne und beteiligt den Versicherungsnehmer in Form von Überschussanteilen. Das ergibt die Verzinsung der

Beiträge, die Habenzinsen. Und diese können, langfristig gesehen, immer nur *unter* dem Sollzins liegen, also unter dem Effektivzins, der für ein Darlehen zu zahlen ist.

**WISO rät:** Wenn die Versicherungsgesellschaft eine Rendite für die Versicherung verspricht, die höher ist als der Effektivzins des Hypothekendarlehens, sollte man misstrauisch werden. Dieses Angebot kann gar nicht realistisch sein.

Aus diesen Überlegungen ergibt sich: Bei einem Versicherungsdarlehen hat man zunächst durchaus einen Zinsvorteil gegenüber einem normalen Hypothekendarlehen. Dieser wird aber durch die niedrigere Versicherungsrendite (teilweise) wieder zunichte gemacht.

**Rechenbeispiel:** *Darlehen 165.000 Euro, Nominalzins 7,0%, Effektivzins 7,5%.*
*Zur Ermittlung der finanziellen Belastung wird folgende Formel verwendet (für die monatlichen Beiträge wird der unten ermittelte Wert durch 12 geteilt):*

$$\textbf{\textit{Finanzielle Belastung (pro Jahr)}} = \frac{\textit{Darlehensbetrag x Nominalzins}}{100}$$

*Die monatliche Belastung beträgt 962,50 Euro.*

*Lebensversicherung: (versprochene) Ablaufleistung 165.000 Euro, Rendite: 6,5%, Laufzeit 20 Jahre, die monatliche Prämie beträgt 342 Euro.*

*Daraus ergibt sich eine monatliche Gesamtbelastung von 1.304,50 Euro. Der Effektivzins des Gesamtpakets beträgt in diesem Beispiel 7,90% bei einer Versicherungslaufzeit von 20 Jahren.*

**WISO rät:** In jedem Fall sollte der Kreditnehmer bedenken, dass der ausgewiesene Effektivzins nicht unbedingt alle Finanzierungsnebenkosten beim Darlehen ausweist. Selbst wenn ein Angebotspaket unterm Strich besonders günstig erscheint, muss immer noch nach weiteren Finanzierungskosten gefragt werden, zum Beispiel nach Wertschätzungsgebühren, Kontoführungsgebühren usw.

Generell gilt für Versicherungsdarlehen:

**WISO rät:** Wer sich für ein solches Darlehen interessiert, sollte die in der Vergangenheit besonders leistungsstarken Versicherungsgesellschaften heraussuchen. Aber noch einmal sei darauf hingewiesen: Egal, was die von dem Versicherer vorgelegten Zahlen ausweisen und welches Ergebnis bei den Berechnungen herauskommt, die versprochene Ablaufleistung gibt es in jedem Fall nur ohne Garantie.

Der Grund: Da die Versicherungsgesellschaft Teile der Beiträge anlegt, um (Zins-)Gewinne zu erwirtschaften, hängt viel von der zukünftigen Kapitalmarktentwicklung ab sowie vom Anlagegeschick der Manager, darauf richtig zu reagieren. Andere Teile der

Prämie werden zur Auszahlung von Versicherungssummen verwendet. Je nachdem, wie hoch die Sterblichkeitsquote bzw. die durchschnittliche Lebensalterszeit der Versicherten einer bestimmten Gesellschaft ist, kann auch die versprochene Ablaufleistung tatsächlich eingehalten werden.

## d) Probleme beim Versicherungsdarlehen

Neben der unsicheren Ablaufleistung können auf den Kreditnehmer noch weitere Probleme zukommen, sollte er sich für ein Versicherungsdarlehen entscheiden. Wie bereits eingangs erwähnt, bieten die Versicherungsgesellschaften die günstigen Zinsen nur bei einer äußerst niedrigen Beleihungsgrenze an, manchmal nur bis zu 45% des Beleihungswertes. Dieser wiederum wird von den Assekuranzen wegen hoher Sicherheitsabschläge äußerst gering geschätzt. Doch wie bereits festgestellt, reicht eine einzige erstrangige Hypothek in der Regel nicht für die Finanzierung aus.

Deshalb sind häufig Nachfinanzierungen notwendig, und die werden in jedem Fall nur zu einem höheren Zins möglich sein, selbst wenn die Versicherung eine solche Nachfinanzierung anbietet, was durchaus die Regel ist. Assekuranzen bieten zwar 80%-Finanzierungen an, allerdings mit Sicherheit nicht zu dem angeblich so günstigen Effektivzins für das Versicherungsdarlehen. Das bedeutet letzlich, dass der durchaus mögliche Zinsvorteil aus dem Erstvertrag mit dem Versicherer durch den Zinsnachteil des zweiten, sehr viel teureren Darlehensteils (teilweise) aufgehoben wird.

**Rechenbeispiel:** *Der Kreditnehmer benötigt eine 80%-Finanzierung, der Versicherer bietet zunächst ein Darlehen mit 7,5% Effektivzins, allerdings bei einer Beleihungsgrenze von 45%. Den Rest von 35% würde der Versicherer ebenfalls finanzieren, allerdings zu einem halben Prozentpunkt höher. Das nachrangige Darlehen hätte somit einen Effektivzins von 8,0%.*

$$\textbf{\textit{Gesamteffektivzins}} = \frac{7{,}5\% \text{ x } 45\% + 8{,}0\% \text{ x } 35\%}{80\%}$$

**WISO rät:** Vorsicht, diese (einfache) Rechnung funktioniert nur, wenn beide Darlehen eine gleich lange Laufzeit haben.

Der Effektivzins für das Gesamtdarlehen beträgt in diesem Beispiel schließlich 7,72%. Dabei ist die (schlechtere) Rendite der Versicherungspolice noch gar nicht berücksichtigt, die den Effektivzins für die Kombination aus Darlehen und Versicherung noch weiter in die Höhe treiben wird.

Ein Hinweis darf bei allen Berechnungen, die bisher angestellt wurden, nicht vergessen werden: Bei der ausgewiesenen Ablaufleistung handelt es sich immer um eine Pro-

gnose. Gerade bei dem am häufigsten verwendeten Finanzierungsmodell eines Versicherungsdarlehens (Ablaufleistung = Darlehenssumme) ist das ein kritischer Punkt. Denn ob am Ende die Ablaufleistung tatsächlich für die Tilgung des Darlehens ausreicht, weiß man leider erst hinterher.

**Rechenbeispiel:** *Die monatliche Prämie beträgt 342 Euro. Bei einer Rendite von 6,5%, Laufzeit 20 Jahre, beträgt die versprochene Ablaufleistung 165.000 Euro. Da die tatsächliche Rendite wider Erwarten lediglich bei 5,5% liegt, erhält der Versicherungsnehmer am Ende des Vertrags tatsächlich nur knapp 147.500 Euro.*

Das mit einer Lebensversicherung verknüpfte Hypothekendarlehen wird während der Laufzeit nicht getilgt. Die Darlehensschuld ist also am Ende noch genauso hoch wie am Anfang der Zinsbindungsphase. Was geschieht nun, wenn während dieser Zeit die Zinsen gestiegen sind? Die Zinsänderung trifft den Darlehensnehmer bei der sicher zu erwartenden Anschlussfinanzierung mit voller Wucht. Auf einen Schlag hat er plötzlich sehr viel höhere monatliche Raten abzuzahlen.

Bei einem Hypothekendarlehen hat er bis zu diesem Zeitpunkt wenigstens schon einen gewissen Teil seiner Darlehensschuld getilgt, sodass eine Zinserhöhung nicht ganz so negative Auswirkungen hat.

**Rechenbeispiel:** *Für ein Darlehen von 165.000 Euro, Nominalzins 7,0%, Zinsbindung zehn Jahre, werden monatlich 962,50 Euro gezahlt. Für eine Versicherung mit einer (versprochenen) Ablaufleistung von 165.000 Euro, Rendite 6,5%, Laufzeit 20 Jahre, werden monatlich 342 Euro fällig. Das macht eine monatliche Gesamtbelastung von 1.304,50 Euro.*

*Szenario: Nach der Zinsbindungsfrist von zehn Jahren ist der Zins um 1,0% auf 8,0% gestiegen:*

$$\textbf{\textit{Finanzielle Belastung (pro Jahr)}} = \frac{\textit{Darlehensbetrag x Nominalzins}}{100}$$

*In einem solchen Fall wächst die monatliche Belastung auf 1.100 Euro allein aus dem Darlehen (monatliche Gesamtbelastung mit Versicherungsprämie: 1.442 Euro), immerhin ein Plus von 137,50 Euro. Der Effektivzins des Gesamtpakets ist von 7,21% auf 9,24% gestiegen.*

Ein weiteres Problem: Wer bei einem Versicherungsdarlehen wegen einer Zinserhöhung, wie im oben beschriebenen Fall, aus dem Vertrag herauskommen möchte, hat es gar nicht so einfach. Dabei geht es nicht nur um rechtliche, sondern auch um finanzielle Hürden. Ein Ausstieg aus einem Versicherungsvertrag kommt teuer zu stehen, da der Versicherungsnehmer in diesem Fall nur den so genannten Rückkaufswert erhält, und der ist in den ersten Jahren deutlich niedriger als die Summe der von ihm einge-

zahlten Prämien. Das erklärt sich damit, dass die Beiträge in den ersten ein bis zwei Jahren zunächst nur die Kosten der Versicherungsgesellschaft decken – von den Verwaltungskosten bis hin zur Provision des Versicherungsvertreters. Platzt das Darlehen also wegen einer Zinserhöhung, sitzt der Kreditnehmer auf einem Haufen Schulden, der letztlich durch die Auflösung seines Versicherungsvertrags noch weiter wächst. Ein Teil seines bereits eingesetzten Kapitals wird buchstäblich vernichtet.

**WISO rät:** Wer schon vorher weiß, dass er seine Immobilie in wenigen Jahren verkaufen möchte, sei es aus beruflichen, sei es aus privaten Gründen, sollte *nie* ein Versicherungsdarlehen abschließen. Ausnahme: Der Immobilieninvestor plant, anschließend wieder zu kaufen oder zu bauen. In diesem Fall kann er dasselbe Darlehen erneut einsetzen.

Vor dem gleichen Dilemma steht übrigens, wer zwischenzeitlich umschulden will, und sei es nur, weil er nach der ersten Zinsbindungsfrist von dem Versicherer zu einem anderen Kreditgeber wechseln möchte. Will der Kreditnehmer dann ein „normales" Hypothekendarlehen aufnehmen, kann er den Versicherungsvertrag nur mit großen finanziellen Verlusten auflösen. Oder er ist bereit, weiter in die Versicherung einzuzahlen, was nicht gerade ein billiges Vergnügen sein dürfte.

Probleme gibt es auch bei einer Sondertilgung. Natürlich kann der Kreditnehmer im Prinzip bei einem tilgungsfreien Darlehen vorzeitig tilgen – mit den gleichen Schwierigkeiten wie auch schon beim Hypothekendarlehen beschrieben, also in den meisten Fällen mit einer Vorfälligkeitsentschädigung (siehe Seite 174) – nur sind die Hürden hier ungleich höher. Es mögen zwar durch einen solchen Schritt die Zinszahlungen sinken, die Belastungen aus der monatlichen Versicherungsprämie bleiben aber unverändert. Der Grund dafür ist, dass der Vertrag mit der Versicherungsgesellschaft rechtlich gesehen unabhängig vom Darlehensvertrag geschlossen wird. Wird mit der Sondertilgung auch der Versicherungsvertrag gekündigt, geht zusätzlich viel Geld verloren, weil der Versicherungsnehmer nur dessen Rückkaufswerte zurückbekommt.

**WISO rät:** Wer vorhat, während der Finanzierungszeit eine Sondertilgung zu leisten, sollte auf ein Versicherungsdarlehen verzichten!

Dazu kommt, dass Erträge aus der Lebensversicherung bei einer Laufzeit von mehr als zwölf Jahren bisher normalerweise nicht zu versteuern waren. Wer aber die Lebensversicherung vorzeitig zurückkauft, von dem verlangt der Fiskus für die zurückliegende Zeit nachträglich Steuern. Ein Faktor, der gar nicht so unwichtig ist, denn letztlich ist die Finanzierung mit einem Versicherungsdarlehen überhaupt nur deshalb so günstig, weil die Kapitalerträge aus dieser Anlageform steuerfrei sind. So war es zumindest bisher, aber das kann sich durchaus ändern, wie die Diskussion um die Steuerreform beweist. Unabhängig davon, ob und wie Lebensversicherungen besteuert werden, muss man sich des Risikos bewusst sein, dass das Steuerprivileg für Kapitallebensversicherungen nicht unbedingt für alle Zeit erhalten bleibt.

**WISO rät:** Für in Zukunft anfallende Erträge aus einer Lebensversicherung kann niemand Bestandsschutz geben. Man muss also immer damit rechnen, dass auch bereits bestehende Versicherungsverträge von einer Gesetzesänderung betroffen sein können. Allein daraus könnte eine Erhöhung der monatlichen Belastung resultieren.

## e) Versicherungsdarlehen für Selbstnutzer

Nach Abwägen aller Vor- und Nachteile eines Versicherungsdarlehens müsste deutlich geworden sein: Wer eine Immobilie selbst nutzen möchte, sollte von einem Versicherungsdarlehen Abstand nehmen. Dabei geht man nur unkalkulierbare Risiken ein. Die Ablaufleistung kann nicht garantiert werden, und da das Darlehen erst am Ende der Laufzeit getilgt wird, läuft der Kreditnehmer Gefahr, für sein Darlehen später einmal deutlich höhere Zinsen zahlen zu müssen. Ein Ausstieg aus der Versicherung kommt außerdem teuer zu stehen. Für Selbstnutzer empfiehlt sich daher eher ein Hypothekendarlehen.

Für den als Vorteil gepriesenen Todesfallschutz bietet sich eine bessere Alternative an: die so genannte Restschuldversicherung (siehe Seite 138).

Auch finanziell stellt sich der Selbstnutzer mit einem Hypothekendarlehen besser als mit einem Versicherungsdarlehen, selbst wenn die Zinsen nur um wenige Prozentpunkte steigen.

**Rechenbeispiel:** *Darlehenssumme: 165.000 Euro, Finanzierungszeit 20 Jahre, zunächst zehn Jahre Zinsbindung.*

*a) finanziert über ein Versicherungsdarlehen (Darlehenssumme = Ablaufleistung), mit einem Nominalzins von 7,0%.*

$$\textbf{\textit{Finanzielle Belastung (pro Jahr)}} = \frac{\textit{Darlehensbetrag x Nominalzins}}{100}$$

$$\textbf{\textit{Finanzielle Belastung (pro Jahr)}} = \frac{165.000 \text{ x } 7{,}0}{100}$$

*Monatliche Belastung aus dem Darlehen: 962,50 Euro.*

*Dazu die Versicherung mit einer angenommenen Rendite von 6,5%, Laufzeit 20 Jahre. Als Versicherungsprämie werden monatlich 342 Euro fällig. Das ergibt eine monatliche Gesamtbelastung von 1.304,50 Euro.*

*b) finanziert über ein Hypothekendarlehen mit 6,5% Zins und 3% Tilgung, damit die monatliche Belastung in etwa vergleichbar ist mit der aus dem Versicherungsdarlehen:*

$$\textbf{Annuität} = \frac{\text{Darlehensbetrag x (Zins + Tilgung)}}{100}$$

$$\textbf{Annuität} = \frac{165.000 \text{ x } (6{,}5 + 3)}{100}$$

*Hier beträgt die monatliche Belastung 1.306 Euro.*

*Szenario nach zehn Jahren: Der Nominalzins ist um 2 Prozentpunkte gestiegen. Dann beträgt die Restschuld*

*a) beim Versicherungsdarlehen nach zehn Jahren immer noch 165.000 Euro. Mit dem neuen Zinssatz von 8,0% wächst die monatliche Belastung auf 1.237,50 Euro beim Darlehen. Die monatliche Prämie bei der Versicherung bleibt unverändert, sodass daraus eine monatliche Gesamtbelastung von 1.579,50 Euro erwächst – ein Plus von 275 Euro gegenüber den ursprünglichen Monatsraten!*

*b) beim Hypothekendarlehen nach zehn Jahren ca. 95.535 Euro, ergibt mit einem neuen Zins von 8,5% und einer Tilgung von 3% eine monatliche Belastung von ungefähr 915,50 Euro. Sie ist hier also im Vergleich zum Versicherungsdarlehen zunächst um rund 664 Euro geringer. Nun könnte man diesen Differenzbetrag zinsbringend anlegen oder in eine erhöhte Tilgung stecken.*

*Geht man von dem (zugegebenermaßen eher theoretischen) zweiten Fall aus, ergibt sich ein Spielraum für eine zusätzliche Tilgung von etwa 8,3%, also für die zweite Finanzierungsphase insgesamt eine Tilgung von über 11% (ursprüngliche Tilgung 3%).*

Dieser Vergleich zeigt: Gleiche monatliche Beträge vor und nach einer Zinserhöhung vorausgesetzt, wäre das Hypothekendarlehen schon deutlich früher abbezahlt. Die frei werdenden Mittel könnten wieder zinsbringend angelegt werden, während beim Versicherungsdarlehen immer noch Zinsen und Prämien zu zahlen sind – ohne dass von vornherein klar ist, ob mit der Ablaufleistung aus der Versicherung das Darlehen tatsächlich vollständig getilgt werden kann.

Für Selbstnutzer einer Immobilie gilt daher ganz allgemein, dass ein Versicherungsdarlehen nicht unbedingt das günstigste Finanzierungsmittel ist.

**WISO rät:** Allenfalls unter steuerlichen Aspekten mag ein solches Darlehen für einen bestimmten Kreis von Selbstnutzern interessant sein, und zwar für Selbstständige und Beamte (sowie zumindest theoretisch für Geringverdiener). Für diese Steuerzahler sind Kapitallebensversicherungen mit einer Laufzeit von über zwölf Jahren als Vorsorgeaufwendungen steuerlich absetzbar, allerdings auch nur, wenn sie den Höchstsatz, der für Vorsorgeaufwendungen steuerlich gilt, noch nicht voll ausgeschöpft haben.

Sozialversicherungspflichtige Arbeitnehmer liegen durch ihre gesetzlichen Beiträge zur Sozialversicherung fast immer über dieser Höchstgrenze. Aber selbst wenn steuerliche Argumente für ein Versicherungsdarlehen sprechen mögen: das finanzielle Risiko hat jeder zu tragen. In einem solchen Fall heißt die Devise: Mit dem Steuerberater reden, ob sich das trotzdem rechnet!

## f) Versicherungsdarlehen für Vermieter

Dem Versicherungsdarlehen für Vermieter und damit verbundenen steuerlichen Aspekten ist ein eigenes Kapitel gewidmet (siehe Kapitel IX). Daher nur ein kurzer Hinweis: Für Eigentümer von vermieteten Immobilien empfiehlt sich durchaus ein Versicherungsdarlehen. Die Darlehenszinsen können steuerlich abgesetzt werden, und das, was an Überschussanteilen aus der Lebensversicherung erwirtschaftet wird, ist (nach einer Laufzeit von über zwölf Jahren) steuerfrei.

## g) Darlehen mit bestehender Lebensversicherung

Wer bereits über eine bestehende Kapitallebensversicherung verfügt, für den fällt das Urteil über ein Versicherungsdarlehen nicht ganz so negativ aus. Selbst wenn diese ursprünglich für die Altersvorsorge gedacht war, lohnt es sich, darüber nachzudenken, sie für eine Immobilienfinanzierung einzusetzen. Schließlich verfügt man ja statt dessen am Ende über Wohneigentum.

Die entscheidende Frage, vor der der Darlehensnehmer in einem solchen Fall steht, lautet: Versicherung kündigen oder nicht? Im ersten Fall erhöht der Rückkaufswert sein Eigenkapital, er benötigt also einen weniger hohen Kredit und hat damit bessere Karten, wenn es um Beleihungsgrenzen und persönliche Bonität geht. Im zweiten Fall beleiht er praktisch sein bis dahin angesammeltes Guthaben aus der Versicherung, in dem er sich ein tilgungsfreies Darlehen in Höhe des Rückkaufswerts bei einem Kreditinstitut besorgt oder, noch besser, bei der Versicherungsgesellschaft, bei der er die Police abgeschlossen hat (Policendarlehen). Denn für die hält sich das Kreditrisiko geringer, da der Darlehensnehmer ja sein Guthaben bei dem Versicherer selbst beleiht. Ergo sind die Zinsen dort vergleichsweise niedrig, und es werden in der Regel auch keine zusätzlichen Sicherheiten von ihm verlangt.

Ob es besser ist, den Versicherungsvertrag zu kündigen und den Rückkaufswert als zusätzliches Eigenkapital heranzuziehen, hängt von der Höhe des aktuellen Rückkaufswerts ab. Denn in der ersten, manchmal bis zu zehn Jahren dauernden Versicherungsphase liegt dieser Wert deutlich unter dem, was bisher in die Versicherung eingezahlt wurde. Die Assekuranz deckt mit den eingezahlten Beiträgen zunächst einmal ihre eigenen Kosten ab.

**WISO rät:** Der Darlehensnehmer sollte sich von seiner Versicherungsgesellschaft die Rückkaufswerte und die eingezahlten Beiträge errechnen lassen. Stellt er dabei fest, dass die Summe der eingezahlten Beiträge kleiner ist als der Rückkaufswert, sollte er seinen Vertrag kündigen.

Eine weitere Überlegung: Hat man einen Nachfinanzierungsbedarf, eignen sich solche Policendarlehen durchaus dazu, weil die Alternative, nämlich ein Zwischenkredit von einer Bank oder Sparkasse, wegen der hohen Zinsen sehr viel teurer sein kann.

Unter Umständen bietet der Versicherer eine Variante an, mit der bestehenden Kapitallebensversicherung einen Kredit zu finanzieren: ein tilgungsfreies Darlehen in Höhe der Ablaufleistung. Aber auch hier steht man vor der Entscheidung, ob man den Vertrag nicht trotzdem kündigen sollte. Das hängt von der Laufzeit des Vertrages ab.

**WISO rät:** Je länger ein Lebensversicherungsvertrag bereits läuft und je niedriger das aktuelle Zinsniveau ist, umso eher kann man davon ausgehen, dass es sich lohnt, die Versicherung zu behalten.

Der Grund dafür ist einfach: Je älter ein Versicherungsvertrag ist, umso höher ist die Rendite der Restlaufzeit. Die Rendite ist, wie bereits mehrfach erklärt, in den ersten Jahren sogar negativ, der Rückkaufswert liegt unter der Summe der eingezahlten Beträge, weil die Versicherungen zunächst ihre Kosten decken wollen. Mit immer kürzer werdender Restlaufzeit steigt aber die Rendite der Versicherung.

Vor einer eventuellen Kündigung sollte man sich deshalb als erstes von dem Versicherer die Ablaufleistung und die Rendite der Restlaufzeit ausrechnen lassen. Das Ergebnis sollte der Kreditnehmer dann mit tilgungsfreien Hypothekendarlehen vergleichen, die eine möglichst lange Zinsbindung haben, also mindestens zehn Jahre. Damit kann er das Zinsänderungsrisiko eines solchen Darlehens möglichst klein halten.

**WISO rät:** Liegt die Rendite der Restlaufzeit eines Versicherungsvertrages über dem Effektivzins eines Hypothekendarlehens, sollte man den Vertrag behalten, denn dann gibt man unterm Strich weniger aus, als wenn man den Vertrag kündigt und ein einfaches Bankdarlehen aufnimmt.

Über eines sollte sich der Darlehensnehmer allerdings im Klaren sein: Behält er die Versicherung, muss er zusätzlich zu den Zinsen für das Darlehen die Versicherungsprämien aufbringen! Eine Garantie für die Ablaufleistung gibt es auch in diesem Fall nicht.

## h) Restschuldversicherung

Der Schutz, den Angehörige im Todesfall haben, ist der Vorteil eines Versicherungsdarlehens. Trotzdem spricht der finanzielle Vorteil eher dafür, ein Hypothekendarlehen aufzunehmen. Man kann aber auch das eine tun, ohne das andere zu lassen, indem man eine Restschuldversicherung abschließt. Darunter versteht man eine Risikolebensversicherung, deren erstes Ziel es ist, im Todesfall einen Betrag auszuschütten, der die Restschuld abdeckt. Es geht also weniger darum, einen Überschuss zu erwirtschaften. Deshalb ist auch die Höhe der monatlichen Beiträge sehr viel geringer als bei einer Kapitallebensversicherung.

**WISO rät:** Eine solche Risikolebensversicherung kann sich der Darlehensnehmer überall besorgen. Selbst wenn es im konkreten Fall um die Absicherung eines Bankdarlehens geht, braucht man sich nicht an das Angebot des Bankenberaters zu halten. Vielmehr sollte man sich nach dem billigsten Anbieter umsehen.

Zwei Arten von Restschuldversicherungen lassen sich unterscheiden:

- Bei der einen sinkt die Versicherungssumme Jahr für Jahr konstant um einen bestimmten Betrag. Das hat allerdings den Nachteil, dass es zwischenzeitlich zu Unterdeckungen für die Restschuldsumme kommen kann, denn beim Hypothekendarlehen gibt es üblicherweise keinen linearen Verlauf der Restschuld. Diese Versicherungsform sollte man daher nur wählen, wenn es nicht auf jeden Euro ankommt.
- Mehr zu empfehlen ist eine Restschuldversicherung, bei der die Versicherungssumme jährlich der Restschuld angepasst wird. Dafür muss der Versicherer genau wissen, wie hoch die Gesamtlaufzeit des Darlehens ist, über welchen Nominalzins es abgeschlossen wurde und wie der Tilgungsplan im Einzelnen aussieht (siehe Seite 161).

Trotz sinkender Restschuld kann es bei dieser Versicherungsform durchaus sein, dass die monatlichen Beiträge zunächst etwas ansteigen. Dafür gibt es eine einfache Erklärung: Je älter der Versicherungsnehmer wird, umso mehr steigt aus Sicht des Versicherers das Todesfallrisiko. Dafür sinkt der Beitrag zum Ende des Versicherungsvertrages hin deutlich ab.

Bei einer Risikolebensversicherung wird, wie bereits erwähnt, eigentlich kein Kapital angesammelt. Trotzdem fallen durch die vorsichtige Kalkulation der Versicherungsgesellschaften immer wieder Überschüsse an, die an den Prämienzahler weitergegeben werden müssen, egal, für welche Versicherungsvariante er sich entschieden hat.

An diesem Überschuss kann er auf ganz unterschiedliche Art beteiligt werden. Einmal wird der voraussichtliche Überschuss erst am Schluss der Versicherung berücksichtigt (Todesfallbonus). Der Versicherungsnehmer schließt in diesem Fall eine nied-

rigere Versicherungssumme ab als für das, was im Todesfall wirklich ausgezahlt wird. Das reduziert automatisch seine monatlichen Beiträge.

Die monatliche Ersparnis ist jedoch höher, wenn die Überschussbeteiligung sofort und direkt mit den Prämien verrechnet wird. Das ist die zweite Variante, wie eine Versicherungsgesellschaft den Überschuss weitergeben kann. Dabei steht die Versicherungssumme für den Todesfall fest. Dafür zahlt man von vornherein wesentlich geringere Beiträge, als eigentlich für die abgeschlossene Versicherungssumme aufgebracht werden müssten. Es kann sogar sein, dass zum Ende der Vertragslaufzeit gar keine Beiträge mehr anfallen; der Versicherungsschutz bleibt trotzdem bis zum Schluss bestehen.

Alle ein bis zwei Jahre korrigiert die Versicherung die Höhe der Überschussanteile. Beim Todesfallbonus ändert sich damit die Höhe der Schlussauszahlung. Bei der Beitragsverrechnung wird dagegen die monatliche Prämie angepasst.

**WISO rät:** Eher empfehlenswert ist die Beitragsverrechnung, denn wichtiger als ein eventuell höherer Bonus im Todesfall ist ein möglichst geringer Monatsbeitrag.

Um zu wissen, welche Versicherung am günstigsten ist, darf man sich nicht nur an der Höhe der ersten Monatsbeiträge orientieren. Erstens können die Versicherungen unterschiedliche Laufzeiten haben, zweitens können die Raten im Laufe der Zeit, wie oben bereits beschrieben, variieren. Deshalb ist für die einzelnen Versicherungen der so genannte Barwert zu ermitteln. Dabei wird so getan, als würden alle Beiträge, auch die in der Zukunft, heute als einmaliger Betrag anfallen. Um so etwas ausrechnen zu können, müssen alle Prämien abgezinst, das heißt mit einem entsprechenden Zinsfaktor multipliziert werden. Die Versicherung, die am Schluss den niedrigsten Barwert ausweist, ist auch immer die günstigste.

**WISO rät:** Am besten wendet man sich direkt an die Versicherer, um sich den Barwert ausrechnen zu lassen. Mit Hilfe des Computerausdrucks lässt sich am einfachsten das beste Angebot heraussuchen.

# 3. Das Bauspardarlehen

Die wichtigste Finanzierungsform für die eigenen vier Wände in Deutschland ist das Bauspardarlehen. Fast 80% aller Häuslebauer und Wohnungskäufer haben ihre Immobilie über einen Bausparvertrag finanziert. 20 Millionen Deutsche sind Besitzer eines solches Vertrages, und der Boom ist ungebrochen. Ein nicht unwesentlicher Grund dafür sind die staatlichen Fördermaßnahmen, denn was der Finanzminister so vehement unterstützt, kann schließlich so schlecht nicht sein. Besonders interessant für viele ist die Wohnungsbauprämie, für die durch fortlaufende Gesetzesänderungen der Kreis der Anspruchsberechtigten sogar noch deutlich erhöht wurde. Den Bausparkassen geht es glänzend, jährlich fließen ihnen Milliardensummen zu.

Bausparen funktioniert seit über 100 Jahren nach dem gleichen Prinzip: Um irgendwann einmal ein Darlehen zu bekommen, das einen im Vergleich mit anderen Kreditformen relativ niedrigen Zins ausweist, muss vorher über mehrere Jahre Geld angespart werden.

Doch genau das ist ein Problem: Wer momentan über keinen Bausparvertrag verfügt, aber jetzt sofort eine Immobilie finanzieren möchte, dem nützt es wenig, zu wissen, was er vor vielen Jahren am besten hätte machen sollen. Deswegen bieten Bausparkassen auch so genannte Sofortfinanzierungen an. Um zu verstehen, was das ist und welche Vor- und Nachteile mit einer solchen Finanzierungsform verbunden sind, muss man sich zunächst die Konstruktion eines Bausparvertrages genauer ansehen.

Unter Umständen hat jemand einen Bausparvertrag, der aber noch nicht zuteilungsreif ist (was das bedeutet, wird später noch erklärt). Für diesen nicht seltenen Fall bieten die Bausparkassen ebenfalls Auswege an, nämlich die der Zwischenfinanzierung oder Vorfinanzierung. Auch dazu später mehr.

Vielleicht gibt es aber auch einen Bausparvertrag unter den Angehörigen.

**WISO rät:** Man sollte sich umhören, inwieweit man einen Bausparvertrag aus seiner Familie für seine Zwecke nutzen kann beziehungsweise darf. Das hängt vom Verwandtschaftsgrad ab, der von vielen Bausparkassen sehr großzügig definiert wird.

So kann zum Beispiel ein Bausparvertrag der Großtante eingesetzt werden (auch Geschwister der Schwiegereltern kommen in Frage) oder des bereits geschiedenen Ehepartners. Einige Bausparkassen akzeptieren sogar Verträge des/der Verlobten, allerdings nur in äußerst seltenen Fällen.

## a) Aufbau eines Bausparvertrages

Ein Bausparvertrag unterteilt sich in drei Phasen: die Ansparphase, die Phase der Zuteilung und die Darlehensphase. Wer während der Ansparphase seine Beiträge einzahlt, erwirbt damit den Anspruch, später von der Bausparkasse ein Darlehen zu bekommen. Dieses Darlehen ist allerdings zweckgebunden. Es darf zum Beispiel kein Auto damit finanziert werden, weil man es sich vielleicht anders überlegt hat und doch nicht bauen will. Das Darlehen muss so genannten wohnungswirtschaftlichen Zwekken dienen, also dem Bau oder Kauf von Wohneigentum, einem Instandsetzungs- und Modernisierungsvorhaben, der Finanzierung von Baukosten, dem Erwerb von Baugenossenschaftsanteilen oder der Ablösung von Schulden, die ursprünglich durch die Finanzierung von Immobilieneigentum entstanden sind.

Bausparkassen akzeptieren generell eine nachrangige Absicherung im Grundbuch (siehe Kapitel IV.1). Das bedeutet zum Beispiel, dass für ein Bauspardarlehen keine zusätzlichen Bürgschaftsgebühren anfallen. Auch die Kombination mit einem Hypothekendarlehen, das eine 1a-Hypothek verlangt, ist weniger problematisch (und weniger teuer).

Ein weiterer Vorteil: Schon in dem Moment, in dem der Vertrag unterzeichnet wird, weiß man, zu welchen Konditionen und vor allem zu welchem Effektivzins man später ein Darlehen bekommen wird. Damit sind die monatlichen Belastungen überschaubar, die später auf einen zukommen werden, wenn das Darlehen getilgt und Zinsen gezahlt werden.

Den Vorteilen eines Bauspardarlehens steht aber eine große Zahl von Nachteilen gegenüber. Wie sich diese im einzelnen auswirken und welche Bedeutung sie haben, lässt sich abschätzen, wenn man den Aufbau eines Bausparvertrages einmal genauer unter die Lupe nimmt.

### Bausparsumme

In ihren Grundzügen sind alle Bausparverträge in den „Allgemeinen Bedingungen für Bausparverträge“ geregelt. Trotzdem lohnt es sich, die Vertragskonditionen vor Unterzeichnung genau durchzulesen, denn fast schon das wichtigste am Bausparvertrag ist der erste Schritt: die Festlegung der Bausparsumme.

Zum einen wird damit festgelegt, welcher Betrag am Schluss der Ansparphase zur Verfügung steht, das so genannte Mindestsparguthaben. Das ist die Summe, die mindestens angespart sein muss, damit man überhaupt in den Genuss eines günstigen Bauspardarlehens kommt. Zum anderen wird damit bestimmt, wie hoch die monatlichen Sparbeiträge und natürlich die Gebühren sein werden, die bei Abschluss des Bausparvertrages zu entrichten sind. Daraus ergibt sich, wie groß das Darlehen ist, auf das man Anspruch hat, und somit auch, wie hoch in der Darlehensphase die Tilgungsraten sind.

Oft genug verleitet die Aussicht auf höhere Provisionen vermeintlich clevere Bausparkassenvertreter dazu, dem Kreditinteressierten viel zu hohe Bausparsummen aufzuschwatzen. Ein äußerst schlechter Rat, denn je höher die Vertragssumme ist, umso länger muss man auf die Zuteilung warten.

Für seriöse Bausparkassenmitarbeiter gilt die Faustregel: Die Bausparsumme sollte höchstens ein Drittel des geplanten Finanzierungsvolumens ausmachen.

**WISO rät:** Um die Höhe der Bausparsumme festzulegen, orientiert man sich am besten an dem, was man sich monatlich als Sparbeitrag leisten kann. Wichtig ist dabei auch, die Höhe der Wohnungsbauprämie beziehungsweise der Arbeitnehmer-Sparzulage zu berücksichtigen (siehe Seite 148).

Die Abschlussgebühren betragen zwischen 1,0 und 1,6% der Bausparsumme und sind entweder mit den ersten Sparbeiträgen oder getrennt zu zahlen.

**WISO rät:** Bei Falschberatung durch den Mitarbeiter können gegenüber der Bausparkasse Regressansprüche geltend gemacht werden. Diese erstrecken sich auch auf die Abschlussgebühren eines zu hoch abgeschlossenen Vertragsbestandteils.

Leider viel zu häufig werden Bausparverträge mit zu hohen Vertragssummen abgeschlossen. Das ist verschwendetes Geld, denn eine Bausparkasse wird später ohnehin nur einen Kredit bis zu maximal 80% des Beleihungswertes der Immobilie vergeben. Das ist die Beleihungsgrenze, und zwar unter Berücksichtigung anderer Vorlasten. Das heißt, wenn zum Beispiel ein Bauspardarlehen mit einem Hypothekendarlehen kombiniert wird, das erstrangig im Grundbuch eingetragen ist, beziehen sich die 80% auf beide Kredite. Deshalb gilt:

**WISO rät:** Die Bausparsumme sollte besser eher zu niedrig als zu hoch sein, gerade wenn man für die nächsten Jahre noch keine konkreten Baupläne hat. Schließlich kann man die Bausparsumme nachträglich jederzeit erhöhen, selbst wenn sich dadurch der Beginn der Darlehensphase verzögert.

Die meisten Bausparkassen belegen den Vertrag nach einer Erhöhung mit einer Zuteilungssperre, die ein Jahr, teilweise aber auch länger dauern kann. Außerdem verlangen sie dafür noch einmal eine Extragebühr zwischen 1,0 und 1,6%. Trotzdem ist das immer noch günstiger als der umgekehrte Schritt: Hat man nämlich einen Vertrag mit einer hohen Bausparsumme abgeschlossen, der gerade auch deswegen nicht zuteilungsreif ist, muss sehr teuer zwischenfinanziert werden.

**WISO rät:** Es ist überlegenswert, statt eines großen Bausparvertrags zwei kleinere abzuschließen. Unter Umständen kann damit die Wartezeit auf die Hälfte reduziert werden.

## Ansparphase

In der Ansparphase sind pro 500 Euro Bausparsumme je nach Tarif zwischen 1,50 und 5 Euro als monatlicher Sparbeitrag zu zahlen. Das ist der so genannte Regelsparbeitrag, wonach man vertraglich verpflichtet wird, mindestens zwischen 0,3% und 1% der Bausparsumme monatlich zu zahlen. Es können aber jederzeit höhere Sparbeiträge eingebracht beziehungsweise kann eine Zeitlang mit dem Sparen ausgesetzt werden. Höheres Ansparen als der Regelsparbeitrag lohnt sich, wenn man es sich finanziell leisten kann, weil der Bausparvertrag früher in die Zuteilung kommt. Bei Standardtarifen muss man mit monatlich 0,4% der Bausparsumme rechnen.

Die Guthabenzinsen liegen in der Regel etwa bei 2,0 bis 2,5%. Hat man keine feste Finanzierungsabsicht, bieten verschiedene Bausparkassen auch Guthabenzinsen an, die darüber liegen.

**WISO rät:** Werden höhere Zinsen angeboten, sollte bedacht werden, dass später unter Umständen auch entsprechend höhere Sollzinsen für das Darlehen zu zahlen sind. Beide Zinsarten – für Haben und für Soll – sind bei Abschluss eines Bausparvertrages immer zusammen zu betrachten.

Bausparkassen bieten inzwischen bei neueren Tarifmodellen auch niedrigere Sparzinsen von 1,5% an. Entsprechend muss man in der Darlehensphase, also in der Zeit der Rückzahlung, niedrigere Kreditzinsen zahlen. Das soll in Niedrigzinsphasen Bauspardarlehen gegenüber einem normalen Hypothekendarlehen wettbewerbsfähiger machen.

Die Ansparphase ist eine richtige Durststrecke. Wenn alles gut läuft – und das ist nicht immer selbstverständlich – , dauert sie zwischen sieben und zehn Jahren. Sonderzahlungen verkürzen sie, wie oben bereits erwähnt. Für Selbstständige, Beamte, Pensionäre oder Geringverdiener wie Azubis kann dies unter steuerlichen Gesichtspunkten sinnvoll sein, wenn sie die maximal ansetzbaren Vorsorgeaufwendungen noch nicht voll ausgeschöpft haben.

## Zuteilung

Die Zuteilung des Bausparvertrages ist die nächste Etappe bis zum Ziel Darlehen. Bevor dies jedoch der Fall ist, muss der Vertrag mehrere Bedingungen erfüllen, die bei allen Bausparkassen gleich sind:

Zum einen muss die so genannte Mindestsparzeit erreicht sein. Sie beträgt in der Regel 18 Monate, kann aber bei besonderen Tarifen etwas kürzer, bei manchen Tarifen auch sehr viel länger sein, nämlich bis zu fünf Jahren.

Außerdem muss der Bausparer eine bestimmte Eigenkapitalansparung vorweisen können. Dieses Mindestsparguthaben beträgt beim Standardtarif 40% der Bausparsumme. Bei anderen Tarifen müssen sogar 50% erreicht werden. Diese 50%-Tarife ha-

ben dafür den Vorteil, dass man flexibler ist, wenn es um den Habenzins in der Ansparphase und um den Sollzins sowie um den Tilgungsbetrag in der Darlehensphase geht. Alle diese Komponenten können während des laufenden Vertrages noch verändert werden.

**WISO rät:** Wer den konkreten Wunsch zum Bau oder Kauf einer Immobilie hat, für den empfiehlt sich das 40%ige Mindestsparguthaben. Bei einem höheren Sollbetrag läuft man Gefahr, sehr viel länger auf die Zuteilung des Bausparvertrages und damit vielleicht zu lang für eine günstige Finanzierung warten zu müssen.

Sind diese Bedingungen erst einmal erfüllt, gibt es eine weitere Hürde: die Zielbewertungszahl. Um diese zu ermitteln, wird an bestimmten Stichtagen, mal monatlich, mal vierteljährlich, manchmal aber auch nur jedes halbe Jahr, die Ansparleistung geprüft. Dabei werden bei jedem Bausparer das Sparguthaben und die Spardauer ins Verhältnis gesetzt zur vereinbarten Bausparsumme, individuell begutachtet und nach einem sehr komplizierten Verfahren mit der Leistung anderer Bausparer verglichen. Diejenigen, die die vorgegebenen Bewertungskriterien, das heißt die so genannten Zielbewertungszahlen, erfüllt haben, kommen in die Zuteilung. Der Bausparvertrag ist dann „zuteilungsreif".

**WISO rät:** Eine „gute" Bewertungszahl lässt sich auf zwei Wegen erreichen: entweder durch hohe Sparbeiträge bei einer kurzen Spardauer oder durch niedrige Sparbeiträge bei entsprechend längerer Ansparzeit. Beide Strategien sollte man vorher genau durchdenken, um Bausparsumme, Sparphase und monatliche Beiträge aufeinander abzustimmen.

Bei einigen Tarifen fließen in die Bewertungszahl zusätzlich die Tilgungsraten ein. Wer es sich finanziell leisten kann, eine hohe Tilgungsrate zu vereinbaren, für den lohnen sich diese speziellen Tarife, da der Vertrag in diesen Fällen schneller zuteilungsreif ist.

Wer die Zielbewertungszahl an einem Stichtag erreicht hat, bekommt aber immer noch nicht das Darlehen ausgezahlt. Denn jetzt fängt erst die Zuteilungsperiode an, in der nach und nach die Darlehen zugeteilt werden. Die Reihenfolge richtet sich nach den einzelnen Bewertungszahlen der Bausparverträge. Diese Zuteilungsperiode dauert drei bis sechs Monate und beginnt in der Regel ein bis drei Monate nach dem letzten Stichtag. Wenn man also Pech hat, muss man noch einmal ein dreiviertel Jahr warten, bis das Darlehen endlich da ist.

Übrigens: Der Bausparkassenvertreter darf vorab keine verbindliche Zusage machen, wann der Bausparvertrag zuteilungsreif beziehungsweise wann der Zuteilungstermin ist. Das ist ihm per Gesetz verboten.

**WISO rät:** Der Bausparer sollte nie davon ausgehen, dass ein Vertrag tatsächlich zu dem Zeitpunkt zuteilungsreif ist, den der Bausparkassenvertreter vorher ausgerechnet hat. Es handelt sich dabei ausdrücklich um einen voraussichtlichen Zuteilungstermin. Äußere Umstände, wie die Entwicklung der Kapitalmärkte, die die Bausparkasse nicht selbst beeinflussen kann, können diesen Zeitpunkt um Monate oder gar Jahre verschieben.

Ein Bauspardarlehen sollte deshalb nie fest einkalkuliert werden – mit einer Ausnahme: wenn der Vertrag schon zuteilungsreif ist. Dennoch sollte man darauf pochen, dass mit Hilfe einer Computerberechnung ein genauer Anspar- und Tilgungsplan vorgelegt wird. Nur so lässt sich genau erkennen, was der Bausparkassenberater verkaufen möchte und ob der Vertrag überhaupt den finanziellen Plänen entspricht.

Außerdem sei an dieser Stelle noch einmal ausdrücklich darauf hingewiesen, weil es dabei häufig zu Fehlinformationen kommt:

**WISO rät:** Der Termin, an dem das Mindestsparguthaben voraussichtlich erreicht wird, ist nicht identisch mit dem Zuteilungstermin. Letzterer kann sich um einige Monate, wenn nicht sogar Jahre nach hinten verschieben.

## Darlehensphase

Nachdem alle genannten Hürden genommen sind, beginnt die Darlehensphase. Das Bauspardarlehen steht zur Verfügung und kann ausgezahlt werden. Davor prüft die Bausparkasse noch, ob die persönlichen Sicherheiten des Darlehensnehmers ausreichen und ob das Darlehen tatsächlich für wohnungswirtschaftliche Zwecke verwendet wird (siehe oben). Schließlich wird die Darlehenssumme zur Verfügung gestellt, und zwar zusammen mit dem Sparguthaben. Dafür wird noch einmal eine Darlehensgebühr fällig, meist in Höhe von 2 bis 3% der Darlehenssumme. Die Gebühr wird nicht extra gezahlt, sondern dem Darlehensbetrag zugeschlagen, sodass dafür ebenfalls Zins und Tilgung fällig werden.

Die tatsächliche Höhe des Darlehens selbst ergibt sich bei den meisten Tarifen als Differenzbetrag aus Bausparsumme und Guthaben. Das ist noch einmal ein entscheidender Hinweis für die Ansparphase:

**WISO rät:** Sobald das Mindestsparguthaben erreicht ist, sollte der Bausparer aufhören, weiter in den Bausparvertrag einzuzahlen. Er verschenkt sonst Geld, und zwar doppelt. Zum einen reduziert bei den meisten Tarifen jede Mark, die über das Mindestsparguthaben hinaus weiter angespart wird, den Anspruch auf das zinsgünstige Bauspardarlehen. Zum zweiten bekommt man in der Ansparphase nur niedrige Habenzinsen. Das heißt, mit jeder Mark, die nicht in den Bausparvertrag gesteckt wird, kann mit Hilfe einer anderen Geldanlageform mehr erwirtschaftet werden, zum Beispiel mit festverzinslichen Wertpapieren.

Es gibt auch Tarife, bei denen von vornherein ein fester Prozentsatz der Bausparsumme als Darlehen garantiert wird, unabhängig von der Höhe der Sparleistung. Für diese Tarife gilt die oben erwähnte rigide Regelung nicht, die Zinsen sind aber trotzdem nicht höher.

Nach der Auszahlung des Darlehens beginnt die Zeit der Tilgung. Im Gegensatz zu einem Hypothekendarlehen sind die Konditionen für Zins und Tilgung während der gesamten Finanzierungsdauer festgelegt. Der nominale Zinssatz beträgt meist um die 4,5 bis 5%, die Laufzeit in der Regel mindestens sieben Jahre.

An dieser kurzen Laufzeit lässt sich ablesen, dass die Tilgungsraten und damit auch die monatlichen Beiträge bei Bauspardarlehen im Vergleich zu anderen Darlehensformen sehr hoch sind. Bei den normalen Tarifen liegt die monatliche Darlehensrate aus Zins und Tilgung bei etwa 0,6% der Bausparsumme. Man sollte sich deshalb auch nicht wundern, wenn der Tilgungsanteil bei den monatlichen Raten über dem Zinsanteil liegt. Dies ist mit ein Grund, warum eine Immobilie sicher nicht ausschließlich mit einem Bauspardarlehen finanziert werden kann – es sei denn, man gehört zu den eher Betuchten.

Sondertilgungen können jederzeit vorgenommen werden. Anders als etwa Kreditinstitute beim Hypothekendarlehen haben Bausparkassen keine Schwierigkeiten damit, da sie nur geringe Zinsen verlangen und das Geld problemlos zu gleichen Konditionen weitergeben können. Allerdings müssen Sondertilgungen unter Rendite-Gesichtspunkten nicht immer unbedingt sinnvoll sein (siehe Seite 173). Legt man das Geld woanders an, fährt man unter bestimmten (Zins-)Bedingungen besser.

## b) Absicherung über Risikolebensversicherung

Die Bausparkassen akzeptieren zwar eine nachrangige Absicherung im Grundbuch, doch bei den meisten Bausparverträgen ist es inzwischen obligatorisch, dass zusätzlich eine Risikolebensversicherung abgeschlossen wird. Damit soll sichergestellt werden, dass die Bausparkasse auch im Todesfall ihr Darlehen zurückbekommt. Daher wird zu Beginn der Darlehensphase eine Versicherung abgeschlossen, deren Höhe sich nach der Bausparsumme richtet. Je nach Alter des Versicherungsnehmers werden unterschiedlich hohe Prämien verlangt. Als Faustregel gelten pro 50.000 Euro Versicherungssumme etwa 10 Euro im Monat.

## c) Staatliche Bausparförderung

Wer sich gerade in der Finanzierungsphase für den Bau oder Kauf einer Immobilie befindet, für den mag die staatliche Bausparförderung vielleicht nicht mehr ganz so relevant sein. Wer allerdings langfristig ein solches Ziel hegt, der kann unter Umständen solche staatlichen Zuschüsse mit in seine (Finanzierung-)Pläne einbauen.

## Wohnungsbauprämie

Bei der Wohnungsbauprämie zahlt der Staat einmal jährlich eine Prämie, die dem Bausparkonto gutgeschrieben wird. Voraussetzung ist allerdings, dass ein/e Ledige(r) nicht mehr als 25.600 Euro zu versteuerndes Einkommen pro Jahr hat; für Verheiratete gilt der doppelte Betrag, also 51.200 Euro.

Achtung:

**WISO rät:** Das zu versteuernde Einkommen ist nicht identisch mit dem Bruttoeinkommen. Denn um das zu versteuernde Einkommen zu ermitteln, müssen erst einige Positionen, wie zum Beispiel bestimmte Freibeträge oder Pauschalen, vom Bruttoeinkommen abgezogen werden. Am besten, man schaut in den jüngsten Steuerbescheid hinein. Das Finanzamt berechnet automatisch das zu versteuernde Einkommen.

Die Prämie beträgt 8,8%, und zwar bei Ledigen für höchstens 512 Euro, bei Verheirateten für 1.024 Euro pro Jahr. Mit anderen Worten: Der Bausparer bekommt jährlich maximal 45,06 bzw. 90,11 Euro pro Jahr vom Staat geschenkt, solange die Ansparphase läuft.

**WISO rät:** Kinder haben bereits ab 16 Jahren Anspruch auf die Prämie. Wer mit dem Gedanken spielt, für sein Kind einen Bausparvertrag abzuschließen, sollte auch gleichzeitig an die Bausparprämie denken!

Der Antrag auf die Prämie muss beim Finanzamt jedes Jahr neu gestellt werden. Es kann also sein, dass man nicht die ganze Zeit den Zuschuss bekommt, wenn das Einkommen während der Ansparphase über die Einkommensgrenze hinausgeht. Umgekehrt kann doch noch eine Prämie erhalten, wer später weniger verdient als zu Beginn der Ansparphase.

## Vermögenswirksame Leistungen

Seit 1.1.1999 gibt es für das Sparen mit Vermögenswirksamen Leistungen zwei verschiedene Förderkörbe: einen für Vermögensbeteiligungen (zum Beispiel in Form von Aktien), einen anderen ausschließlich fürs Bausparen.

Als Vermögenswirksame Leistungen nach dem so genannten 470-Euro-Gesetz gelten Zahlungen, die der Arbeitgeber für den Arbeitnehmer auf seinen Wunsch hin direkt an die Bausparkasse zahlt. Solche Vermögenswirksamen Leistungen werden unabhängig vom Einkommen gezahlt und entweder in Tarifverträgen oder in zusätzlichen Betriebsvereinbarungen geregelt. Diese Arbeitgeberleistungen betragen je nach Branche und Betrieb zwischen 6,65 Euro und 40 Euro.

## Arbeitnehmer-Sparzulage

Zusätzlich zahlt der Staat eine Sparzulage, allerdings nur bis zu bestimmten Einkommensgrenzen. Seit 1.1.2004 gilt: Liegt das zu versteuernde (!) Einkommen unter 17.900 Euro als Ledige(r) und unter 35.800 Euro als Verheiratete, bekommt man die Arbeitnehmer-Sparzulage. Diese beträgt 9%, aber nur auf einen jährlichen Sparbetrag von maximal 470 Euro. Umgerechnet sind das für Ledige also höchstens 42,30 Euro, für Verheiratete, bei denen beide vom Arbeitgeber vermögenswirksame Leistungen bekommen, also 84,60 Euro. Um die volle Sparzulage zu erhalten, muss der Arbeitgeber vermögenswirksame Leistungen von jährlich mindestens 470 Euro auf den Bausparvertrag überweisen.

**WISO rät:** Falls der Arbeitgeber nicht den vollen Betrag einzahlt, sollte man die Restsumme aus eigener Tasche finanzieren. Nur dann kommt man trotzdem in den Genuss der vollen Arbeitnehmer-Sparzulage.

Aber Vorsicht: Wohnungsbauprämie und Sparzulage gibt es nicht für den gleichen Sparbetrag. Allerdings gibt es einen relativ einfachen Trick, wie man trotzdem beides vom Staat kassieren kann:

**WISO rät:** Wohnungsbauprämie und Arbeitnehmer-Sparzulage kann gleichermaßen nutzen, wer als Ledige(r) zu den 470 Euro weitere 512 Euro anspart. Das dürfte in der Regel kein Problem sein, da bei einem Bausparvertrag ohnehin meistens mehr eingezahlt wird. Als Ledige(r) erhält man dann maximal 87,36 Euro vom Staat, Verheiratete bekommen höchstens 174,71 Euro.

Die Arbeitnehmer-Sparzulage erhält man auf Antrag beim Finanzamt über die Steuererklärung. Dabei ist eine so genannte Bindungsfrist einzuhalten, wenn man eine staatliche Förderung in Anspruch genommen hat. Diese Frist beginnt, sobald der Bausparvertrag unterzeichnet wurde, und dauert sieben Jahre. Wird die nicht eingehalten, wird also das Bausparguthaben vor der Frist abgerufen, müssen die Wohnungsbauprämien und die Arbeitnehmer-Sparzulagen zurückgezahlt werden. Allerdings: Nach dem Ende der Frist kann das Guthaben (Vorsicht: nicht das Darlehen!) auch zu anderen Zwecken als zum Kauf oder Bau einer Immobilie verwendet werden. Die Fördermittel müssen dann nicht zurückgezahlt werden.

Ausnahmen von der Einhaltung der Bindungsfrist gibt es, wenn man zum Beispiel nachweisen kann, dass der Bausparvertrag schon früher zuteilungsreif ist und man somit einen finanziellen Verlust erleiden würde. Soziale Notlagen wie der Tod des Partners, Arbeitslosigkeit oder Erwerbsunfähigkeit werden ebenfalls als Sonderfälle anerkannt.

**Rechenbeispiel:** *Verheiratete Arbeitnehmer, beide berufstätig, beide mit Vermögenswirksamen Leistungen, die außerdem die Wohnungsbauprämie erhalten.*

***Ansparphase:***
*Sparbeitrag 0,35% der Bausparsumme,*
*einmalige Abschlussgebühr: 1,6% der Bausparsumme (separate Abrechnung),*
*Guthabenzins: 2,0%,*
*Spardauer bis zur voraussichtlichen Zuteilung: 8 Jahre*

***Darlehensphase:***
*Darlehensrate: 0,4% der Bausparsumme, nominaler Darlehenszins: 4,6%,*
*keine Darlehensgebühren,*
*Tilgungsdauer: ca. 13,5 Jahre*
*(Prämie einer Risikolebensversicherung nicht berücksichtigt)*

| Bausparvertrag | |
|---|---|
| Bausparsumme | 50.000,00 |
| Abschlussgebühr | 800,00 |
| Sparbeitrag monatlich | 187,05 |
| Einzahlungen gesamt (nach 8 Jahren) | 24.707,57 |
| davon Wohnungsbauprämie (einschl. Prämie nach Zuteilung) | 732,13 |
| davon Vermögenswirksame Leistungen (einschl. Betrag nach Zuteilung) | 622,00 |
| Eigener Sparanteil insgesamt (abzüglich Abschlussgebühr) | 23.353,44 |
| Guthabenzinsen | 2.018,48 |
| Gesamtguthaben | 25.837,72 |
| Höhe des Darlehens (Bausparsumme minus Gesamtguthaben) | 24.173,53 |
| Summe der Darlehenszinsen | 8.402,04 |
| Summe der Rückzahlungsleistungen | 32.694,32 |
| Darlehensrate monatlich (Zins und Tilgung) | 200,00 |

## d) Zwischenfinanzierung und Vorfinanzierung

In vielen Fällen verläuft ein Bauspardarlehen nicht so reibungslos, wie man das gerne hätte. Vielleicht verfügt man zwar über einen Bausparvertrag, hat aber leider das Pech, dass dieser noch nicht zuteilungsreif ist. Eines ist auf jeden Fall klar:

**WISO rät:** Einen Bausparvertrag sollte man nicht voreilig kündigen, um an das angesparte Geld heranzukommen. Man sollte sich erst vorrechnen lassen, was (kosten-)günstiger ist, denn wenn man schon länger angespart hat, kann dabei unter Umständen eine Menge Geld verlorengehen: Man verliert nicht nur den Anspruch auf ein günstiges Darlehen, sondern muss auch sämtliche staatlichen Förderungen zurückzahlen, wie die Wohnungsbauprämie und die Arbeitnehmer-Sparzulage (Ausnahme: die siebenjährige Bindungsfrist wurde eingehalten). Die Abschlussgebühr für den Vertrag hat man in diesem Fall ebenfalls umsonst gezahlt.

Alles hängt davon ab, in welcher Phase sich der Bausparvertrag befindet. Je nachdem muss ein Immobilienfinanzierer unterschiedliche Strategien verfolgen.

### Zwischenfinanzierung

Sind bereits alle Mindestbedingungen erfüllt, also ein ausreichendes Mindestguthaben und eine entsprechende Mindestlaufzeit erreicht, aber der Vertrag liegt noch unterhalb der Zielbewertungszahl, sollte man über eine Zwischenfinanzierung nachdenken. Dabei nimmt man einen Zwischenkredit auf, der praktisch als Vorschuss auf das Bauspardarlehen zu verstehen ist. Die Laufzeit dieses Zwischenkredits und damit seine Kosten hängen davon ab, wann der Bausparvertrag die Zielbewertungszahl überschreitet beziehungsweise wann mit dem Zuteilungstermin zu rechnen ist.

**WISO rät:** Fest einkalkulieren darf man den Termin aber nicht. Es geht immer um den voraussichtlichen Zuteilungstermin, den man bei der Bausparkasse vor einer solchen Zwischenfinanzierung erfragen sollte. Es muss daher jedem klar sein, dass er vorher nicht wissen kann, wie lange er zwischenfinanzieren muss und wie teuer das wird.

Ein Zwischenkredit ist in jedem Fall nicht ganz billig, denn man zahlt auf das eigene Bausparguthaben Kreditzinsen. Der Zinssatz richtet sich nach der Länge der Laufzeit, aber natürlich auch danach, wie hoch das aktuelle Zinsniveau auf dem Kapitalmarkt ist.

**Rechenbeispiel:** *Das Mindestsparguthaben von 20.000 Euro ist bereits erreicht, aber noch nicht zugeteilt. Darauf zahlt die Bausparkasse einen Guthabenzins von 2,5%, das ergibt pro Jahr einen Betrag von 500 Euro. Jetzt wird ein Zwischenkredit über 50.000 Euro aufgenommen; Zinssatz dafür: 6,5%, umgerechnet 3.250 Euro Kreditzinsen. Unterm Strich kostet also die Zwischenfinanzierung 2.750 Euro im Jahr oder rund 230 Euro im Monat.*

Aus diesem Rechenbeispiel lässt sich schlussfolgern:

**WISO rät:** Ein bis zwei Jahre alte (nach dem Standardtarif geregelte) Bausparverträge, bei denen man bisher nur wenig angespart hat, sollte man kündigen. Ansonsten werden die monatlichen Belastungen aus einer Zwischenfinanzierung viel zu hoch.

Umgekehrt gilt aber auch: Ist mit der Zuteilung des Bausparvertrags in den nächsten beiden Jahren zu rechnen, lohnt sich in der Regel eine Zwischenfinanzierung.

Immerhin kommt zu den Zinszahlungen keine Tilgung hinzu. Wenn der Bausparvertrag zugeteilt wird, tilgt man damit das Zwischendarlehen in einem einzigen Betrag. Anschließend erhält man das Bauspardarlehen und zahlt Zins und Tilgung wie ursprünglich geplant.

Generell gilt: Je niedriger das Zinsniveau ist, umso mehr lohnt sich eine Zwischenfinanzierung. Je höher die Zinsen sind, umso kürzer sollte die Laufzeit eines Zwischenkredits sein.

Dabei ist man keineswegs nur auf die Bausparkasse angewiesen: Auch Banken und Sparkassen bieten Zwischenkredite an. In der Regel kann man zwar davon ausgehen, dass man bei der Bausparkasse die günstigste Zwischenfinanzierung bekommt. Trotzdem sollte man andere Angebote einholen, um mit der Bausparkasse verhandeln zu können. Maßstab für die kostengünstigste Finanzierung ist dabei der Effektivzins.

**WISO rät:** Falls man sich die Zwischenfinanzierung nicht von der Bausparkasse besorgt, sollte im Vertrag mit der Bank oder Sparkasse geregelt sein, dass durch die Übertragung von Sicherheiten auf die Bausparkasse keine zusätzlichen Kosten entstehen, wenn der Zwischenkredit am Schluss abgelöst wird.

Die Zuteilung kann sich jederzeit verzögern und damit gleichzeitig die Laufzeit eines Zwischenkredits verlängern. Um zu verhindern, dass dabei auch die Kreditzinsen erhöht werden, sollte man folgendes berücksichtigen:

**WISO rät:** Am besten vereinbart man mit der Bausparkasse beziehungsweise mit jedem anderen Kreditgeber, dass eine Zinsbindung so lange besteht, bis der Bausparvertrag tatsächlich zugeteilt wird, egal, wie lange das dauert. Mit einer entsprechenden vertraglichen Vereinbarung kann man sich damit gegen unliebsame zusätzliche Zinserhöhungen absichern.

## Vorfinanzierung

Werden die Mindestbedingungen noch nicht erfüllt, wird es richtig teuer. In diesem Fall sprechen die Bausparkassen von einer Vorfinanzierung des Bauspardarlehens. Dabei müssen neben den Kreditzinsen für die Vorfinanzierung auch die Sparbeiträge für das Mindestguthaben eingezahlt werden.

**Rechenbeispiel:** *Annahmen wie in dem Beispiel auf Seite 149, aber Mindestsparguthaben und eventuell auch die Mindestlaufzeit sind noch nicht erreicht. Bei einer Bausparsumme von 50.000 Euro ergibt das – nach dem Standardtarif – in der Ansparphase eine monatliche Belastung von 200 Euro, zusätzlich zu den Kosten der Zwischenkreditfinanzierung, die in jedem Fall höher sind als bei einer Vorfinanzierung (da lagen sie bei 230 Euro, siehe oben), da das angesparte Guthaben noch unter dem Mindestsparguthaben liegt und damit die Guthabenzinsen geringer sind.*

*Dabei ist noch gar nicht berücksichtigt, dass ein Bausparvertrag über 50.000 Euro wohl kaum ausreichen dürfte, eine adäquate Immobilie zu finanzieren. Das heißt: durch ein zusätzliches Hypothekendarlehen kommen noch weitere Belastungen auf den Kreditnehmer zu.*

**WISO rät:** Sind die Mindestbedingungen für den Bausparvertrag in der nächsten Zeit nicht erfüllt, kann man davon ausgehen, dass sich eine Vorfinanzierung (ohne vorhergehende Schritte) nicht lohnt. Dann sollte man den Vertrag kündigen. Je weniger angespart ist, umso länger dauert und umso teurer ist eine Vorfinanzierung.

Sollte man allerdings von der Bausparkasse erfahren, dass es ohnehin nur noch eines sehr geringen Betrages bedarf, damit das Mindestguthaben erreicht ist, macht eine sofortige Vorfinanzierung durchaus Sinn. Wichtig dabei ist, dass auch der voraussichtliche Zuteilungstermin (nicht identisch mit dem Tag, an dem das Mindestguthaben erreicht ist!) in nicht allzu weiter Ferne liegt. Wer nicht so nah am Ziel ist, sollte sich vor einer Vorfinanzierung folgende Schritte überlegen:

- Zum einen könnte zunächst die Bausparsumme herabgesetzt werden. Damit wird der Bausparvertrag schneller zuteilungsreif. Die Vertragssumme muss so weit reduziert werden, dass das bisher Ersparte dem erforderlichen Mindestguthaben entspricht.

**Rechenbeispiel:** *Bausparsumme 50.000 Euro, das Mindestguthaben wäre wieder 40%, also 20.000 Euro. Tatsächlich hat man aber bisher nur 15.000 Euro zusammengespart. Wenn nun dieser Betrag mit 40% angesetzt wird, muss die Bausparsumme auf 37.500 Euro reduziert werden. Aber Vorsicht: nicht sehr viel weniger, um einen möglichst hohen Darlehensanspruch zu behalten!*

Damit ist aber noch keineswegs gewährleistet, dass mit dem Guthaben auch automatisch die Zielbewertungszahl erreicht ist. Mit etwas Glück – aber das ist eher die Ausnahme – erhöht sich die Bewertungszahl im Verhältnis der alten zur neuen Bausparsumme. Die Zielbewertungszahl ist dann sofort überschritten, und die Zuteilung erfolgt in der nächsten Periode. Die meisten Bausparkassen machen aber bei einer Herabsetzung bestimmte prozentuale Abschläge von der neuen Bewertungszahl. Andere erhöhen die Bewertungszahl erst nach dem nächsten Bewertungsstichtag, und wieder andere akzeptieren eine schnellere Erhöhung der Bewertungszahl nur für die neue Bausparsumme.

Man wird also normalerweise gar nicht daran vorbeikommen, trotz Herabsetzung der Bausparsumme einen Zwischenkredit aufzunehmen. Allerdings verkürzt sich dessen Laufzeit beim Vertrag über die neue, kleinere Bausparsumme. In jedem Fall wird man den Teil der Abschlussgebühren verlieren, der auf den reduzierten Betrag entfällt.

Um herauszufinden, ob sich eine sofortige Vorfinanzierung lohnt oder zunächst eine Herabsetzung (mit anschließender Zwischenfinanzierung) sinnvoll ist, müssen folgende Überlegungen angestellt werden: Eine Herabsetzung wird sich überhaupt erst dann rentieren, wenn die Summe aus eingesparten Kosten für die Vorfinanzierung und aus eingesparten Sparbeiträgen (diese Rechnung ergibt sich durch eine sofortige Vorfinanzierung) deutlich geringer ist als die Summe aus verlorenen Abschlussgebühren und aus neuen Finanzierungskosten, die aus der reduzierten Bausparsumme resultieren (diese Rechnung ergibt sich durch eine Herabsetzung). Denn die herabgesetzte Bausparsumme muss durch ein entsprechend höheres Hypothekendarlehen ersetzt werden. Dabei ist zu bedenken, dass – anders als bei der Vorfinanzierung – für dieses zusätzliche Darlehen über Jahre hinweg mehr Zins und Tilgung gezahlt werden muss.

Vom Zinsniveau her betrachtet gilt die Faustregel:

**WISO rät:** Je höher das aktuelle Zinsniveau ist, umso eher ist eine sofortige Vorfinanzierung ohne Herabsetzung lohnenswert. Denn die Alternative zum herabgesetzten Bauspardarlehen ist ein in einer Hochzinsphase weitaus teureres Hypothekendarlehen.

Je höher der aktuelle Zins ist, umso länger darf auch die Zeit bis zum Erreichen des Mindestguthabens betragen, damit eine sofortige Vorfinanzierung finanziell die bessere Lösung ist.

Diese ohnehin schon nicht leichte Rechnung hat noch eine weitere unkalkulierbare Größe: Man weiß grundsätzlich nie, wann der genaue Zuteilungstermin ist, egal, ob bei der vollen oder bei der herabgesetzten Bausparsumme.

Der Vollständigkeit halber sei hier erwähnt, dass man bei allen Rechenkunststücken an einer anschließenden Zwischenfinanzierung nicht vorbeikommen wird. Denn man mag zwar unter Umständen das Mindestguthaben erreicht haben, der Vertrag muss deswegen aber noch lange nicht zuteilungsreif sein!

- Als Alternative zur Herabsetzung bietet sich an, Teilbausparsummen zu bilden. Die Bausparsumme wird dabei in mehrere Teilverträge aufgeteilt. Zum gleichen Ergebnis wie eine Herabsetzung führt die Teilung von Bausparverträgen, wenn die bisher eingezahlten Sparbeiträge allesamt einem der Teilverträge zugewiesen werden können, sodass das Mindestguthaben erreicht ist. Ansonsten müsste man trotz der Bildung von Teilbausparsummen vorfinanzieren, um dieses Guthaben zu erzielen. In jedem Fall erhöht sich die Bewertungszahl für diesen Teilvertrag. Der Unterschied zur Herabsetzung ist, dass Teile des Bausparvertrages übrigbleiben, über die man ohne eine neue Abschlussgebühr weiter ansparen kann.

**WISO rät:** Sollte es nicht möglich sein, Sparbeiträge beliebig zu verteilen, sondern nur entsprechend dem Teilungsverhältnis, ist es besser, sich für eine Herabsetzung zu entscheiden.

Auch bei einer Teilung sollten man sich vorab informieren, wie die Bausparkasse mit den Bewertungszahlen des kleineren Bausparvertrages umgeht (siehe dazu die Möglichkeiten bei der Herabsetzung). Denn hier muss man ebenfalls davon ausgehen, dass eine nachträgliche Zwischenfinanzierung notwendig wird, weil man zwar das Mindestguthaben erreicht haben mag, nicht aber auf Anhieb den Zuteilungstermin.

Hat jemand mehrere Bausparverträge abgeschlossen, die alle noch nicht zuteilungsreif sind, kann er mit seiner Bausparkasse auch darüber verhandeln, ob er diese zusammenlegen darf. Dabei werden für den neuen Bausparvertrag die Bewertungszahlen der alten Verträge genutzt. Sie werden allerdings nicht etwa aufaddiert, sondern dem neuen Bausparvertrag wird vielmehr eine neue Bewertungszahl zugeteilt.

- Als letzte Möglichkeit bietet sich eine Aufstockung des Bausparvertrages durch eine einmalige Zahlung an. Dies setzt allerdings voraus, dass man über entsprechende finanzielle Mittel verfügt. Zwei Dinge müssen dabei berücksichtigt werden:

**WISO rät:** Einerseits muss durch diese Einzahlung gewährleistet sein, dass das Mindestsparguthaben und darüber hinaus natürlich die Zielbewertungszahl erreicht wird. Sonst muss zusätzlich ein Zwischenkredit finanziert werden. Anderseits darf diese Aufstockung nicht so hoch sein, dass sie einer sehr unrentablen Soforteinzahlung gleichkommt.

Was es damit auf sich hat, soll im nächsten Kapitel genauer betrachtet werden.

Zum Schluss noch ein Hinweis: Das Für und Wider einer Zwischen- beziehungsweise Vorfinanzierung ist in jeder Situation anders zu bewerten. Insofern führt kein Weg daran vorbei, dass man seinen eigenen Fall genau prüft, selbst wenn man sich an die Grundregeln hält, wie sie hier beschrieben wurden.

**WISO rät:** Wichtigste Regel bei der Frage, ob man eine Zwischen- oder Vorfinanzierung eingehen sollte, kann deshalb nur sein, dass ein solcher Schritt die finanziellen Möglichkeiten nicht übersteigen darf. Daran sollte man letztendlich seine Entscheidung messen.

## e) Sofortfinanzierung

Bausparkassen bieten auch Baudarlehen an, ohne dass der Immobilienfinanzierer lange Zeit vorher einen Bausparvertrag abgeschlossen und eine Mindestsparsumme angesammelt haben muss. Er kann dabei sofort seine Immobilie finanzieren und bekommt eine Summe zur Soforteinzahlung, die das Mindestsparguthaben ersetzt. Allerdings verlangt die Bausparkasse in der Regel einen Eigenkapitalanteil von 20% der Investitionssumme.

Keine Ansparphase und keine Wartezeiten oder Zuteilungstermine: Das Zauberwort heißt Sofortfinanzierung. Die Erklärung ist relativ simpel. Bei einer Sofortfinanzierung schließt man theoretisch zwei Verträge ab: einen über ein Baudarlehen und einen über einen Bausparvertrag, auf den man eine Soforteinzahlung leistet. Der weitaus größere Teil wird am Anfang als tilgungsfreies Darlehen zur Finanzierung der Immobilie ausgezahlt (Baudarlehen), der andere, kleinere als Guthaben verzinslich angelegt (Bausparvertrag).

Man vereinbart also quasi, wie im vorangegangenen Abschnitt beschrieben, eine Vorfinanzierung, allerdings nicht erst irgendwann während der Laufzeit des Bausparvertrages, sondern gleich zu Beginn. Es werden auch für das Darlehen zunächst nur Zinsen gezahlt. Sobald der Vertrag zuteilungsreif ist, löst man den „Zwischenkredit" durch die Bausparsumme ab. Zum Schluss zahlt man das Bauspardarlehen ganz normal mit Zins und Tilgung ab.

Auf den ersten Blick ist das eine günstige Finanzierungsform. Sieht man sich jedoch die Konstruktion einer solchen Sofortfinanzierung genauer an, erkennt man schnell sehr viele gravierende Nachteile. Zum einen hat man bei dieser Finanzierungsform nicht, wie sonst bei einem Bausparvertrag üblich, ein Mindestsparguthaben. Das bedeutet, dieser fehlende Betrag muss zusätzlich teuer vorfinanziert werden. Zum zweiten muss man einen Bausparvertrag über eine Bausparsumme abschließen, die deutlich höher ist als der Betrag, den man tatsächlich zur Finanzierung der Immobilie verwenden wird. Über die höhere Provision freut sich der Bausparkassenvertreter. Zum dritten geht man ein unnötig hohes Zinsänderungsrisiko ein, weil bis zur Auszahlung der Bausparsumme das Darlehen nicht getilgt wird.

**Rechenbeispiel:** *Bausparsumme 70.000 Euro, gefordertes Mindestsparguthaben 40%, also 28.000 Euro. Auszahlungsbetrag nur 50.000 Euro, wovon aber wiederum die Abschlussgebühr mit 1% der Bausparsumme abgezogen wird; ergibt also einen tatsächlichen Auszahlungsbetrag von 49.300 Euro. Damit wird die Immobilie bezahlt (beziehungsweise nur ein Teil davon!).*

*Der Rest von 20.000 Euro wird mit einem Guthabenzins von 2,5% angelegt. Nach zum Beispiel 13 Jahren ergibt das ein Guthaben von etwa 27.570 Euro, das geforderte Mindestsparguthaben ist damit knapp erreicht. Für das tilgungsfreie Darlehen von 70.000 Euro werden in derselben Zeit 6,0% Kreditzinsen verlangt, das ergibt eine monatliche Belastung von 350 Euro.*

*Nach 13 Jahren werden 27.750 Euro ausgezahlt – plus das Darlehen (als Differenz von Bausparsumme und Guthaben) von 42.430 Euro. Damit wird das tilgungsfreie Darlehen abgelöst, anschließend werden wie üblich Zins und Tilgung für das Bauspardarlehen gezahlt.*

In dieser Rechnung verlangt die Bausparkasse 6% auf die Bausparsumme von 70.000 Euro. Das sieht im ersten Moment nicht schlecht aus. Tatsächlich werden aber nicht

einmal 50.000 Euro davon ausgezahlt. Bezogen auf 49.300 Euro, ergibt das einen sehr viel höheren Zinssatz von über 8,5%. Dem steht zwar die Verzinsung von 2,5% des angelegten Guthabens über 20.000 Euro gegenüber. Aber auch das reduziert den tatsächlichen Zinssatz für den Kredit lediglich auf knapp 7,5%.

Die vermeintlich so günstige Sofortfinanzierung entpuppt sich im Endeffekt als die nicht gerade billige Variante eines normalen Hypothekendarlehens, wobei fairerweise erwähnt sei, dass der Zins, den man anschließend für das Bauspardarlehen zu zahlen hat, günstiger ist als der für einen Hypothekenkredit. Für die gesamte Konstruktion der Sofortfinanzierung zahlt man also etwas weniger, in dem Beispiel etwa 7,0%. Trotzdem bleibt natürlich die Frage: Warum dann nicht gleich ein Hypothekendarlehen?

Ganz abgesehen davon, dass die Rechnung in sich zusammenbricht, wenn das Mindestsparguthaben später erreicht wird als geplant. Bei einer zu kurzen Zinsbindung des zur Vorfinanzierung gedachten Darlehens kann es dann Probleme geben. Sind die Zinsen nämlich bis dahin gestiegen, muss der Kreditnehmer eine zusätzliche Zwischenfinanzierung einbauen – und das kommt ihn noch teurer zu stehen.

Erstes Resümee dieser Überlegungen:

**WISO rät:** Eine Bauspar-Sofortfinanzierung ist generell nicht zu empfehlen, denn eigentlich gibt es nur einen, der sich über einen solchen Vertrag richtig freut, und das ist der Bausparkassenvertreter. Er bekommt auf die volle Bausparsumme Provision, und damit auch auf den Teilbetrag, der gar nicht ausgezahlt wird. Unter Umständen kann er sogar die doppelte Provision kassieren.

Ebenso kritisch zu sehen ist eine Variante dieser Sofortfinanzierung, bei der man wenigstens über ein gewisses Eigenkapital verfügt. Dieses wird als Soforteinzahlung in den Bausparvertrag eingebracht. Ansonsten läuft der Vertrag aber nach dem gleichen Muster ab. Man zahlt Zinsen für eine Vorfinanzierung, deren Kosten wegen des eingebrachten Kapitals zwar nicht ganz so hoch sind wie bei dem oben beschriebenen Modell, aber letztlich doch höher als die ursprünglich ausgewiesenen. Denn auch hier muss man eine höhere Bausparsumme abschließen, als eigentlich für den Erwerb der Immobilie benötigt wird.

Einige Bausparkassen bieten inzwischen Sofortfinanzierungen in Form von so genannten Konstantmodellen an, deren Gesamteffektivzins beim Vergleich mit einem normalen Hypothekendarlehen immerhin mithalten kann – zumindest gilt das in Niedrigzinsphasen. Bei diesen Verträgen zahlt man über die gesamte Vertragslaufzeit monatlich konstante Raten. Auch die Zinssätze sind vorher bekannt. Das bedeutet, der Darlehensnehmer kennt die monatlichen Belastungen bis zum Ende des Vertrages, dessen Gesamtlaufzeit je nach Bausparkasse und Ausgestaltung zwischen 15 und 30 Jahre beträgt. Insofern geht er überhaupt kein Zinsänderungsrisiko ein. Außerdem

wird der Gesamteffektivzins hier ausdrücklich ausgewiesen, sodass man einen Vergleich ziehen kann mit Angeboten anderer Institute, die ein Festzinsdarlehen mit entsprechend langer Bindungsfrist im Programm haben.

Weiterer Vorteil dieser Angebote: Die Zinssätze für das tilgungsfreie Darlehen zur Vorfinanzierung sind deutlich unter dem marktüblichen Niveau. Das ist auch der Grund, warum solche Angebote überhaupt mit denen anderer Finanzierungsformen mithalten können. Die monatliche Belastung in der Vorfinanzierungsphase hält sich dadurch einigermaßen in Grenzen.

Dem stehen aber auch Nachteile gegenüber: Zum einen kann beziehungsweise darf die Bausparkasse auch hier den Zuteilungstermin nicht garantieren. Um dennoch ein Konstantmodell anbieten zu können, sind diese Verträge so konstruiert, dass man auf alle Fälle mit einer hohen Bewertungszahl durchs Ziel geht. Der Vertrag muss also im entscheidenden Moment deutlich über der Zielbewertungszahl liegen. Das funktioniert nur über eine ungewöhnlich lange Anspardauer oder über ungewöhnlich hohe Sparbeiträge (siehe Seite 143).

Das zweite Problem betrifft jene, die finanziell in die Enge geraten. Bei einem normalen Hypothekendarlehen kann man zwischendurch mit der Tilgung aussetzen. Das ist in diesem Fall nicht möglich, denn die ersten zehn bis 15 Jahre tilgt man ja nicht, sondern zahlt nur Zinsen.

Damit ist auch gleich ein weiteres Problem angesprochen: Wer seine Finanzierung abbrechen will, und sei es nur, weil er seine Immobilie verkaufen möchte, für den wird es richtig teuer, vor allem, wenn man einen solchen Schritt noch vor Inanspruchnahme des Bauspardarlehens plant. Er muss auf das zinsgünstige Bauspardarlehen verzichten, das einen Teil der Kosten für den vergleichsweise teuren, ersten Darlehensabschnitt kompensiert, der der Vorfinanzierung dient.

Letzter Einwand: Dieses Modell ist nur in Niedrigzinsphasen wettbewerbsfähig. Sobald die Zinsen auf höherem Niveau sind, ist ein normales Hypothekendarlehen finanziell attraktiver.

**WISO rät:** Die Sofortfinanzierung mit einem Konstantmodell kommt nur in Frage, wenn man sich Immobilieneigentum in einer Niedrigzinsphase anschaffen will, wenn man regelmäßig hohe monatliche finanzielle Belastungen verkraften kann, wenn man jedes Zinsrisiko scheut und sicher ist, dass man das Eigentum behalten will, solange der Vertrag läuft.

Mit anderen Worten handelt es sich dabei um ein Modell für ganz wenige Immobilienerwerber, weil alle Komponenten gleichermaßen erfüllt sein sollten.

Wer sich trotzdem für ein Konstantmodell interessiert, sollte den Gesamteffektivzins eines solchen Angebots mit dem Effektivzins von Hypothekendarlehen mit entsprechend langer Zinsbindung vergleichen. Solche Darlehen von 15 Jahren Laufzeit und länger bekommt man allerdings nur bei Hypothekenbanken.

# 4. Finanzierung mit der Eigenheimzulage

In den vorherigen Kapiteln wurde bereits mehrmals betont, dass ein Kreditnehmer, der die Immobilie selbst nutzen möchte, die Eigenheimzulage nicht fest in seine Finanzierungsplanung einbauen sollte. Sonst verfügt er unter Umständen über ein zu geringes finanzielles Polster.

Andererseits sind durch die Umstellung der Förderung für Selbstnutzer auf die Eigenheimzulage neue Finanzierungsinstrumente auf dem Markt aufgetaucht. Banken und Sparkassen sowie Bausparkassen bieten Finanzierungsmodelle an, die auf die Eigenheimzulage zugeschnitten sind. Deshalb sollen sie hier vorgestellt werden.

## a) Eigenheimzulage für Sondertilgung

Der Kreditnehmer kann eine jährliche Sondertilgung in Höhe der Zulage vereinbaren – und zwar ohne dass ihm Zusatzkosten wie Vorfälligkeitsentschädigungen oder erhöhte Zinsen entstehen. Eine solche Regelung muss im Vertrag festgeschrieben sein.

Der Vorteil: Durch die vergleichsweise hohe und regelmäßige Tilgung können die Schulden schneller reduziert werden. Das verringert die Restschuld und damit auch das Zinsänderungsrisiko beim Anschlussdarlehen. Außerdem reduzieren sich natürlich die Zins- und damit die Finanzierungskosten.

**Rechenbeispiel:** *Ehepaar, 2 Kinder, Kauf einer Wohnung, Eigenheimzulage dafür: 8 x 2.850 Euro (vgl. Kap. VIII. 1).*

***Variante 1** (ohne Einsatz der Zulage): Darlehen 165.000 Euro, 7,0% Nominalzins, 1% Tilgung, Zinsbindung 10 Jahre. Die monatliche Belastung liegt bei 1.100 Euro. Die Restschuld beträgt in diesem Fall nach 10 Jahren rund 140.000 Euro.*

***Variante 2:** Eigenheimzulage wird acht Jahre lang mit jeweils 2.850 Euro zur Sondertilgung genutzt. In diesem Fall liegt die Restschuld nach 10 Jahren bei knapp 107.000 Euro.*

Der Nachteil: Da diese jährliche Sondertilgung fester Vertragsbestandteil ist, muss der Kreditnehmer die Eigenheimzulage regelmäßig und nur dafür verwenden. Wenn er also finanziell in die Klemme gerät, gibt es nur einige wenige Banken, die ihm die Möglichkeit lassen, eine solche Sondertilgung auch einmal auszusetzen.

**WISO rät:** Wer die Eigenheimzulage für Sondertilgungen nutzen will, sollte gezielt bei den Kreditinstituten nachfragen, ob sie ihm vertraglich die Wahl lassen, mit der Sondertilgung auch mal zu pausieren.

Eine andere Möglichkeit besteht darin, nur einen sehr viel kleineren Teilbetrag der Zulage für seine jährliche Sondertilgung zu verwenden, damit noch etwas als finanzielle Reserve übrig bleibt.

## b) Eigenheimzulage für Darlehen

Die Eigenheimzulage kann auch zur Tilgung eines Darlehens verwendet werden. Das bedeutet: Man nimmt ein Mehrfaches der Zulage als Kredit auf, meistens das Sieben- bis Achtfache, und tilgt dieses Darlehen mit Hilfe der Eigenheimzulage. Das muss vorher mit dem Kreditgeber vertraglich vereinbart werden. Aus der eigenen Brieftasche kommen dann nur noch die Zinszahlungen, die sich in dem Maße verringern, wie das Darlehen getilgt wird. Damit sinken auf Dauer die monatlichen Belastungen. Wer z. B. eine Eigenheimzulage von 2.850 Euro (mit 2 Kindern) bekommt, kann also relativ günstig maximal 22.800 Euro (8 x 2.850 Euro) finanzieren. Allerdings wird dieser Betrag in der Regel nicht in voller Höhe als Darlehenssumme ausgezahlt, sondern je nach Effektivzins nur ein bestimmter Teil davon (z. B. 80 %)

Von dem oben beschriebenen Modell gibt es je nach Kreditgeber auch abweichende Angebote:

Zum einen besteht die Möglichkeit, dass die monatlichen Raten, die aus dem eigenen Portemonnaie kommen, nicht sinken, sondern die ganze Zeit konstant bleiben. Die monatlichen Zahlungen werden dann mehr und mehr auch zur Tilgung genutzt, je weiter der Zinsanteil sinkt (genauso wie bei dem schon bekannten Annuitätendarlehen). Dementsprechend erhöht sich die mögliche Darlehenssumme.

Zum anderen gibt es die Variante, dass man für dieses Zulagendarlehen überhaupt nichts aus eigener Tasche zuzahlt. Hier beinhaltet die jährliche Zulage beides, sowohl die Tilgung als auch die Zinszahlungen. Das verringert natürlich die Darlehenssumme im Vergleich zum Ausgangsmodell.

**Rechenbeispiel:** *Familie mit 2 Kindern, Eigenheimzulage 8 x 2.850 Euro. Finanziert werden sieben Raten der Eigenheimzulage, macht eine Darlehenssumme von 19.950 Euro. Bei einem Effektivzins von 6,0% beträgt der Auszahlungskurs 80% der möglichen Darlehenssumme, also knapp 16.000 Euro.*

Der Vorteil eines solchen Eigenheimzulagen-Darlehens: Unter Umständen bekommt man das Darlehen zu besseren Zinskonditionen als einen normalen Kredit. Dafür gibt es zwei Gründe. Da man relativ hohe Tilgungsbeiträge leistet, kann sich der Kreditgeber günstiger am Geldmarkt refinanzieren, mit kurzen Laufzeiten und damit geringeren Sollzinsen. Der zweite Grund ist, dass die Eigenheimzulage für den Kreditgeber eine hohe Sicherheit darstellt, da es sich um eine staatliche Leistung handelt. Daraus ergibt sich für ihn ein geringeres Risiko.

**WISO rät:** Wer die Eigenheimzulage für ein Extradarlehen nutzen will, sollte darauf pochen, dass der Darlehensgeber die für ihn damit verknüpften Zinsvorteile an den Kreditnehmer weiterreicht.

Nachteil ist auch hier wieder der Umstand, dass man auf sein finanzielles Polster verzichtet. Dies könnte man allerdings teilweise dadurch auffangen, dass nur ein Teilbetrag der Zulage für ein zusätzliches Darlehen verwendet wird.

Wer Kinder hat, sollte außerdem bedenken, dass er die Zulage unter Umständen nicht die volle Zeit bekommt, nämlich dann, wenn er keinen Kinderfreibetrag bzw. kein Kindergeld mehr geltend machen kann (sieh Kapitel VIII).

## c) Eigenheimzulage für Bausparvertrag

Bausparkassen bieten auch die Möglichkeit, die Eigenheimzulage für einen Bausparvertrag zu nutzen. Die Eigenheimzulage ist gewissermaßen der (jährliche) Sparbeitrag für eine Bausparsumme, die üblicherweise in Höhe des 20fachen der Eigenheimzulage abgeschlossen wird, in dem Rechenbeispiel oben ergibt das eine Bausparsumme von rund 57.000 Euro.

Nach acht Jahren ist der Bausparvertrag zuteilungsreif. Bis dahin finanziert die Bausparkasse die Vertragssumme mit Hilfe eines tilgungsfreien Darlehens vor, für das man Zinsen zahlen muss. Aus der Höhe des Effektivzinses ergibt sich dann in der „Ansparphase“ die monatliche Belastung, für das Beispiel über 57.000 Euro Bausparsumme bei einem Effektivzins von 6,0% monatlich also 285 Euro. Nach der Zuteilung zahlt man in der Darlehensphase wie bei jedem anderen Bausparvertrag mehrere Jahre für Zins und Tilgung.

Einige Bausparkassen bieten diese Finanzierungsform ähnlich wie das so genannte Konstantmodell eines Bausparvertrages an. Die Raten in der Anspar- und Darlehensphase sind dann gleich hoch (siehe Seite 154).

Die Finanzierung eines Bausparvertrages mit Hilfe der Eigenheimzulage entspricht in Grundzügen einer Sofortfinanzierung. Daher gilt auch hier: Man trägt zwar während der gesamten Laufzeit überhaupt kein Zinsänderungsrisiko. Allerdings ist dieses Modell gegenüber einem Zulagendarlehen nur dann billiger, wenn man das tilgungsfreie Darlehen zur Vorfinanzierung der Bausparsumme zu äußerst günstigen Zinsbedingungen bekommt. Außerdem gelten alle Vorbehalte, die schon im Abschnitt „Sofortfinanzierung“ beim Bausparvertrag ausführlich erörtert wurden (siehe Seite 154). Denn ein Immobilienfinanzierer kann auch hier wieder mit vielen Problemen konfrontiert werden, etwa wenn er den Vertrag vorzeitig kündigen will oder zwischendurch einen finanziellen Engpass hat. Deshalb ist es in jedem Fall nicht empfehlenswert, die Eigenheimzulage für ein Bauspardarlehen zu verwenden.

# 5. Der Finanzierungsplan

Bisher wurden die verschiedenen Finanzierungsarten unter die Lupe genommen und die jeweiligen Vor- und Nachteile abgewogen. Nun geht es darum, alle Finanzierungsbausteine zusammenzusetzen und daraus einen Finanzierungsplan zu entwickeln.

Welche Anforderungen müssen an einen Finanzierungsplan gestellt werden? Zunächst soll er natürlich die monatlichen Belastungen veranschaulichen, die in den nächsten Jahren während der ersten Zinsbindungsphase auf den Finanzierer zukommen werden, sowie die Entwicklung der Restschuld. Doch das reicht nicht. Der Immobilieninvestor will natürlich auch wissen, welche monatlichen Belastungen bis zum Ende der Finanzierungsphase zu erwarten sind.

Das ist allerdings ein Problem: Ganz sichere Daten gibt es nur, solange die Zinsbindung (und Tilgung) gilt. Je weiter man in die Ferne schaut, umso unsicherer wird die Finanzplanung. Vor allem, wenn man zunächst nur eine kurze Zinsbindung eingegangen ist, hat man ein größeres Zinsänderungsrisiko, insbesondere, wenn in einer Niedrigzinsphase abgeschlossen wurde.

**WISO rät:** Eine Computeranalyse ist ein hilfreiches Instrument, die dem Finanzierer alle Zahlenreihen auswirft. Dabei sollte er sich auf keinen Fall allein darauf verlassen, was er als Analysen vom Kreditinstitut bekommt, denn durch relativ einfache Manipulationen lassen sich solche Zahlenkolonnen schönen.

Nur ein Beispiel: Wer in einer Niedrigzinsphase ein Darlehen aufnimmt, dem rechnen einige Finanzberater eine Anschlussfinanzierung aus, die von einem viel zu geringen Zinsniveau ausgeht. Bei nur einem Prozentpunkt weniger als das, was man später tatsächlich an monatlichen Zinsbelastungen haben wird, gerät die gesamte Finanzierung in Schieflage.

Richtig kompliziert wird es, wenn man über die Darlehen der Kreditinstitute hinaus Kredite vom Staat bekommt, die zunächst über Jahre tilgungsfrei sind und erst sehr viel später zurückgezahlt werden müssen (siehe Kapitel VIII).

Trotzdem sollte man nichts unversucht lassen, sich einen Überblick zu verschaffen, damit es nicht irgendwann einmal zu einer unangenehmen Überraschung kommt, weil sich die finanziellen Belastungen schlagartig erhöhen. Immerhin kann man ein paar „Vorsorgemaßnahmen“ treffen, damit der Finanzierungsplan einigermaßen realistisch oder noch besser vorsichtig kalkuliert ist.

- Zum einen sollte man die Eigenheimzulage besser nicht in den Finanzierungsplan einbauen, da sie nur die ersten acht Jahre als Zuschuss für die selbst genutzte Immobilie gezahlt wird.

**WISO rät:** Die Eigenheimzulage ist ein gutes Polster für unangenehme finanzielle Überraschungen. Einzige Ausnahme: wenn man die Zulage (teilweise) nutzt, um gleich am Anfang einen Zwischenkredit zu finanzieren, dessen Belastung nach den ersten Jahren wieder wegfällt.

So kann unter Umständen ein solcher Kredit notwendig werden, um ein Bauspardarlehen zwischenzufinanzieren, das in ein, zwei Jahren zuteilungsreif sein soll. Selbst wenn sich dann der Zuteilungstermin um einige Zeit verschieben sollte, ist man immer noch auf der sicheren Seite.

**WISO rät:** Mit der Eigenheimzulage sollte man in jedem Fall nur rechnen, wenn man sicher sein kann, dass man in irgendeiner Form finanziell entlastet wird, sobald die Eigenheimzulage nach acht Jahren wegfällt.

- Man sollte auch nicht fest darauf bauen, in Zukunft mehr zu verdienen. Besser ist es, vom jetzigen Verdienst auszugehen!
- Zusatzeinnahmen wie Überstundenzahlungen, die unregelmäßig anfallen, sollte man ebenfalls nicht fest einplanen. Auch diese Einnahmen sind ein gutes zusätzliches Polster.
- Finanziellen Spielraum sollte man von Anfang an für eine höhere Tilgung nutzen. Das reduziert die Restschuld und macht die monatliche Belastung beim Anschlussdarlehen weniger anfällig für Zinserhöhungen (siehe Seite 98).
- Besonders wichtig: Man sollte genau überlegen, von welchem Zinsniveau man bei der Anschlussfinanzierung ausgeht. Dies ist vor allem dann entscheidend, wenn man in einer Niedrigzinsphase baut oder kauft.

**WISO rät:** Bei der Anschlussfinanzierung sollte man am besten von einem Nominalzins von mindestens 8,0% ausgehen. So hoch liegt in etwa der langjährige Durchschnitt bei Hypothekendarlehen mit zehnjähriger Bindungsfrist (vgl. S. 108).

Für vorsichtige Häuslebauer gibt es die so genannte „10%-Regel". Eine sehr restriktive Regel, die aller Erfahrung nach vor unangenehmen Überraschungen weitestgehend schützt. Sie besagt: Vorsichtige Kreditnehmer sollten davon ausgehen, dass man in jeder Finanzierungsphase 10% für Zinsen und Tilgung des (Rest-)Darlehens aufbringen muss.

- Falls sich trotz eines höheren Zinses bei der Anschlussfinanzierung eine niedrigere monatliche Belastung ergibt, sollte man finanzielle Spielräume für eine höhere Tilgung nutzen. Das spart insgesamt Finanzierungskosten.

**Rechenbeispiel:** *Ein Ehepaar mit zwei Kindern, die monatliche Belastbarkeit liegt bei rund 1.100 Euro, ihr Eigenkapital bei 86.000 Euro, davon ein zuteilungsreifer Bausparvertrag mit einem angesparten Guthaben in Höhe von 20.000 Euro (Bausparsumme: 50.000 Euro), der zusätzliche Finanzierungsbedarf beträgt 165.000 Euro. Das bedeutet, die Familie schöpft ihren Finanzierungsrahmen voll aus.*

*Sie lässt sich das Bauspardarlehen über 30.000 Euro auszahlen. Monatliche Belastungen aus Zins und Tilgung: 300 Euro, Darlehenslaufzeit zehn Jahre. Den restlichen Finanzierungsbedarf von 135.000 Euro übernimmt eine Hypothekenbank über eine 1a-Hypothek mit zehnjähriger Bindungsfrist für nominal 6,5% plus 1%iger Tilgung. Die Familie geht bei den beiden notwendigen Anschlussfinanzierungen von einem Nominalzins von jeweils 8,0% aus. Die erste Anschlussfinanzierung geht über zehn Jahre, die nachfolgende über fünf Jahre. Den Spielraum, der sich nach Rückzahlung des Bauspardarlehens ergibt, will sie bei der ersten Anschlussfinanzierung für eine höhere Tilgung nutzen. Gesamtlaufzeit damit 25 Jahre.*

Noch einmal der Hinweis: In diesem Finanzierungsplan (siehe Seite 164) wird die Eigenheimzulage nicht berücksichtigt! Des einfacheren Überblicks wegen fehlen außerdem die Belastungen aus einer Restschuldversicherung.

Mit Hilfe dieses Finanzierungsplans lässt sich auch genau verfolgen, wie sich in den nächsten Jahren die Restschuld beziehungsweise die Tilgung weiter entwickeln wird. Aus diesem Plan ergibt sich als Finanzierungsstrategie für Selbstnutzer: Wer es sich leisten kann, für den ist es schon unter rein finanziellen Gesichtspunkten sinnvoll, bei einem Darlehen eine hohe Tilgung zu vereinbaren, um möglichst schnell von den Schulden herunterzukommen. Wie man später sehen wird, macht eine möglichst schnelle Entschuldung auch unter steuerlichen Aspekten Sinn beziehungsweise, um genau zu sein, steht dem unter steuerlichen Erwägungen nichts im Wege. Bei einer selbst genutzten Immobilie hat man nach dem Einzug – von wenigen Ausnahmen abgesehen – praktisch keine Möglichkeit mehr, irgendwelche finanziellen Belastungen steuermindernd geltend zu machen.

Da man steuerlich nicht von Schuldzinsen profitiert, kann die Devise nur lauten: das komplette Eigenkapital einsetzen und möglichst schnell Schulden tilgen!

Die Eigenheimzulage wird nur in den ersten acht Jahren gezahlt; somit erhält man die staatliche Förderung genau dann, wenn die finanziellen Belastungen besonders hoch sind (was kein Zufall ist, schließlich hat es der Gesetzgeber so gewollt). Selbst wenn man die Eigenheimzulage in keinem Fall fest in den Finanzierungsplan einbauen sollte, ist sie dennoch ein schönes Polster, falls man mit unangenehmen finanziellen Überraschungen konfrontiert wird.

| Finanzierungsplan (monatlich in Euro) | | | | |
|---|---|---|---|---|
| Jahr | Belastung aus Bausparvertrag | Belastung aus Hypothekendarlehen | Gesamtbelastung | Restschuld |
| 1 | 300 | 834,75 | 1.143,75 | 133.609 |
| 2 | 300 | 834,75 | 1.143,75 | 132.125 |
| 3 | 300 | 834,75 | 1.143,75 | 130.541 |
| 4 | 300 | 834,75 | 1.143,75 | 128.852 |
| 5 | 300 | 834,75 | 1.143,75 | 127.049 |
| 6 | 300 | 834,75 | 1.143,75 | 125.126 |
| 7 | 300 | 834,75 | 1.143,75 | 123.073 |
| 8 | 300 | 834,75 | 1.143,75 | 120.884 |
| 9 | 300 | 834,75 | 1.143,75 | 118.587 |
| 10 | 300 | 834,75 | 1.143,75 | 118.055 |
| 11 | | 1.068,75 | 1.068,75 | 112.381 |
| 12 | | 1.068,75 | 1.068,75 | 108.403 |
| 13 | | 1.068,75 | 1.068,75 | 104.095 |
| 14 | | 1.068,75 | 1.068,75 | 99.429 |
| 15 | | 1.068,75 | 1.068,75 | 94.375 |
| 16 | | 1.068,75 | 1.068,75 | 88.903 |
| 17 | | 1.068,75 | 1.068,75 | 82.976 |
| 18 | | 1.068,75 | 1.068,75 | 76.557 |
| 19 | | 1.068,75 | 1.068,75 | 69.605 |
| 20 | | 1.068,75 | 1.068,75 | 62.076 |
| 21 | | 1.276,00 | 1.276,00 | 51.343 |
| 22 | | 1.276,00 | 1.276,00 | 39.718 |
| 23 | | 1.276,00 | 1.276,00 | 27.129 |
| 24 | | 1.276,00 | 1.276,00 | 13.494 |
| 25 | | 1.276,00 | 1.276,00 | 0 |

# VI. Eigentum gegen Miete

Auf den ersten Blick wird man nach seiner Finanzierungsplanung reichlich erschrokken sein. Eine so hohe Belastung – und das über Jahre hinweg! Vergleicht man das mit dem, was bisher an monatlicher Miete gezahlt wurde, wird erst so richtig bewusst, dass eine eigene Immobilie eine ziemlich teure Angelegenheit ist. Das stimmt allerdings nur zum Teil, wie sich mit Hilfe eines Vermögensvergleichs von Eigenheimbesitzern und Mietern nachweisen lässt.

Zwei Berechnungen müssen dafür gegeneinandergestellt werden: die monatlichen Belastungen aus der Finanzierung des Eigenheims gegen das, was in der gleichen Zeit monatlich an Miete aufgebracht werden muss. Die Belastungen durch die Immobilie sind bereits bekannt, wenigstens ungefähr aus der Finanzierungsplanung. Bleibt also noch zu klären, was an Miete in Zukunft zu zahlen ist.

Nun haben sich auf dem Wohnungssektor in der jüngeren Vergangenheit Zinsen und Preise nach unten bewegt, sowohl bei den Mieten als auch bei (selbst genutzten) Immobilien, von bestimmten bevorzugten Lagen einmal abgesehen. Dennoch interessiert uns bei diesem Vergleich die langfristige Betrachtung. Geht man also davon aus, dass der langjährige durchschnittliche Hypothekenzins bei rund 8% liegt (siehe S. 108), dann ist es durchaus legitim, auch bei den Habenzinsen von einem Zinsniveau auszugehen, dass bei rund 5,5% liegen dürfte. Die gleichen Überlegungen lassen sich für Preissteigerungen bei Mieten als auch bei Immobilien anstellen (s.u.).

Angenommen, man würde ein bestimmtes Haus nicht kaufen, sondern als Mieter dort einziehen. Je nach Lage und Ausstattung muss dafür eine Kaltmiete von 875 Euro im Monat gezahlt werden, wenn man von einem Haus mit rund 120 Quadratmetern und mittlerer Ausstattung ausgeht. Das bedeutet: Unter Annahme des bisher in allen Kapiteln verwendeten Rechenbeispiels, bei dem die monatliche Belastung 1.100 Euro beträgt, hat man allein durch die Finanzierung dieses Hauses zunächst eine deutlich höhere monatliche Belastung von 225 Euro.

In beiden Rechnungen müssen nun die Wohnnebenkosten berücksichtigt werden. Sie sind durch die zusätzliche Instandhaltungsrücklage bei Immobilieneigentum etwas höher als beim gemieteten Objekt. Geht man pauschal von 0,50 Euro pro Quadratmeter für Instandhaltungskosten aus (siehe Seite 69), ergibt das in dem Beispielfall 60 Euro. Diese Rücklage spart der Mieter. Deshalb muss man bei seiner Kaltmiete diesen Betrag abziehen, in dem Beispiel ergibt das 815 Euro. Oder umgekehrt betrachtet: Tatsächlich spart der Immobilieneigentümer deutlich weniger an Miete, als es zunächst den Anschein hat.

Doch auch die Eigenheimzulage ist bisher nicht in diese Vergleichsrechnung eingegangen. Im Finanzierungsplan sollte diese Größe ja nur unter besonderen Umständen

berücksichtigt werden. Beim Vermögensvergleich muss jedoch die Eigenheimzulage, die immerhin über acht Jahre gezahlt wird, in die Rechnung einbezogen werden.

Trotzdem: Kurzfristig betrachtet, fällt der Vermögensvergleich deutlich zugunsten des Mieters aus. Erstens spart er am Anfang die hohen Finanzierungsnebenkosten; zweitens kann er jene aufgezeigte Differenz aus höheren Kreditkosten und niedrigerer Miete zusätzlich auf die hohe Kante legen – mit entsprechender Verzinsung, sodass die Vergleichsrechnung für das eigene Haus zunächst noch ungünstiger ausfällt.

Umso wichtiger ist deshalb die längerfristige Betrachtung eines Vermögensvergleichs, und zwar bis zu einem Zeithorizont von 30 Jahren.

In dem Maße, wie sich die Immobilienpreise verteuert haben, sind in der Vergangenheit auch die Mieten gestiegen, und zwar durchschnittlich um 2% (Immobilien) bis 2,5% (Mieten) über die vergangenen 20 Jahre. Der Einfachheit halber wird bei dieser Vergleichsrechnung eine gleich hohe Preissteigerung von 2,5% für den Immobilienwert und die Miete unterstellt.

Das Vermögen des Eigenheimbesitzers ergibt sich aus dem Wert seiner Immobilie abzüglich der Restschuld, die er durch die Kreditaufnahme hat.

Das Vermögen des Mieters resultiert aus dem Geldbetrag, den er nach Abzug seiner Miete als Eigenkapital anlegen kann. Man muss davon ausgehen, dass sämtliche Ersparnisse, die er im Gegensatz zum Immobilieneigentümer am Anfang hat, verzinslich angelegt werden.

**Rechenbeispiel:** *Ehepaar, zwei Kinder, durchschnittlicher Steuersatz: 25%, Eigenkapital 85.000 Euro.*
*Eigenheimzulage für Neubau: 1.250 Euro plus 2 x 800 Euro für die Kinder, zusammen also 2.850 Euro jeweils für acht Jahre.*
*Kaufpreis der Immobilie: 225.000 Euro*
*Finanzierungsnebenkosten: rund 25.000 Euro*
*Finanzierung: der Einfachheit halber mit einem einzigen Darlehen über 165.000 Euro, Zinssatz 8,5%, anfängliche Tilgung 1%.*
*Das Eigenkapital des Mieters wird zu einem Zinssatz von 5% angelegt.*
*Miete für Vergleichshaus: 875 Euro, Mietsteigerung 2,5% pro Jahr.*
*Mietersparnis für den Immobilieneigentümer: 815 Euro (Kaltmiete minus Instandsetzungsrücklage von 60 Euro) plus 2,5% jährliche Mietsteigerung.*
*Wertsteigerung der Immobilie: ebenfalls 2,5%.*
*In der Tabelle werden alle Zahlen ganzjährig ausgewiesen.*

| Jahr | Mietersparnis | Eigenheimzulage | Finanzierungs-kosten | Mehrbelastung durch Immobilie | Wert der Immobilie | Restschuld | Vermögen Eigentümer | Vermögen Mieter | Differenz Eigentum/Miete |
|---|---|---|---|---|---|---|---|---|---|
| 0 | | | 0,00 | | 225.000,00 | 165.000,00 | 60.000,00 | 85.000,00 | -25.000,00 |
| 1 | 9.780,00 | 2.850,00 | 15.675,00 | 3.045,00 | 230.625,00 | 163.284,18 | 67.340,82 | 92.295,00 | -24.954,18 |
| 2 | 10.024,50 | 2.850,00 | 15.675,00 | 2.800,50 | 236.390,63 | 161.416,69 | 74.973,94 | 99.710,25 | -24.736,32 |
| 3 | 10.275,11 | 2.850,00 | 15.675,00 | 2.549,89 | 242.300,39 | 159.384,13 | 82.916,26 | 107.245,65 | -24.329,39 |
| 4 | 10.531,99 | 2.850,00 | 15.675,00 | 2.293,01 | 248.357,90 | 157.171,92 | 91.185,98 | 114.900,94 | -23.714,96 |
| 5 | 10.795,29 | 2.850,00 | 15.675,00 | 2.029,71 | 254.566,85 | 154.764,16 | 99.802,69 | 122.675,70 | -22.873,01 |
| 6 | 11.065,17 | 2.850,00 | 15.675,00 | 1.759,83 | 260.931,02 | 152.143,59 | 108.787,43 | 130.569,31 | -21.781,88 |
| 7 | 11.341,80 | 2.850,00 | 15.675,00 | 1.483,20 | 267.454,29 | 149.291,37 | 118.162,92 | 138.580,98 | -20.418,05 |
| 8 | 11.625,35 | 2.850,00 | 15.675,00 | 1.199,65 | 274.140,65 | 146.187,05 | 127.953,60 | 146.709,68 | -18.756,08 |
| 9 | 11.915,98 | | 15.675,00 | 3.759,02 | 280.994,17 | 142.808,33 | 138.185,84 | 157.804,18 | -19.618,34 |
| 10 | 12.213,88 | | 15.675,00 | 3.461,12 | 288.019,02 | 139.130,97 | 148.888,05 | 169.155,51 | -20.267,46 |
| 11 | 12.519,23 | | 15.675,00 | 3.155,77 | 295.219,50 | 135.128,56 | 160.090,94 | 180.769,06 | -20.678,12 |
| 12 | 12.832,21 | | 15.675,00 | 2.842,79 | 302.599,99 | 130.772,37 | 171.827,62 | 192.650,30 | -20.822,69 |
| 13 | 13.153,01 | | 15.675,00 | 2.521,99 | 310.164,99 | 126.031,13 | 184.133,86 | 204.804,81 | -20.670,95 |
| 14 | 13.481,84 | | 15.675,00 | 2.193,16 | 317.919,11 | 120.870,82 | 197.048,29 | 217.238,21 | -20.189,92 |
| 15 | 13.818,88 | | 15.675,00 | 1.856,12 | 325.867,09 | 115.254,38 | 210.612,71 | 229.956,24 | -19.343,53 |
| 16 | 14.164,36 | | 15.675,00 | 1.510,64 | 334.013,76 | 109.141,49 | 224.872,27 | 242.964,69 | -18.092,42 |
| 17 | 14.518,46 | | 15.675,00 | 1.156,54 | 342.364,11 | 102.488,28 | 239.875,83 | 256.269,46 | -16.393,63 |
| 18 | 14.881,43 | | 15.675,00 | 793,57 | 350.923,21 | 95.246,99 | 255.676,22 | 269.876,51 | -14.200,29 |
| 19 | 15.253,46 | | 15.675,00 | 421,54 | 359.696,29 | 87.365,64 | 272.330,65 | 283.791,87 | -11.461,22 |
| 20 | 15.634,80 | | 15.675,00 | 40,20 | 368.688,70 | 78.787,64 | 289.901,06 | 298.021,67 | -8.120,61 |
| 21 | 16.025,67 | | 15.675,00 | -350,67 | 377.905,92 | 69.451,43 | 308.454,49 | 312.572,08 | -4.117,59 |
| 22 | 16.426,31 | | 15.675,00 | -751,31 | 387.353,56 | 59.289,98 | 328.063,58 | 327.449,37 | 614,21 |
| 23 | 16.836,97 | | 15.675,00 | -1.161,97 | 397.037,40 | 48.230,36 | 348.807,04 | 342.659,87 | 6.147,17 |
| 24 | 17.257,89 | | 15.675,00 | -1.582,89 | 406.963,34 | 36.193,16 | 370.770,18 | 358.209,98 | 12.560,20 |
| 25 | 17.689,34 | | 15.675,00 | -2.014,34 | 417.137,42 | 23.091,98 | 394.045,44 | 374.106,13 | 19.939,31 |
| 26 | 18.131,57 | | 15.675,00 | -2.456,57 | 427.565,86 | 8.832,78 | 418.733,08 | 390.354,87 | 28.378,21 |
| 27 | 18.584,86 | | 9.083,54 | -9.501,32 | 438.255,00 | 0,00 | 438.255,00 | 400.371,29 | 37.883,72 |

Anhand dieses Rechenbeispiels lässt sich sehr schnell erkennen, wann sich Immobilieneigentum im Vergleich zur Miete besonders rechnet, nämlich dann,

- wenn man über hohes Eigenkapital verfügt,
- wenn die Immobilie eine hohe Wertsteigerung erfährt,
- wenn die Mietersparnis besonders hoch ist und
- wenn das Zinsniveau besonders niedrig ist.

Bei ungünstigeren Bedingungen kann der Vorteil aus der Immobilie unter Umständen auch ins Gegenteil umschlagen, wenn man also zum Beispiel über wenig Eigenkapital verfügt oder die Mietersparnis nur sehr gering ist.

Aus diesen Überlegungen ergeben sich noch einmal zusammengefasst die recht einfachen Finanzierungsregeln, die auch schon in früheren Kapiteln erwähnt wurden:

**WISO rät:** Beim Bau oder Kauf einer Immobilie

- sollte man so viel Eigenkapital einsetzen wie nur möglich,
- sollte man eine Immobilie suchen, die aufgrund der Lage und der Ausstattung eine möglichst hohe Wertsteigerung haben dürfte,
- sollte man soviel wie möglich tilgen, um die Restschuld schnell zu verringern.

Dass man den Preis für die Immobilie beziehungsweise deren Baukosten so niedrig wie möglich halten sollte, versteht sich von selbst.

# VII. Anschlussfinanzierung

Es gibt viele Gründe, sich über eine Anschlussfinanzierung Gedanken zu machen. Einer ist zum Beispiel, wenn die Zinsbindung beim Hypothekendarlehen ausläuft. Oft genug stellt sich dabei heraus, dass ein Wechsel des Kreditgebers sinnvoll wäre. Ein weiterer Grund könnte sein, dass man noch während der Zinsbindungsfrist eine Umfinanzierung plant. So kann der Darlehensnehmer durch eine Erbschaft plötzlich eine hohe Geldsumme zur Hand haben, mit der er eine Sondertilgung vornehmen möchte. Oder er will umschulden, weil die Zinsen im Vergleich zu seinen ursprünglichen Konditionen drastisch gesunken sind.

Eine Sondertilgung oder eine Umschuldung noch während der Zinsbindung wird das Kreditinstitut nicht ohne weiteres akzeptieren – es sei denn, sie wurde vertraglich vereinbart (siehe Seite 119). Dem Kreditgeber entstehen Kosten, für die er eine Entschädigung verlangt, die so genannte Vorfälligkeitsentschädigung. In diesem Fall sollte unbedingt nachgeprüft werden, ob die Höhe dieser Entschädigung gerechtfertigt ist – ein BGH-Urteil aus dem Jahr 2000 hat hier zu mehr Rechtssicherheit geführt – und ob sich eine Umfinanzierung unter diesen Umständen überhaupt lohnt.

## 1. Umfinanzierung nach der Zinsbindung: das Anschlussdarlehen

Sehr viele Eigenheimbesitzer machen sich keine Gedanken darüber, wie es nach der ersten Zinsbindung weitergehen soll. Erst wenn ihr Institut das Darlehen dann zu sehr viel schlechteren Bedingungen weiterfinanziert, als es andere Kreditgeber zu dem Zeitpunkt gemacht hätten, kommt das böse Erwachen.

**WISO rät:** Etwa ein halbes Jahr vor Ende der Zinsbindungsfrist sollte man seine alten Unterlagen hervorkramen und von sich aus anfangen, sich mit dem Thema Anschlussfinanzierung auseinanderzusetzen.

Nicht selten werden Kreditnehmer erst kurz vor Ende der Zinsbindungsfrist mit einem Angebot des Kreditinstituts konfrontiert. Dann bleibt nur wenig Zeit, dieses Angebot zu prüfen und sich gegebenenfalls nach einem anderen Kreditgeber umzusehen. Um das zu verhindern, sollte man den Kreditgeber bereits sechs bis acht Wochen vor Ende der Zinsbindungsfrist nach Verlängerungsangeboten fragen.

Oft genug räumen Kreditgeber ihren Kunden nur wenig Bedenkzeit ein, das Verlän-

gerungsangebot zu prüfen. Zwar hat der Bundesgerichtshof entschieden, dass zwei Wochen zu wenig sind, aber er hat sich auch nicht konkret geäußert, wie lang diese Frist letztlich sein sollte.

**WISO rät:** Falls man vergessen hat, rechtzeitig nach einem neuen Angebot zu fragen, sollte man sich von dem Kreditgeber eine Überlegungsfrist von vier Wochen einräumen lassen. Geht er darauf nicht ein, kann das eigentlich nur daran liegen, dass sein Angebot nicht besonders gut ist. Anlass genug, sich nach einem neuen Kreditgeber umzuschauen!

Unabhängig von Fristen und Terminnöten kostet ein Bankwechsel auf jeden Fall Geld. So wie für die erste Zinsbindungsphase fallen erneut Notar- und Grundbuchgebühren an. Dazu kommen unter Umständen auch wieder Schätzkosten für die Ermittlung des Beleihungswertes einer Immobilie.

## a) Anpassungsklauseln

Im Kreditvertrag findet sich normalerweise ein Passus, der sich mit dem Thema Anschlussfinanzierung beschäftigt. Das ist die Anpassungsklausel, in einigen Verträgen auch Anpassungskonditionen genannt. Daraus geht hervor, wie der Kreditgeber verfahren wird, sobald die Zinsbindungsfrist abläuft. Die meisten Kreditinstitute haben darin festgelegt, dass die Kündigung des laufenden Vertrages bis einen Monat vor Ablauf der Zinsbindungsfrist ausgesprochen werden muss. Einige Kreditgeber haben das sogar so geregelt, dass der Vertrag ohne eine neue Vereinbarung automatisch ausläuft. Das ist die kundenfreundliche Variante.

Andere dagegen verlangen, dass der Kunde schon sehr viel früher den Vertrag kündigt. Sie sehen also eine längere Kündigungsfrist vor, und das ist nicht gesetzeskonform, jedenfalls dann nicht, wenn es sich um ein Darlehen mit einem festen Zinssatz handelt. Der Gesetzgeber gibt nämlich für Darlehen mit Zinsbindung eine Kündigungsfrist von maximal einem Monat vor, für variable Zinsen beträgt die Frist drei Monate (§ 609a BGB).

Oftmals verknüpfen dann solche Institute ihr Verlängerungsangebot mit einer Widerspruchsfrist von wenigen Wochen. Verpassen die Kunden die Frist, gilt das Angebot als angenommen, unter Umständen zu neuen Konditionen, die die Darlehensnehmer mit Sicherheit nicht eingegangen wären, wenn sie genauer hätten prüfen können. Oder es wird ihnen lapidar ohne Überlegungsfrist mitgeteilt, dass der Vertrag mit einem bestimmten Zins weiter fortgesetzt wird, es sei denn, sie widersprechen diesem Angebot. Das sind dann die „kundenunfreundlichen" Versionen, die leider gar nicht so selten vorkommen.

## b) Effektivzins

Auch bei Anschlussfinanzierungen muss der Kreditgeber den Effektivzins ausweisen. Dabei darf man als „Altkunde" nicht schlechter behandelt werden als solche Kreditnehmer, die mit dem Institut einen neuen Vertrag abschließen.

**WISO rät:** Man sollte einen Bekannten zu seinem Institut schicken, der dort als Neukunde auftritt und die aktuellen Konditionen abfragt. Diese Informationen kann man in seinen eigenen Verhandlungen mit einfließen lassen.

Im Grunde genommen müsste der Kreditgeber dem Altkunden eigentlich bessere Konditionen einräumen als neuen Kunden. Er ist dem Institut als zuverlässiger Kreditnehmer bekannt, und der Aufwand, seine Sicherheiten und die seiner Immobilie zu prüfen, ist vernachlässigbar klein. Insofern ist das Risiko des Kreditgebers geringer als bei neuen Kunden.

Die erste Information, die man braucht, ist die Höhe der derzeitigen Restschuld. Danach sollte man das Institut nach Angeboten mit unterschiedlichen Zinsbindungsfristen befragen und sich nach dem entsprechenden Effektivzins, nach der Restschuld am Ende der Zinsbindung und nach der Höhe der monatlichen Raten erkundigen. Nur so hat man Vergleichsmöglichkeiten.

In jedem Fall sollte man sich nicht mit dem ersten Angebot zufrieden geben. Vor dem Verhandlungsgespräch sollte man Alternativangebote einholen und auf Konditionen der Konkurrenz verweisen, falls sich der Finanzierer als unnachgiebig erweist. Es ist schließlich gutes Recht, als Stammkunde besser behandelt zu werden als anderswo. Nützt das alles nichts, hilft nur der Wechsel zu einem anderen Kreditgeber.

**WISO rät:** Vorsicht, den alten Vertrag erst kündigen, wenn der neue unter Dach und Fach ist!

## c) Ein neuer Kreditgeber

Bevor man sich einen neuen Kreditgeber sucht, sollte der erste Weg zum Notar führen. Denn die Übertragung der Grundpfandrechte auf den neuen Kreditgeber muss notariell bestätigt werden; genauso müssen die Grundbucheintragungen geändert werden. Somit hat man neben den zusätzlichen Finanzierungsnebenkosten die Gebühren für den Notar und das Grundbuchamt zu zahlen.

Wer verschiedene Kreditangebote und deren Finanzierungsbedingungen prüft, braucht natürlich auch hier als wichtigste Information die Höhe des Effektivzinses. Außerdem muss er sich über die Dauer der Zinsbindung, die Höhe der Restschuld nach der neuen Zinsbindung und über die monatlichen Belastungen, die auf ihn zukommen werden, informieren.

Außerdem sollte er genau klären, welche zusätzlichen Finanzierungsnebenkosten entstehen. Zum Beispiel könnte der neue Kreditgeber ein weiteres Wertgutachten verlangen, was zu Schätzgebühren führt. In diesem Fall hilft eventuell der Verweis auf das bestehende Gutachten, auf das der neue Kreditgeber zurückgreifen kann.

**WISO rät:** Man sollte verlangen, dass die Finanzierungsnebenkosten beim Effektivzins mit eingerechnet werden. Nur so werden die verschiedenen Angebote vergleichbar. Ein Effektivzins allein nach der Preisangabenverordnung weist die zusätzlichen Kosten nicht aus.

Die Restschuld bietet eine zweite Vergleichsmöglichkeit. Vorausgesetzt, es handelt sich um den gleichen Darlehensbetrag, um die gleiche Zinsbindung und die gleiche monatliche Belastung, ist jenes Angebot am günstigsten, das am Ende der Zinsbindung die geringste Restschuld ausweist. Auf diese Restschuld müssen die zusätzlichen Kosten aufgeschlagen werden, die beim Institutswechsel entstehen, also eventuell die Finanzierungsnebenkosten, in jedem Fall aber die Gebühren von Notar und Grundbuchamt.

Es gibt eine Faustregel, wonach ein Wechsel zu einem neuen Institut bei einer zehnjährigen Zinsbindung lohnt, wenn die Zinsdifferenz zwischen altem und neuem Vertrag über 0,2% liegt. Generell gilt aber:

**WISO rät:** Je höher die Kosten des Wechsels zu einem anderen Kreditgeber und je kürzer die Zinsbindung der Anschlussfinanzierung, umso größer muss die Zinsdifferenz sein, damit sich der Umstieg rechnet.

Wer dann in der glücklichen Lage ist, einen niedrigeren Zins zu zahlen, muss bedenken: Die monatliche Belastung sollte trotzdem weiter gleich hoch gehalten werden. Man sollte den neuen finanziellen Spielraum nutzen, indem man einen höheren Tilgungssatz zahlt und so die Finanzierungskosten reduziert.

# 2. Umfinanzierung während der Zinsbindung

Sondertilgungen sind ohne große Zusatzkosten möglich, wenn man einen günstigen Augenblick nutzt, wie zum Beispiel nach der ersten Zinsbindungsphase, oder weil es sich um ein Darlehen mit variablen Zinsen handelt. Wovon das im einzelnen abhängt und in welchen Situationen eine Sondertilgung überhaupt Sinn macht, wurde bereits in Kapitel V.1) deutlich. Das gleiche gilt für Umschuldungen nach der ersten Zinsbindungsphase, wie man oben gesehen hat.

Ganz anders sieht es dagegen aus, wenn man einen solchen Schritt noch während der Zinsbindungsphase plant. Dann muss mit dem Kreditgeber ein so genannter Aufhebungsvertrag geschlossen werden, in dem die Bedingungen für eine vorzeitige Kündigung genau niedergelegt sind.

## a) Sondertilgung und Umschuldung

Sowohl bei der Umschuldung als auch bei einer vorher nicht vertraglich vereinbarten Sondertilgung wird der Kreditgeber vorrechnen, dass ihn das zusätzlich Geld kostet.

**Rechenbeispiel:** *165.000 Euro als Darlehen mit zehnjähriger Zinsbindung, Effektivzins 8,0%, jährlich also umgerechnet 13.200 Euro. Während der Darlehensphase sinken die Zinsen. Nach fünf Jahren plant ein Immobilienfinanzierer eine Sondertilgung von 50.000 Euro, um die Restschulden zu senken.*

*Der Kreditgeber wird dies mit Hinweis auf den Zinsschaden, der ihm dadurch entsteht, nicht ohne weiteres akzeptieren. Angenommen, der vom Institut aktuell verlangte Effektivzins liegt bei 6,0%. Die 50.000 Euro, die er nun erhält, kann er dem nächsten Kreditnehmer nur zu diesen neuen Konditionen überlassen, umgerechnet ein Einnahmeverlust von 1.000 Euro pro Jahr. Für die Restlaufzeit von fünf Jahren ergibt das immerhin einen Zinsverlust von 5.000 Euro, ohne Berücksichtigung der Zinseszinsen. Nutzt der Kreditnehmer zudem den neuen finanziellen Spielraum für eine höhere Tilgung, ist der Schaden aus Sicht des Instituts noch sehr viel höher.*

Die gleichen Überlegungen stellt der Kreditgeber an, wenn man während der Zinsbindung umschulden möchte, zum Beispiel weil die Zinsen gesunken sind. In beiden Fällen wird das Institut verlangen, dass ihm der Zinsverlust ersetzt wird. Das ist die so genannte Vorfälligkeitsentschädigung, um deren Höhe es in der Vergangenheit regelmäßig Auseinandersetzungen gab.

## b) Vorfälligkeitsentschädigung

Einige Institute weigerten sich jahrelang, zu akzeptieren, dass Kreditnehmer vorzeitig aus dem Vertrag aussteigen dürfen. Die Kunden waren damit auf das Wohlwollen ihrer Kreditgeber angewiesen. Wenn diese schließlich doch einen Ausstieg zuließen, verlangten sie enorm hohe Entschädigungszahlungen als Ausgleich, Vorfälligkeitsentgelte genannt. Doch in mehreren Grundsatzurteilen hat der Bundesgerichtshof (BGH) inzwischen festgelegt, wie Kreditgeber und Kreditnehmer miteinander umzugehen haben.

Danach hat der Kunde das Recht, einen Vertrag vorzeitig aufzulösen. Dieses Kündigungsrecht gilt aber nur unter einer Bedingung: wenn er die Immobilie verkaufen möchte. Die Beweggründe dafür sind egal; also ob er umziehen will, aus Krankheitsgründen oder aus einer sonstigen Notlage heraus. Selbst wenn man nur eine günstige Gelegenheit zum Verkauf des Hauses oder der Wohnung nutzen möchte, muss das Institut einem solchen Schritt zustimmen. Begründet wurde das vom BGH damit, dass ansonsten die wirtschaftliche Handlungsfreiheit des Kunden zu sehr eingeschränkt ist.

Einen Wermutstropfen hat diese Regelung dennoch:

**WISO rät:** Der Kreditgeber muss einem vorzeitigen Vertragsausstieg nicht zustimmen, wenn es dem Darlehensnehmer nur darum geht, an günstigere Zinsen und damit an einen billigeren Kredit heranzukommen.

Vorsicht: Falls das Kreditinstitut dennoch mit einem Vertragsausstieg einverstanden ist, kann es in einem solchen Fall deutlich höhere Vorfälligkeitsentschädigungen verlangen, als ihm dies normalerweise erlaubt ist (siehe am Ende dieses Abschnitts). Denn der BGH hat die Höhe dieser Vorfälligkeitsentgelte eigentlich genau geregelt. Er überlässt den Kreditinstituten zwei Berechnungsmöglichkeiten. Bei der einen, in der Praxis häufiger angewandten Methode werden die Refinanzierungskosten zugrunde gelegt. Der Schadenersatz berechnet sich dabei danach, wieviel Geld dem Kreditgeber verloren geht, wenn er die freiwerdenden Mittel in festverzinsliche Wertpapiere anlegt. Maßstab dafür ist die Rendite von Hypothekenpfandbriefen. Nach einem neuen Urteil des BGH müssen sich die Kreditgeber bei ihren Berechnungen an der Kapitalmarktstatistik der Deutschen Bundesbank orientieren und dürfen nicht mehr, wie es häufig der Fall war, den für den Kunden ungünstigeren Pfandbriefindex Pex zugrunde legen (AZ: XI ZR 285/3).

Dieser (fiktive) Wiederanlage-Zins darf nicht einheitlich festgelegt werden. Er muss gestaffelt sein, also den Anlagezeitraum und die sich daraus ergebenden Zahlungsströme sowie laufende Anpassungen an die (reale) Zinsstruktur berücksichtigen. Das gleiche Prinzip gilt für die Berechnung der Zinsen, die der Kunde bis zum Ende der Laufzeit hätte zahlen müssen. Dafür muss außerdem der vereinbarte Nominalzinssatz zugrunde gelegt werden, und nicht der effektive Zins, der im Vertrag steht.

Außerdem darf das Institut nicht die volle Differenz verlangen. Erstens muss es die ersparten Verwaltungsaufwendungen abziehen, und zwar unabhängig von der Darlehenssumme. Üblich sind dabei bis zu 5 Euro pro Monat. Zweitens muss es einen finan-

ziellen Gegenwert für das entfallene Risiko beim abgelösten Kredit einbeziehen. Wie das berechnet werden muss, hat der BGH mit dem neuen Urteil ebenfalls festgelegt, nämlich als Prozentsatz vom Darlehen, und zwar zwischen 0,05% und 0,06%.

Bei der anderen Methode darf der Kreditgeber einen so genannten Zinsverschlechterungsschaden berechnen. Das ist die Summe, die das Institut verliert, wenn es die zurückerhaltene Darlehenssumme bei gesunkenen Zinsen nur zu schlechteren Konditionen an einen neuen Kreditnehmer wieder ausleihen kann. Dabei ist entscheidend die Differenz zwischen den Zahlungsströmen, die das Darlehen während der Restlaufzeit ausweist, und den Zahlungsströmen, die der Kreditgeber für einen neuen Kredit mit entsprechender Laufzeit bekäme. Beide Zahlungsströme müssen abgezinst werden auf den heutigen Stand. Dabei müssen auch hier die reale Zinsstruktur und der Zins von Hypothekenpfandbriefen zugrunde gelegt werden (s.o.).

Zusätzlich darf das Institut einen Zinsmargenschaden geltend machen. Er ist das Äquivalent für den Gewinn, der dem Kreditgeber durch die Kündigung entgeht. Diese Marge sollte sich auf die Restschuld beziehen und nach Meinung untergeordneter Gerichte und auch der Verbraucherschützer nicht mehr als 0,5% pro Jahr betragen.

Übrigens gelten diese Regelungen auch für die so genannte Nichtabnahmeentschädigung. Die wird fällig, wenn der Darlehensnehmer bereits einen Vertrag unterschrieben hat, das Geld aber nicht abruft, zum Beispiel weil der Kaufvertrag über die Immobilie geplatzt ist.

**WISO rät:** Wer eine Vorfälligkeits- oder Nichtabnahmeentschädigung bereits gezahlt hat, sollte sein Kreditinstitut schriftlich zur Neuberechnung auffordern. Das Institut ist nicht von sich aus zu diesem Schritt verpflichtet. Je nach Darlehenshöhe und Laufzeit kann man dabei mehrere tausend Euro zurückbekommen.

Nach einem Urteil des BGH aus dem Jahr 2001 kann jeder Kunde eine Neuberechnung verlangen. Durch eine Schuldrechtsreform im Jahr darauf wurde die Verjährungsfrist für Altansprüche von 30 auf drei Jahre verkürzt. Diese kürzere Verjährungsfrist gilt demnach auch für Vorfälligkeits- bzw. Nichtabnahmeentschädigungen. Dabei muss von Fall zu Fall geklärt werden, für welche Altfälle diese Neuregelung schon gilt. Sie muss in jedem Fall angewendet werden auf Ansprüche aus Darlehensverträgen, die nach dem 1.1.2002 geschlossen worden sind.

Sollte der Kreditgeber im Nachhinein feststellen, dass er zu wenig an Vorfälligkeitsentschädigung verlangt hat, ist das kein Problem für den Kunden:

**WISO rät:** Die nach dem BGH-Urteil berechnete Vorfälligkeitsentschädigung stellt eine Maximalsumme dar, eine Obergrenze. Pech also für das Institut, wenn es zu wenig berechnet hat. Der Kreditnehmer muss nicht nachzahlen.

Übrigens: Falls ein Ersatzkreditnehmer für das Darlehen gefunden wird, der bereit ist, zu gleichen Konditionen einzuspringen, darf überhaupt keine Entschädigung verlangt werden. Dies ist eine letztinstanzliche Entscheidung des BGH (AZ: III ZR 197/88).

Das Kreditinstitut darf eine Vorfälligkeitsentschädigung auch dann nicht verlangen, wenn der Darlehensnehmer für den Kauf einer neuen Immobilie sein noch nicht abbezahltes Eigenheim verkauft und sein Bankdarlehen unverändert weiterlaufen lassen möchte. Voraussetzung ist nach einem Urteil des Bundesgerichtshofs allerdings, dass er der Bank eine gleichwertige Sicherheit anbietet und ein „berechtigtes Interesse“ am Umzug ins neue Heim hat. Außerdem dürfen der Bank keine sonstigen Nachteile entstehen – was bedeutet, dass der Kreditnehmer die mit dem Austausch verbundenen Verwaltungskosten (zum Beispiel durch den Eintrag einer neuen Grundschuld) selbst tragen muss (BGH-Urteil v. 3.2.2004, AZ: XI ZR 398/02).

Wer vorzeitig aus einem Kreditvertrag aussteigen will, nur um an günstigere Zinsen heranzukommen, muss mit einer deutlich höheren Vorfälligkeitsentschädigung rechnen als in den bisher beschriebenen Fällen. Denn nach einem neuen Urteil des BGH aus dem Mai 2003 (AZ: XI ZR 226/02) dürfen Kreditinstitute Zuschläge verlangen, die bis zum Doppelten des Üblichen (siehe die Berechnungsmethoden oben) ausmachen können.

Darlehensnehmer können zwar die Ablösesumme anfechten, wenn sie deren Höhe für sittenwidrig halten. Doch ist dies nach Ansicht des Gerichts nur dann der Fall, wenn das Kreditinstitut mehr als 100 Prozent seines entstandenen Schadens verlangt. Mit anderen Worten:

**WISO rät:** Es macht bei laufenden Kreditverträgen in den meisten Fällen keinen Sinn, umzuschulden, also vorzeitig zu kündigen, um an günstigere Zinsen heranzukommen. Denn die Vorfälligkeitsentschädigung, die in einem solchen Fall vom Kreditinstitut verlangt werden kann, macht den Zinsvorteil in der Regel zunichte.

In den beschriebenen Fällen ist die Entschädigung bei vorzeitiger Vertragsauflösung also geklärt. Und trotzdem gibt es Vertragssituationen, die bisher noch nicht eindeutig vom Bundesgerichtshof geregelt sind. Vorsicht also, wenn man sich auf Urteile beruft, die (noch) nicht letztinstanzlich entschieden sind.

## c) Wann sich die Umfinanzierung lohnt

Wie im vorigen Kapitel gezeigt, ist es in den meisten Fällen wenig empfehlenswert, einen Darlehensvertrag vorzeitig zu kündigen, jedenfalls dann nicht, wenn es dem Kreditnehmer nur um günstigere Zinsen geht. Dennoch lohnt es sich durchaus, einmal einen Blick darauf zu werfen, welche Überlegungen bei einer Sondertilgung oder einer Umschuldung eine Rolle spielen. Grundsätzlich gilt:

**WISO rät:** Die Vorfälligkeitsentschädigung fällt umso höher aus, je mehr die Zinsen seit Vertragsabschluss gesunken sind und je länger die Zinsbindung des Darlehens noch läuft.

Die Vorfälligkeitsentschädigung, die das Institut verlangt, muss aufgerechnet werden gegen die Zinsen, die in Zukunft eingespart werden. Das zu berechnen ist – theoretisch – relativ einfach und funktioniert durch einen Vergleich der jeweiligen Restschuld.

**Rechenbeispiel:** *Eine Familie hat 165.000 Euro als Darlehen mit zehnjähriger Zinsbindung aufgenommen und zahlt nun 7,0% nominal plus 1% Tilgung an den Kreditgeber zurück, jährlich also 13.200 Euro. Während der Darlehensphase sinken die Zinsen. Nach acht Jahren beschließt die Familie, wieder einen neuen Vertrag mit zehnjähriger Bindungsfrist und einem nominalen Zins von 5,0% abzuschließen. Die Restschuld beträgt zu diesem Zeitpunkt 147.372,50 Euro. Nun lautet die Frage: Macht es Sinn, vorzeitig zu kündigen, oder nicht?*

*Der Kreditgeber würde die vorzeitige Vertragsauflösung akzeptieren, aber nur mit einer Vorfälligkeitsentschädigung in Höhe seiner Refinanzierungsmöglichkeiten. Bei einer (Rest-)Laufzeit von zwei Jahren und einem angenommenen Effektivzins von 5,0% für das festverzinsliche Wertpapier errechnet das Institut eine Vorfälligkeitsentschädigung von 8.300 Euro.*

*Die Vorfälligkeitsentschädigung wird auf die Restschuld zum Ablösetermin aufaddiert; das ergibt ein neues Gesamtdarlehen von 155.672,50 Euro. Festgelegt auf zehn Jahre mit 5,0% nominal plus 3,48% Tilgung, bleibt die jährliche Belastung bei 13.200 Euro. Nach zwei Jahren liegt die Restschuld bei 144.302 Euro.*

*Dazu der Vergleich ohne Umschuldung: Wenn die Familie die vollen zehn Jahre abwartet, hat sie nach Ende der Zinsbindungsfrist eine Restschuld von 141.201 Euro. Ist das Zinsniveau gleichgeblieben, würde sie jetzt ohne Umschuldung eindeutig besser dastehen. Ist der Zins aber in der Zwischenzeit wieder angestiegen, muss nachgerechnet werden, ab wann sich die Umschuldung gelohnt hat.*

Das Problem dabei ist nur, dass man nicht genau wissen kann, wie sich die Zinsen in Zukunft entwickeln werden und wie hoch daher die Zinsen am Ende der noch laufenden Zinsbindungsfrist sein werden. Nur dann ließe sich nämlich eine solch genaue Berechnung unter Berücksichtigung der Vorfälligkeitsentschädigung anstellen. Generell lässt sich deshalb nur sagen:

**WISO rät:** Am ehesten lohnt sich eine Sondertilgung oder Umschuldung dann, wenn der Vertrag in einer Niedrigzinsphase vorzeitig gekündigt wird.

Bei jedem Wechsel des Kreditinstituts entstehen außerdem Notarkosten, wenn man die Buchgrundschuld auf den neuen Kreditgeber umschulden lässt. Daher gilt die Faustregel: Ein Wechsel ist unter Kostenaspekten nur dann lohnenswert, wenn die Zinsdifferenz zwischen altem und neuen Darlehensvertrag mindestens 0,25 Prozentpunkte beträgt.

In der vereinfachten Beispielrechnung ist eines deutlich geworden. Natürlich muss die Familie den finanziellen Spielraum nach der Vertragskündigung auch nutzen, um

einen höheren Tilgungssatz zu vereinbaren. Die jährliche Belastung lag ursprünglich bei 13.200 Euro. Durch den geringeren Zinssatz nach der Kündigung hätte sie auch die monatliche Belastung auf 9.340 Euro (bei 5,0% Nominalzins) drücken können. Aber Vorsicht: In einem solchen Fall hätte sie ihre Restschuld von 155.672,50 Euro bei Vertragsabschluss nach zwei Jahren gerade auf 152.405 Euro reduziert; also deutlich weniger, als wenn es beim alten Vertrag geblieben wäre.

**WISO rät:** Finanzielle Spielräume, die sich aus einer vorzeitigen Vertragsauflösung ergeben, sollte man für eine höhere Tilgung nutzen.

## d) Vorzeitige Kündigung bei Hypothekendarlehen mit Disagio

Immer wieder gab es außerdem Ärger, wenn der Kunde ein Hypothekendarlehen vorzeitig kündigte, für das ein Disagio vereinbart war (siehe Seite 99ff). Der Bundesgerichtshof hat speziell in dieser Sache eine Entscheidung getroffen, in diesem Fall nicht gerade zum Vorteil des Verbrauchers (AZ: XI ZR 283/95). Danach muss der Kreditgeber bei einer vorzeitigen Kündigung des Vertrages das Disagio nicht anteilig zurückzahlen, es sei denn, für den Kreditnehmer war im Vertrag das Recht verankert, das Darlehen zu kündigen, oder dem Institut ist kein wirtschaftlicher Schaden entstanden. Andererseits darf sich das Kreditinstitut in einem solchen Fall auch nicht auf Kosten seines Kunden bereichern. Darüber hinaus ist durch das neue Urteil zur Vorfälligkeitsentschädigung nun klar, dass der Kreditnehmer in jedem Fall kündigen darf, wenn er die Immobilie verkaufen möchte. Daher sollte man auf sein Recht pochen, das Disagio anteilig zurückzuerhalten. Falls das Disagio nicht erstattet wird, so gilt wenigstens:

**WISO rät:** Verlangt der Kreditgeber gleichzeitig eine Vorfälligkeitsentschädigung, muss er das Disagio damit verrechnen.

Falls das Recht besteht, den Vertrag zu kündigen (entweder, weil es im Vertrag verankert war, oder weil man verkaufen will) oder eine Sondertilgung vorzunehmen, hat man Anspruch auf eine anteilige Erstattung der Zinsvorauszahlung, denn als solche ist ein Disagio zu verstehen. Auch das hat der BGH bereits höchstrichterlich entschieden (AZ: XI ZR 231/89). Klauseln im Kreditvertrag, die das umgehen wollen, haben keine Gültigkeit.

Anfang 1998 hat der BGH auch klargestellt, wie diese anteilige Rückzahlung bei einem normalen Annuitätendarlehen zu berechnen ist (AZ: XI ZR 158/97). Danach müssen die Kreditinstitute die Zinssummen-Methode anwenden – gut für sie, schlecht für den Kreditnehmer, da diese Methode von allen bis dato verwendeten für ihn die ungünstigste ist.

Das Institut kann bei dieser Methode berücksichtigen, dass bei einem Annuitätendarlehen wegen der fortlaufenden Tilgung der Zinsanteil in der zu zahlenden Rate mehr und mehr schrumpft. Konkret sieht das folgendermaßen aus: Das Institut addiert die Zinssumme auf, die der Kreditnehmer bis zum Ablösetag gezahlt hat. Danach ermittelt es die Zinssumme, die bis zum eigentlichen Vertragsende noch aufzubringen wäre. Beide Summen werden dann ins Verhältnis gesetzt. Mit diesem Verhältnis wird auch das Disagio in den verbrauchten und in den nicht verbrauchten Teil aufgeteilt. Den nicht verbrauchten Teil zahlt der Kreditgeber zurück.

Auch für Darlehen mit variablen Zinsen gilt das Recht auf Erstattung des Disagios. Anders ist die Situation bei Krediten, die mit öffentlichen Zuschüssen gefördert wurden. Das Disagio wird hier als ein Teil der Kosten betrachtet, die durch diese Förderung entstanden sind (AZ: XI ZR 49/93).

Bei einem tilgungsfreien Darlehen entspricht der zu erstattende Teil des Disagios exakt dem noch ausstehenden Anteil der vereinbarten Laufzeit. Der Kreditgeber muss also das Disagio gleichmäßig auf den Festschreibungszeitraum verteilen.

Unabhängig von der Ausgestaltung des Darlehens hat man bei nachträglicher Erstattung des Disagios einen Verzinsungsanspruch.

**WISO rät:** Man sollte also daran denken, sich den ausgezahlten Disagio-Anteil zusätzlich verzinsen zu lassen. Denn der Kreditgeber hat mit dem einbehaltenen Betrag aus dem Disagio einen Gewinn erwirtschaftet, den er anteilig an den Kreditnehmer weitergeben muss.

Die Höhe dieser Verzinsung ist gesetzlich festgelegt auf mindestens 4,0%. In dem neuen Disagio-Urteil hält der BGH allerdings sogar 7,0% für angemessen. So oder so: Wenn der Kreditgeber fair ist, orientiert er sich daran, was er während der Laufzeit des Vertrages an Gewinnen aus dem Hypothekengeschäft erwirtschaftet hat. Auf jeden Fall sollte man sich von seinem Kreditgeber nicht mit dem Hinweis auf irgendwelche Bearbeitungsgebühren abspeisen lassen.

**WISO rät:** Nach bisheriger Bankenpraxis muss man – mit wenigen Ausnahmen – leider davon ausgehen, dass das erste Angebot des Kreditgebers zu niedrig liegt. Man sollte deshalb eine Erhöhung fordern und die Zahlung letztlich nur unter ausdrücklichem Vorbehalt akzeptieren.

So behält man sich das Recht vor, bei einem entsprechenden BGH-Urteil nachträglich eine höhere Zinsentschädigung zu fordern. Aber keine Angst: Wer bisher versäumt hat, die Abrechnung seines Kreditgebers zu beanstanden, geht ebenfalls nicht leer aus. Einen stillschweigenden Verzicht, wie einige Banken bereits argumentiert haben, sieht der BGH nämlich nicht darin (AZ: XI ZR 70/93).

Eine Ausnahme besteht dann, wenn der Disagio-Anteil erkennbar in die Berechnung der Vorfälligkeitsentschädigung mit eingeflossen ist (AZ: XI ZR 66/93).

## e) Vorratsdarlehen

Das Vorratsdarlehen ist eine Alternative zur vorzeitigen Kündigung: Man sichert sich bei einem Kreditgeber die günstigen Konditionen für ein (Anschluss-)Darlehen, nimmt es aber erst in Anspruch, wenn der Vertrag für das laufende Darlehen beendet ist.

Für ein Vorratsdarlehen werden vom Kreditgeber Bereitstellungszinsen verrechnet.

**WISO rät:** Allerdings sollte es mit ein wenig Verhandlungsgeschick gelingen, den Zeitpunkt möglichst weit – unter Umständen bis zu einem halben Jahr – hinauszuschieben, ab dem für das neue Darlehen Bereitstellungszinsen verlangt werden.

Was sich nun mehr lohnt – die vorzeitige Kündigung des laufenden Darlehens mit einer Vorfälligkeitsentschädigung oder der Abschluss eines Vorratsdarlehens mit Bereitstellungszinsen –, muss gegeneinander aufgerechnet werden.

**Rechenbeispiel:** *Vorratsdarlehen: 50.000 Euro, Effektivzins 5,5%, Bereitstellungszinsen: 0,25% monatlich ab dem sechsten Monat.*

*Ein Jahr vor Ablauf des laufenden Vertrags soll das Vorratsdarlehen abgeschlossen werden. Demnach fallen bis zur Auszahlung des Neudarlehens zusätzlich 875 Euro (50.000 Euro x 0,25% x 7 Monate) an. Dieser Betrag erhöht den Effektivzins des Vorratsdarlehens auf 5,8%. Steigt das Zinsniveau innerhalb dieses Jahres um mehr als 0,3 Prozentpunkte hat sich der Abschluss eines Vorratsdarlehens gelohnt.*

# VIII. Staatliche Förderung für Selbstnutzer

Das Eigenheim wurde und wird in Deutschland auf ganz unterschiedliche Weise staatlich unterstützt. Entweder werden Steuervergünstigungen eingeräumt, oder es wird über Zuschüsse oder zinslose beziehungsweise verbilligte Darlehen das Bauen der eigenen vier Wände erleichtert.

## 1. Eigenheimzulage

Unabhängig davon, was für das Eigenheim investiert wird, bekommen Selbstnutzer von Immobilien einen staatlichen Zuschuss: die Eigenheimzulage. Einige wenige Einschränkungen werden weiter unten erläutert.

### a) Anspruchsberechtigte

Die Eigenheimzulage bekommt grundsätzlich jeder Bauherr oder Immobilienerwerber, der unbeschränkt einkommensteuerpflichtig ist. Sie wird allerdings unabhängig davon ausgezahlt, ob tatsächlich Einkommensteuer gezahlt wird. Man erhält die Zulage allein aufgrund der Tatsache, dass man ein Einfamilienhaus oder eine Eigentumswohnung selbst nutzt, oder wenn im eigenen Zwei- und Mehrfamilienhaus ein Teil selbst genutzt und der andere vermietet wird. Als Zweifamilienhaus gilt dabei auch das Einfamilienhaus mit Einliegerwohnung.

Die Zulage bekommt man außerdem, wenn man die selbst genutzte Immobilie ausbaut oder erweitert. Dabei muss allerdings neuer Wohnraum entstehen, den man selbst nutzt. Für einen Wintergarten gilt das beispielsweise nicht, es sei denn, er ist danach zum dauerhaften Wohnen geeignet.

Gehört eine Wohnung oder ein Haus mehreren Eigentümern, müssen die sich die Eigenheimzulage teilen, selbst wenn nur einer von ihnen die Immobilie nutzt. Diese Regelung geht auf ein Urteil des Bundesfinanzhofs zurück (Urteil v. 19.5.2004, AZ: III R 29/03) und gilt auch dann, wenn die anderen Miteigentümer die gesetzlichen Voraussetzungen für den Erhalt der Eigenheimzulage nicht erfüllen oder darauf verzichten, weil sie später beim Kauf einer weiteren Immobilie eine höhere Zulage kassieren wollen. Ein Schlupfloch hat der BFH offen gelassen: Derjenige, der die Immobilie nutzt, hat Anspruch auf die volle Zulage, wenn er gegenüber den anderen Miteigentü-

mern eine Rechtsposition hat, die es ihm erlaubt, die Wohnung oder das Haus uneingeschränkt zu nutzen und darüber zu verfügen. Das muss zwischen den Eigentümern vertraglich geregelt sein.

Lebt ein (oder einer der) Miteigentümer im Ausland, darf demjenigen, der die Immobilie nutzt, die Eigenheimzulage nicht gekürzt werden. Der im Ausland lebende Miteigentümer ist nämlich nicht unbeschränkt steuerpflichtig und hat daher auch keinen Anspruch auf die Eigenheimzulage (BFH-Urteil v. 25.6.2004, AZ: III R 69/03). Auch hier die Ausnahme von der Ausnahme: Wenn der Miteigentümer trotz seines Auslandsaufenthalts anspruchsberechtigt wäre, sie aber nicht erhält, weil er bestimmte Voraussetzungen nicht erfüllt, zum Beispiel weil er die Immobilie nicht selbst nutzt oder die Zulage nicht beantragt hat.

**WISO rät:** Gerade bei Mehrfamilienhäusern sollte man bedenken: Damit mehrere Teileigentümer eines Mehrfamilienhauses sich einen Anspruch auf die Eigenheimförderung sichern, sollte zwischen ihnen eine ins Grundbuch eingetragene Nutzungsregelung vereinbart werden.

Daraus muss hervorgehen, dass jeder Teileigentümer für die Unterhaltung seiner selbst genutzten, abgeschlossenen Wohnung selbst aufzukommen hat. Bei Ausbauten und Erweiterungen gibt es entsprechend für jeden die Eigenheimzulage (hier muss allerdings auf den Objektverbrauch geachtet werden, siehe Seite 188).

Wer auf Pachtland baut oder auf dem Grundstück von Angehörigen, muss keineswegs immer auf die Eigenheimzulage verzichten. Voraussetzung ist, dass er wirtschaftlicher oder zivilrechtlicher Eigentümer des Eigenheims ist. Wirtschaftlicher Eigentümer ist man dann, wenn man mit dem Grundstückseigentümer, also der Gemeinde oder der Kirche, notariell ein eigentumsähnliches Dauerwohnrecht vereinbart. Dies trifft auch dann zu, wenn man als Ostdeutscher noch zu Zeiten der DDR Nutzungsrechte an Grundstükken erworben hatte, die damals im Volkseigentum oder im Eigentum von Genossenschaften waren. Zivilrechtlicher Eigentümer ist derjenige, der ein Nießbrauch- oder Erbbaurecht am unbebauten Grundstück hat.

**WISO rät:** Eine Eigenheimzulage für Bauten auf fremdem Grundstück bekommt man nur, wenn der Grundstückseigentümer *vor* der Bebauung ein (vererbliches) Nutzungsrecht für die voraussichtliche Nutzungsdauer der Immobilie eingeräumt hat.

Dazu bedarf es übrigens keines schriftlichen Vertrages; es reicht, wenn das Nutzungsrecht mündlich vereinbart ist. Im Nachhinein kann man die Zulage nur bekommen, wenn das Grundstück im Grundbuch übertragen wird. Anspruch auf die Zulage hat man dann allerdings erst ab dem Zeitpunkt der Übergabe, also für den restlichen Förderzeitraum.

Ferner bekommt man die Zulage für Eigenheime, wenn sie einem Angehörigen unentgeltlich überlassen werden.

**WISO rät:** Diese Regelung gilt auch für den geschiedenen Ehegatten. Das ist gerade dann von besonderer Bedeutung, wenn man ihm im Rahmen der Unterhaltsverpflichtungen die Wohnung oder das Haus unentgeltlich überlässt.

Wichtig aber: Der Miteigentumsanteil muss in dem Jahr übertragen werden, in dem beide Partner noch nicht dauernd getrennt gelebt haben oder geschieden waren.

Zu den Angehörigen zählen außerdem die Eltern und Kinder, Geschwister, Großeltern und Ehegatten, aber auch der oder die Verlobte.

**WISO rät:** Achtung, an die Schenkungsteuer denken! Eine Immobilie unentgeltlich zu überlassen, gilt als geldwerter Vorteil. Werden bestimmte Freibetragsgrenzen überschritten, verlangt der Fiskus Schenkungsteuer. Die Höhe der Freibetragsgrenzen richtet sich nach Verwandtschaftsgrad und Steuerklasse desjenigen, dem die Immobilie überlassen wird. Wie hoch der geldwerte Vorteil ist, wird nach einem komplizierten Verfahren berechnet. Informationen dazu gibt es beim Steuerberater.

Der Anspruch auf Eigenheimzulage geht auch dann nicht verloren, wenn ein Angehöriger bei der Finanzierung hilft und ein (Familien-)Darlehen gewährt. Das geht aus einem Urteil des Finanzgerichts Rheinland-Pfalz hervor (AZ: 5 K 2557/97). Allerdings ist Revision beim Bundesfinanzhof zugelassen. Das bedeutet:

**WISO rät:** Falls das Finanzamt die Eigenheimzulage aufgrund eines Familiendarlehens versagt, sollte man Einspruch einlegen und einen Antrag auf Ruhen des Verfahrens stellen.

„Unentgeltliche Überlassung" bedeutet keineswegs, dass der Angehörige völlig kostenfrei wohnen muss. Er kann durchaus alle Betriebskosten wie Strom, Wasser, Abwasser und Heizung aus seiner Tasche bezahlen.

Eigenheimförderung bekommt man übrigens auch dann, wenn man zum Beispiel das Haus der Eltern übernimmt und an Geschwister Ausgleichszahlungen leistet. Für die selbst bewohnte Wohnung (als Teil der Immobilie) erhält man anteilig Eigenheimförderung, selbst wenn die Eltern für einen weiteren Teil der Immobilie (als zweite Wohnung) das Wohnrecht behalten.

Es gibt aber wichtige Einschränkungen für diese staatliche Förderung; hier eine kleine Auswahl:

- Ferien- und Wochenendwohnungen, die aus baurechtlichen Gründen nicht dauerhaft bewohnt werden oder die sich aufgrund ihrer Bauweise nicht zum dauerhaften Wohnen eignen, sind von der Zahlung der Eigenheimzulage ausgeschlossen. Da kann es Definitionsprobleme geben, eindeutig ist dies allerdings in ausgewiesenen Sondergebieten, in denen dauerhaftes Wohnen schlichtweg nicht erlaubt ist. Umgekehrt gilt nach einem Urteil des Finanzgerichts Niedersachsen: Für ein eigengenutztes Wohnhaus, das in einem Ferien- und Wochenendhausgebiet steht, gibt es Eigenheimzulage, wenn das Gebäude baurechtlich zur Dauernutzung genehmigt ist (Urteil v. 24.1.2001, AZ: 9 K 234/99).

- Wohnungen im Ausland werden ebenfalls nicht gefördert.
- Wer die Immobilie vom Ehegatten kauft, bekommt ebenfalls keine Zulage.
- Für Immobilien, die ohne Baugenehmigung errichtet, ausgebaut oder erweitert werden, gibt es natürlich auch keine Eigenheimförderung. Bei einer nachträglichen Genehmigung kann es Ihnen passieren, dass Sie die Zulage nur für die verbleibende Zeit des Förderzeitraumes bekommen.

Keine Eigenheimförderung gibt es zum Beispiel, wenn ein Kind die Wohnung seiner Eltern bewohnt und diese Immobilie auf eigene Kosten erweitert, etwa durch Ausbau eines Dachgeschosses oder mit einem Anbau an das Haus. Begründung: Das Kind hat weder zivilrechtlich noch wirtschaftlich Eigentumsrechte an der Immobilie.

## b) Einkunftsgrenze

Leider sind eben doch nicht alle vor dem (Eigenheimzulagen-)Gesetz gleich. Die Eigenheimzulage gibt es nur bis zu einer bestimmten Einkunftsgrenze. Entscheidend ist der Gesamtbetrag der positiven Einkünfte, und zwar vor einem möglichen Verlustausgleich zwischen den Einkunftsarten.

Es werden nicht nur die Einkünfte aus dem Jahr der Fertigstellung oder des Kaufs einbezogen, sondern auch die des Vorjahres. Seit Anfang 2004 gelten folgende Einkommensgrenzen: In beiden Jahren zusammen darf die Summe nicht mehr als 70.000 Euro betragen, bei zusammen veranlagten Ehepaaren 140.000 Euro. Für jedes Kind, das die Voraussetzungen für die Kinderzulage erfüllt, erhöht sich die Grenze um 30.000 Euro.

**Beispiel:** Der Immobilienerwerber hat im Jahr 2004 Einkünfte als Arbeitnehmer in Höhe von 40.000 Euro, im darauf folgenden Jahr von 42.000 Euro. Außerdem ist er Teilhaber an einer Firma und macht dabei als Selbstständiger im Jahr 2004 Verluste von 15.000 Euro. Die Summe seiner positiven Einkünfte beträgt 82.000 Euro; der Verlust wird nicht berücksichtigt.

Bis Ende 2003 durfte die Summe in beiden Jahren zusammen nicht mehr als 81.807 Euro betragen. Bei zusammen veranlagten Ehepaaren lag die Höchstgrenze bei 163.614 Euro. Für jedes Kind, das die Voraussetzungen für die Kinderzulage erfüllte, erhöhte sich die Grenze um 30.678 Euro. Ausschlaggebend war der Gesamtbetrag der Einkünfte, genauer: die Bruttoeinnahmen abzüglich Werbungskosten und/oder Betriebsausgaben.

Der Gesamtbetrag der Einkünfte war dabei nicht identisch mit dem zu versteuernden Einkommen, denn Sonderausgaben wie Kirchensteuer, die Beiträge zu den gesetzlichen Versicherungen oder Unterhaltszahlungen durften zum Beispiel genauso wenig abgezogen werden wie die Kinderfreibeträge. Der Gesamtbetrag der Einkünfte war also normalerweise auch höher als das zu versteuernde Einkommen. Verluste, also negative Einkünfte, konnten dagegen, anders als bei der aktuellen Regelung, angerechnet werden.

Wird der Antrag gestellt, prüft das Finanzamt die Höhe der Einkünfte ein einziges Mal. Wer mit seinen Einkünften dann unter der Grenze liegt, dem wird die Zulage die vollen acht Jahre gezahlt, egal, ob er in den Folgejahren mehr verdient.

Wenn nicht, hat man noch eine Chance: Sinkt nämlich das Einkommen in den Folgejahren unter die Grenze, kann man die Zulage noch bekommen, aber eben nicht mehr für die volle Zeit, sondern nur noch für die restlichen Jahre seit Fertigstellung.

Und es gibt unter Umständen noch eine weitere Möglichkeit, jedenfalls für zusammen veranlagte Ehepaare:

**WISO rät:** Hat einer von beiden Ehegatten allein weniger als 70.000 Euro an positiven Einkünften (zusammengerechnet im Jahr der Antragstellung und im Jahr davor), sollten sie sich getrennt veranlagen lassen. Derjenige, der unter dieser Grenze liegt, bekommt die Eigenheimzulage. In den Folgejahren kann man sich wieder gemeinsam veranlagen lassen.

Allerdings hat die getrennte Veranlagung an anderer Stelle auch steuerliche Nachteile. Das heißt: das Für und Wider abwägen und vom Steuerberater ausrechnen (lassen), was letztlich günstiger ist!

Ganz bewusst bestimmte Betriebsausgaben bzw. Werbungskosten zu „generieren“, hat nur dann Sinn, wenn damit positive Einkünfte gemindert werden können.

**Beispiel:** Ein Immobilienkäufer hat 2004 und 2005 Einkünfte als Arbeitnehmer in Höhe von zusammen 68.000 Euro, zusätzlich im Jahr 2004 als Selbstständiger einen Gewinn von 3.000 Euro. Da seine positiven Einkünfte 70.000 Euro übersteigen, würde er keine Eigenheimzulage bekommen. Durch eine Ansparabschreibung reduziert er jedoch seinen Gewinn als Selbstständiger auf 1.500 Euro. Damit würde er die Zulage doch erhalten.

Gerade als Selbstständiger hat man natürlich auch immer die Möglichkeit, bestimmte Einkünfte ins Folgejahr zu verschieben.

## c) Fördergrundbetrag

Bemessungsgrundlage für die Eigenheimzulage sind die Herstellungs- bzw. Anschaffungskosten des Gebäudes zuzüglich der Anschaffungskosten für Grund und Boden bis zusammen maximal 125.000 Euro. Nebenkosten wie Maklergebühren oder die Kosten für den Notar zählen ebenfalls dazu.

Als Fördergrundbetrag erhält der Bauherr oder Käufer einer selbst genutzten Immobilie seit dem 1.1.2004 acht Jahre lang ein Prozent auf die Bemessungsgrundlage von 125.000 Euro, macht maximal 1.250 Euro im Jahr.

Für Bauten, mit deren Herstellung noch bis 31.12.2003 begonnen wurde, bzw. für Käufe von Immobilien, für die ein notarieller Kaufvertrag ebenfalls vor dem 31.12.2003 abgeschlossen wurde, gilt noch die alte Regelung, wonach beim Förder-

grundbetrag zwischen Neu- und Altbauten unterschieden wurde. Die Bemessungsgrundlage betrug hier 51.120 Euro.

## Neubau

Als Bauherr oder Käufer einer selbst genutzten Immobilie erhielt man bis Ende 2003 bei Neubauten acht Jahre lang 5% auf die Bemessungsgrundlage von 51.120 Euro, macht maximal 2.556 Euro im Jahr. Wurde die Immobilie spätestens bis zum Ende des Jahres nach dem Fertigstellungsjahr gekauft, galt die Immobilie immer noch als Neubau. In einem solchen Fall hatte man Anspruch auf die 5%ige Zulage.

Unter Umständen bekam man auch für Altbauten diese höhere Zulage, allerdings nur, wenn neuer, abgeschlossener Wohnraum entstand und der Bauaufwand zuzüglich dem Wert der Eigenleistung den Verkehrswert der Altbausubstanz überstieg. Außerdem musste bei diesen Baumaßnahmen Erhaltungsaufwand aus den Baukosten herausgerechnet werden. Wenn also bei den Bauarbeiten für eine neue, abgeschlossene Wohnung zusätzlich Renovierungsarbeiten ausgeführt wurden, konnten die bei der Höhe des Bauaufwandes nicht berücksichtigt werden.

Es gab allerdings noch weitere Möglichkeiten, wie man in den Genuss der höheren Zulage kam. Grundregel war jedes Mal, dass eine neue, abgeschlossene Wohnung entstand. Das Finanzamt zahlte in der Regel auch dann die Zulage für Neubauten, wenn im Zuge der Bauarbeiten eine neue, selbst genutzte Wohnung mit Küche und Bad sowie separatem Wohnungseingang entstand. Das galt zum Beispiel, falls in ein altes Gebäude eine neue, abgeschlossene Wohnung eingebaut wurde. Voraussetzung dafür: maßgebliche Gebäudeelemente wie Geschossdecken, Dachkonstruktionen, Fundamente, tragende Außen- und Innenwände mussten ersetzt werden. Das galt aber auch, wenn beim Gebäudeanbau, bei der Aufstockung eines Gebäudes, beim Ausbau von bisher nicht bewohnbaren Dachböden und Kellergeschossen oder beim Umbau einer großen in mehrere kleine Wohnungen eine neue, abgeschlossene Wohnung entstand.

Falls man in bisher vermietete oder als Büro genutzte Wohnungen einzog, Wohnungen zusammenlegte, nur vergrößerte oder verkleinerte oder leere Wohnungen in Stand setzte, dann galt diese Regel also nicht!

In den Fällen, in denen das Finanzamt einen An- oder Ausbau als Neubau akzeptierte, wurden für die Bemessungsgrundlage der Eigenheimzulage nicht nur die reinen Baukosten, sondern auch der Wert der verbauten Altbausubstanz und der anteilige Grundstückswert berücksichtigt. Dabei wurde die Nutzfläche des ursprünglichen Gebäudes ins Verhältnis gesetzt zu der Nutzfläche der Altbausubstanz, die in dem An- oder Ausbau aufgegangen war. Bei der anschließenden Bewertung wurden die ursprünglichen Anschaffungs- und Herstellungskosten für Gebäude (nicht in voller Höhe!) und Grundstück zugrunde gelegt. Wenn das ursprüngliche Gebäude zeitweise vermietet war, musste die Bemessungsgrundlage entsprechend um die Abschreibungen gemindert werden; das Gleiche galt für Abschreibungen nach § 10e EStG (alte Eigenheimförderung).

## Altbau

Für Altbauten bekam man bis Ende 2003 2,5% Förderungsbetrag, also 1.278 Euro.

## Ausbauten und Erweiterungen

Für Ausbauten und Erweiterungen gibt es seit Anfang 2004 keine spezielle Förderung mehr. Begünstigt werden aber jetzt auch Aufwendungen für Modernisierungsmaßnahmen, die innerhalb von zwei Jahren nach Erwerb durchgeführt werden. Berücksichtigt werden dabei sowohl Herstellungskosten als auch typische Erhaltungsaufwendungen.

**Beispiel:** Ein Käufer erwirbt 2004 eine Immobilie für 50.000 Euro. In den beiden Folgejahren fallen Modernisierungsarbeiten an, nämlich für 15.000 Euro im Jahr 2005 und für 10.000 Euro im Jahr 2006. Der Käufer erhält eine Eigenheimzulage, deren Höhe sich verändert:

- im Jahr 2004: 1% von 50.000 Euro, also 500 Euro,
- im Jahr 2005: 1% von 65.000 Euro, also 650 Euro,
- ab dem Jahr 2006 bis 2011: jeweils 1% von 75.000 Euro, also 750 Euro.

Aber Achtung:

**WISO rät:** Üblicherweise jährlich anfallende Schönheitsreparaturen, zum Beispiel einfache Renovierungsarbeiten, sind nicht begünstigt.

Bis Ende 2003 erhielt man auch für den Ausbau bzw. die Erweiterung einer Immobilie, die sich auf den Bau einzelner zusätzlicher Räume beschränkten (also keine neue Wohnung), ebenfalls maximal 2,5%, jährlich also 1.278 Euro (Aber Vorsicht: Gesamtkappung, siehe unter Abschnitt „Gesamtförderung"). Lagen die Anschaffungs- oder Herstellungskosten unter 51.120 Euro, fiel die Eigenheimzulage entsprechend niedriger aus.

Fielen nachträgliche Anschaffungs- oder Herstellungskosten an, zum Beispiel durch die Fertigstellung eines Gebäudes, erhöhte das die Bemessungsgrundlage (maximale Grenze dennoch 51.120 Euro) und damit auch die Zulage, aber erst ab dem Zeitpunkt, an dem sich die Kosten tatsächlich verändert hatten.

Die Förderung für Ausbauten und Erweiterung um einzelne Räume erhielt man, wenn Dachgeschosse ausgebaut oder Gebäude aufgestockt wurden in Wohnraum, der als vollwertige Wohnfläche zählte. Man musste allerdings nachweisen, dass der Aus- bzw. Anbau baurechtlich zugelassen war. Dies geschah durch Vorlage einer Baugenehmigung. War die nicht erforderlich, musste das auch belegt werden können. Wer den Nachweis erst im Nachhinein erbrachte, bekam die Zulage immerhin für den Rest des (achtjährigen) Förderzeitraumes.

Auch beim erstmaligen Einbau eines Badezimmers erhielt man die Zulage, falls die Immobilie nicht den heutigen Wohnwerten entsprach. Gleiches galt beim Umbau der Garage oder eines Schuppens in vollwertige Wohnflächen.

Bei diesen beiden Baumaßnahmen musste allerdings besonders auf die Baukosten (inkl. Eigenleistungen) geachtet werden. Denn der Fiskus verlangte, dass man mindestens ein Drittel von dem investierte, was ein Neubau gleicher Größenordnung gekostet hätte.

Für Wintergärten bekam man dann Fördermittel, wenn sie das ganze Jahr über bewohnt werden konnten. Allerdings musste der Bau bestimmte bauliche Auflagen erfüllen.

## d) Objektverbrauch

Grundsätzlich kann man als Käufer oder Bauherr die Eigenheimzulage nur für eine Immobilie beanspruchen. Denn: Einmal verbraucht, ist es vorbei mit der steuerlichen Eigenheimförderung. Objektverbrauch heißt das im Fachdeutsch.

Wurde die Förderung bereits nach den früher geltenden Paragrafen 10e EStG oder 7b EStG in Anspruch genommen, wird das ebenfalls als Objektverbrauch angerechnet. Immerhin: Wer die (alte) Förderung nicht voll genutzt hat, kann den bis dahin nicht ausgeschöpften Teil weiter verwenden, und zwar unbegrenzt.

Wer verheiratet ist und mit dem Ehegatten zusammenlebt, dem wird die Zulage für zwei Immobilien gewährt. Das heißt, selbst wenn beide Miteigentümer sind, führt dies nur zu einem einmaligen Objektverbrauch. In der Regel muss man aber davon ausgehen, dass eine solche Förderung nicht zeitgleich akzeptiert wird, sondern nur nacheinander.

Ausnahmen gibt es zum Beispiel, wenn man in einer anderen Stadt berufstätig ist und sich dort eine kleine Wohnung kauft, die Familie aber weiter hier wohnen bleibt. Dann bekommt man die Zulage, außerdem die Kinderzulage, soweit Kinder zum Haushalt gehören. Dabei ist es noch nicht einmal notwendig, dass die Kinder in dem Zweithaushalt wohnen. Das hat der Bundesfinanzhof entschieden (Urteil v. 18.10.2000, AZ: X R 19/96).

Oder man wohnt in einem Haus und kassiert (noch) die Eigenheimzulage, kauft gleichzeitig den Kindern eine Wohnung und überlässt sie ihnen unentgeltlich (Achtung Schenkungsteuer!). Dann bekommt man sofort die zweite Zulage (andere Möglichkeit: Vermieten unter Marktmiete, siehe S. 238).

Aber das funktioniert nicht immer: Es gibt zum Beispiel nach dem Eigenheimzulagengesetz keine gleichzeitigen Zulagen für ein zusammenlebendes Ehepaar, wenn die beiden Immobilienobjekte räumlich zusammenhängende Wohnungen sind (also neben- oder übereinanderliegende Wohnungen) und beide Partner jeweils Miteigentümer sind. Das hat der Bundesfinanzhof in einem Urteil als rechtens festgestellt. Er hat allerdings in Frage gestellt, ob diese Regelung auch dann verfassungskonform ist, wenn die eine Wohnung dem einen Partner zu 100% und die andere Wohnung dem anderen Partner zu 100% gehört. Denn bei nicht verheirateten Paaren ist das kein Problem, in diesem Fall die Zulage zweimal zu bekommen (Urteil v. 10.10.2000, AZ: IX R 60/96).

**WISO rät:** Man sollte Einspruch beim Finanzamt einlegen, wenn das Finanzamt in einer solchen Situation die doppelte Förderung versagt. Wichtig dabei: Jedes Objekt muss einem Ehepartner allein gehören und beide Objekte müssen auch selbst bewohnt sein, etwa durch die unentgeltliche Überlassung an die Kinder.

Das hat der Bundesfinanzhof in einem weiteren Urteil noch einmal ausdrücklich bestätigt: Zusammen lebende Ehegatten können für zwei räumlich zusammenhängende Wohnungen die Eigenheimförderung gleichzeitig kassieren, wenn sie eine Wohnung unentgeltlich an Angehörige überlassen. In diesem besonderen Fall muss „unentgeltlich" auch wirklich absolut unentgeltlich sein; der Angehörige darf sich nicht an allgemeinen Kosten beteiligen oder mitfinanzieren (Urteil v. 28.6.2002, AZ: IX R 37/01).

Bereits nach geltendem Gesetz wäre es kein Problem, wenn man die zweite Wohnung nach Ablauf der ersten Förderung dazukaufen würde – selbst wenn die erste Wohnung dann vermietet werden sollte!

Wenn die Immobilie jemandem nicht allein gehört, weil zum Beispiel die Geschwister Anteile halten, wird der Fördergrundbetrag entsprechend der Miteigentumsanteile aufgeteilt. Aber Vorsicht: Alle an der Förderung beteiligten Eigentümer haben damit automatisch einen vollen (!) Objektverbrauch.

Probleme bestehen deshalb auch für Paare ohne Trauschein. Selbst wenn sie ihre Immobilie gemeinsam erworben haben, bekommen sie die Eigenheimzulage je zur Hälfte. Das bedeutet: Jeder von ihnen hat damit auch einen vollen Objektverbrauch.

**WISO rät:** Da gibt's nur eine Lösung: heiraten! Denn sobald man ein Ehepaar ist, wird der zweifache Objektverbrauch auf einen einzigen reduziert. Allerdings müssen die Hochzeitsglocken noch vor dem Ende des Förderzeitraumes läuten.

Wer das aus irgendwelchen Gründen nicht will, sollte eben nur den einen Partner im Grundbuch als Eigentümer eintragen lassen. Dabei sollte man bedenken: Dies kann natürlich auch rechtliche Nachteile haben für den, der nicht im Grundbuch steht.

Schwierig wird es auch für Ehepaare, die sich scheiden lassen oder getrennt leben. Haben sie eine Eigenheimzulage erhalten, geht es hier den umgekehrten Weg: Aus dem einfachen Objektverbrauch wird ein zweifacher, sprich: für jeden einer. Beide erhalten in Zukunft keine Förderung mehr.

**WISO rät:** So weit man noch vernünftig miteinander reden kann, sollte man sich vor der Trennung darauf einigen, dass einer seinen Eigentumsanteil auf den anderen überträgt. Wer von beiden noch einmal eine Immobilie erwerben möchte, muss auf den anderen überschreiben.

Allerdings ist auch hier zu bedenken, dass ein solcher Schritt unter Umständen mit rechtlichen und finanziell negativen Konsequenzen verknüpft ist.

Stirbt während des Förderzeitraums des Zweitobjekts ein Ehepartner, erwirbt der überlebende Ehegatte automatisch das Recht auf Fortzahlung der Eigenheimzulage

in voller Höhe. Diese Regelung gilt allerdings erst seit dem 1.1.2004, aber immerhin für alle noch offenen Fälle. Davor trat beim überlebenden Ehepartner Objektverbrauch ein.

Der erbende Ehegatte kann die Eigenheimförderung des Verstorbenen aber nur beanspruchen, wenn die Ehegatten zum Zeitpunkt des Todes zusammen gelebt haben – damit die Voraussetzungen für eine Zusammenveranlagung erfüllt waren –, und der verstorbene Ehegatte noch zu Lebzeiten persönlich die Voraussetzungen für die Zulage erfüllt hat. Das bedeutet zum Beispiel: Wurde vor dem Tod nur ein Kaufvertrag abgeschlossen und verstirbt der Ehegatte, noch bevor er in die Wohnung eingezogen ist, hat er die Voraussetzung für die Eigenheimförderung nicht mehr erfüllt; der überlebende Ehegatte erhält nur seinen Anteil an der Eigenheimförderung (BFH-Urteil v. 15.7.2004 AZ: III R 19/03).

Ein weiteres Urteil betrifft die Folgeobjekt-Regelung, wenn es sich bei der Immobilie um das zweite geförderte Objekt der Ehepartner handelt: Der überlebende Ehegatte erhält zwar die volle Eigenheimzulage für den Miteigentumsanteil seines verstorbenen Partners. Er kann den verbleibenden Förderzeitraum aber nicht auf ein Folgeobjekt übertragen. Das bedeutet: Zieht er aus der ehemals gemeinsamen Wohnung aus, entfällt sein Anspruch auf Eigenheimförderung, den er vom Verstorbenen bekam, ersatzlos (BFH-Urteil v. 22.9.2004, AZ: III R 48/02).

## e) Kinderzulage

Familien mit Kindern werden noch einmal extra bezuschusst. Neben dem Fördergrundbetrag bekommen sie eine Kinderzulage von 800 Euro pro Kind, allerdings nur unter der Voraussetzung, dass einer von beiden Eltern für das Kind einen Kinderfreibetrag oder Kindergeld geltend machen kann und das Kind mit zum Haushalt gehört. Außerdem gibt es Altersbeschränkungen und besondere Bestimmungen, die die Lebens-, insbesondere die Ausbildungssituation des Kindes berücksichtigen.

Eltern, die in getrennten Haushalten leben, haben übrigens beide Anspruch auf die Kinderzulage, falls das Kind sich regelmäßig und nicht nur besuchsweise bei beiden Elternteilen aufhält. Wie das Sorgerecht geregelt ist und wo das Kind gemeldet ist, spielt für die Kinderzulage keine Rolle (Finanzgericht Münster, Urteil v. 15.3.2002, AZ: 11 K 7343/00).

Jahrelang war es unter Finanzgerichten umstritten, ob die Kinderzulage auch zu zahlen ist, wenn dem Kind eine Wohnung unentgeltlich überlassen wird. Inzwischen hat der Bundesfinanzhof das bejaht (Urteil v. 13.9.2001, AZ: IX R 15/19), wenn man zum Beispiel am Studienort des Kindes eine Eigentumswohnung kauft, damit das Kind dort mietfrei wohnen kann. Allerdings bekommt man die Zulage nur unter der Voraussetzung, dass das Kind im Jahr des Erwerbs oder der Herstellung der Immobilie noch zum Haushalt zählte.

Zieht das Kind für eine bestimmte Zeit zu Hause aus, wirkt sich das nicht unbedingt auf den Anspruch auf die Kinderzulage aus. Dies gilt dann, wenn das Kind beim Abschluss des Kaufvertrages bzw. bei Bezugsfertigkeit zum Haushalt dazuzählte und auch mit einer weiteren Zugehörigkeit zu rechnen ist. Allerdings muss man für die vollen acht Jahre Kindergeld bzw. den Kinderfreibetrag bekommen (BFH-Urteil v. 27.7.2000, AZ: X R 135/97).

Doch gibt es die Kinderzulage nach dem Bundesfinanzhof selbst dann in voller Höhe, wenn die Eltern im Jahr des Wohnungskaufs und Einzugs nicht durchgehend Kindergeld erhalten haben. Theoretisch reicht es sogar, Kindergeld für einen Monat bezogen zu haben, zum Beispiel weil der Sohn im Februar (im Jahr des Einzugs) seinen Zivildienst angetreten hat. Allerdings gibt es in den Folgejahren die Kinderzulage nur dann, wenn die Eltern wieder Anspruch auf Kindergeld haben (Urteil v. 14.5.2002, AZ: IX R33/00).

## f) Öko-Zulagen

Eine Extrazulage gab es bis Januar 2002 für alle Öko-Bewussten, egal ob sie dabei in einen Altbau oder in einen Neubau investierten (nicht bei Ausbau und Erweiterung!). Dabei wurden neue Techniken (Energiesparanlagen) und Gebäude (Niedrigenergiehäuser) getrennt bezuschusst. Seit dem 1. Februar 2002 sind die Öko-Zulagen für Neubauten grundsätzlich weggefallen, da die neue Energiesparverordnung in Kraft trat.

Die eine Öko-Zulage für Neubauten gab es bis Januar 2002 für Niedrigenergiehäuser oder Wohnungen, die in einem solchen Haus waren. Voraussetzung: Man baute oder kaufte das Haus (bzw. die Wohnung) im Jahr der Fertigstellung. Es musste nachgewiesen werden können, dass das Gebäude mindestens 25 Prozent weniger Wärmeenergie verbrauchte, als die gültige Wärmeschutzverordnung vorschrieb. Bei der Öko-Zulage für Niedrigenergiehäuser erhielt man 205 Euro im Jahr.

Die neue Energiesparverordnung hat nun diese Wärmeschutzverordnung abgelöst. Damit soll nach dem Willen der rot-grünen Regierung der Heizenergiebedarf bei Neubauten deutlich gesenkt werden

Eine weitere Öko-Zulage gab es bei Neubauten, wenn man bei der Errichtung der Immobilie Energiesparanlagen wie Wärmepumpen, Solaranlagen oder Anlagen zur Wärmerückgewinnung einbauen ließ. Wer eine Immobilie mit einer solchen Anlage kaufte, konnte die Zulage nur beanspruchen, wenn die Wohnung oder das Haus im Jahr der Fertigstellung oder im Jahr danach angeschafft wurde. Die Öko-Zulage für Energiesparanlagen betrug jährlich 2% der Aufwendungen, höchstens jedoch 256 Euro pro Jahr. Auch diese Öko-Zulage für Neubauten wurde mit Einführung der Energiesparverordnung abgeschafft.

## g) Anteil an Wohnungsbaugenossenschaften

Eigenheimzulage gibt es auch für den Erwerb von Genossenschaftsanteilen. Allerdings ist die Zahlung seit Anfang 2004 an folgende Bedingungen geknüpft:

- Es müssen Genossenschaftsanteile für mindestens 5.000 Euro (Mindesteinlage) gekauft werden;
- die Genossenschaft muss nach dem 1.1.1995 in das Genossenschaftsregister eingetragen worden sein;
- die Genossenschaft muss eine eigentumsorientierte Ausgestaltung der Satzung haben. Das bedeutet: Die Satzung muss den Mitgliedern unwiderruflich das vererbliche Recht einräumen, das Eigentum an der von ihnen (zu Wohnzwecken) genutzten Wohnung zu erwerben. Dies ist wichtig für den Fall, dass die Mehrheit der in einem Gebäude wohnenden Genossenschaftsmitglieder (schriftlich) zugestimmt hat, Wohneigentum zu begründen und die Wohnungen (an sich selbst) zu veräußern;
- nur wer innerhalb des Förderzeitraumes von acht Jahren die Genossenschaftswohnung tatsächlich bezieht bzw. einem nahen Angehörigen unentgeltlich überlässt, darf die Eigenheimzulage auch behalten. Andernfalls müssen die kassierten Fördergelder im neunten Jahr zurückgezahlt werden.

Vorsicht also bei Genossenschaften, deren Tätigkeit sich darauf beschränkt, die eingezahlten Gelder anzulegen.

Die Zulage beträgt 3% der Bemessungsgrundlage (der Einlage), jährlich aber höchstens 1.200 Euro. Für jedes Kind erhält man pro Jahr zusätzlich 250 Euro (weniger als bei der „normalen" Kinderzulage). Die Kinderzulage wird zur Hälfte aufgeteilt, wenn beide Elternteile zugleich für ein Kind Anspruch darauf haben. Die Summe aus Fördergrundbetrag und Kinderzulagen darf allerdings die Bemessungsgrundlage nicht überschreiten.

Selbstverständlich entsteht durch den Kauf von Genossenschaftsanteilen auch ein Objektverbrauch. Wer später zusätzlich eine Immobilie erwerben möchte, dem wird die Förderung für die Genossenschaftsanteile angerechnet. Hat man zum Beispiel über acht Jahre jeweils dort die volle Förderung von 1.200 Euro in Anspruch genommen, bekommt man später entsprechend weniger, zum Beispiel beim Neubau also nur noch 50 Euro pro Jahr (1.250 Euro minus 1.200 Euro).

Dasselbe gilt übrigens auch umgekehrt, also wenn man zuerst die Immobilie anschafft und dann Anteile an einer Wohnungsbaugenossenschaft erwirbt.

**WISO rät:** Für Ehepaare ist es deshalb empfehlenswert, dass der eine Immobilieneigentümer und der andere Genosse ist. Nur so können beide Zulagen nebeneinander und in voller Höhe kassiert werden.

Wer übrigens noch nach § 10e EStG gefördert wurde, braucht eine nachträgliche Anrechnung beim Kauf von Genossenschaftsanteilen nicht zu fürchten.

## h) Förderzeitraum

Die Eigenheimzulage wird für das Jahr der Anschaffung bzw. der Fertigstellung der Immobilie und für die folgenden sieben Jahre gezahlt. In jedem Jahr wird geprüft, ob man überhaupt noch Eigentümer dieses Hauses oder dieser Wohnung ist und ob die Immobilie noch selbst genutzt bzw. einem Angehörigen unentgeltlich überlassen wird.

Vorsicht vor der berüchtigten Neujahrsfalle:

**WISO rät:** Damit man nicht das erste Jahr der Förderung verliert, sollte man noch im Jahr der Fertigstellung bzw. des Kaufs einziehen (vor Neujahr) oder die Fertigstellung bzw. den Kauf der Immobilie auf das nächste Jahr verschieben (nach Neujahr).

Fertiggestellt ist eine Immobilie dann, wenn sie bewohnbar ist. Beim Kauf kommt es nicht darauf an, wann der Kaufvertrag unterschrieben wurde, sondern wann die Nutzung der Wohnung an den Käufer übergeht. Konkret:

**WISO rät:** Man kann beim Kauf einer Immobilie den Vertrag durchaus im Vorjahr unterschreiben. Wichtig ist aber, dass die Nutzung der Immobilie an den Käufer erst im Folgejahr übergeht. Das ist auch das erste Jahr, für das er die Eigenheimzulage erhält.

Auf die Neujahrsfalle muss man besonders achten beim Kauf von gebrauchten Immobilien, die ja nicht selten renovierungsbedürftig sind. Für die Eigenheimförderung müssen die Renovierungsarbeiten im Wesentlichen abgeschlossen sein, die Immobilie muss im Ganzen als bewohnbar gelten. Es hat zum Beispiel keinen Sinn, in die bereits fertiggestellten Schlafräume einzuziehen, wenn der Rest der Wohnung noch nicht renoviert ist. Der Bundesfinanzhof hat dies so festgestellt (Beschluss v. 4.5.1999, AZ: IX B 38/99). Man sollte also die Immobilie entweder so erwerben, dass die Renovierung noch im Jahr der Anschaffung abgeschlossen ist und eingezogen werden kann. Oder man vereinbart beim Kauf, dass der Nutzen erst im Folgejahr an den Käufer übergeht (s.o.).

### Überblick

Zum Schluss noch einmal die maximal möglichen Zulagen im Überblick je nach Zahl der Kinder für den gesamten Förderzeitraum von acht Jahren:

| Eigenheimzulage seit 1.1.2004 | |
|---|---|
| Grundförderung plus Baukindergeld (in Euro) | |
| ohne Kind | 10.000 |
| 1 Kind | 16.400 |
| 2 Kinder | 22.800 |
| 3 Kinder | 29.200 |
| 4 Kinder | 35.600 |

## i) Antrag und Auszahlung

Die Eigenheimzulage kann auf einem amtlichen Vordruck bei dem zuständigen Finanzamt beantragt werden.

Der Antrag muss bis zum Ende des zweiten Jahres gestellt werden, das auf das Jahr folgt, in dem erstmals die Voraussetzung für die Bewilligung der Eigenheimzulage vorliegt. Normalerweise stellt man diesen Antrag einmal. Wenn allerdings Kindergeldanspruch entfällt, weil zum Beispiel eines der Kinder die Berufsausbildung beendet hat oder sich aus anderen Gründen die Bedingungen für die Zahlung der Eigenheimzulage verändern, muss das dem Finanzamt mitgeteilt werden.

**WISO rät:** Man sollte nicht vergessen, dem Finanzamt Nachwuchs zu melden! Dann erhöht sich die Kinderzulage im Geburtsjahr des Kindes für den Rest des Förderzeitraumes (es sei denn, die Gesamtkappung verhindert das unter bestimmten Bedingungen, s.o.).

Ausgezahlt wird die Zulage zum ersten Mal nach Bekanntgabe des Festsetzungsbescheides innerhalb eines Monats. In den folgenden Jahren gibt es den Geldsegen um den 10. März.

# 2. Erhaltungsaufwand (für gebrauchte Immobilien)

Wer vor dem 1.1.1999 eine gebrauchte Immobilie kaufte und selbst nutzte (wichtig!), konnte Reparatur- und Anschaffungskosten von bis zu 22.500 DM als Sonderausgaben von der Steuer absetzen. Das heißt, die absetzungsfähigen Kosten verminderten die Steuerschuld – und zwar unabhängig davon, ob man die Eigenheimzulage bekam oder nicht. Voraussetzung für die steuerliche Abzugsfähigkeit war, dass die Arbeiten vor dem Einzug erledigt und bezahlt waren. Damit ist es seit der rot-grünen Steuerreform vorbei. Eine kleine (Steuer-)Lücke ist aber noch geblieben:

**WISO rät:** Notwendige Reparaturen sollte man noch vor dem Auszug des Mieters, also noch vor dem Ende des Mietvertrags ausführen lassen. Dann hat man gute Chancen, dass der Fiskus die Aufwendungen noch als Werbungskosten für die Einkünfte aus der Vermietung anerkennt.

Aber Achtung: Die Reparaturen dürfen das übliche Maß nicht übersteigen. Was „üblich" ist, darüber wird noch vor dem Bundesfinanzhof gestritten. In einer Vorinstanz sahen die Richter es als „üblich" an, etwa die Haustür auszutauschen, eine defekte Antenne zu erneuern oder, und das ist noch der wichtigste Punkt, eine geringfügige Bausanierung.

Falls man es versehentlich oder aus Unkenntnis versäumt haben sollte, den Erhaltungsaufwand früher steuerlich geltend zu machen, kann man das unter Umständen noch nachholen, selbst wenn die Steuerbescheide längst bestandskräftig sind. Dies geht auf ein Urteil des Finanzgerichts Köln zurück (Urteil v. 25.5.1999, AZ: K 9148/98, EFG 2000, 533). Darin wird bemängelt, dass die amtlichen Vordrucke und Merkblätter, mit denen die Eigenheimförderung beantragt wurde, für einen Laien nicht ausreichend verständlich abgefasst waren. So muss der falsche Steuerbescheid nachträglich geändert werden.

Gleiches gilt übrigens für die Vorkostenpauschale in Höhe von 3.500 DM, die ebenfalls mit der Steuerreform abgeschafft wurde.

# 3. Gebäude in Sanierungsgebieten und Baudenkmale

Aufwendungen, die durch Sanierungsmaßnahmen an selbst genutzten oder unentgeltlich überlassenen Baudenkmalen entstanden sind, sowie an Gebäuden in förmlich festgelegten Sanierungsgebieten und städtebaulichen Entwicklungsbereichen werden besonders steuerlich gefördert. Die entsprechenden Gesetzestexte findet man unter § 10f EStG.

Bei den Immobilien in Sanierungs- und Entwicklungsgebieten geht es um Maßnahmen, die der Erhaltung, der Erneuerung und der funktionsgerechten Verwendung nützen, um das Gebäude wegen seiner geschichtlichen, künstlerischen und städtebaulichen Bedeutung zu erhalten. Dazu muss man sich als Eigentümer gegenüber der Gemeinde verpflichtet haben.

Für Gebäude in Sanierungs- und Entwicklungsgebieten braucht man als Nachweis eine Bescheinigung der zuständigen Gemeindebehörde. Aus der Bescheinigung muss hervorgehen, dass der Eigentümer die Kosten für die Sanierungsmaßnahmen alleine getragen hat. Zuschüsse müssen abgezogen sein. Außerdem muss die Höhe der angegebenen Kosten amtlich bestätigt werden.

Auch bei Baudenkmalen werden alle Maßnahmen gefördert, die dazu dienen, die schützenswerte Bausubstanz auf Dauer zu erhalten. Um in den Genuss der Steuervergünstigungen zu kommen, muss man sich für alle Maßnahmen mit den zuständigen Behörden abgestimmt haben. Bei den Baudenkmalen wird ein förmliches Bescheinigungsverfahren vorgeschrieben. Ansprechpartner dafür ist die für Denkmalschutz und Denkmalpflege zuständige Behörde.

Wer den Behörden-Hindernislauf – ob für Immobilien in Sanierungsgebieten oder für Baudenkmale – hinter sich hat, kann zehn Jahre lang jeweils 9% (seit 1.1.2004, davor

waren es 10%) der Aufwendungen für die Baumaßnahmen von der Steuer absetzen, beginnend mit dem Kalenderjahr, in dem die Baumaßnahmen abgeschlossen sind.

**WISO rät:** Aufpassen aber, wenn die Baumaßnahmen über die Eigenheimzulage oder über § 7 Fördergebietsgesetz (siehe unten) schon berücksichtigt sind. Eine Doppelförderung gibt es nicht! Auch staatliche Zuschüsse müssen herausgerechnet werden. Eine steuerliche Vergünstigung dieser Art erhält man generell nur für ein Gebäude; ist man verheiratet und wird zusammen veranlagt, für zwei.

Unter Umständen erhalten aber Selbstnutzer von Baudenkmälern nach einem BFH-Urteil parallel Eigenheimzulage und Sonderabschreibung, nämlich dann, wenn die Aufwendungen aufgeteilt werden können und den Fördermaßnahmen entsprechend zugeordnet werden können (Urteil v. 14.1.2004, AZ: X R 19/02). In der Regel ist es allerdings günstiger, alle Aufwendungen als Sonderausgaben geltend zu machen, mit zwei Ausnahmen:

- Die Sonderabschreibung wirkt sich aufgrund eines zu geringen Gesamtbetrags der Einkünfte nicht voll aus.
- Die Denkmalschutzbehörde stuft nicht alle Aufwendungen als förderungswürdig nach § 10f EStG ein.

**WISO rät:** Sinnvollerweise lässt man sich diese Sonderausgaben gleich auf der Lohnsteuerkarte eintragen. Das erhöht das monatliche Nettoeinkommen, und man braucht auf die Erstattung nicht bis zum nächsten Steuerbescheid zu warten.

# 4. Sonderabschreibungen Ost

Wer in den neuen Bundesländern wohnt, konnte bisher noch weitere Aufwendungen von der Steuer absetzen. Dabei handelte es sich um Modernisierungsmaßnahmen an der selbst genutzten Immobilie, die aber bis zum 1.1.1999 abgeschlossen sein mussten. Es durfte sich dabei nur um Maßnahmen an einem bestehenden Gebäude handeln. Das sah § 7 des Fördergebietsgesetzes vor.

Die Art der Modernisierung wurde nicht vorgeschrieben. Insofern konnte man praktisch alles als Sonderausgaben absetzen, was als Erhaltungsaufwand bereits vorhandene Gebäudeteile ersetzte oder sogar neu schaffte. Dazu zählte zum Beispiel eine neue Heizung, ein neues Bad oder der Austausch von Fenstern. Die Gebäudeteile mussten allerdings immer Wohnzwecken dienen (für ein häusliches Arbeitszimmer galt das also nicht!).

Bis zu einem Betrag von 40.000 DM förderte der Fiskus solche Arbeiten, und zwar ein einziges Mal. Allerdings nicht in einer Summe, sondern über zehn Jahre verteilt, mit anderen Worten: Jährlich konnte man 4.000 DM als Sonderausgaben steuerlich

geltend machen. Mit Einführung des neuen Investitionszulagen-Gesetzes war es ab dem 1.1.1999 allerdings auch mit diesen Sonderabschreibungen für selbst genutzte Immobilien vorbei.

Unter Umständen kann man aber heute noch davon profitieren, wenn man 1998 oder früher Sanierungsmaßnahmen durchführen ließ. Bisher hat das Finanzamt die Sonderabschreibung nicht akzeptiert, wenn man in dem Jahr, in dem Sanierungsmaßnahmen durchgeführt wurden, die Wohnung nicht selbst bewohnt hat. Jetzt hat der Bundesfinanzhof entschieden, dass dem Bauherrn diese Fördermaßnahme doch zusteht (Urteil v. 24.1.2001, AZ: X R 60/97). Angenommen, man hat 1998 alle Rechnungen schon bezahlt, ist aber erst 2002 eingezogen. Dann kann man jetzt noch bis zum Jahr 2007 pro Jahr 4.000 DM geltend machen, genauer also 6 x 4.000 DM (umgerechnet in Euro natürlich). Damit geht nur die Förderung für die Jahre 1998, 1999, 2000 und 2001 verloren.

**WISO rät:** Betroffene sollten zum Finanzamt gehen und auf das BFH-Urteil verweisen, falls die Förderung bisher verweigert wurde. Für die Jahre, für die der Steuerbescheid noch nicht rechtskräftig ist, kann der Abzug sogar noch rückwirkend beantragt werden.

# 5. Programm „Stadtumbau Ost"

Bis Ende 2004 legte die Bundesregierung das Programm „Stadtumbau Ost" auf, mit dem erklärten Ziel, die „Wohneigentumsbildung in innerstädtischen Altbauquartieren" zu unterstützen. Förderungsfähig waren danach Instandsetzungs- und Modernisierungsmaßnahmen an Wohnungen, die der Eigentümer anschließend nutzte und die mindestens 70 Quadratmeter groß waren. Die Förderung war unabhängig davon, ob man als Käufer oder etwa ein Bauträger die Investitionen durchgeführt hatte. Jede Wohnung wurde nur einmal gefördert.

Berechtigt waren nur Erwerber von Wohnungen, die auch die Kriterien erfüllten, um die Eigenheimzulage zu bekommen. Damit es die Zuschüsse für Investitionen gab, mussten die Gebäude in einem Sanierungsgebiet (§ 142 BauGB), einem Erhaltungsgebiet (§ 172 BauGB) oder einem Kerngebiet (§ 7 BauNVO) liegen und

- entweder vor dem 1.1.1949 gebaut worden sein oder
- nach dem 31.12.1949 und vor dem 1.1.1960 gebaut worden sein und ganz oder teilweise unter Denkmalschutz stehen.

Bei Erwerbskosten von 50.000 Euro und mehr galten die gesamten Investitionskosten als berücksichtigungsfähig, bei Erwerbskosten, die unter dieser Grenze lagen, die Gesamtkosten für die Wohnung, vermindert um den Betrag von 50.000 Euro.

Zur Begriffsbestimmung: Unterschieden wurde zwischen den Investitionskosten, den Erwerbskosten für die Wohnung und dem dazugehörenden Grund und Boden vor Durchführung der Investition sowie dem Kaufpreis insgesamt. Beim Kauf vom Bauträger ergaben sich die Erwerbskosten als Differenz von Kaufpreis und Investitionskosten, für die der Verkäufer (der Bauträger) einen Nachweis vorzulegen hatte.

Von den so bestimmten berücksichtigungsfähigen Investitionen wurden tatsächlich berücksichtigt: 1.500 Euro für jeden Quadratmeter, um den die Fläche der Wohnung 70 Quadratmeter überstieg, höchstens aber 75.000 Euro (was der Bezuschussung einer 120-Quadratmeter-Wohnung entspricht).

Der Zuschuss betrug jährlich 2,5 % der berücksichtigten Investitionskosten und wurde über acht Jahre hinweg gezahlt (insgesamt also 20 %). Danach konnte eine Wohnung maximal mit 15.000 Euro ( = 20 % von 75.000 Euro) bezuschusst werden.

**Rechenbeispiel:**

*Kauf einer 100 Quadratmeter großen Wohnung vom Bauträger, Kaufpreis 150.000 Euro, Investitionskosten 50.000 Euro. Die errechneten Erwerbskosten betragen 100.000 Euro. Berücksichtigungsfähig sind also die vollen Investitionskosten.*

*Als Investitionskosten werden berücksichtigt 30 x 1.500 Euro = 45.000 Euro (weniger als die berücksichtigungsfähigen Investitionskosten). Der Zuschuss beträgt jährlich 1.125 Euro (2,5 % von 45.000 Euro), über acht Jahre insgesamt 9.000 Euro.*

Der Antrag auf Zuschuss musste bei der vom Bundesland beauftragten Stelle eingereicht werden. Der Antragsteller hatte eine Bescheinigung seiner Gemeinde vorzuweisen, dass das Gebäude die Förderbedingungen erfüllte. Auf die Förderung bestand kein Rechtsanspruch. Jedes Bundesland konnte selbst entscheiden, ob der Antrag zum Beispiel vor oder nach Durchführung der Investition eingereicht werden musste.

# 6. Steuerliche Förderung für selbstgenutzte Immobilien

| Förderung und Steuervergünstigungen bei selbst genutzten Immobilien seit 1.1.2005 | | |
|---|---|---|
| | EigZulG | § 10f EStG |
| Geförderte Objekte | Immobilie von Selbstnutzern, unentgeltl. Überlassung, Genossenschaftsanteile | Baudenkmal oder Gebäude im Sanierungs-/ Entwicklungsgebiet, Selbstnutzer, unentgeltl. Überlassung |
| Geförderte Person | Bauherr, Erwerber | Bauherr, Erwerber |
| Einkunftsgrenze | Summe der positiven Einkünfte für Jahr der Erstinanspruchnahme und Vorjahr zusammen 70.000 €/ 140.000 €; Erhöhung pro Kind um 30.000 € | Keine |
| Objektbeschränkung | Einmal/zweimal bei Ehegatten | Einmal/zweimal bei Ehegatten |
| Folgeobjekt | Ja | Nein |
| Bemessungsgrundlage | Anschaffungs-/ Herstellungskosten des Gebäudes zzgl. Anschaffungskosten Grund und Boden (max. 125.000 €); Aufwendungen für Modernisierungsmaßnahmen innerhalb von zwei Jahren nach Erwerb; bei Genossenschaftsanteilen Einzahlungsbetrag (mind. 5.000 €) | Aufwendungen für Baumaßnahmen (soweit nicht nach § 7 FördergebietsG, EigZulG berücksichtigt), außerdem Erhaltungsaufwand |
| Fördergrundbetrag | Neubauten 8 x 1%, jährl. max. 1.250 €; Genossenschaftsanteile 3%, jährl. max. 1.200 € | |
| Baukindergeld | 800 €, bei Genossenschaftsanteilen 250 € | |
| Beginn der Förderung | Jahr der Fertigstellung bzw. des Nutzenübergangs | Fertigstellung bzw. Abschluss der Bauarbeiten |
| Höchstbetrag | 100% der Bemessungsgrundlage, Genossenschaftsanteile 100% der Bemessungsgrundlage | Keiner, aber Kürzung um Zuschüsse aus öffentl. Mitteln |
| Abzugsbeträge, -sätze | | 10 x 9% |

# 7. Wohnraumförderungsgesetz

Es ist immer einen Versuch wert, sich ein (zusätzliches) Darlehen vom Staat zu besorgen. Denn neben dem (zinslosen) Familiendarlehen ist das die günstigste Art, Immobilieneigentum zu finanzieren. Staatliche Darlehen werden geboten mit äußerst günstigen Konditionen oder sogar Zuschüssen, die Sie nicht zurückzahlen müssen. Außerdem übernehmen Bund und Länder Bürgschaften. Die Gemeinden werden ebenfalls eingebunden. Sie sollen verbilligtes Bauland zur Verfügung stellen, und zwar so, dass sie ihre „Wohnraumversorgungskonzepte" zu Grunde legen.

Geregelt wird dies durch das Wohnraumförderungsgesetz, kurz WoFG, das seit dem 1.1.2002 das Zweite Wohnungsbaugesetz (II. WoBauG) ablöst. Das Gesetz sieht vor, dass der Bund den Ländern ab 2002 jährlich Finanzhilfen in Höhe von mindestens 230 Millionen Euro zur Verfügung stellt, darüber hinausgehende Beträge nach Maßgabe des laufenden Bundesetats. Wie in dem Vorgängergesetz auch legt der Bund die Rahmenbedingungen fest, welche Förderwege und -kriterien es gibt, und wie hoch die Einkommens- und Wohnflächengrenzen sind.

Doch wie die Förderprogramme und die entsprechenden Richtlinien im einzelnen ausgestaltet sind, das ist von Bundesland zu Bundesland verschieden. Was und ob man also letztlich Geld bekommt, hängt davon ab, wo die Immobilie gebaut oder gekauft wird. Über einzelne Maßnahmen kann man sich bei den zuständigen Behörden informieren (Adressenliste am Ende des Kapitels, siehe Seite 206).

Im Unterschied zum II. WoBauG will man mit dem neuen Gesetz die Fördermittel gezielter verwenden für Wohnungen von Haushalten mit niedrigem Einkommen oder von kinderreichen Familien und Alleinerziehenden. Und noch ein Novum: Auch der vorhandene Wohnungsbestand wird bei der Förderung berücksichtigt: Für kinderreiche Familien und andere Haushalte mit Kindern sowie Behinderte soll der Erwerb von gebrauchtem Wohneigentum gestärkt werden. Das war bisher so gut wie ausgeschlossen. Gefördert werden neben dem Wohnungsbau also der Erwerb und die Modernisierung von bestehendem Wohnraum. Darüber hinaus werden auch diejenigen begünstigt, die über Erbbaupacht ein Grundstück erworben haben.

Ähnlich wie bei den Förderkriterien für die Eigenheimzulage werden der Wohnungsbau, die Instandsetzung und die Modernisierung von Wohnraum sowie der Aus- und Umbau sehr genau definiert.

**WISO rät:** Wer zum Kreis der Begünstigten gehört, sollte das Bauvorhaben sehr genau mit den zuständigen Behörden abstimmen, damit nicht Fördergelder verloren gehen.

Schon festgelegt sind allerdings die Förderbedingungen, unter denen den Begünstigten Gelder zufließen sollen. Eine lautet zum Beispiel, dass man besonders kostensparend

bauen soll. Entsprechend wird die Förderung auf einen bestimmten Betrag durch eine Förderpauschale begrenzt. Nicht notwendige bzw. übermäßige Aufwendungen des Bauherrn sollen damit bei der Förderung unberücksichtigt bleiben. Eine ähnliche Regelung gab es schon bei dem Vorgängergesetz. Auf die Höhe der Förderpauschale hat man sich auf Länderebene noch nicht geeinigt. Sie kann also von Land zu Land verschieden sein. Außerdem werden Kostenobergrenzen bestimmt, deren Überschreiten die Förderung ausschließt.

Besonders bevorzugt werden Familien und andere Haushalte mit zwei und mehr Kindern sowie Haushalte, bei denen wegen einer Behinderung eines Haushaltsangehörigen oder aus sonstigen Gründen ein besonderer baulicher Bedarf besteht. Auch wer seine Immobilie in Selbsthilfe, sprich: in Eigenleistungen erstellt, kann bevorzugt behandelt werden.

Eine Förderzusage gewährt die zuständige Stelle auf Antrag in schriftlicher Form. In dieser Förderzusage wird vieles geregelt, zum Beispiel die Art und Höhe der Förderung, wie lange man die Förderbeträge erhält, wie die Verzinsung und Tilgung aussieht oder was passiert, wenn man die Immobilie verkauft. Achtung:

**WISO rät:** Es gibt keinen Rechtsanspruch auf Förderung, selbst wenn Sie alle Fördervoraussetzungen erfüllen. Die jährlichen Mittel sind je nach finanzieller Ausstattung des Bundeslandes begrenzt. Ist der Topf leer, hat man leider Pech gehabt.

Damit der Bauherr oder der Erwerber selbst genutzten Eigentums angemessen belastet wird, soll die Förderung berücksichtigen, wie sich sein Einkommen entwickelt und ob er zum Beispiel Eigenheimzulage bekommt. Das macht unter Umständen eine jährliche Überprüfung der Einkünfte notwendig.

Ob man überhaupt zum Kreis der Begünstigten zählt, hängt vom Gesamteinkommen ab. Das ist die Summe der Jahreseinkommen der Haushaltsangehörigen abzüglich bestimmter Frei- und Abzugsbeträge. Es wird danach geschaut, wie hoch das Einkommen im Kalenderjahr vor Antragstellung ist. Daraus leitet die Antragsbehörde ab, mit welchen Einkünften man in den nächsten zwölf Monaten rechnen kann, wobei zu erwartende Änderungen im laufenden Jahr mit berücksichtigt werden müssen.

Das Jahreseinkommen wird von jedem Haushaltsangehörigen ermittelt, zum Beispiel auch von Großeltern und Kindern, indem jeweils die positiven Bruttoeinkünfte addiert werden. Dazu zählen Zins- und Kapitalerträge, ohne Berücksichtigung des Sparerfreibetrags, dazu zählen aber auch steuerfreie Lohnzuschläge. Von dem somit ermittelten Jahresbruttoeinkommen werden pauschal 30% abgezogen:

- 10% für Steuern,
- 10% für die gesetzliche Krankenversicherung und
- 10% für die gesetzliche Rentenversicherung.

Zahlt man keine Steuern oder Beiträge an die Sozialversicherungen, werden pauschal jeweils höchstens bis zu 10% abgezogen.

Es werden außerdem bei der Ermittlung des Gesamteinkommens weitere Frei- und Abzugsbeträge für im Haushalt lebende Schwerbehinderte angerechnet (je nach Behindertengrad 2.100 Euro oder 4.500 Euro), bei Alleinerziehenden für jedes kindergeldberechtigte Kind unter zwölf Jahren (600 Euro), für Kinder mit eigenem Einkommen zwischen 16 und 24 Jahren (bis zu 600 Euro) und für Unterhaltspflichtige. Dabei wird entweder der volle Betrag akzeptiert oder bestimmte Pauschalsätze von bis zu 3.000 Euro bzw. 6.000 Euro (speziell für geschiedene oder dauernd getrennt lebende Ehegatten). Außerdem werden Unterhaltspflichten für eine sonstige, nicht zum Haushalt rechnende Person mit bis zu 3.000 Euro angerechnet. Ein besonderes Bonbon gibt es für junge Ehepaare, die noch keine fünf Jahre verheiratet sind und die beide noch nicht das 40. Lebensjahr vollendet haben. Sie bekommen einen Extra-Freibetrag von 4.000 Euro.

Damit man zum Kreis der Begünstigten zählt, dürfen bestimmte Einkommensgrenzen nicht überschritten werden, nachdem das Gesamteinkommen ausgerechnet wurde. Die Einkommensgrenze beträgt

- für einen Einpersonenhaushalt 12.000 Euro,
- für einen Zweipersonenhaushalt 18.000 Euro,
- zuzüglich für jede weitere, zum Haushalt zählende Person 4.100 Euro,
- für jedes Kind, das zum Haushalt zählt, weitere 500 Euro.

Haushaltsangehörige sind der Antragsteller selbst, der Ehegatte, der Lebenspartner und der Partner einer sonstigen auf Dauer angelegten Lebensgemeinschaft sowie die Verwandten ersten und zweiten Grades, aber auch Pflegekinder und Pflegeeltern.

**WISO rät:** Liegt man über der Einkommensgrenze, könnte man sich zum Beispiel überlegen, die Großeltern mit in das Haus einziehen zu lassen. Die Zahl der im Haushalt lebenden Personen vergrößert sich und damit auch die entsprechende Einkommensgrenze, die der Förderung zugrunde gelegt wird.
Die Länder werden aber durch das Gesetz ausdrücklich ermächtigt, von diesen Einkommensgrenzen abzuweichen, zum Beispiel wenn es die örtlichen Bedingungen bei der Förderung von selbst genutztem Wohneigentum für notwendig erscheinen lassen.

**WISO rät:** In einigen Bundesländern wird man also durchaus kulant sein und akzeptiert unter Umständen, dass der Antragsteller über der Einkommensgrenze liegt. Vor Ort also genau informieren!

# 8. Kommunale Förderung

Einige Kommunen haben ihre eigenen Förderprogramme aufgelegt. Diese Zuwendungen gibt es unabhängig von anderen öffentlichen Mitteln.

Ist eine Gemeinde oder Stadt im Bund-Länderprogramm zur Städtebauförderung aufgenommen worden, gibt es außerdem über dieses Programm Geld von der Kommune. Die Immobilie, die man kaufen will, muss aber in einem Sanierungsgebiet liegen, nur dann bekommt man zusätzliche Mittel aus dem Topf der Städtebauförderung. Im Rathaus nachfragen!

# 9. Förderprogramme der Kreditanstalt für Wiederaufbau

Die staatseigene Bank KfW, die Kreditanstalt für Wiederaufbau, bietet bundesweit Förderprogramme für Wohneigentum an. Anspruchsberechtigt ist jeder, der privat eine Wohnimmobilie selbst nutzt, egal, ob er sie baut oder erwirbt. Von den Gesamtkosten werden bis zu 30% bezuschusst, maximal aber 100.000 Euro für Bau und Kauf von Immobilien. Das Darlehen läuft bis zu 30 Jahren, in der ersten Zeit ist es tilgungsfrei, die (günstigen) Zinssätze werden aber laufend an die auf dem Markt verlangten Zinsen angepasst. In den meisten Bundesländern kann man andere öffentliche Darlehen beantragen, unabhängig vom KfW-Darlehen.

Außerdem bietet die KfW ganz unterschiedliche Programme an, die der Energiereduzierung dienen, zum Beispiel eines zur $CO_2$-Minderung. Dabei wird im gesamten Bundesgebiet der Bau von Niedrigenergiehäusern gefördert, außerdem weitere Energiesparmaßnahmen wie eine Wärmedämmung oder ein Brennwertkessel. Daneben bietet die Kreditanstalt zum Beispiel Darlehen aus dem „100.000-Dächerprogramm" an, die nicht verzinst werden und deren Tilgung in den ersten Jahren ausgesetzt ist. Gefördert wird, wenn man sich eine Photovoltaik-Anlage errichten lässt, allerdings nicht Eigenbauanlagen, Prototypen oder gebrauchte Anlagen.

Für die neuen Bundesländer und für Berlin (Ost) gibt es ein Sonderprogramm zur Modernisierung und Instandsetzung von bestehendem Wohnraum inklusive der „Plattenbauten". Immobilieneigentümer bekommen langfristige Kredite mit bis zu 30 Jahren Laufzeit bei einem oder zwei tilgungsfreien Anlaufjahren.

Auch für den Rückbau leerstehender, dauerhaft nicht mehr benötigter Wohngebäude gibt es seit dem 1.1.2002 zinsverbilligte Darlehen der KfW. Diese staatlichen Kredite sind Bestandteil des Programms „Stadtumbau Ost (siehe Seite 197).

Zum Rückbau zählt, wenn Wohnungen freigemacht oder Grundstücke zur Wiedernutzung hergerichtet werden. Außerdem können bestehende Darlehen umge-

schuldet werden, sofern sie dem vom Rückbau betroffenen Wohngebäude zuzuordnen sind.

Gefördert werden höchstens 125 Euro je Quadratmeter rückgebauter Wohnfläche. Die maximale Kreditlaufzeit beträgt bis zu zehn Jahre bei einem oder zwei tilgungsfreien Anlaufjahren.

**WISO rät:** Der Antrag für ein Darlehen von der KfW kann nur über ein Kreditinstitut gestellt werden.

Aktuelle Informationen zu KfW-Darlehen findet man im Internet unter www.kfw.de.

## 10. Zuschussprogramm Rückbau/Aufwertung

Dieses Zuschussprogramm ist Teil des „Stadtumbaus Ost" (siehe Seite 197) und läuft ebenfalls seit dem 1.1.2002. Erklärtes Ziel dieses Programms ist es, die städtischen Wohnungsmärkte in den neuen Bundesländern durch den Rückbau leerstehender dauerhaft nicht mehr benötigter Wohngebäude zu stabilisieren. Außerdem sollen Investitionen gefördert werden, die der Aufwertung von Stadtquartieren dienen, die von Rückbaumaßnahmen betroffen sind. Darunter wird unter anderem – und das ist für private Immobilieneigentümer interessant – auch die Aufwertung des vorhandenen Gebäudebestandes verstanden.

Wegen der Unterscheidung von Rückbau und Aufwertung dürfen die Mittel zur Aufwertung nicht genutzt werden, Wohnungen frei zu machen zum unmittelbaren Rückbau, aber auch nicht, um ein Grundstück herzurichten, um es wieder benutzen zu können.

Förderungsfähig sind allerdings nur Baumaßnahmen in Fördergebieten, die durch Stadtentwicklungskonzepte oder mit Sanierungsgebieten nach § 142 BauGB sowie Erhaltungsgebieten nach § 172 BauGB festgelegt sind. Das Fördergebiet ist durch Beschluss der Gemeinde räumlich abzugrenzen. Wurde eine Stadt oder eine Gemeinde in das Förderprogramm aufgenommen, können Wohnungseigentümer dort einen Zuschuss beantragen. Auf die Förderung besteht kein Rechtsanspruch.

Beim Zuschuss für den Rückbau legt jedes Land für sich einen Pauschalbetrag fest, und zwar je Quadratmeter rückgebauter Wohnfläche. Der Bund jedenfalls beteiligt sich an dessen Finanzierung mit 30 Euro je Quadratmeter. Der Zuschuss wird nur gewährt, wenn der Grundstückeigentümer auf mögliche Entschädigungsansprüche verzichtet, die durch Planungsschäden entstehen. Leistungen an Eigentümer, die den Wert rückgebauter Gebäude oder Gebäudeteile ausgleichen sollen, werden nicht gefördert.

Bei der Aufwertung wird ein Zuschuss zu den unrentierlichen Kosten geleistet. Darunter werden alle Kosten verstanden, die nicht durch sanierungsbedingte Einnahmen oder auf sonstige Weise gedeckt werden. Über die Höhe des Zuschusses entscheidet die jeweilige Gemeinde. Näheres bestimmen Förderrichtlinien, die jedes Bundesland für sich festlegt.

# 11. Lastenzuschuss

Von den bisher aufgezählten Zuwendungen des Staates unterscheidet sich der so genannte Lastenzuschuss in wesentlichen Aspekten. Erstens ist er bundesweit einheitlich geregelt. Und zweitens ist er nicht davon abhängig, wo und welche Immobilie man bauen oder kaufen möchte, sondern richtet sich allein nach den persönlichen Lebensverhältnissen. Im Fachdeutsch heißt das „Subjektförderung", während alle anderen öffentlichen Mittel sich aus der „Objektförderung" ergeben, also sich daran orientieren, was man baut oder kauft.

Wer die monatliche Belastung trotz der gewährten öffentlichen Zuwendungen nicht mehr tragen kann, geht zum Wohngeldamt und beantragt dort einen Lastenzuschuss.

**WISO rät:** Auf diesen Lastenzuschuss hat man als Eigentümer einer selbst genutzten Immobilie sogar einen Rechtsanspruch, und zwar dann, wenn das Einkommen bestimmte Grenzen unterschreitet.
Die Höhe des Lastenzuschusses hängt davon ab, wie hoch das Familieneinkommen ist, was man an monatlicher Belastung hat und wie groß die Familie ist. Aber Vorsicht: So ganz ohne Berücksichtigung der Immobilie gibt es den Lastenzuschuss dann doch nicht. Denn zum Beispiel auch die Ausstattung einer Immobilie beeinflusst die Höhe dieser staatlichen Zuwendung.

Das Familieneinkommen ergibt sich dabei aus allen Einnahmen, die eine Familie erzielt, egal, ob Arbeitslohn oder staatliche Unterstützungen wie Arbeitslosengeld oder eine Rente. Und die monatliche Belastung errechnet sich aus den Aufwendungen für Zins- und Tilgungsleistungen, Bausparbeiträge und Versicherungsprämien, die durch den Kauf oder Bau einer Immobilie, aber auch durch seine Modernisierung und Instandsetzung entstanden sind. Bewirtschaftungskosten werden ebenfalls berücksichtigt. Dazu zählen unter bestimmten Bedingungen auch Verwaltungskosten und die Grundsteuer.

# 12. Adressenliste

Es führt kein Weg daran vorbei: Wer erfahren will, ob und in welcher Höhe er öffentliche Zuwendungen in Anspruch nehmen kann, muss selbst aktiv werden. Denn jedes Bundesland hat, wie bereits schon erwähnt, mehrere Förderprogramme parallel laufen, dazu kommen die Mittel von Städten und Gemeinden. Erste Ansprechpartner sind die Landesbehörden bzw. die Kreditanstalten der Bundesländer selbst oder die mit dieser Aufgabe betrauten Verwaltungen der Kommunen. Deshalb im Folgenden eine kleine Adressenliste:

**Baden-Württemberg**
Landeskreditbank Baden-Württemberg (Schloßplatz 10/12, 71631 Karlsruhe, www1.l-bank.de)

**Bayern**
Landratsämter und Verwaltungen der kreisfreien Städte (www.labo-bayern.de)

**Berlin**
Investitionsbank Berlin (Bundesallee 210, 10719 Berlin, T. 030/2125-2660, www.investitionsbank.de)

**Brandenburg**
Investitionsbank Brandenburg (Steinstr. 104–106, 14480 Potsdam, T. 0331/660-1322, www.ilb.de)

**Bremen**
Amt für Wohnungs- und Städtebauförderung (Breitenweg 24–26, 28195 Bremen, T. 0421/361-14012, www.bremen.de)

**Hamburg**
Hamburgische Wohnungsbaukreditanstalt (Besenbinderhof 31, 20097 Hamburg, T. 040/24846-0, www.wk-hamburg.de)

**Hessen**
Landratsämter, Stadtverwaltungen (www.lbs-ht.de)

**Mecklenburg-Vorpommern**
Landesförderungsinstitut Mecklenburg-Vorpommern (Werkstr. 213, 19061 Schwerin, T. 0385/6363-0, www.lfi-mv.de)

**Niedersachsen**
Niedersächsische Landestreuhandanstalten (Hamburger Allee 4, 30161 Hannover, T. 0511/361-5773, www.lts-nds.de)

**Nordrhein-Westfalen**
Ministerium für Bauen und Wohnen (Elisabethstr. 5–11, 40217 Düsseldorf, T. 0211/3843-0, www.mbw.nrw.de)

**Rheinland-Pfalz**
Stadt- und Gemeindeverwaltungen; Ministerium der Finanzen (Kaiser-Friedrich-Str. 5, 55116 Mainz, T. 06131/164207, www.fm.rlp.de)

**Saarland**
Ministerium für Finanzen und Bundesangelegenheiten, Ref. Wohnungsbauförderung (Am Tummelplatz 7, 66117 Saarbrücken, T. 0681/501-2613, www.finanzen.saarland.de)

**Sachsen**
Kreisverwaltungen; Sächsische Aufbaubank GmbH, (T. Servicecenter 01803/664466, Tel. Hotline 0351/49104910, www.sab.sachsen.de)

**Sachsen-Anhalt**
Wohnungsbau-Förderungsstellen der Landkreise und Städte; Landesförderinstitut Sachsen-Anhalt (PF 3840, 39013 Magdeburg, T. 0391/5891745, www.lfi-lsa.de)

**Schleswig-Holstein**
Investitionsbank Schleswig-Holstein (PF 1128, 24100 Kiel, www.ibank-sh.de)

**Thüringen**
Landratsämter und Verwaltungen der kreisfreien Städte; LBS Hessen-Thüringen, www.lbs-ht.de)

# 13. Riester-Rente

Mit der Rentenreform im Jahr 2001 ist in Deutschland die staatliche Förderung der privaten Altersvorsorge eingeführt worden („Riester-Rente“). Der Bau oder Kauf einer Immobilie zur Selbstnutzung wird bei dieser privaten Zusatzrente mit berücksichtigt. Möglich macht dies ein so genanntes Entnahmemodell. Danach kann jemand, der für seine private Rente spart und dabei staatlich gefördert wird, sich zum Bau oder Kauf eines Eigenheims oder einer selbst genutzten Wohnung praktisch selbst einen zinslosen Kredit geben: Aus dem angesparten Guthaben darf er dazu einen Betrag von mindestens 10.000 Euro und höchstens 50.000 Euro vorübergehend ausleihen. Allerdings muss er das Geld bis zur Vollendung des 65. Lebensjahrs, also bis zum Renteneintritt, wieder voll zurückzahlen. Mit der Rückzahlung muss der Anleger spätestens ein Jahr nach dem Immobilienkauf beginnen, und zwar in monatlichen Raten.

Damit ist aber bereits ein wichtiges Problem bei diesem Entnahme-Modell angesprochen: Zusätzlich zum Schuldenabbau, den eine Immobilienfinanzierung nun mal mit sich bringt, kommt die monatliche Belastung aus dem Vorsorgekonto. Die beschränkt sich nicht nur auf die Rückzahlung des entnommenen Geldes, sondern umfasst auch die Fortzahlung des Beitrags zur „Riester-Rente“. Ein Vorteil immerhin: Die Höhe des Hypothekendarlehens lässt sich um den Betrag reduzieren, der aus dem Vorsorgekonto entnommen wurde. Das bedeutet: Wenigstens da lassen sich einige Zins- und Tilgungsbelastungen verringern. Andererseits verzichtet man auf Zinsen beim Vorsorgekonto – jedenfalls teilweise.

Die Frage ist also, ob sich dieses Entnahmemodell aus der Sicht des Immobilieninvestors finanziell überhaupt lohnt. Die Antwort lautet: nicht unbedingt. Rechenmodelle haben gezeigt, dass das Entnahme-Modell finanziell umso ungünstiger wird, je niedriger der Hypothekenzins und je höher die Rendite ist, die das angesparte Kapital auf dem Vorsorgekonto aufweist. Im Umkehrschluss: Liegt z. B. der Hypothekenzins über dem langjährigen Durchschnitt von 8,0%, lohnt es sich umso mehr, das Vorsorgekonto bei der Finanzierung der Immobilie zu berücksichtigen, je geringer die Rendite des Vorsorgekontos ist.

Familien mit Kindern werden bei der „Riester-Rente“ höher bezuschusst als Ledige. Gleiche Rendite auf dem Vorsorgekonto vorausgesetzt, müssen sie also für die gleiche Sparleistung sehr viel weniger einzahlen als ein Single. Daher lohnt es sich auch eher für Familien, den Vorsorgevertrag für eine Immobilienfinanzierung einzusetzen, vorausgesetzt, sie können sich die höheren monatlichen Belastungen leisten.

**Rechenbeispiel:** *1. Beispiel: Single (33 Jahre alt) rentenversicherungspflichtiges Bruttoeinkommen 30.000 Euro (jährliche Steigerung: 3%), Vermögensaufbau beginnt ab dem Jahr 2002:*

*Nach rund elf Jahren, also im Jahr 2012, hat er knapp 12.000 Euro angespart und liegt damit über 10.000 Euro. Damit ist dies für ihn der frühestmögliche Zeitpunkt, zu dem er einen Betrag aus dem Vorsorgevertrag zur Eigenheimfinanzierung entnehmen kann. Bis dahin hat er rund 1.200 Euro an staatlichen Zuschüssen erhalten, also etwa 10% seiner Sparleistung.*

*Ab dem Jahr 2014 muss er beginnen, die Summe zurückzuzahlen, und zwar bis zu seinem 65. Lebensjahr. Das bedeutet für ihn über die nächsten 19 Jahre eine monatliche Belastung von rund 53 Euro.*

*2. Beispiel: Ehepaar (beide 33 Jahre alt), verheiratet, 2 Kinder, er Alleinverdiener mit einem rentenversicherungspflichtigen Bruttoeinkommen von 30.000 Euro (jährliche Steigerung: 3%), Vermögensaufbau beginnt ab dem Jahr 2002:*

*Nach rund elf Jahren, also im Jahr 2012, haben sie ebenfalls rund 12.000 Euro angespart. Bis dahin haben sie aber deutlich mehr als der Single an staatlichen Zuschüssen erhalten, nämlich rund 5.400 Euro und damit etwa 45% ihrer Sparleistung.*

*Ab dem Jahr 2014 müssen sie beginnen, die Summe zurückzuzahlen, und zwar bis zu ihrem 65. Lebensjahr. Das bedeutet für sie über die nächsten 19 Jahre ebenfalls eine monatliche Belastung von rund 53 Euro.*

An beiden Beispielen zeigt sich noch ein weiteres Problem der „Riester-Rente“: Die monatlichen Belastungen aus den Rückzahlungen in das Vorsorgekonto fallen umso höher aus, je älter der Anleger ist. Dies ergibt sich aus der Auflage, das Geld bis zum 65. Lebensjahr zurückzahlen zu müssen. Das bedeutet: Je früher man also mit der privaten Altersvorsorge begonnen hat, umso eher lässt sich das Vorsorgekonto auch für die Eigenheimfinanzierung nutzen.

Fazit: Sehr zum Unwillen der Politiker muss man leider sagen:

**WISO rät:** Wer ohnehin schon sehr genau rechnen muss bei der Finanzierung seines Eigenheims, sollte um das Entnahmemodell eher einen Bogen machen. Die finanziellen Belastungen können einfach zu hoch werden.

Ohnehin kann nicht jeder Altersvorsorgevertrag beliehen werden. Bei Betriebsrenten oder Lebensversicherungen zum Beispiel ist dies zumindest nach jetzigem Stand in der Regel nicht möglich, bei Investmentfonds dagegen schon. Eine Eintragung im Grundbuch soll nicht gesetzlich vorgeschrieben werden, um Kosten- und Verwaltungsaufwand zu vermeiden.

Wird die Immobilie während des laufenden Altersvorsorgevertrages verkauft oder nicht mehr selbst genutzt, muss der Restbetrag des ausgeliehenen Geldes innerhalb einer bestimmten Frist entweder in ein Ersatzobjekt investiert oder in den Vertrag wieder eingezahlt werden. Geschieht das nicht, muss die staatliche Förderung zurückgezahlt und versteuert werden. Das gleiche gilt für den, der mit den Rückzahlungen mehr als ein Jahr in Rückstand gerät.

Falls der Anleger stirbt, bevor der entnommene Betrag zurückgezahlt ist, muss die Summe aus dem Erbe zurückgezahlt werden. Ausnahme: Der Ehepartner übernimmt den Vertrag und verpflichtet sich, die noch ausstehende Summe in einen eigenen Vorsorgevertrag zu zahlen. Kindern ist dies nicht erlaubt.

Zieht der Eigentümer ins Ausland, wird die steuerliche Förderung zurückgefordert, allerdings bis zum Bezug der Altersvorsorgeleistung gestundet. Wird jemand beruflich ins Ausland entsandt, kann er für die Auslandsjahre trotzdem die Förderung in Anspruch nehmen.

# IX. Staatliche Förderung für Kapitalanleger

Die allererste und gleichzeitig auch wichtigste Grundregel für ein geeignetes Vermietungsobjekt hat mit den steuerlichen Fragen zunächst wenig zu tun. Sie lautet:

**WISO rät:** Eine Immobilie muss auch ohne Steuertricks rentabel sein. Entscheidend ist die Rendite eines Objekts, dass also ausreichend Mieteinnahmen vorhanden sind, damit Ertrag und eingesetztes Kapital im richtigen Verhältnis zueinander stehen. Fast noch wichtiger ist die Lage einer Immobilie und damit ihre zu erwartende Wert- und Mietsteigerung. Erst dann kommen die guten Gaben des Fiskus als ein weiteres Kriterium: der Steuervorteil!

Zu diesem Thema lohnt es sich, noch einmal die Tips aus Kapitel II nachzulesen.

## 1. Einkommensteuer

Wie wirkt sich Immobilieneigentum auf die Einkommensteuer aus? Die Einkommensteuer belastet das Einkommen, das in einem Kalenderjahr erzielt wird, allerdings nicht das gesamte Einkommen, sondern nur ganz bestimmte Einkunftsarten, die im Einkommensteuergesetz, kurz EStG, aufgezählt werden. Unter anderem gehört dazu, was man als Arbeitnehmer oder als Selbstständiger verdient, daneben Einkünfte aus Kapitalvermögen wie Aktien oder festverzinsliche Wertpapiere, aber eben auch Einkünfte aus Vermietung und Verpachtung. Einkünfte sind dabei jeweils das Ergebnis der Einnahmen, von denen die Ausgaben abgezogen werden. Deshalb können diese Einkünfte auch negativ sein. Das sind dann Verluste.

### Verlustausgleich

Der Verlustausgleich zwischen verschiedenen Einkunftsarten ist seit 1.1.2004 wieder unbeschränkt möglich. Davor war lediglich ein begrenzter Verlustausgleich möglich, nämlich nur bis zu einer bestimmten Höhe. Bisher durften positive und negative Einkünfte darüber hinaus nur bei gleicher Einkunftsart ausgeglichen werden. Das ist jetzt vorbei. Außerdem dürfen jetzt Verluste, die im Entstehungsjahr nicht mit (positiven) Einkünften verrechnet werden können, in den vorangegangenen Veranlagungszeitraum zurückgetragen und in diesem mit (positiven) Einkünften ausgeglichen werden. Dies allerdings nur im Rahmen der gesetzlichen Verlustrücktragsgrenzen in Höhe von 511.500 Euro für Alleinstehende und 1.023.000 Euro bei zusammen veranlagten Ehegatten.

Wer Verluste weder im aktuellen noch im vorhergehenden Veranlagungszeitraum mit Einnahmen ausgleichen konnte, kann sie in den kommenden Veranlagungszeitraum „mitnehmen". Allerdings: Die Grenze für Verlustvorträge beträgt 1.000.000 Euro für Alleinstehende und 2.000.000 Euro bei zusammen veranlagten Ehegatten. Für Einkünfte, die darüber liegen, ist nur noch ein Verlustausgleich bis zu 60 Prozent möglich, 40 Prozent sind zu versteuern.

**Beispiel:** Ein Gewerbetreibender hat einen Gewinn von 100.000 Euro erwirtschaftet und 50.000 Euro Einkünfte aus Vermietungen erzielt. Am Kapitalmarkt verbucht er durch Aktienverkäufe einen Verlust von 20.000 Euro. Diesen Verlust kann er in voller Höhe von den Einnahmen abziehen, sodass er noch für 130.000 Euro an Einkünften steuerpflichtig ist. Diesen Betrag kann er als Verlustvortrag für zukünftige Veranlagungszeiträume geltend machen.

Würden seine Einkünfte als Alleinstehender nach dem Verlustausgleich zum Beispiel bei 1,2 Millionen Euro liegen, könnte er neben dem Betrag von 1 Million Euro von den restlichen 200.000 Euro 60%, also weitere 120.000 Euro, als Verlust vortragen.
Mit dieser Regelung haben Immobilieneigentümer einige Gestaltungsmöglichkeiten. Hat man zum Beispiel Mietüberschüsse aus dem einen Objekt, kann man die mit (steuerlichen) Verlusten aus einer anderen Kapitalanlage (natürlich auch mit denen einer Immobilie) verrechnen. An solche Strategien sollte man sich allerdings nur zusammen mit einem gewieften Steuerfachmann heranwagen.

Mehrere Miteigentümer einer Immobilie können sich darauf einigen, dass nur einer von ihnen Vermieter sein soll. Das kann beim Erwerb der Immobilie geschehen, aber auch wenn sich das Objekt schon im Eigentum befindet. Gewinne oder Verluste werden dann steuerlich nur bei dem einen Eigentümer erfasst. Dies macht zum Beispiel dann Sinn, wenn die Immobilie Gewinne abwirft und die einzelnen Eigentümer unterschiedlich hohe Steuer-Progressionen haben. Im Verlustfall kommt diese Gestaltung in Betracht, wenn einer der Eigentümer steuerpflichtige Einkünfte verrechnen möchte.

Dies gilt auch für eine Erbengemeinschaft, hat der Bundesfinanzhof entschieden (Urteil v. 5.8.2004, AZ: IX B 60/04). Sie muss dafür vertraglich festlegen, dass nur dem einen Miterben das Verwaltungsrecht und das so genannte „Fruchtziehungsrecht" zustehen sollen. Alle anderen Miterben müssen aus ihren mietvertraglichen Rechten und Pflichten entlassen werden. Konkret bedeutet das: Der Mietvertrag muss so geändert werden, dass nur noch der einzelne Miterbe als Vermieter ausgewiesen wird. Er muss alle Mieten kassieren und alle Kosten des Grundstücks tragen. Der Zahlungsverkehr darf nicht mehr über ein gemeinschaftliches Konto abgewickelt werden. Und der Erbe muss eine Überschusserzielungsabsicht glaubhaft machen können.

## Mieteinnahmen und Werbungskosten

Wer eine Immobilie vermietet, hat zunächst Einnahmen aus Vermietung und Verpachtung. Diesen Mieteinnahmen werden die Ausgaben zur Erzielung dieser Einnahmen gegenübergestellt, die so genannten Werbungskosten. Sind die Werbungskosten – Schuldzinsen, laufende Kosten oder Abschreibungen – höher als die Mieteinnahmen, hat man entsprechende Verluste aus der Vermietung.

Nun werden vielleicht einige dagegenhalten: Wenn die Immobilie ein Renditeobjekt sein soll, dann kann man wohl kaum negative Einkünfte haben, also Verluste machen. Aber das stimmt so nicht! Denn nicht jeder Verlust, der die Einkommensteuer mindert, tritt auch wirklich und real auf. Das, was das Finanzamt als Verlust anerkennt, und das, was man letztlich tatsächlich an Ausgaben hat, sind zwei verschiedene Paar Schuhe.

Das lässt sich an einem Beispiel recht einfach nachvollziehen: Das Finanzamt geht bei den Steuerzahlungen davon aus, dass eine Immobilie in 50 Jahren nichts mehr wert ist. Deshalb darf über Jahre hinweg Wohneigentum abgeschrieben werden. Diese Abschreibung ist Teil der Werbungskosten. Unterm Strich kann man damit einen laufenden steuerlichen Verlust geltend machen. Tatsächlich aber wird ein gut ausgewähltes Vermietungsobjekt über Jahre hinweg an Wert steigen. Der Verlust wird also in Wirklichkeit gar nicht eintreten.

Das Interesse des Immobilienanlegers muss nun dahin gehen, genau eine solche Situation „anzusteuern": Die Immobilie steigt im Wert, gleichzeitig macht er aber einen steuerlichen Verlust geltend. Gerade bei dem letzten Punkt gibt es Gestaltungsspielräume: Man muss wissen, wie man ganz legal einen steuerlichen Verlust herbeiführen kann. Dann wird man auf das Ziel hinarbeiten können, diese steuerlichen Verluste so auszugestalten, dass der Gesamtbetrag aus den verschiedenen Einkünften so gering wie möglich ist.

Kritische Stimmen werden anmerken: Wer lange Jahre nur Verluste bei der Vermietung geltend macht, dem wird das Finanzamt irgendwann einen Strich durch die Rechnung machen und „Liebhaberei" unterstellen oder, wie es im Amtsdeutsch heißt, „fehlende Einkunftserzielungsabsicht". Doch darüber sollte man sich wenig Sorgen machen. Allein die Tatsache, dass man die Immobilie langfristig vermietet, muss dem misstrauischen Finanzbeamten genügen.

Denn der Bundesfinanzhof hat in einem Grundsatzurteil (BFH-Urteil vom 9.1.1998 – IX R 80/94) entschieden: Bei einer auf Dauer angelegten Vermietung einer Immobilie ist grundsätzlich davon auszugehen, dass der Steuerpflichtige letztlich einen Einnahmeüberschuss erwirtschaften will. Eine längere Verlustphase steht dieser Absicht nicht entgegen. Dies gilt auch bei einer verbilligten Vermietung an Angehörige.

Der BFH begründet diese Ansicht damit, dass beim Erwerb von Immobilien die Werbungskosten in den ersten Jahren nach dem Kauf häufig die Mieteinnahmen überstei-

gen. Die Einkunftserzielungsabsicht eines Vermieters kann damit künftig nur noch in Frage gestellt werden, wenn besondere Umstände wie bei Ferienwohnungen oder bei Bauherrenmodellen mit Rückkaufangebot oder Verkaufsgarantie dagegen sprechen.

So hat der Bundesfinanzhof in einem Urteil festgestellt, dass ein Werbungskostenabzug grundsätzlich möglich ist, selbst wenn eine Wohnung längere Zeit leer steht. Einzige Voraussetzung: Der Eigentümer muss sich definitiv dazu entschlossen haben, die Wohnung zu vermieten und darf von dieser Absicht nicht mehr abrücken (Beschluss v. 21.9.2000, AZ: IX B 75/00).

Wer über Jahre hinweg regelmäßig Anzeigen geschaltet oder einen Makler beauftragt hat, für den muss das Finanzamt den Werbungskostenabzug trotz Leerstand anerkennen. Das gilt auch, wenn wegen der erfolglosen Vermietung die Immobilie gleichzeitig zum Verkauf angeboten wird (BFH-Urteil v. 9.7.2003, AZ: IX R 102/00).

Der Bundesfinanzhof hat ebenfalls Regeln festgelegt, wie Überschusserzielungsabsicht bei Ferienwohnungen unterstellt werden kann, auch wenn eine solche Immobilie teilweise selbst genutzt wird (Urteil v. 6.11.2001, AZ: IX R 97/00). Danach ist eine solche Absicht gegeben, wenn die Summe der Mieteinnahmen auf lange Frist – der Bundesfinanzhof geht hier von 30 Jahren aus – die Summe der Werbungskosten übersteigt. Für jedes Jahr müssen die Zeiten ermittelt werden, wann vermietet und wann selbst genutzt wird. Im Verhältnis dieser Zeiträume müssen dann auch die Zeiträume aufgeteilt werden, in denen die Wohnung leer steht. Nun dürfte es wohl relativ schwierig sein, eine Überschussprognose für die nächsten 30 Jahre abzugeben. Da hilft ein Blick zurück: Basis ist der Durchschnittswert der Einnahmen und Ausgaben der zurückliegenden fünf Jahre.

Eine Überschusserzielungsabsicht vorausgesetzt, werden Ausgaben wie Abschreibungen, Schuldzinsen oder Versicherungsbeiträge auf die Zeiträume Vermietung bzw. Eigennutzung verteilt. Ausnahmen sind Ausgaben, die ohnehin eindeutig der Vermietung zuzuordnen sind (Zeitungsinserate etc).

Gerade angesichts der im Osten Deutschlands schon lange Jahre leer stehenden Immobilien ist diese Entscheidung nicht ganz unwichtig.

**WISO rät:** Man sollte alles aufbewahren, was die Vermietungsbemühungen dokumentiert, zum Beispiel Vermietungsinserate in örtlichen Zeitungen. Im Zweifel kann man die beim Finanzamt vorlegen.

Vorsicht allerdings, wer mit seinem Mieter einen befristeten Vertrag abschließt und dies auch schriftlich damit begründet, dass er die Immobilie nach Ablauf der Frist verkaufen möchte. In einem solchen Fall kann das Finanzamt von einer fehlenden Einkunftserzielungsabsicht ausgehen und Verluste aus der Vermietung nicht anerkennen. So jedenfalls hat das Finanzgericht Berlin entschieden (Urteil vom 23.4.1998, AZ: I 399/95, EFG 1999, 384). Das gilt im Übrigen auch dann, wenn die Immobilie tatsächlich gar nicht verkauft wird. Das Urteil steht zwar beim Bundesfinanzhof zur Revision an (AZ: IX R 70/98), dennoch empfiehlt sich als Vorsichtsmaßnahme:

**WISO rät:** Bei befristeten Verträgen sollte darauf verzichtet werden, als Begründung den geplanten Verkauf der Immobilie anzugeben.

Ein weiteres Urteil des Bundesfinanzhofs beschäftigt sich mit der Einkunftserzielungsabsicht bei kurzfristiger Vermietung, also wenn man die Immobilie nach dem Kauf schon nach kurzer Zeit wieder veräußert (Urteil v. 9.7.2002, AZ: IX R 47/99). Hat der Immobilieneigentümer endgültig den Entschluss gefasst, auf Dauer zu vermieten, wird die Einkunftserzielungsabsicht auch nicht mehr in Frage gestellt, wenn er nach dem Beginn seiner Vermietungstätigkeit das bebaute Grundstück doch wieder veräußert, zum Beispiel weil neue, nicht vorhersehbare Umstände eingetreten sind.

Wer allerdings das Objekt binnen fünf Jahren wieder verkauft, bei dem muss nach Einschätzung des BFH „sehr nachdrücklich" davon ausgegangen werden, dass von Anfang an keine Einkunftserzielungsabsicht vorlag. Je kürzer der zeitliche Abstand zwischen Anschaffung bzw. Errichtung der Immobilie, umso mehr spricht gegen eine auf Dauer angelegte Vermietungstätigkeit. Der Immobilieneigentümer steht dabei in der Beweispflicht (Feststellungslast); er muss hieb- und stichfeste Gründe vorweisen können, weshalb er sich anders als ursprünglich beabsichtigt vorzeitig von der Immobilie trennt.

Vor gleichen Problemen steht man, wenn man nach kurzer Zeit eine Immobilie selbst nutzt oder Angehörigen überlässt. Deshalb gilt auch hier:

**WISO rät:** Bei befristeten Mietverträgen sollte man nie als Begründung hineinschreiben, dass man die Immobilie später selbst nutzen möchte.

# 2. Einnahmen

Um zu klären, wie man Steuern sparen oder besser gesagt: die Verluste optimal gestalten kann, sollte man zunächst die Einnahmenseite betrachten, also das, was eigentlich zu den Einnahmen aus der Vermietung (Verpachtung soll vernachlässigt werden) gehört. Dabei geht es zunächst ganz allgemein um Wohnobjekte, also um Ein-, Zwei- und Mehrfamilienhäuser sowie um die Eigentumswohnung. In einem gesonderten Kapitel wird die Situation für den betrachtet, der als Eigentümer eines Zwei- und Mehrfamilienhauses einen Teil selbst nutzt und den anderen vermietet hat.

Zu den Mieteinnahmen zählen nach dem Gesetz alle Zuflüsse in Geld oder Geldeswert, die aus der Vermietung erzielt werden (§ 8 Abs. 1 EStG). Was das heißt, kann man sich an einigen Einnahmeposten anschauen, die zu den wichtigeren gehören beziehungsweise steuerlich interessant sind.

Der größte Brocken ist natürlich die mit dem Mieter vertraglich vereinbarte Monatsmiete, egal, ob sie für ein Haus, eine Wohnung, eine Garage oder ein Grundstück

gezahlt wird. Normalerweise handelt es sich dabei um Kaltmieten. Daher hat man mit den Abrechnungen von Strom, Wasser und Gas meist nichts zu tun (sind allerdings Warmmieten vereinbart, trägt der Vermieter auch solche Kosten und kann diese in vollem Umfang steuerlich geltend machen).

Mietumlagen müssen ebenfalls auf der Einnahmenseite verbucht werden. Mit diesen Zahlungen werden laufende Betriebskosten auf die Mieter umgelegt. Dazu zählen zum Beispiel die Kosten für die Heizung, für den Wasserverbrauch, für Müllabfuhr, Straßenreinigung, Grundsteuer usw.

Ein sehr wichtiger Punkt unter steuerlichen Gesichtspunkten sind Mieterzuschüsse. Wenn sich der Mieter an den Herstellungskosten beteiligt und die Zuschüsse mit seiner Miete verrechnet werden, hat man zwei Möglichkeiten.

**WISO rät:** Werden Mieterzuschüsse mit der Miete verrechnet, kann man sie in dem Jahr berücksichtigen, in dem der Mieter die Zuschüsse gezahlt hat. Wer jedoch die Einnahmen möglichst gleichmäßig verteilen will, kann beim Finanzamt beantragen, dass diese Zuschüsse erst jeweils in den Verrechnungsjahren erfasst werden.

Übrigens: Wenn sich der Mieter mit seinen Zuschüssen am Erhaltungsaufwand beteiligt, sind das für den Fiskus keine steuerpflichtigen Einnahmen.

Noch anders lässt sich verfahren, wenn die Mieterzuschüsse nicht mit der späteren Miete verrechnet werden.

**WISO rät:** Werden Mieterzuschüsse nicht mit der Miete verrechnet, lassen sie sich in dem Jahr ansetzen, in dem sie dem Vermieter zufließen. Er kann aber die Mieterzuschüsse auf Antrag auch auf die voraussichtliche Dauer des Mietverhältnisses gleichmäßig verteilen.
Die Mieterzuschüsse werden dann als tilgungsfreies Darlehen angesehen und können auf einen Zeitraum von bis zu zehn Jahren verteilt werden; wobei der Fiskus aus Vereinfachungsgründen unterstellt, dass ein Zuschuss in Höhe einer Jahresmiete in vier Jahren verbraucht ist.

**Rechenbeispiel:** *Der Mieter zahlt Vorschüsse in Höhe von 18.000 Euro. Die Jahreskaltmiete beträgt 9.000 Euro. Die Mietzuschüsse können dann, auf maximal acht Jahre verteilt, mit jeweils 2.250 Euro als Einnahmen steuerlich angesetzt werden.*
Mit Mietvorauszahlungen, die man erst bei ihrer Verrechnung mit der Miete erfassen lassen muss, kann man in gleicher Weise verfahren.

Zuschüsse aus öffentlichen Mitteln gelten dann als Einnahmen, wenn es sich bei den bezuschussten Aufwendungen um Erhaltungsaufwand oder Schuldzinsen handelt. Man spricht hier von Aufwandszuschüssen. Dazu zählen Zinsverbilligungen aus dem Förderprogramm der Kreditanstalt für Wiederaufbau (KfW) oder Aufwendungszuschüsse der Bundesländer, mit denen laufende Betriebskosten gesenkt werden. Solche Zuschüsse müssen im Kalenderjahr ihres Zuflusses angesetzt werden.

Anders die öffentlichen Zuschüsse zur Finanzierung von Herstellungskosten: Solche Zuschüsse kürzen die Bemessungsgrundlage bei der Gebäudeabschreibung, entsprechend mindert sich natürlich auch die Höhe der Abschreibungen.

Weil es gar nicht selten vorkommt, sei außerdem erwähnt: Wenn ein Mieter die Hausmeisterfunktion übernimmt und dessen Miete sich dadurch verringert, müssen seine Leistungen bewertet und als Einnahmen verbucht werden (wenn er für diese Funktion extra bezahlt wird, sind das Werbungskosten). Bei der Bewertung muss man sich daran orientieren, was ein Hausmeister normalerweise in vergleichbarer Funktion vor Ort verdient.

Ein besonderer Aspekt bei Zwei- oder Mehrfamilienhäusern für den selbst genutzten Teil (bzw. für den Selbstnutzer generell, wenn er eine Zeit lang seine Immobilie vermietet): Bringt man einen Mieter bei sich unter, müssen die Einnahmen nicht versteuert werden, wenn diese im Kalenderjahr unter 520 Euro bleiben.

## 3. Werbungskosten

Das Gesetz versteht unter den Werbungskosten alle Aufwendungen zur Erwerbung, Sicherung und Erhaltung der Einnahmen (§ 9 EStG). Bei Immobilien sind dies alle Finanzierungskosten, außerdem Verwaltungs-, Betriebs- und Instandhaltungskosten, alles Aufwendungen also, die mit der Vermietung direkt in engem Zusammenhang stehen. Interessanterweise macht der Bundesfinanzhof dabei eine Ausnahme (Urteil v. 31.5.2000, AZ: IX R 6/96): Wenn jemand umfangreiche Instandsetzungsarbeiten an einer Mietimmobilie durchführen lässt, die ihm zwar fest versprochen, aber noch nicht auf ihn übertragen wurde, kann die Kosten dafür als vorweggenommene Vermietungsverluste geltend machen. Trotz dieses Urteils empfiehlt es sich, mit den Reparaturen erst nach Eigentumsübertragung zu beginnen, damit man absolut sicher geht.

Es gibt aber auch so genannte vergebliche Werbungskosten:

**WISO rät:** Wer dem Finanzamt durch entsprechende Unterlagen glaubhaft nachweisen kann, dass er ein ernsthaftes Interesse an einer Immobilie hatte, der Kauf aber geplatzt ist, kann die dadurch entstandenen Kosten steuerlich geltend machen. Dazu zählen zum Beispiel Telefonkosten, Fahrtkosten zur Besichtigung der Immobilie, Architekten- und Bauingenieurhonorare usw.

Ein konkretes Beispiel: Ein Bauherr hat für ein geplantes Vermietungsobjekt einem Bauunternehmer, der dann pleite macht, schon Anzahlungen geleistet. Daraufhin wird der Bau der Immobilie mit einem anderen Unternehmen umgesetzt. Dann darf der Bauherr die Anzahlungen als vergebliche Werbungskosten geltend machen. Das hat sogar der Bundesfinanzhof höchstrichterlich entschieden (Urteil v. 17.5.2000, AZ: X R 87/98).

Gleiches gilt, wenn man in diesem Zusammenhang einen Kreditvertrag rückabwickeln muss. Bereitstellungszinsen und eine Nichtabnahmeentschädigung, die das Kreditinstitut dafür verlangt, können ebenfalls steuerlich geltend gemacht werden (BFH-Urteil v. 5.11.2001).

Als Grundregel für die Verteilung aller Werbungskosten gilt: Die Werbungskosten sollten so über die Jahre hinweg verteilt werden, dass die Einkünfte aus der Vermietung und Verpachtung unter steuerlichen Gesichtspunkten möglichst regelmäßig gering gehalten werden. Genauer: Hat man einmalig hohe Einnahmen, müssen auch einmalig hohe Ausgaben ausgewiesen werden können. Hat man aber gleichmäßig hohe Einnahmen, müssen die Ausgaben über mehrere Jahre verteilt werden können. Dabei geht es weniger um die laufenden (Betriebs- und Verwaltungs-)Aufwendungen als vielmehr speziell um die Instandhaltungskosten (Erhaltungsaufwand). Im Folgenden sollen nur bestimmte Bestandteile der Werbungskosten herausgepickt und die Abschreibungen ihrer Bedeutung wegen in einem gesonderten Kapitel behandelt werden.

## a) Erhaltungsaufwand

Beim Kauf einer Gebrauchtimmobilie hat es in der Vergangenheit häufig Auseinandersetzungen mit dem Finanzamt gegeben, ob bestimmte Renovierungskosten als Erhaltungsaufwand oder als nachträgliche Herstellungskosten (Anschaffungsnaher Aufwand) zu verstehen sind. Als Erhaltungsaufwand sind diese Kosten nämlich als Werbungskosten sofort absetzbar, als nachträgliche Herstellungskosten leider nicht. In letzterem Fall sind die Kosten auf die voraussichtliche Nutzungsdauer zu verteilen, erhöhen also nur die Bemessungsgrundlage für die Abschreibung einer Immobilie.

Als Erhaltungsaufwand werden normalerweise alle Instandhaltungsarbeiten verstanden, die durch die gewöhnliche Nutzung des Gebäudes entstehen. Dazu zählen zum Beispiel die Ausbesserung des Dachs, der Fenster oder die Erneuerung sanitärer Anlagen.

Auch der Einbau einer Solaranlage zur Brauchwassererwärmung in eine bereits vorhandene Gaswärmeversorgung gilt als Erhaltungsaufwand (nach einem Urteil des BFH v. 14.7.2004, AZ: IX R 52/02).

Schwieriger wird es bei höheren Ausgaben. Man kann zwar durchaus auch Teile ergänzen oder erneuern lassen, die bereits bei den Herstellungs- bzw. Anschaffungskosten berücksichtigt sind, egal, ob diese Teile verbraucht sind oder nicht. Zum Beispiel zählt der Austausch von Fenstern mit Holz- gegen solche mit Aluminiumrahmen dazu oder der Einbau von Heizungsmessgeräten in Wohnungen. Doch:

**WISO rät:** Man sollte immer darauf bedacht sein, dass durch diese Arbeiten der Wohnkomfort nur an den heutigen Standard angepasst wird. Diese Arbeiten dürfen weder den Wert einer Immobilie deutlich steigern noch zusätzlichen Wohnraum schaffen.

Sollte dies nämlich der Fall sein, versteht das Finanzamt die entstehenden Aufwendungen als Herstellungskosten (mehr zur Abgrenzung weiter unten). Aber:

**WISO rät:** Das Finanzamt akzeptiert Ausgaben bis 4.000 Euro netto (also ohne Mehrwertsteuer) pro Jahr auf Antrag hin problemlos als Erhaltungsaufwand. Mit einer Ausnahme: wenn der Aufwand der Fertigstellung einer vermieteten Immobilie dient.

Doch auch wer fein säuberlich zwischen Herstellungs- und Erhaltungskosten abgrenzt, kann eine böse Überraschung erleben. Denn der Gesetzgeber hat dem Immobilieneigentümer auch bei der Anerkennung von Erhaltungsaufwendungen enge Grenzen gesetzt.

Bis ins Jahr 2003 akzeptierten Finanzämter Instandsetzungskosten, die innerhalb von drei Jahren nach Erwerb der Immobilie entstanden sind, nur dann als Erhaltungskosten, wenn sie nicht 15% der Anschaffungskosten (ohne Mehrwertsteuer) überstiegen. Nur dann durfte dieser Aufwand als Werbungskosten sofort abgesetzt werden. Lagen die Kosten darüber, ging das Finanzamt von einem Anschaffungsnahen Aufwand aus, der lediglich die Bemessungsgrundlage für die Abschreibung vergrößert. Die Aufwendungen wurden wie nachträgliche Herstellungskosten behandelt.

Für das Jahr 2003 hatte der Bundesfinanzhof diese Rechtsprechung geändert. Nach seiner Definition gehörten zu den Anschaffungskosten Instandhaltungs- und Modernisierungsaufwendungen, die dazu führten, dass der Standard eines neu angeschafften Gebäudes gehoben wird. Wenn diese Aufwendungen in den ersten drei Jahren nach Anschaffung 15% nicht überstiegen, spielte die Prüfung des Standards allerdings keine Rolle. Diese neue Definition galt für Baumaßnahmen, die vor dem 1.1.2004 begonnen wurden.

Dann kam die Rolle rückwärts: Der Gesetzgeber griff durch und machte die 15%-Regel zum Gesetz. Seit dem 1.1.2004 gilt also wieder die alte Definition.

**Beispiel:** Kauf einer Immobilie als Vermietungsobjekt für 225.000 Euro im Jahr 2004, davon Gebäudeanteil 200.000 Euro. Im Jahr 2005 wird das Dach für 20.000 Euro repariert und die Heizungsanlage für 15.000 Euro saniert.
Beide Aufwendungen gelten zwar als Erhaltungsaufwendungen, fallen aber innerhalb der ersten drei Jahre nach dem Kauf an. Deshalb prüft das Finanzamt, in welchem Verhältnis die Erhaltungsaufwendungen zum Kaufpreis des Gebäudes stehen. Die Aufwendungen werden hier als Anschaffungsnaher Aufwand angesehen, da sie zusammen die 15%-Grenze übersteigen (35.000 Euro = 17,5% von 200.000 Euro). Sie können nur als Abschreibung geltend gemacht werden.

**Rechnung:** *Die Abschreibung im Jahr 2004 beträgt 2% von 200.000 Euro (Gebäudeanteil), macht 4.000 Euro. Ab dem folgenden Jahr erhöht sich die Bemessungsgrundlage auf 235.000 Euro (Gebäude plus anschaffungsnaher Aufwand), davon 2%, macht 4.700 Euro pro Jahr als Abschreibungssumme.*

**WISO rät:** Liegen die Instandsetzungskosten über 15% des Kaufpreises, sollte man dem Finanzamt gegenüber nur den Teil nachweisen, der darunter liegt. Dann kann man den Aufwand sofort steuerlich geltend machen.

Aber Achtung: Alle Aufwendungen, die innerhalb der drei Jahre anfallen, werden addiert. Das kann dazu führen, dass anfänglicher Erhaltungsaufwand noch zu Anschaffungsnahem Aufwand wird. Aufwendungen wie Schönheitsreparaturen, also zum Beispiel Tapezieren und Streichen, werden nicht in die 15%-Grenze eingerechnet.

Was also nicht unbedingt notwendig ist an Reparaturen, sollte auf die Zeit nach den ersten drei Jahren verschoben werden. Aber Vorsicht: Außerhalb der Drei-Jahres-Frist muss man wieder darauf achten, dass durch die Arbeiten der Standard nicht erhöht wird und das Finanzamt von Herstellungskosten ausgeht (siehe oben).

Schwierigkeiten gibt es außerdem, wenn Erhaltungsaufwand und Herstellungsaufwand in einem engen räumlichen und zeitlichen Zusammenhang stehen. Denn unter Umständen akzeptiert der Fiskus den Erhaltungsaufwand steuerlich nicht, mit dem Ergebnis, dass er nicht als Werbungskosten abgesetzt werden darf.

**Beispiel:** Eine Baufirma wird beauftragt, die Wohnung im Dachgeschoss auszubauen (Herstellungsaufwand), gleichzeitig dort aber auch die Fenster zu erneuern (Erhaltungsaufwand). Die Erneuerung der Fenster zählt der Fiskus dann mit zum Herstellungsaufwand, die Kosten sind also nicht sofort abzugsfähig.

**WISO rät:** Man sollte sich die Maßnahmen, die räumlich zusammenfallen und sowohl Erhaltungs- als auch Herstellungsaufwand sind, vom Bauunternehmen getrennt abrechnen und entsprechend belegen lassen. Dann ist der Erhaltungsaufwand sofort steuerlich absetzbar.

Anders wird das gesehen, wenn Arbeiten zwar zeitlich aufeinanderfallen, aber räumlich getrennt sind. Das Beispiel von eben: Fenster im Dachgeschoss werden erneuert (Erhaltungsaufwand), das Erdgeschoss aber ausgebaut (Herstellungsaufwand). Kein Problem, hier ist der Erhaltungsaufwand sofort abzugsfähig.

Wenn die Bauarbeiten in verschiedenen Stockwerken stattfinden, bautechnisch aber zusammenhängen, macht der Fiskus einen Strich durch die Rechnung.

**Beispiel:** Im Keller werden die Gebäudefundamente erneuert (Erhaltungsaufwand), das Erdgeschoss wird ausgebaut (Herstellungsaufwand). Der Erhaltungsaufwand wird hier zu den Herstellungskosten hinzugerechnet, da nach Ansicht des Finanzamtes ohne Fundamenterneuerung ein Umbau nicht möglich gewesen wäre.

**WISO rät:** Wenn es möglich ist, sollten bautechnisch zusammengehörende Arbeiten auf verschiedene Jahre verteilt werden. Die Instandsetzungsarbeiten sollten zuerst erledigt werden. Sie werden als Werbungskosten angesetzt, und erst im folgenden Jahr werden alle Arbeiten erledigt, die zum Herstellungsaufwand zählen.

Wer nach einer Generalrenovierung der Immobilie (Erhaltungsaufwand) die Miete für die Wohnungen deutlich erhöht, dem unterstellt das Finanzamt bei einem solchen Schritt Herstellungsaufwand ohne sofortige Abzugsmöglichkeit. Begründung: Der Gebrauchswert der Immobilie ist gestiegen, die Arbeiten gingen über die reine Substanzerhaltung hinaus.

**WISO rät:** Falls ein Immobilieneigentümer nach einer Renovierung eine Mieterhöhung plant, sollte er mit seinen Mietern eine schrittweise Erhöhung über mehrere Jahre vereinbaren. Dann akzeptiert das Finanzamt die Renovierungsarbeiten als Erhaltungsaufwand.

### Größerer Erhaltungsaufwand

Sind Aufwendungen als Erhaltungsaufwand sofort abziehbar, bietet die neue Gesetzgebung seit 1.1.2004 die Möglichkeit, bei größeren Erhaltungsaufwendungen alle Kosten gleichmäßig auf zwei bis fünf Jahre zu verteilen (§ 82 b EStDV). Das setzt allerdings voraus, dass das Gebäude nicht zu einem Betriebsvermögen gehört und überwiegend zu Wohnzwecken vermietet wird.

Eine Nutzung zu Wohnzwecken liegt vor, wenn die gesamte Nutzfläche inklusive Keller, Hobbyräumen usw. zu mehr als 50% genutzt wird. Einzelgaragen sind dem Wohnbereich zuzuordnen, Doppelgaragen oder weitere zusätzliche Unterstellmöglichkeiten dagegen nicht.

Der Erhaltungsaufwand muss gleichmäßig auf die Kalenderjahre verteilt werden. Von dieser Regel muss man allerdings abweichen, wenn das Gebäude während dieses Zeitraums veräußert, nicht mehr vermietet oder in ein Betriebsvermögen eingebracht wird. In solchen Fällen werden die noch verbliebenen Kosten im Jahr der Änderung in einem Restbetrag abgezogen.

**WISO rät:** Was letztlich steuerlich günstiger ist, nämlich Erhaltungsaufwand in einem Einmalbetrag sofort abzusetzen oder über mehrere Jahre zu verteilen, hängt von der Einkommenssituation in den jeweiligen Folgejahren ab.

## b) Disagio

Für Vermieter kann es, anders als für den Selbstnutzer, durchaus steuerlich attraktiv sein, ein Disagio (Damnum) bei der Darlehensaufnahme zu vereinbaren. Das Disagio ist als Werbungskostenbetrag sofort abzugsfähig.

Voraussetzung für die steuerliche Anerkennung ist ein Disagio von bis zu 5 % bei einer Zinsbindungsfrist von maximal fünf Jahren.

Die Regelung, nach der ein Disagio steuerlich nur geltend gemacht werden kann, wenn die Zinsbindungsfrist bei maximal fünf Jahren liegt, geht auf die Reform des § 11 EStG zurück. Sie gilt seit dem 1.1.2005.

**Rechenbeispiel**

*Darlehen 165.000 Euro, Zinsbindungsfrist 5 Jahre, Disagio: 8% = 13.200 Euro. Abschluss am 1.4.2004. Davon sofort abzugsfähig 8.250 Euro (= 5%).*

Der Rest von 4.950 Euro verteilt sich auf die Laufzeit des Darlehens wie folgt:

- vom 1.4.2004 bis 31.12.2004: 742,50 Euro
- in den Jahren 2005 bis 2008: jeweils 990 Euro
- im Jahr 2009: der Rest von 247,50 Euro.

Für das Jahr 2004 können also insgesamt 8.992,50 Euro steuerlich abgesetzt werden.

Wer ein Disagio vereinbart, hat eine vergleichsweise hohe Steuerersparnis im Finanzierungsjahr. Gleichzeitig muss er aber bedenken, dass damit beim Darlehen der Nominalzins verringert und die Steuervorteile während der Zinsbindungsdauer und damit auch während der Vermietungsdauer reduziert werden.

**WISO rät:** Ein (hohes) Disagio macht nur für den Sinn, der im Finanzierungsjahr eine hohe Steuerprogression hat, die anschließend während der Vermietungsphase geringer ist. Hat man aber einen gleichbleibend hohen Steuersatz, bringt ein Disagio letztlich steuerliche Nachteile. Rechnet man dagegen damit, dass die Einnahmen in den nächsten Jahren steigen werden, macht es sogar eher Sinn, auf ein Disagio (ganz) zu verzichten.

## c) Vorfälligkeitsentschädigung

Bei vorzeitiger Kündigung eines Darlehens wird der Kreditgeber in vielen Fällen eine Vorfälligkeitsentschädigung verlangen, weil er sich für den entgangenen Gewinn bezahlen lassen möchte (ausführliche Erläuterungen siehe Kapitel VII).

Unter Umständen kann eine solche Vorfälligkeitsentschädigung als Werbungskosten steuerlich abgesetzt werden. Dazu müssen aber bestimmte Voraussetzungen erfüllt sein.

Zum einen muss die vorzeitige Vertragsauflösung damit zu tun haben, dass ein neues, bereits konkret ins Auge gefasstes Vermietungsobjekt gekauft werden soll. Das heißt, wer den Vertrag kündigt und dann erst sucht, für den gibt es die Möglichkeit nicht. Man muss also schon bei der Veräußerung des alten Objekts geplant haben, das neue zu kaufen. Zum anderen muss man sich darauf festgelegt haben, das neue Objekt mit Hilfe des Erlöses aus dem Verkauf der alten Immobilie zu erwerben, spätestens aber beim Abschluss des (Ver-)Kaufvertrags für das Altobjekt.

Unter diesen Bedingungen kann dem Fiskus gegenüber glaubhaft gemacht werden, dass der Verkauf der alten Immobilie tatsächlich dem Kauf der neuen dient und hinter der Vertragsauflösung somit eine Einkunftserzielungsabsicht steht. Dabei kann man sich auf ein Urteil des Bundesfinanzhofs stützen (BFH-Urteil vom 23.4.1996, AZ: IX R 5/94, BStBl 1996 II, 595).

Abzugsfähig ist die Vorfälligkeitsentschädigung zum Beispiel dann, wenn man beim Verkauf der alten Immobilie deutlich macht (evtl. sogar im Vertragstext), dass man den dabei erzielten Preis zum Kauf einer neuen Immobilie nutzen möchte. So das Finanzgericht Niedersachsen (Urteil v. 8.3.2001, AZ: 9 K 240/97) zu dem Thema.

Das bedeutet aber auch: Falls man den Kreditvertrag aus anderen Gründen vorzeitig kündigt, gibt es keine Chance, die Vorfälligkeitsentschädigung steuerlich abzusetzen. Wer nur Verbindlichkeiten tilgt, dem fehlt eine Einkunftserzielungsabsicht, so das Argument der Finanzbehörden. Wer also plant, eine vermietete Immobilie vorzeitig zu verkaufen, eventuell mit der Absicht, neu zu investieren, sollte vorher mit seinem Steuerberater reden!

Dies gilt vor allem dann, wenn nach Ablauf der zehnjährigen Spekulationsfrist (vgl. S.243) verkauft wird. Nach Ansicht des Bundesfinanzhofs hängt die Entschädigung aus steuerlicher Sicht dann nämlich nicht mit der steuerpflichtigen Erzielung von Mieteinnahmen zusammen, sondern mit dem Vermögensbereich, der steuerrechtlich gesehen hier keine Rolle spielt (Urteil v. 19.2.2002, AZ: IX R 36/98).

## d) Werbungskosten-Auflistung

Neben den bereits erwähnten Aufwendungen, die als Werbungskosten sofort steuerlich abzusetzen sind, gibt es eine Fülle von Kosten, die man in dieser Form beim Fiskus geltend machen kann. Deshalb im Folgenden eine Auflistung aller relevanten Werbungskosten:

- Abbruchkosten: Ist ein Gebäude wirtschaftlich oder technisch verbraucht, sind der Restbuchwert und die Abbruchkosten sofort abzugsfähig. Gleiches gilt für Anschaffungskosten und Abbruchkosten, wenn man ein Gebäude ohne die Absicht erworben hat, es abreißen zu lassen. Falls dies aber genau der Grund war, warum es erworben wurde, zählen der Restbuchwert des alten Gebäudes, die Abbruch- und Planungskosten sowie Abstandszahlungen an Mieter zu den Herstellungskosten des neuen Gebäudes und sind über Abschreibungen absetzbar (siehe dort auf Seite 232).
- Abfindungszahlungen an Mieter, damit dieser seine Wohnung räumt, vorausgesetzt, der Eigentümer will auch weiterhin mit dem Gebäude Einkünfte erzielen;
- Kosten für Altlasten wie Sanierungsaufwendungen oder Schadenersatzleistungen bei vermieteten Gebäuden;
- Kosten für die Asbestsanierungen von Mietimmobilien;
- Aufwendungen, die für den Bau oder Kauf eines noch zu errichtenden Vermietungsobjekts entstehen, gelten als vorab entstandene Werbungskosten. Der Abzug bleibt sogar erhalten, wenn noch vor der Fertigstellung der Immobilie die Vermietungsabsicht aufgegeben wird, um das Objekt selbst zu nutzen. Es muss allerdings dem Finanzamt die Vermietungsabsicht glaubhaft gemacht werden können. Ab

dem Zeitpunkt, wo die Vermietungsabsicht aufgegeben wird, ist kein Werbungskostenabzug mehr möglich (BFH-Urteil v. 4.11.2003, AZ: IX R 55/02).

- Finanzierungskosten für den Erwerb von Bauerwartungsland, wenn eine konkrete Bauabsicht besteht und damit zu rechnen ist, dass das Grundstück in absehbarer Zeit bebaut werden soll (BFH-Urteil v. 4.6.1991, AZ: IX R 30/89, BstBI 1991 II, 761);
- Abschlussgebühren für einen Bausparvertrag, wenn er der Finanzierung einer Mietimmobilie dient;
- Kosten für die Bewirtschaftung (Heizung, Müllabfuhr, Wasser usw.) einer vermieteten Immobilie. Werden die Kosten allerdings auf die Mieter umgelegt, müssen die Beträge als Einnahmen aus Vermietung und Verpachtung versteuert werden (BFH-Urteil v. 14.12.1999, AZ IX R 69/98, DStR 2000, 46);
- ein Breitbandverteileranschluss, wenn er nachträglich in eine bestehende Immobilie nachgerüstet wird. Bei einem Neubau zählt er zu den Herstellungskosten des Gebäudes;
- Ist die Dämmung einer Außenwand bei einem gemischt genutzten Gebäude nur beim vermieteten Teil verstärkt worden, sind die Aufwendungen in voller Höhe als Werbungskosten anrechenbar. Anders z.B. bei der Reparatur eines Daches, weil diese Maßnahme sowohl dem vermieteten als auch dem selbst genutzten Teil zugute kommt.
- Kosten für neue Einbaumöbel, wenn die alten in einem bestehenden Gebäude ausgetauscht werden;
- laufende Erbbauzinsen;
- Erschließungskosten, soweit sie als Beiträge für die Modernisierung oder Erweiterung bestehender Anlagen anfallen;
- Fahrtkosten, Mehraufwand für Verpflegung, Übernachtungskosten im Zusammenhang mit der Vermietung einer Immobilie;
- Kosten für Ferienhäuser und -wohnungen können selbst bei Leerstandszeiten in voller Höhe abgesetzt werden, wenn die Immobilie ausschließlich vermietet wird. Anders sieht es aus, wenn die Ferienwohnung auch teilweise selbst genutzt wird (vgl. S. 215).
- Aufwendungen für die Instandhaltung eines Gartens;
- Grundsteuer;
- die während eines Leerstands entstandenen Kosten (Schuldzinsen, laufende Kosten), wenn die Immobilie nach dem Auszug eines Mieters vorübergehend leer steht und wieder vermietet werden soll. Dies gilt selbst dann, wenn sich der Eigentümer gleichzeitig um den Verkauf der Immobilie bemüht, vorausgesetzt, er kann belegen, dass seine Vermietungsbemühungen ernsthaft und nachhaltig waren (BFH-Urteil v. 9.7.2003, AZ: IX R 102/00).
- Mitgliedsbeiträge zu Haus- und Grundbesitzervereinen;
- Notargebühren, die dadurch anfallen, dass ein Vermieter zum Beispiel durch Si-

cherung eines Darlehens eine Grundschuld eintragen lässt, sind als Nebenkosten der Geldbeschaffung absetzbar (BFH-Urteil v. 1.10.2002, AZ: IX R 72/99).

- Hausverwaltung (keine Eigenleistungen!);
- Heizkosten;
- Kosten für einen nachträglichen Kabelanschluss bei einem bestehenden Gebäude;
- Maklerprovision, aber nur für die Vermittlung eines neuen Mieters, nicht für die Vermittlung einer Immobilie;
- Prozeßkosten, soweit sie Mietangelegenheiten betreffen;
- Prämien für eine Rechtsschutzversicherung;
- Schadenersatzzahlungen, wenn sie zum Beispiel durch den Rücktritt vom Kaufvertrag entstehen;
- Schönheitsreparaturen in einer vermieteten Wohnung;
- Steuerberatungskosten, die im Zusammenhang mit den Einkünften aus Vermietung und Verpachtung anfallen;
- Telefonkosten, die durch die Vermietungstätigkeit entstehen;
- Prämien für Versicherungen (zum Beispiel Gebäude-, Gebäudehaftpflichtversicherung, Bauwesen- oder Bauherren-Haftpflichtversicherung);
- Zweitwohnungsteuer, soweit sie bei Vermietung und Verpachtung anfällt, bei Selbstnutzung entsprechend anteilig gekürzt (Finanzgericht Niedersachsen, Urteil v. 4.9.2000, AZ: 15 K 91/98).

## e) Werbungskostenpauschale bis Ende 1998

Die Werbungskosten durfte man bis Ende 1998 entweder in ihrer vollen Höhe oder aber mit einer gesetzlich festgelegten Pauschale ansetzen. Wer Eigentümer mehrerer Wohngebäude war, konnte für jedes einzelne Objekt zwischen beiden Möglichkeiten wählen. Bei der Pauschale konnte man dann auf eine Einzelabrechnung verzichten. Diesen Pauschalbetrag durfte man nur verwenden, wenn das vermietete Gebäude Wohnzwecken diente. Außerdem musste das Gebäude zum Privatvermögen zählen, das heißt, es musste sich um Einkünfte aus Vermietung und Verpachtung handeln.

Mit der Werbungskostenpauschale wurde praktisch alles abgegolten, außer den Schuldzinsen und allen Arten von Abschreibungen, also auch einer möglichen Sonderabschreibung.

Die Werbungskostenpauschale betrug 42 DM pro Quadratmeter Wohnfläche. Nicht enthalten waren demnach die Flächen von Garagen, Kellern und Dachböden. War das Gebäude erst im Laufe eines Jahres fertiggestellt oder gekauft worden, bekam man die Pauschale nur anteilig pro Monat, genauer: 3,50 DM pro Monat (42 DM, geteilt durch zwölf Monate) angerechnet.

Mit 1.1.1999 wurde die Werbungskostenpauschale abgeschafft, was aber kein allzu großer Grund zur Trauer ist: Dieser Pauschbetrag war zwar sicher günstig für Vermie-

ter, deren tatsächliche Kosten darunter lagen. Andererseits war diese Pauschale keine große Arbeitserleichterung, weil man in jedem Fall die effektiven Kosten prüfen musste, um zu wissen, ob die Pauschale vorteilhafter war. Nach wie vor gilt also:

**WISO rät:** In jedem Fall sollte man jede einzelne Rechnung gut aufbewahren, um gegenüber dem Finanzamt über Belege zu verfügen.

# 4. Abschreibungen

Steuern sparen lässt sich auch durch Abschreibungen (Absetzung für Abnutzung, AfA) als Teil der Werbungskosten. Normalerweise verteilen sich die Beträge, die der Eigentümer absetzen kann, gleichmäßig auf die Nutzungsdauer der Immobilie. Unter steuerlichen Gesichtspunkten geht der Fiskus nämlich von einem beständigen Wertverlust des Objektes aus (faktisch sollte das allerdings nicht der Fall sein), und zwar bei einer angenommenen Nutzungsdauer von 50 beziehungsweise 40 Jahren je nach Fertigstellungsdatum. Der Gesetzgeber lässt aber unter bestimmten Umständen auch besondere Abschreibungsformen zu, um den Bau von Immobilien steuerlich zu fördern.

Je nach Art der Verteilung wird zwischen linearer, degressiver und erhöhter Abschreibung unterschieden; zusätzlich gab es bis Ende 1998 die Sonderabschreibungen. Bevor man sich mit diesen verschiedenen Abschreibungsarten beschäftigt, muss noch geklärt werden, was überhaupt abgeschrieben werden darf.

Grundsätzlich muss zwischen dem Bau und dem Kauf einer Immobilie unterschieden werden. In dem einen Fall spricht man von Herstellungskosten (Bau), in dem anderen von Anschaffungskosten (Kauf) eines Objekts. Das dürfte normalerweise eigentlich kein Problem sein. Wer allerdings schlüsselfertig bauen lässt, dem stellt sich schnell die Frage: Wurde wirklich gebaut oder doch gekauft? Der Gesetzgeber hat es so definiert: Ein Bauherr baut oder lässt auf eigene Rechnung und Gefahr bauen und „beherrscht“ das Baugeschehen.

Warum das so wichtig ist, wird bei den verschiedenen Abschreibungsmöglichkeiten noch deutlich werden.

## Herstellungskosten

Herstellungskosten sind alle Aufwendungen, die durch den Bau einer Immobilie entstehen. Typischerweise zählen dazu Maurer-, Zimmermanns- oder Dachdeckerarbeiten sowie Baumaterial (eben alle Baukosten), dazu diverse Baunebenkosten wie Architektenhonorare, Bauabnahmegebühren oder die Fahrtkosten zur Baustelle. Das Gesetz zählt außerdem weitere Herstellungskosten auf: vom Anschluss an das Stromversorgungsnetz über Küchenspülen und Bauplanänderungen bis hin zu Ma-

terialverlust durch Diebstahl oder die Richtfestkosten. Im Prinzip geht es um alle Kosten, die weder das Grundstück noch die Finanzierungskosten betreffen.

## Nachträgliche Herstellungskosten

Nachträgliche Herstellungskosten sind Aus- und Umbauten, Erweiterungen und Modernisierungsmaßnahmen, die den Substanzwert der Immobilie deutlich vergrößern oder verbessern. Diese Kosten erhöhen die Bemessungsgrundlage für die Abschreibungen.

Um die Begriffsbestimmung und die steuerliche Behandlung solcher Kosten in Abgrenzung zum Erhaltungsaufwand hat es in den vergangenen Jahren häufig rechtliche Auseinandersetzungen gegeben (vgl. dazu S. 219 ff).

## Anschaffungskosten

Zu den Anschaffungskosten zählen alle Aufwendungen, die durch die Anschaffung eines Wohnobjekts entstanden sind, zum Beispiel auch ein Darlehensbetrag, der vom Verkäufer des Objekts übernommen wurde. Doch in erster Linie geht es um den Kaufpreis. Dabei wird der Preis des Gebäudes von dem des Grundstücks getrennt. Der Grund dafür ist, dass es bei dem einen Wertverzehr gibt, bei dem anderen nicht. Abschreiben lassen sich demnach nur die Anschaffungskosten, die für das Gebäude anfallen, nicht aber die für das Grundstück. Das Problem dabei ist, dass im Kaufvertrag normalerweise nur ein Preis für beides ausgewiesen wird.

Deshalb muss der Verkehrswert des Gebäudes und der des Grundstücks getrennt ermittelt werden. Das geschieht mit der so genannten Verkehrswertmethode (zur Ermittlung des Verkehrswerts). Je nachdem, in welchem Verhältnis beide Werte stehen, wird der Kaufpreis für Gebäude und Grundstück aufgeteilt.

Umstritten, aber dennoch nicht selten angewendet wird die alternative Restwertmethode. Dabei wird der Bodenwertanteil ermittelt und vom Gesamtkaufpreis abgezogen. Abgesehen davon, dass der Bundesfinanzhof diese Methode als nicht unbedingt gesetzeskonform ansieht:

**WISO rät:** Eigentümer sollten ihre gekaufte Immobilie nach der Verkehrswertmethode bewerten lassen. Andernfalls laufen sie Gefahr, dass der Gebäudewert zu niedrig angesetzt wird und sich damit die Abschreibungsmöglichkeiten verringern.

Hilfestellung bei der Ermittlung der Verkehrswerte gibt es beim Finanzamt. Dort kann man erfahren, was je nach Objekt und Region üblicherweise als Verkehrswert beim Gebäudeanteil anzusetzen ist. Der Immobilienerwerber kann sich aber auch mit dem Bauträger im Kaufvertrag oder nachträglich darauf einigen, wie sich der Kaufpreis auf Gebäude und Grundstück verteilt. So kann er den Streit um Verkehrswert oder Restwert umgehen.

**WISO rät:** Am besten vereinbart man mit dem Bauträger vertraglich eine Aufteilung des Kaufpreises auf den Gebäudeanteil sowie den Anteil an Grund und Boden. Das Finanzamt akzeptiert diese Aufteilung, wenn sie ihm einigermaßen plausibel erscheint.

Der Bundesfinanzhof hat deutlich gemacht, dass eine solche Vereinbarung im „beiderseitigen Interesse" von Käufer und Verkäufer sein müsse. Ansonsten werde die Zustimmung zu dieser vertraglichen Regelung verweigert (Urteil v. 15.3.2001, AZ: II R 39/99).

Zu den Anschaffungsnebenkosten für das Gebäude zählen alle mittelbaren Kosten wie Notarkosten, Maklercourtage oder Grundbuchgebühren sowie die Grunderwerbsteuer. Entfallen solche Nebenkosten auf Gebäude und Grundstück gemeinsam, müssen die Anteile ebenfalls nach der Verkehrswertmethode herausgerechnet werden.

### Nachträgliche Anschaffungskosten

Nachträgliche Anschaffungskosten bei Immobilien entstehen für Aufwendungen, die nach dem rechtswirksamen Abschluss eines Kaufvertrags durchgeführt werden, um das Gebäude in einen betriebsbereiten Zustand zu versetzen. Die Rechtsprechung orientiert sich dabei an den Vorschriften des § 255 HGB (mehr dazu S. 219).

## a) Lineare Abschreibung

Diese Abschreibungsmethode kann man als Bauherr eines Neubaus wie auch als Käufer von Gebrauchtimmobilien auf alle vermieteten Wohnobjekte anwenden.

Bemessungsgrundlage sind die Herstellungs- beziehungsweise Anschaffungskosten. Hat man sich einmal für die lineare Abschreibung entschieden, muss diese Methode während der gesamten Nutzungsdauer der Immobilie beibehalten werden.

Die Höhe des Abschreibungssatzes hängt vom Alter der Immobilie ab:

- bei Immobilien, die nach dem 31.12.1924 fertiggestellt wurden, beträgt sie 2%,
- bei Immobilien, die vor dem 1.1.1925 fertiggestellt wurden, 2,5%.

Höhere Abschreibungssätze sind möglich, wenn die voraussichtliche Nutzungsdauer nur noch sehr gering ist (§ 7 Abs. 4,2 EStG). Man muss aber dem Finanzamt gegenüber glaubhaft machen können, dass die Immobilie eine kürzere (Rest-)Nutzungsdauer haben wird. Normalerweise reicht es, wenn man die Abweichung vom Normalfall darlegt (zum Beispiel wegen erhöhter Beanspruchung) und die Nutzungsdauer schätzt. Das Finanzamt kann das nur verwerfen, wenn die Schätzung „eindeutig außerhalb des angemessenen Schätzrahmens" liegt.

**WISO rät:** Auf der absolut sicheren Seite ist man, wenn man sich die Nutzungsdauer der Immobilie durch einen Gutachter schätzen lässt. Nach einem Urteil des Finanzgerichts Köln muss das Finanzamt ein solches Gutachten als ausreichenden Beleg akzeptieren (Urteil v. 23.1.2001, AZ: 8 K 6294/95, EFG 2001, 675).

Nachträgliche Herstellungs- (und Anschaffungs-)kosten vergrößern die Bemessungsgrundlage. Der neue Gesamtbetrag wird dann wieder mit 2% beziehungsweise 2,5% abgeschrieben. Im Endeffekt verlängert man damit die unterstellte Abschreibungsdauer von 50 beziehungsweise 40 Jahren.

## b) Degressive Abschreibung

Bei der degressiven Abschreibung sind die Beträge nicht gleichbleibend hoch, sondern sinken in zeitlich vorgegebenen Abständen. Eine solche Abschreibungsform darf grundsätzlich nur ein Bauherr in Anspruch nehmen; für den Käufer einer Immobilie kommt sie lediglich dann in Frage, wenn er die Immobilie im Jahr der Fertigstellung erworben hat.

**WISO rät:** Unter Umständen lässt sich die degressive Abschreibung auch bei älteren Immobilien anwenden, und zwar dann, wenn im Rahmen von Ausbaumaßnahmen ein neues Wirtschaftsgut entsteht. Konkretes Beispiel: Der Immobilieneigentümer hat ein selbst genutztes Haus und errichtet einen Anbau, den er vermieten möchte (siehe dazu auch Seite 234).
In jedem Fall kann man die degressive Abschreibung nur beginnend vom Jahr der Fertigstellung an in Anspruch nehmen, später nicht mehr.

Achtung Steuerfalle: Viele Eigentumswohnungen werden, vor allem wenn sie ein Renditeobjekt sind, erst später, möglicherweise erst im Folgejahr nach dem Wohnungseigentumsgesetz aufgeteilt. Die Folge: Die erhöhten Abschreibungen können nicht mehr in Anspruch genommen werden. Das wurde höchstrichterlich entschieden (BFH-Urteil v. 26.1.1999, AZ: IX R 53/96).

Bemessungsgrundlage sind die Herstellungskosten der Immobilie. Die Abschreibungssätze richten sich nach dem Herstellungsjahr der Immobilie. In diesem Kapitel sollen nur die Abschreibungssätze für Immobilien, für die der Bauantrag beziehungsweise der Kaufvertrag nach dem 31.12.2003 liegt, dargestellt werden. Für diese Immobilien gelten folgende Abschreibungssätze (§ 7 Abs. 5 EStG):

- im Jahr der Fertigstellung/Anschaffung und in den nachfolgenden neun Jahren jeweils 4%,
- in den nachfolgenden acht Jahren jeweils 2,5% und
- in den nachfolgenden 32 Jahren jeweils 1,25%.

**Rechenbeispiel:** *Fertigstellungskosten: 225.000 Euro*

| Degressive Gebäudeabschreibung (seit 2004) | | | | | |
|---|---|---|---|---|---|
| Jahr | Dauer | Abschreibung | | Dauer x Abschreibung | |
| | | % | Euro | % | Euro |
| Fertigstellung | 1 | 4,00 | 9.000,00 | 4,00 | 9.000,00 |
| nachfolgende 9 Jahre | 9 | 4,00 | 9.000,00 | 36,00 | 81.000,00 |
| nachfolgende 8 Jahre | 8 | 2,50 | 5.625,00 | 20,00 | 45.000,00 |
| nachfolgende 32 Jahre | 32 | 1,25 | 2.812,50 | 40,00 | 90.000,00 |
| insgesamt | 50 | | | 100 | 225.000,00 |

Nachträgliche Herstellungskosten erhöhen die Bemessungsgrundlage für die Abschreibung ab dem Jahr, in dem sie anfallen.

## c) Erhöhte Abschreibungen

Erhöhte Abschreibungen gibt es nur noch für sehr wenige vermietete Wohnobjekte, die jetzt erst fertiggestellt werden. Diese Abschreibungsmöglichkeit beschränkt sich derzeit auf:

- Gebäude in Sanierungsgebieten und als Baudenkmale,
- Gebäude mit außergewöhnlicher Abnutzung

### Erhöhte Abschreibung bei Gebäuden in Sanierungsgebieten

Ebenso wie selbst genutzte Immobilien werden auch vermietete Wohnobjekte in Sanierungs- beziehungsweise städtebaulichen Entwicklungsgebieten besonders gefördert, in diesem Fall durch erhöhte Abschreibungen (§ 7h EStG). Dabei ist es egal, ob es sich um ein ganzes Gebäude oder Teile davon, um eine Eigentumswohnung oder um einzelne Räume handelt.

Erhöhte Abschreibungen kann nur in Anspruch nehmen, wer eine entsprechende Bescheinigung der Gemeindebehörde vorweisen kann. Aus der Bescheinigung muss hervorgehen, dass das Gebäude in einem Sanierungsgebiet liegt, in welcher Höhe Aufwendungen entstanden sind sowie ob und gegebenenfalls wieviel Zuschüsse man erhalten hat. Diese werden aus der Bemessungsgrundlage herausgerechnet.

Für alle Baumaßnahmen nach dem 31.12.2003 gelten folgende Abschreibungssätze: Im Jahr der Herstellung und in den folgenden sieben Jahren können jeweils 9% der Herstellungskosten und in den folgenden vier Jahren jeweils 7% abgesetzt werden (für alle Baumaßnahmen vor diesem Termin: zehn Jahre lang 10%).

Begünstigt werden die (nachträglichen) Herstellungskosten, also Modernisierungs- und Instandsetzungskosten, sowie Aufwendungen, die der Erhaltung, Erneuerung und

funktionsgerechten Verwendung eines Gebäudes nützen, um es wegen seiner geschichtlichen, künstlerischen und städtebaulichen Bedeutung erhalten zu können. Anschaffungsnaher Aufwand, also solcher Erhaltungsaufwand, der über 15% des Kaufpreises liegt, kann damit ebenfalls steuerlich erhöht abgesetzt werden.

## Erhöhte Abschreibung bei Baudenkmalen

Erhöhte Abschreibungsmöglichkeiten gibt es auch für Baumaßnahmen an vermieteten Wohnobjekten, die Baudenkmale sind (§ 7i EStG).

Um in den Genuss der Steuervergünstigungen zu kommen, muss man sich für alle diese Maßnahmen mit den zuständigen Behörden abgestimmt haben. Bei den Baudenkmalen wird ein Bescheinigungsverfahren vorgeschrieben, das ausweist, welche Aufwendungen man hatte und, falls geschehen, wieviel Zuschüsse geflossen sind. Ansprechpartner dafür ist die für Denkmalschutz und -pflege zuständige Behörde.

Die erhöhten Abschreibungen betragen hier im Jahr der Herstellung und in den folgenden sieben Jahren jeweils 9% sowie in den darauf folgenden vier Jahren jeweils 7% für alle Baumaßnahmen, mit denen nach dem 31.12.2003 begonnen wird (davor zehn Jahre lang 10%). Gefördert werden alle Arbeiten, die nach Art und Umfang zur Substanzerhaltung des Baudenkmals oder zu seiner sinnvollen Nutzung erforderlich sind, außerdem die Wiederherstellung eines beschädigten Baudenkmals oder seine Umgestaltung sowie unter Umständen eine Umsetzung. Keine erhöhten Abschreibungen dieser Art gibt es für Ausbauten und Erweiterungen.

Begünstigt werden also die nachträglichen Herstellungskosten von Baumaßnahmen (Anschaffungsnaher Aufwand). Das bedeutet:

**WISO rät:** Unter steuerlichen Gesichtspunkten macht es keinen Sinn, ein bereits völlig renoviertes Baudenkmal zu kaufen, um es zu vermieten. Denn es lässt sich keine erhöhte, sondern nur die normale, lineare Abschreibung vornehmen.

Auch die degressive Abschreibungsmöglichkeit kann in einem solchen Fall normalerweise nicht in Anspruch genommen werden. Allerdings gibt es eine Ausnahme, die vom Bundesfinanzhof höchstrichterlich abgesegnet wurde (Urteil v. 25.5.2004, AZ: VIII R6/01): Das Nebeneinander von Sonderabschreibung und degressiver Abschreibung ist dann möglich, wenn das umgebaute Gebäude zwar für sich gesehen nicht denkmalgeschützt ist, aber Teil einer Gebäudegruppe beziehungsweise Gesamtanlage ist, die als Einheit dem Denkmalschutz unterliegt (Ensembleschutz). Für den Teil der Baumaßnahmen, die steuerlich zu einem „Neubau" führen, kann die degressive Gebäudeabschreibung geltend gemacht werden, für den Rest, also für Kosten des von der Denkmalschutzbehörde bescheinigten Teils, eine Sonderabschreibung.

## Erhöhte Abschreibung für außergewöhnliche Abnutzung

Falls bei einem Umbau bestimmte Gebäudeteile entfernt oder ein Gebäude abgerissen werden muss, kann die Abschreibung für außergewöhnliche Abnutzung in Anspruch genommen werden.

**WISO rät:** Vorsicht, diese erhöhte Abschreibungsmöglichkeit gilt nicht, wenn auf einem neuerworbenen Grundstück ein Gebäude abgerissen wird, das technisch oder wirtschaftlich nicht verbraucht ist, etwa um eine neue Immobilie zu errichten oder um ein unbebautes Grundstück veräußern zu können.

Außerdem kann diese Abschreibungsart angewendet werden, wenn das Objekt durch Naturereignisse wie Brand, Wasser, Bergschäden, Schwammbildung oder Holzfäule beschädigt oder zerstört wurde. Dabei ist es egal, ob das Gebäude vorher linear oder degressiv abgeschrieben wurde.

Die Höhe der Abschreibung wird nach den Kosten bemessen, die anfallen würden, um die Schäden zu beseitigen. Einen festen Abschreibungssatz gibt es nicht. Der geschätzte Wertverlust kann in voller Höhe abgesetzt werden. Die lineare oder degressive Abschreibung wird danach fortgesetzt.

Werden die Schäden tatsächlich beseitigt, darf man die Aufwendungen sofort als Erhaltungsaufwand absetzen. Fallen nach einer erhöhten Abschreibung wegen außergewöhnlicher Abnutzung wieder Herstellungskosten an, muss die neue Bemessungsgrundlage so ermittelt werden:

Ursprüngliche Anschaffungs-/Herstellungskosten
– erhöhte Abschreibung
+ neue Herstellungskosten

Danach muss wieder die alte Abschreibungsmethode angewendet werden, es sei denn, das Gebäude wurde komplett abgerissen und ein neues erstellt.

## d) Abschreibungsmöglichkeiten bei vermieteten Immobilien seit 1.1.2004

| Abschreibungsmöglichkeiten bei vermieteten Immobilien | | | |
|---|---|---|---|
| | **Lineare AfA** | **Degressive AfA** | **Erhöhte AfA (§§ 7 h, i EStG)** |
| Geförderte Objekte | sämtliche vermietete Wohnobjekte | sämtliche vermietete Wohnobjekte | Baudenkmal oder Gebäude im Sanierungs-/ Entwicklungsgebiet, außergewöhnliche Abnutzung |
| Geförderte Person | Bauherr, Erwerber | Bauherr, Erwerber | Bauherr, Erwerber |
| Bemessungsgrundlage | Anschaffungs-/Herstellungskosten des Gebäudes | Herstellungskosten des Gebäudes, eingeschränkt auch Anschaffungskosten | Herstellungskosten, außerdem Erhaltungsaufwand |
| Beginn der Förderung | im Jahr der Fertigstellung/Anschaffung | im Jahr der Fertigstellung | Bei Fertigstellung bzw. Abschluss der Bauarbeiten |
| Abschreibungssätze | 50 Jahre 2% oder<br>40 Jahre 2,5% | 10 Jahre 4%<br>8 Jahre 2,5%<br>32 Jahre 1,25% | 8 Jahre 9%, 4 Jahre 7%<br>bei außergewöhnlicher Abnutzung bis zu 100% |

## e) Wahl der Abschreibungsmethode

Oftmals hat man gar keine Wahl bei der Abschreibungsmethode. Die degressive Methode beispielsweise kann im Prinzip nur bei Neubauten in Anspruch genommen werden. In den wenigen verbleibenden Ausnahmen muss sich der Immobilieneigentümer immer die Frage stellen: Was macht unter steuerlichen Gesichtspunkten gesehen mehr Sinn: eine schnelle, hohe Abschreibung mit einem hohen steuerlichen Einmaleffekt oder die zeitliche Streckung mit niedrigeren Abschreibungsbeträgen, aber über mehrere Jahre hinweg?

**WISO rät:** Bei einem Neubau beziehungsweise bei einem Kauf der Immobilie im Jahr der Fertigstellung sollte man die degressive Abschreibung wählen.

In den ersten Jahren hat man, wenn noch kein Erhaltungsaufwand anfällt, eine Steuersparmöglichkeit über die degressive Absetzung für Abnutzung (AfA). Sinken deren Sätze, so erwachsen neue steuerliche Gestaltungsmöglichkeiten durch Instandhaltungskosten.

Schwieriger ist es, wenn eine degressive Abschreibung auch an bereits bestehenden Gebäuden angewendet werden soll. Dass dies überhaupt möglich ist, setzt voraus, dass durch einen Um- oder Ausbau ein neues Wirtschaftsgut entsteht, das steuerlich wie ein Neubau behandelt wird. Ein Beispiel ist der Hausanbau, der dann vermietet wird. Eine andere Möglichkeit besteht dann, wenn zum Beispiel ein Objekt um ein Dachgeschoß erweitert und dabei zusätzlich die Dachkonstruktion komplett erneuert wird.

Der Bundesfinanzhof hat dazu in einer etwas mühsamen Formulierung festgelegt, dass ein Neubau dann entsteht, wenn ein neu eingefügter Gebäudeteil dem Gesamtgebäude das bautechnische Gepräge eines neuen Gebäudes verleiht.

Bevor man sich allerdings darauf verlässt, bei einer baulichen Veränderung eine degressive AfA in Anspruch nehmen zu können, folgende Empfehlung:

**WISO rät:** Der Immobilieneigentümer sollte sich vorher vom Finanzamt verbindlich erklären lassen, wie sein Bauvorhaben steuerlich behandelt wird. Dazu muss er einen schriftlichen Antrag bei der entsprechenden Behörde stellen.

Unter Umständen kann man nämlich mit nur geringen Veränderungen des Baukonzeptes die gewünschte steuerliche Behandlung, eben auch die Ausnutzung einer degressiven Abschreibung, erzielen. Dabei ist immer zu bedenken:

**WISO rät:** Jede Abschreibungsform, die zunächst hohe steuerliche Abschreibungen ermöglicht, wird später zwangsläufig zu niedrigeren Steuerersparnissen führen. Wer also damit rechnet, später einmal über ein höheres Einkommen zu verfügen, sollte sich sehr genau überlegen, ob und wie er Sonderabschreibungen oder erhöhte Abschreibungen in Anspruch nimmt.

## f) Wechsel von Selbstnutzung auf Vermietung

Es kommt häufig vor, dass eine ursprünglich selbst genutzte Immobilie später einmal vermietet wird. Dann stellt sich die Frage, wie das vermietete Wohnobjekt steuerlich behandelt werden muss.

Für die Abschreibungssumme wird unterstellt, dass von Anfang an eine steuerliche Abschreibung vorgenommen wurde. Mit anderen Worten: Bemessungsgrundlage sind zunächst die ursprünglichen Herstellungs- oder Anschaffungskosten zum Zeitpunkt des Baus oder Kaufs der Immobilie. Davon müssen aber die Beträge abgezogen werden, die bei entsprechender Anwendung der linearen oder degressiven Abschreibung auf den Zeitraum entfallen, in dem die Immobilie noch selbst genutzt wurde. Man bildet quasi einen hypothetischen Restwert beziehungsweise Buchwert zum Zeitpunkt des Übergangs von der Selbstnutzung zur Vermietung.

Entsprechend ist auch bei der Abschreibungsmethode zu verfahren, also entweder die lineare oder die degressive AfA anzuwenden, und zwar unter den Bedingungen, wie sie in den vorangegangenen Abschnitten beschrieben wurden.

**Rechenbeispiel:** *Herstellungskosten einer neuen Immobilie: 250.000 Euro, auf den Gebäudeteil entfallen 210.000 Euro, das Wohnobjekt wird vier Jahre selbst genutzt, anschließend vermietet.*

*Ursprüngliche Herstellungskosten: 210.000 Euro, degressive AfA von 4 x 4%, ergibt einen Buchwert nach vier Jahren von 176.400 Euro. Mit diesem Betrag wird die Immobilie zu Beginn der Vermietungsphase bewertet. Die degressive Abschreibung wird an dieser Stelle fortgesetzt; es kann also noch weitere sechs Jahre mit dem 4%-Satz abgeschrieben werden.*

## g) Sonderabschreibungen

Immobilienanleger konnten bis Ende 1998 Sonderabschreibungen für vermietete Wohnobjekte in den neuen Bundesländern einschließlich Westberlin in Anspruch nehmen. Bemessungsgrundlage waren die Herstellungskosten oder die Anschaffungskosten, die auf das Gebäude oder den Gebäudeteil entfielen.

Von den Anschaffungs- oder Herstellungskosten konnten je nach Nutzungsdauer insgesamt 25 oder 20% als Sonderabschreibungen geltend gemacht werden. Die Höhe der Sonderabschreibungen war betragsmäßig nicht begrenzt.

Beim Kauf einer Immobilie durfte man diese Sonderabschreibungen nur in Anspruch nehmen, wenn man das Objekt noch im Jahr seiner Fertigstellung erwarb. Die Sonderabschreibungen konnten also bei einer gebrauchten Immobilie nicht in Anspruch genommen werden. Die Anwendung von Sonderabschreibungen setzte außerdem voraus, dass bis zum Kauftermin nur linear abgeschrieben wurde.

Im Jahr der Anschaffung oder der Herstellung sowie in den folgenden vier Jahren konnte man

- von den Anschaffungs- oder Herstellungskosten 25% absetzen, wenn die vermietete Immobilie mindestens fünf Jahre für Wohnzwecke diente,
- von den Anschaffungs- oder Herstellungskosten 20% absetzen, wenn die vermietete Immobilie weniger als fünf Jahre für Wohnzwecke diente.

Wie die 25 beziehungsweise 20% auf die fünf verschiedenen Jahre verteilt wurden, blieb dem Investor überlassen. Im Extremfall konnten die vollen 25 oder 20% im ersten Jahr angesetzt werden. Man konnte aber auch unterschiedlich hohe Beträge auf die verschiedenen Jahre verteilen.

Neben dieser Sonder-AfA konnte zusätzlich eine lineare Abschreibung von 2% in Anspruch genommen werden. Mit anderen Worten durften in den ersten fünf Jahren

maximal 35 beziehungsweise 30% abgeschrieben werden. Für den verbleibenden Restwert ging der Fiskus von einer Gesamtnutzungsdauer von 50 Jahren aus und verlangte eine lineare Abschreibung für diese Zeit. Die Restnutzungsdauer nach Abzug der ersten fünf Jahre betrug also 45 Jahre. Hatte man bis dahin die maximalen Abschreibungssätze von 35 oder 30% eingesetzt, ergab sich eine Abschreibung zwischen dem sechsten und 50. Jahr von jährlich 1,44% beziehungsweise 1,55%.

**Rechenbeispiel:** *Herstellungskosten von 250.000 Euro für ein Haus, das für über fünf Jahre vermietet wird, Ende der Fertigstellung im Juli 1998. Von den Kosten entfallen 210.000 Euro auf den Gebäudeteil:*

*In den ersten fünf Jahren können maximal 52.500 Euro als Sonder-AfA abgesetzt werden. Dazu die lineare Abschreibung über 4,5 Jahre, ergibt umgerechnet zusätzlich 18.900 Euro.*

*Restwert am 31.12.2002: 138.600 Euro. Dieser Betrag, auf die angenommene Restnutzungsdauer von 45 Jahren verteilt, ergibt für diese Zeit eine jährliche Abschreibung von 3.002 Euro (= 1,44%).*

Hatte man Aufwendungen für nachträgliche Herstellungskosten, also durch An- und Umbauten sowie Erweiterungen und Modernisierungsmaßnahmen, die man nicht sofort steuerlich abziehen durfte, konnte man dafür bis Ende 1998 noch Sonderabschreibungen in Höhe von 40% vornehmen. Dazu zählte zum Beispiel auch der Ausbau eines Dachbodens zur Wohnung, soweit das übrige Gebäude ebenfalls vermietet war. Außerdem durfte man die Sonder-AfA für Anschaffungsnahen Aufwand, also für nachträgliche Herstellungskosten nach dem Kauf einer Immobilie, in Anspruch nehmen.

Alle Arten von nachträglichen Herstellungskosten mussten und müssen jedoch innerhalb von zehn Jahren voll abgeschrieben werden. Das bedeutet: Hat man die Sonderabschreibungen sofort im ersten Jahr in Anspruch genommen, muss der Restwert in gleich hohen Beträgen über die übrigen neun Jahre verteilt werden. Erreicht man den Höchstbetrag von 40% erst zu einem späteren Zeitpunkt, so schreibt das Gesetz vor, den Restwert ab dann gleichmäßig zu verteilen, spätestens aber nach Ablauf des vierten Jahres, das auf das Jahr der Fertigstellung dieser Baumaßnahmen folgt.

**Rechenbeispiel:** *Wohnung, Kaufpreis: 175.000 Euro. Umbaumaßnahmen kosten 35.000 Euro (Anschaffungsnaher Aufwand), fertiggestellt am 1.7.1998, danach wird die Immobilie vermietet.*

***Variante 1:*** *Volle Sonderabschreibung im ersten Jahr:*
*Der Immobilieneigentümer kann sofort maximal 14.000 Euro im ersten Jahr als Sonder-AfA geltend machen, der Restwert beträgt 21.000 Euro. Diesen Betrag muss er gleichmä-*

*ßig auf die übrigen neun Jahre verteilen. Das ergibt einen jährlichen Abschreibungsbetrag von 2.333,50 Euro.*

***Variante 2:*** *Zeitraum der Sonder-AfA voll ausnutzen:*

*In diesem Fall könnte er die Sonder-AfA von 40%, also die 14.000 Euro, bis Ende 2002 beliebig verteilen. Danach muss er den Restwert von 21.000 Euro auf sechs Jahre gleichmäßig umlegen, macht pro Jahr 3.500 Euro. Absolut gleichmäßige Verteilung liegt dann vor, wenn man über zehn Jahre jeweils 3.500 Euro abschreibt.*

# 5. Investitionszulagen in den neuen Bundesländern

Bis Ende 2004 wurden mit dem Investitionszulagengesetz für die neuen Bundesländer Modernisierungsmaßnahmen an Mietwohngebäuden gefördert. Seit 2002 modifiziert durch das so genannte Programm „Stadtumbau Ost“, unterstützte der Staat Investitionen bei vermieteten (Altbau-)Wohnungen speziell auch im innerstädtischen Bereich. Mit den Investitionszulagen ist es allerdings seit dem 1.1.2005 generell vorbei.

Die höhere Förderung dieser Altbauten im innerstädtischen Bereich war an bestimmte Bedingungen geknüpft:

- Das Gebäude musste in einem Sanierungsgebiet (§ 142 BauGB), einem Erhaltungsgebiet (§ 172 BauGB) oder in einem Kerngebiet (§ 7 BauNVO) liegen und
- das Gebäude musste entweder vor dem 1.1.1949 oder
- nach dem 31.12.1948 und vor dem 1.1.1960 gebaut worden sein und unter Denkmalschutz stehen.

Begünstigt wurden hier die nachträglichen Herstellungskosten oder Erhaltungsaufwand, allerdings wurden die ersten 50 Euro pro Quadratmeter als Selbstbehalt nicht berücksichtigt. Die Zulage betrug 22 %, höchstens jedoch 1.200 Euro pro Quadratmeter. Eine 70-Quadratmeter-Wohnung wurde also maximal mit 18.480 Euro (22 % von 70 x 1.200 Euro) bezuschusst und damit deutlich höher als vermietete Wohnungen außerhalb dieser besonders ausgewiesenen Flächen.

Bei diesen besonders geförderten Wohnungen im innerstädtischen Bereich wurden die nachträglichen Herstellungskosten und der Erhaltungsaufwand voll in die Bemessungsgrundlage der linearen oder degressiven AfA einbezogen. Die Erhaltungsaufwendungen konnten außerdem als Werbungskosten voll abgezogen werden.

Antragsberechtigt war der Vermieter der Mietwohnungen. Der Antrag musste beim Finanzamt gestellt werden.

Bei der Instandsetzung und Modernisierung von Altbauten, die außerhalb dieser besonderen Fördergebiete liegen, wurde eine Investitionszulage in Höhe von 15 % der nachträglichen Herstellungs- oder Erhaltungskosten gezahlt.

Bei diesen Altbauten galt:

- Die Sanierungsarbeiten mussten zwischen dem 1.1.1999 und dem 31.12.2004 durchgeführt werden und
- das sanierte Gebäude musste vor dem 1.1.1991 fertig gestellt worden sein.
- Zusätzlich musste aber die Immobilie fünf Jahre lang, nachdem die Investitionen abgeschlossen waren, vermietet werden, wobei es kein Problem war, wenn die Wohnung oder das Haus einmal kurzfristig leer standen.

Alle Aufwendungen für die Modernisierungsmaßnahmen wurden begünstigt. Allerdings wurden auch hier 50 Euro pro Quadratmeter als Selbstbehalt nicht berücksichtigt. Die Modernisierungsaufwendungen waren nur bis 614 Euro pro Quadratmeter zulagenfähig. Eine 70-Quadratmeter-Wohnung wurde in diesem Fall also mit maximal 6.447 Euro (15 % von 70 x 614 Euro) bezuschusst. Die Anschaffungskosten des Gebäudes konnten nicht geltend gemacht werden.

# 6. Vermietung unter Marktmiete

Einige Immobilieneigentümer möchten ihren Kindern oder anderen Angehörigen, möglicherweise aber auch guten Freunden das Wohneigentum günstiger überlassen, also unter den üblichen Marktpreisen vermieten. Dabei ist entscheidend, dass solche Mieten nicht zu niedrig angesetzt werden dürfen. Wer mindestens 75 % der ortsüblichen Vergleichsmiete verlangt, kann den vollen Werbungskostenabzug geltend machen. Wer für seine Wohnung eine Miete verlangt, die weniger als 56 % (seit 1.1.2004, davor lag die Grenze bei 50 %) der ortsüblichen Marktmiete beträgt, verliert einen Teil der abzugsfähigen Werbungskosten. Der Fiskus interpretiert das nämlich so, dass man seine Wohnung teilweise unentgeltlich überlässt, und dafür können auch keine Werbungskosten geltend gemacht werden. Wer zwischen 56 % und 75 % verlangt, muss dem Finanzamt eine so genannte Prognoserechnung vorlegen (siehe unten)

**Rechenbeispiel:** *Eine Wohnung wird für 300 Euro vermietet. Tatsächlich bekäme man als Marktmiete 750 Euro. Das Finanzamt legt das so aus, dass 60% der Wohnung unentgeltlich überlassen wurden. Für diesen Teil können keine Werbungskosten geltend gemacht werden. Mit anderen Worten: Nur 40% der tatsächlichen Werbungskosten werden steuerlich anerkannt.*

Bei Erhaltungsaufwand steht man vor dem gleichen Problem. Liegt die Miete unter 56% (seit 1.1.2004, davor 50%) der ortsüblichen Vergleichsmiete, so können die Aufwendungen nur in eingeschränktem Maße abgesetzt werden. Auf das Beispiel bezogen, würde der Erhaltungsaufwand wieder nur zu 40% anerkannt.

Die Toleranzgrenze für den Fiskus liegt, wie gesagt, bei 56% – übrigens entsprechend auch bei den Mietumlagen.

**WISO rät:** Diese Regelung kann aber ebenso gut zum eigenen Vorteil umgemünzt werden: Wer an Freunde oder Verwandte vermietet, sollte knapp über 56% der Marktmiete und mindestens 56% der umgelegten Betriebskosten verlangen. Dann hat man geringere Mieterträge und kann dennoch die Werbungskosten voll und ganz beim Fiskus geltend machen. Ein steuersparender Verlust ist sicher. Man sollte aber daran den-

ken, diese Vorzugsmiete bei Mieterhöhungen auf dem Markt ebenfalls anzuheben, sonst rutscht man unter die 56%-Grenze.

Einen so genannten Gestaltungsmissbrauch sieht das Finanzamt, wenn das Mietmodell einzig und allein dazu dient, geltendes Recht zu umgehen, zum Beispiel durch eine „Überkreuzvermietung". Dabei werden nahezu identische Wohnungen gegenseitig vermietet.

Keinen Gestaltungsmissbrauch sieht der Bundesfinanzhof dagegen, wenn zum Beispiel ein Kind ein Haus kauft und an seine Eltern vermietet, selbst aber unentgeltlich im Haus seiner Eltern wohnt. Bedingung: Die Vermietung an die Eltern muss den fremdüblichen (ortsüblichen) Bedingungen entsprechen. Der BFH begründet sein Urteil sinngemäß damit, dass durch die unentgeltliche Überlassung an die Eltern nur mit einem der beiden Immobilien steuerliche Verluste generiert werden (Urteil v. 14.1.2003, AZ: IX R 5/00).

Grundsätzlich akzeptiert das Finanzamt anfängliche Verluste bei der Vermietung, wenn man glaubhaft machen kann, dass man langfristig einen Überschuss erzielen möchte. Das bedeutet: Über mehrere Jahre gerechnet müssen auch beim Vermieten an Freunde und Angehörige die Einnahmen die Werbungskosten übersteigen.

Diese Überschusserzielungsabsicht hat seit 1.1.2004 an Bedeutung gewonnen. Denn die Finanzverwaltung verlangt, dass ab dem Besteuerungsjahr 2004 bei Mietverhältnissen, bei denen die Miete zwischen 56% bis 75% der ortsüblichen Miete liegt, eine so genannte Überschussprognose vorgelegt wird, anhand derer die Überschusserzielungsabsicht nachgewiesen wird. Dabei wird für einen künftigen Zeitraum von 30 Jahren geprüft, ob die Summe der Einnahmen höher ist als die Summe der Ausgaben.

Ist die Prognose positiv, können die Aufwendungen in voller Höhe als Werbungskosten abgezogen werden. Ergibt sich hingegen aus der Prognoserechnung, dass über den Zeitraum von 30 Jahren die Einnahmen niedriger als die Ausgaben sind (negative Prognose), können die Aufwendungen nur im Verhältnis der gezahlten zur ortsüblichen Miete abgezogen werden. Das würde zum Beispiel bedeuten: Beträgt die gezahlte Miete 60 % der ortsüblichen Miete, sind danach auch nur 60% der Aufwendungen als Werbungskosten abziehbar.

In der Praxis stellt sich diese Prognoserechnung natürlich nicht ganz so einfach dar. Denn wie will man wirklich beurteilen können, ob in zehn, 15 Jahren nicht irgendwelche Sanierungen an Dach und Fassaden anstehen können, also Ausgaben, mit denen man nun wirklich nicht rechnen konnte. Im Zweifelsfall wird also wieder mal die Rechtsprechung für Klarheit Sorgen müssen.

Im Übrigen hat der Bundesfinanzhof das Vermieten einer Wohnung an die eigenen Kinder steuerrechtlich bessergestellt. Danach ist ein Mietvertrag mit einem unterhaltsberechtigten, erwachsenen und noch nicht verheirateten Kind auch dann anzuerken-

nen, wenn das Kind die Miete – und das ist das Neue – aus dem Barunterhalt der Eltern zahlt. Die Eltern können Verluste aus der Vermietung steuerlich geltend machen (Urteile v. 19.10.1999, AZ: IX R 30/98 und IX R 39/99).

Bisher ging der Fiskus immer von einem Gestaltungsmissbrauch aus; ein Mietverhältnis mit einem unterhaltsberechtigten Kind wurde nur anerkannt, wenn das Kind die Miete aus eigenem Vermögen bestreiten konnte. Jetzt ist es möglich, dass die Eltern dem Kind den Unterhalt voll bar zahlen, und das Kind überweist ihnen die Miete im Wesentlichen mit Mitteln aus diesem Barunterhalt zurück.

**WISO rät:** Die Eltern können sogar den geschuldeten Barunterhalt nicht voll an ihr Kind überweisen, sondern bereits gekürzt um die monatliche Warmmiete.

Allerdings verknüpft der Fiskus die volle steuerliche Anerkennung an gewisse Bedingungen:

- Der Mietvertrag muss so gestaltet sein, als wäre er mit Fremden abgeschlossen worden (Fremdvergleich). Er muss also zivilrechtlich wirksam geschlossen sein und in einer Art und Weise, wie er üblicherweise auch mit Dritten vereinbart wird. Dabei muss der Vertrag keineswegs schriftlich fixiert sein, sondern er kann auch formlos und mündlich geschlossen worden sein. Wichtig ist nur, dass die vertraglichen Hauptpflichten, also die Überlassung der Wohnung sowie die Zahlung der Miete, erfüllt sind. Dies geht aus einem weiteren Urteil des Bundesfinanzhofs hervor (Urteil v. 19.10.1999, AZ: IX R 80/97).
- Die Vermietung an das Kind darf kein Scheingeschäft sein. Man darf also mit dem Kind keine Vereinbarungen treffen, dass es gar nicht von der Miete belastet wird, zum Beispiel durch Rücküberweisungen letztlich gar keine Miete zahlt;
- die Mietwohnung muss sich außerhalb des elterlichen Hausstandes befinden, darf also zum Beispiel nicht Teil einer von den Eltern selbst genutzten Immobilie sein;
- und natürlich gilt hier erst recht die 56%-Regel zur ortsüblichen Vergleichsmiete (s.o.).

Übrigens Vorsicht, falls man auf die Idee verfallen sollte, dem Kind bzw. Angehörigen die Miete zu stunden und sie sich später zum Beispiel in einem Einmalbetrag zahlen zu lassen. Solche und ähnliche Konstruktionen sieht der Fiskus gar nicht gerne. Einem solchen Mietverhältnis hat das Finanzgericht München die Anerkennung verweigert (Urteil v. 13.7.2000, AZ: 10 K 4502/97, EFG 2000, 1185).

Auch wenn dieses Steuersparmodell, an Angehörige zu vermieten, an Attraktivität gewonnen hat, kann es dennoch steuerlich günstiger sein, dem Kind die Immobilie unentgeltlich zu überlassen. Dies könnte nämlich dann der Fall sein, wenn die Bedingungen für die Eigenheimzulage erfüllt sind (siehe dort). Über acht Jahre hinweg kann man nämlich – trotz der Reduzierung der Eigenheimzulage seit 1.1.2004 – allein bei der Grundförderung 10.000 Euro kassieren.

**WISO rät:** Je mehr Kinder im Haushalt leben, für die man zusätzlich Kinderzulage (800 Euro) bekommt, und je geringer die Anschaffungskosten der Wohnung und die Finanzierungskosten sind, umso mehr rechnet sich eine unentgeltliche Überlassung.

Mit dem billiger überlassenen Wohnraum lässt sich noch ein weiterer Vorteil kombinieren:

**WISO rät:** Der Verwandte (nicht der Ehegatte!) kann später die an ihn günstig vermietete Wohnung abkaufen. Auf diese Weise kann er die Förderung selbst genutzter Immobilien, also die Eigenheimzulage, für sich geltend machen. Von ein und derselben Immobilie können der ursprüngliche Eigentümer und sein Verwandter also steuerlich mehrfach profitieren.

# 7. Steuerfallen

Wer sich an bestimmte Spielregeln hält, kann sehr viel von Steuervorteilen profitieren, die man als Vermieter von Immobilien bekommt. Es gibt aber auch ganz grundlegende Regularien, nach denen man sich richten muss, um nicht in eine Steuerfalle zu geraten.

## a) Spekulationsfrist

Der Verkauf einer Immobilie ist steuerfrei, solange zwischen Kauf und Verkauf eine bestimmte Frist liegt. Diese Spekulationsfrist für Veräußerungsgewinne ist bei privaten Grundstücken durch die rot-grüne Bundesregierung von zwei auf zehn Jahre verlängert worden.

**WISO rät:** Die Neuregelung wird auf alle Veräußerungen nach dem 1.1.1999 angewendet, auch wenn die bisherige (zweijährige) Spekulationsfrist zu diesem Zeitpunkt bereits abgelaufen sein sollte. Selbst wenn also ein Objekt schon vor fünf oder sechs Jahren gekauft wurde, gilt auch hier die Zehnjahresfrist.

Anders als bisher sind innerhalb dieses Zeitraums fertiggestellte (also nicht gekaufte) Gebäude in diese Regelung einbezogen. Aber wichtig für Selbstnutzer ist:

**WISO rät:** Eine Ausnahme von der zehnjährigen Frist gilt, wenn die Immobilie zwischen Anschaffung beziehungsweise Fertigstellung und Veräußerung oder aber im Jahr der Veräußerung und den beiden vorangegangenen Jahren ausschließlich eigenen Wohnzwecken diente.

Der Bundesfinanzhof hält die Verlängerung der Spekulationsfrist übrigens für verfassungswidrig, soweit Immobilienverkäufe davon betroffen sind, bei denen die Zwei-Jahres-Frist am 1.1.1999 bereits abgelaufen war. Die Verlängerung der Frist trifft Eigentümer, die bis 1996 gekauft haben und 1999 eigentlich hätten steuerfrei verkaufen können. Der BFH hält diese Rückwirkung für verfassungswidrig und hat die Sache deshalb dem Bundesverfassungsgericht vorgelegt (Beschluss v. 16.12.2003, AZ: IX R 46/02).

**WISO rät:** Wer in dieser Situation ist, sollte Einspruch einlegen und bis zur Entscheidung des Bundesverfassungsgerichts Ruhen des Verfahrens beantragen, außerdem die Aussetzung der Vollziehung, um keine Spekulationssteuer zahlen zu müssen.

Bei unentgeltlichem Erwerb wird dem Einzelrechtsnachfolger die Anschaffung durch den Rechtsvorgänger zugerechnet. In diesem Fall also Achtung: Auch der Einzelrechtsnachfolger kann bei einem Verkauf des Grundstücks in die Spekulationsbesteuerung geraten.

Wer die Spekulationsfrist nicht einhält, erzielt in den Augen des Fiskus bei einem Überschuss einen so genannten Spekulationsgewinn – und da wird kräftig zugelangt. Ausschlaggebend ist das jeweilige Datum der beiden Kaufvertragsabschlüsse beim Notar.

Bis 512 Euro bleibt ein Spekulationsgewinn steuerfrei. Wird dieser Betrag überschritten, muss die gesamte Summe versteuert werden. Dabei ist es dem Fiskus egal, ob man wirklich die Absicht hatte, zu spekulieren, oder ob man aus finanziellen Gründen gezwungen ist, zu verkaufen.

**WISO rät:** Hat man in diesen zehn Jahren einen Verlust erlitten, also einen Spekulationsverlust, kann dieser nicht mit anderen Einkünften verrechnet werden. Die einzige Möglichkeit, die bleibt, besteht darin, einen solchen Verlust mit einem Spekulationsgewinn zu verrechnen.

Neu ist, dass jetzt für Spekulationsverluste ein Verlustvortrag auf kommende Steuerjahre möglich ist. Dieser Verlustvortrag wirkt auf alle noch nicht bestandskräftig veranlagten Jahre zurück.

Ein Spekulationsgewinn/-verlust wird nach folgender Methode berechnet: Vom Verkaufspreis werden die Anschaffungskosten abgezogen, dazu die durch den Verkauf entstandenen Werbungskosten. Auf diesen Betrag werden die Abschreibungsbeträge addiert, die bis zum Verkauf in Anspruch genommen wurden. Das Ergebnis ist der Spekulationsgewinn oder -verlust.

**Rechenbeispiel:** *Kaufpreis einer neuen Immobilie: 225.000 Euro, Verkaufspreis: 260.000 Euro nach knapp sechs Jahren (innerhalb der Spekulationsfrist). Als Werbungskosten können 4.000 Euro geltend gemacht werden. Der Gebäudeanteil (200.000 Euro)*

*wurde bis dahin degressiv abgeschrieben (6 x 5%), damit ergeben sich Abschreibungsbeträge von insgesamt 60.000 Euro.*

*Die Rechnung:*

| | | |
|---|---|---|
| | *Verkaufspreis* | *260.000 Euro* |
| – | *Kaufpreis* | *225.000 Euro* |
| – | *Werbungskosten* | *4.000 Euro* |
| + | *Abschreibungsbeträge* | *60.000 Euro* |
| = | *Spekulationsgewinn* | *91.000 Euro* |

Diesen Spekulationsgewinn muss man nun mit seinem persönlichen Einkommensteuersatz nach der Anlage KSO versteuern – und das wird sicher nicht wenig sein, weil man mit den zusätzlichen Einkünften schlagartig in eine sehr hohe Progression geraten kann.

**WISO rät:** Vorsicht übrigens, wenn eine Immobilie kurz nach der Spekulationsfrist verkauft wird. Dann besteht Gefahr, dass das Finanzamt einen geltend gemachten Werbungskostenüberschuss (beispielsweise durch Schuldzinsen oder Renovierungskosten) für die Jahre der Vermietung nicht anerkennt. Der Fiskus unterstellt nämlich dann, dass man die Immobilie von vornherein veräußern und in der Zeit zwischen Kauf und Verkauf gar keine Einkünfte erzielen wollte.

## b) Drei-Objekte-Grenze

Wer allzu häufig Immobilien kauft und wieder verkauft, wird unter Umständen ebenfalls Probleme mit dem Finanzamt kriegen. Ab einem bestimmten Punkt geht der Fiskus nämlich von einem gewerblichen Immobilienhandel aus und nimmt dem Eigentümer die private Vermögensverwaltung nicht mehr ab.

Aus der Rechtsprechung heraus hat sich die so genannte Drei-Objekte-Grenze entwickelt, die besagt: Man darf innerhalb von fünf Jahren problemlos drei Objekte verkaufen, ob Ein- und Zweifamilienhäuser oder Eigentumswohnungen. Bei Ehepaaren gilt diese Grenze jeweils für beide, das heißt, jeder Ehepartner kann drei Objekte steuerfrei veräußern. Aber Vorsicht mit dieser Definition:

**WISO rät:** Bei der Klärung der Frage, ob gewerblicher Immobilienhandel vorliegt, ist sehr viel wichtiger, ob der Fiskus eine Veräußerungsabsicht schon beim Kauf einer Immobilie unterstellt. Wohlgemerkt: unterstellt, denn selbst wenn man beteuert, dass dies nicht der Fall gewesen ist, hilft das wenig.

Dabei kann man gar nicht vorsichtig genug sein, wie folgendes Beispiel dokumentiert: Wenn man ein Grundstück oder ein Mehrfamilienhaus kauft, danach aufteilt und wie-

der verkauft, und zwar jedes Teil einzeln für sich als Parzelle oder Eigentumswohnung, dann gilt jedes davon als ein Objekt, denn es wird eine Veräußerungsabsicht unterstellt, als man das Objekt kaufte.

Anders ist die Situation dann, wenn man über mehrere Jahre – die Rechtsprechung spricht hier von mindestens zehn Jahren – ein Mehrfamilienhaus zur Vermietung genutzt hat. Wenn man das Objekt dann in Eigentumswohnungen umwandelt, um es an verschiedene Erwerber zu verkaufen, ist der Gewinn daraus steuerfrei. Es lag nach Ansicht des Fiskus ursprünglich keine Veräußerungsabsicht zugrunde.

Insofern kann die Drei-Objekte-Grenze allenfalls eine Faustregel sein.

**WISO rät:** Wer befürchtet, als Gewerblicher eingestuft zu werden, sollte vorher beim Steuerberater nachfragen oder, noch besser, gleich beim Finanzamt. Denn haben sie einen dort erst einmal in den Fängen, muss man nicht nur Einkommen-, sondern auch noch Gewerbesteuer zahlen.

Übrigens: Wer beruflich direkt oder indirekt mit der Baubranche zu tun hat, bei dem legen die Finanzbehörden sehr viel strengere Maßstäbe an. Dies gilt nicht nur für Makler oder Bauunternehmer, sondern auch für Bauingenieure oder Architekten.

## c) Bauabzugsteuer

Alle Unternehmer, die Bauleistungen in Deutschland in Auftrag geben, müssen seit dem 1.1.2002 bei Zahlungen 15% der Rechnung (inklusive MwSt.) einbehalten und als so genannte Bauabzugsteuer an das Finanzamt der Baufirma überweisen. Zu den Bauleistungen zählt alles, was gemäß der Baubetrieb-Verordnung zur Herstellung, Instandsetzung und -haltung, der Änderung und der Beseitigung von Bauwerken dient.

Mit der Bauabzugsteuer soll die Schwarzarbeit am Bau eingedämmt werden. Wer als Unternehmer eine Baufirma beauftragt, haftet für die korrekte Zahlung. Verstößt er gegen die Regelung, muss er mit einem hohen Bußgeld bis zu 25.000 Euro rechnen.

Von der Bauabzugsteuer ist unter Umständen auch derjenige betroffen, der zum Beispiel als Selbstständiger die Immobilie überwiegend zu beruflichen Zwecken nutzt. Das gleiche gilt, wenn man eine Immobilie bewohnt, gleichzeitig aber andere Teil des Mehrfamilienhauses vermietet und daraus Einkünfte erzielt. Aber es gibt dabei eine wichtige Einschränkung:

**WISO rät:** Als privater Vermieter ist man nur betroffen, wenn mehr als zwei Wohnungen im Privatbesitz sind.

Ausnahmen gibt es auch generell für Aufträge unter 15.000 Euro im Jahr. Das heißt aber: Wer von ein und derselben Firma über das ganze Jahr hinweg Arbeiten machen lässt, die insgesamt den Wert von 15.000 Euro übersteigen, muss die Bauabzugsteuer

abführen, und zwar nicht nur für den letzten Auftrag, sondern – im Nachhinein – auch für alle anderen Aufträge. Das Geld muss er über einen amtlichen Vordruck an das zuständige Finanzamt abführen. Achtung:

**WISO rät:** Der Immobilieneigentümer haftet dafür, falls die Höhe der Bauabzugsteuer zu gering angesetzt ist. Deshalb besser mehr als weniger ans Finanzamt überweisen.

Dieses ganze komplizierte Procedere kann man sich sparen, wenn die Baufirma eine Freistellungsbescheinigung vorlegen kann. Die bekommt die Firma, wenn sie pünktlich ihre Steuer gezahlt hat.

**WISO rät:** Falls sich im Nachhinein herausstellen sollte, dass die Bescheinigung unrechtmäßig oder möglicherweise sogar gefälscht war, ist man aus der Haftung raus.

## d) Schenkungsteuer

Immobilienschenkungen unter Ehegatten bleiben übrigens normalerweise steuerfrei, wenn das Haus ausschließlich zu eigenen Wohnzwecken genutzt wird und sich der Lebensmittelpunkt dort befindet. Aber Achtung: Gefahr droht, wenn in dem Haus eine Wohnung vermietet wird. Dann fällt nach einer Entscheidung des Finanzgerichts Rheinland-Pfalz für das komplette Gebäude Schenkungsteuer an (Urteil v. 18.2.1999, AZ: 4 K 2180/98).

**WISO rät:** Um nicht in diese Falle hineinzutappen, sollte man das Haus zu einem Zeitpunkt übergeben, in dem die vermietete Wohnung leer steht, zum Beispiel wegen eines Mieterwechsels. Bei der Schenkungsteuer gilt nämlich das Stichtagsprinzip.

# 8. Finanzierungsstrategie für Vermieter

Für Selbstnutzer von Immobilien sind Versicherungsdarlehen ziemlich ungeeignet wegen der damit einhergehenden Risiken, die der Darlehensnehmer (unnötigerweise) auf sich nimmt (siehe Kapitel V.2). Dies hängt vor allem damit zusammen, dass ein Versicherungsdarlehen bis zum Ende der Zinsbindungsfrist tilgungsfrei, der Schuldenberg also konstant hoch bleibt.

Was sich dort als nicht auszugleichender Nachteil erweist, ist für den Vermieter von Immobilien ein großer Vorteil, denn er kann seine Schuldzinsen steuerlich voll absetzen. Wie beim Versicherungsdarlehen üblich, wird während der Laufzeit nicht getilgt, sondern erst am Ende in einem Betrag mit Hilfe der Versicherungssumme und der angesammelten Überschussanteile. Diese Erträge sind nach mindestens zwölf Jahren Laufzeit – bis jetzt noch jedenfalls – steuerfrei. Das heißt, der Vermieter kann doppelt von einem Versicherungsdarlehen profitieren: zum einen vom Schuldzinsenabzug, zum anderen von den steuerfreien Zinserträgen.

**WISO rät:** Um zu wissen, wann sich ein Versicherungsdarlehen für den Vermieter lohnt, oder ob es doch mehr Sinn macht, ein normales Hypothekendarlehen aufzunehmen, muss die Rendite einer angebotenen Versicherung verglichen werden mit dem, was bei der Tilgung eines Darlehens die sich daraus ergebenden Zinsersparnisse bringen, nach Abzug des persönlichen Steuersatzes.

Die Rendite einer Versicherung sind Habenzinsen. Die Zinsersparnisse sind eingesparte Sollzinsen, die man sich, zumindest theoretisch, wie Habenzinsen vorstellen muss, frei nach dem Motto: Geld, das man nicht ausgibt, hat man. Weil sich dies zunächst etwas kompliziert anhört, hier ein Beispiel:

**Rechenbeispiel:** *Es wird eine Versicherung angeboten, die eine steuerfreie Rendite von 6% ausweist. Gleichzeitig besteht die Möglichkeit, ein Hypothekendarlehen mit einem Zinssatz von 8% aufzunehmen. Der persönliche Steuersatz liegt bei 30%. Was ist nun besser: die (steuerfreien) Zinserträge bei der Versicherung oder die Zinsersparnisse (nach Steuern) bei Tilgung des Darlehens?*

*Zunächst muss man ausrechnen, was beim Hypothekendarlehen nach Abzug der Einkommensteuer auf die Zinserträge (Rechenungenauigkeit durch Sparerfreibeträge müssen in Kauf genommen werden) effektiv an Zinsen zu sparen ist. Die Rechnung:*

*8% x (100 – 30) = 5,6%*

*Das Ergebnis besagt, dass die Tilgung des Hypothekendarlehens effektiv eine Zinsersparnis von 5,6% bringen kann. Verglichen mit der Rendite der Lebensversicherung von 6% zeigt sich: Der Abschluss des Versicherungsdarlehens ist günstiger. Es macht mehr Sinn, Beiträge in die Versicherung einzuzahlen, um Zinsen zu bekommen, als Tilgungsbeiträge beim Hypothekendarlehen zu leisten, um Zinsen zu sparen.*

Diese kleine Rechnung zeigt aber auch:

**WISO rät:** Eine Lebensversicherung bietet sich für die Finanzierung eines vermieteten Objekts umso eher an, je niedriger das aktuelle Zinsniveau und je höher der persönliche Steuersatz ist.

Allerdings muss man sich dabei im Klaren sein, dass Risiken, die für Selbstnutzer gelten (siehe dort), auch auf den Vermieter zutreffen. Zum einen gibt es Probleme, wenn man die Immobilie vorzeitig verkaufen möchte. Das reduziert die Ablaufleistung einer Versicherung erheblich und kann sogar bedeuten, dass man bei einer Kündigung kurz nach der Vertragsunterzeichnung eine negative Rendite hat – trotz Steuervorteilen.

Dazu kommt, dass diese Steuervorteile nur wirklich genutzt werden können, wenn der Vertrag länger als zwölf Jahre läuft – bis jetzt jedenfalls. Bei vorzeitiger Kündigung hält der Fiskus nachträglich die Hand auf.

Letzten Endes garantiert auch niemand die Ablaufleistung. Es kann schließlich durchaus sein, dass die Ablaufleistung und damit die Rendite der Versicherung deutlich geringer ausfallen als von dem Versicherer versprochen.

## Steueränderungsgesetz 1992

Mit dem Steueränderungsgesetz aus dem Jahr 1992 hat der Gesetzgeber enge steuerliche Grenzen beim Einsatz von Versicherungen zur Immobilienfinanzierung gesetzt. Daher der dringende Rat:

**WISO rät:** Der Immobilienanleger sollte sich mit seinem Steuerberater zusammensetzen, bevor er ein Versicherungsdarlehen aufnimmt. Das Steueränderungsgesetz enthält sehr viele Details, die es genau zu beachten gilt. Ansonsten gehen die Steuerersparnisse nämlich verloren.

Um nur einige wenige Details zu nennen:

- Die abgetretenen Ansprüche aus einer Lebensversicherung dürfen niemals höher sein als die Anschaffungs- beziehungsweise Herstellungskosten der Immobilie. Nun ist aber bekannt, dass bei der Aufnahme des Darlehens normalerweise Finanzierungs- und Geldbeschaffungskosten entstehen, ob durch Wertschätzungs- und Bearbeitungsgebühren oder durch ein Disagio, das als Zinsvorauszahlung geleistet wird. Zwar darf man diese zusätzlichen Kosten durch das Darlehen abdecken, der Anspruch aus dem Anteil, der diese Kosten abdeckt, darf aber nicht an die Versicherung abgetreten werden.
- Beim Kauf einer Gebrauchtimmobilie ist häufig die Instandhaltungsrücklage im Kaufpreis enthalten. Vorsicht: Auch hier dürfen nur die Ansprüche aus den reinen Anschaffungskosten abgetreten werden, nicht aber der Anteil für die Rücklage.

Wie man sieht, handelt es sich hier um eine äußerst komplizierte Materie, bei der man in jedem Fall einen Fachmann zu Rate ziehen sollte.

# X. Mischnutzung

Es gibt die „reinen“ Formen einer Vermietung oder die einer Selbstnutzung der Immobilie, und daneben natürlich immer wieder Fälle, bei denen beides möglich ist. Mischnutzung nennt man das. Beispiel: Man bezieht in seinem Mehrfamilienhaus eine Wohnung und vermietet die restlichen Bereiche. Oder man ist Eigentümer eines Einfamilienhauses mit Einliegerwohnung. Weitere Möglichkeit: Der eine Teil des Hauses wird zu eigenen Zwecken genutzt, der Rest dient den betrieblichen, zum Beispiel als Arztpraxis oder Architektenbüro.

Bei einer Mischnutzung müssen die Anschaffungs- oder Herstellungskosten des Gesamtobjektes aufgeteilt werden. Maßstab für die Aufteilung des Objektes ist das Nutzflächenverhältnis des eigenbewohnten Teils zum anders genutzten. Dabei muss nicht nur die Wohnfläche berücksichtigt werden, sondern auch alle Zubehörräume wie Keller, Speicher und Garage.

Entsprechend diesem Nutzflächenverhältnis darf der Immobilieneigentümer für den vermieteten (oder gewerblich genutzten) Teil auch Abschreibungen geltend machen.

**Rechenbeispiel:** *Der Eigentümer baut ein Zweifamilienhaus, Herstellungspreis 400.000 Euro, zwei gleich große Wohnungen, die eine nutzt er selbst, die andere vermietet er. Der Gebäudeanteil an den Kosten beträgt 325.000 Euro.*

*In diesem recht vereinfachten Beispiel soll davon ausgegangen werden, dass auch die Zubehörräume genau 50:50 aufgeteilt sind und damit auch das Nutzungsverhältnis. Das bedeutet:*

- *Für den selbst genutzten Teil beträgt die Bemessungsgrundlage für die Eigenheimzulage 125.000 Euro. Vorausgesetzt, man überschreitet nicht die Einkommensgrenzen, kann für diesen Teil über acht Jahre die Eigenheimzulage von 1.250 Euro (plus Kinderzulage usw.) kassiert werden.*
- *Für den vermieteten Teil hat man Einkünfte aus Vermietung und Verpachtung und kann entsprechend Abschreibungen vornehmen, in diesem Fall eine degressive AfA. Aber Vorsicht: Bemessungsgrundlage sind hier nur die Anschaffungskosten für den Gebäudeteil, also umgerechnet 162.500 Euro (325.000 Euro geteilt durch 2).*

Eigentümer einer gemischtgenutzten Immobilie können nur für den fremdgenutzten Teil Werbungskosten ansetzen. Das gilt auch für den Schuldzinsenabzug. Entscheidend dabei ist: Für den eigengenutzten Teil ist der Schuldzinsenabzug nicht möglich, bei dem vermieteten Teil können die Schuldzinsen als Werbungskosten voll geltend gemacht werden. Diesen Umstand kann man sich zunutze machen:

**WISO rät:** Bei einer gemischtgenutzten Immobilie sollte man den selbst genutzten Teil möglichst aus Eigenmitteln finanzieren, den vermieteten Teil aus dem Fremddarlehen, um die Schuldzinsen steuerlich absetzen zu können.

**Rechenbeispiel:** *Bau eines Zweifamilienhauses, Herstellungspreis 400.000 Euro, zwei gleich große Wohnungen, die eine wird selbst genutzt, die andere vermietet. Um das Rechenbeispiel wieder zu vereinfachen: Zur Finanzierung dieser Immobilie steht Eigenkapital von 200.000 Euro zur Verfügung, die andere Hälfte wird über ein Darlehen finanziert, Zinssatz 7%, macht umgerechnet eine jährliche Belastung von 14.000 Euro.*

*Diese Schuldzinsen von 14.000 Euro im Jahr können nun als Werbungskosten voll abgesetzt werden. Bei einem Steuersatz von 35% ist das immerhin eine jährliche Steuerersparnis von 4.900 Euro.*

Diese Möglichkeit war jahrelang sehr umstritten zwischen den verschiedenen Finanzämtern und Bauherren. Inzwischen hat der Bundesfinanzhof in mehreren Urteilen zum Zinsabzug eine endgültige Regelung vorgeschrieben (AZ: IX R 44/95, IX R 19/96 und IX R 29/96 vom 27.10.98). Danach kann ein Bauherr Darlehenszinsen prinzipiell als Werbungskosten abziehen, wenn der Kredit tatsächlich zur Baufinanzierung für den vermieteten Hausteil verwendet wurde.

Das Hauptproblem dürfte allerdings eher sein, dem Finanzamt diese Trennung zwischen eigen- und fremdfinanziertem Teil sowie die entsprechende Zuordnung auf den eigen- und fremdgenutzten Bereich der Immobilie plausibel zu machen.

Wichtig dabei ist die Unterscheidung der Kosten, die eindeutig auf den vermieteten Teil entfallen, und jener, die dem ganzen Gebäude zuzuordnen sind. Auf den vermieteten Teil entfallende Herstellungskosten müssen gesondert abgerechnet werden. Alle Zahlungen, die eindeutig zugerechnet werden können, wie Aufwendungen für Fliesen, Teppichboden, Sanitärinstallationen usw., sollten deshalb gesondert ausgewiesen werden.

**WISO rät:** Bei der Herstellung der Immobilie sollte von vornherein darauf geachtet werden, dass die Handwerker für beide Gebäudeteile getrennte Rechnungen vorlegen. Überlegenswert ist außerdem, für beide Gebäudeteile getrennte Bau- beziehungsweise Werkverträge abzuschließen.

Wer ein gemischt genutztes Gebäude kaufen will, sollte den Gesamtkaufpreis auf die einzelnen Wohnungen aufteilen und dies auch ausdrücklich im notariellen Vertrag festhalten. Optimal ist es dabei, wenn ein Darlehen, das für den vermieteten Teil genutzt wird, bis auf den Cent mit dem Anschaffungspreis übereinstimmt, der nach dem Notarvertrag auf die Mietwohnung entfällt.

Die Rechnungen für den fremdgenutzten Teil müssen eindeutig mit den Darlehensmitteln gezahlt werden. Daher müssen für beide Immobilienteile getrennte Konten eingerichtet werden. Alle Rechnungen für Kosten, die direkt dem fremdgenutzten Teil

zuzuordnen sind, werden vom Darlehenskonto bedient. Alle Aufwendungen für den eigengenutzten Teil werden mit Eigenmitteln bezahlt, also vom laufenden Girokonto oder von Ersparnissen. Unter Umständen ist es sinnvoll, für den vermieteten Teil als Kredit speziell ein Versicherungsdarlehen abzuschließen.

Schwierigkeiten können auftreten, wenn die Mittel nicht reichen, um den eigengenutzten Teil komplett aus eigener Tasche zu finanzieren. In diesem Fall sollte man zwei Darlehensverträge abschließen: Der eine dient der Vollfinanzierung des zur Vermietung genutzten Immobilienteils, der andere zur Restfinanzierung des selbst genutzten Teils.

**WISO rät:** Sinnvollerweise werden alle Tilgungsleistungen zunächst ausschließlich in das Darlehen für den selbst genutzten Bereich gesteckt, um bei dem anderen möglichst lange den Schuldzinsenabzug zu bekommen.

Wenn Kosten nicht eindeutig dem vermieteten Gebäudeteil zuzuordnen sind, zum Beispiel die Ausgaben für den Dachstuhl oder für eine Heizungsanlage, funktioniert das oben beschriebene Prinzip leider nicht. Diese Kosten müssen nach dem Verhältnis der Wohn- beziehungsweise Nutzflächen aufgeteilt werden.

Bevor man sich aber zu solchen Schritten entschließt, gilt es, wichtige Grundregeln zu beachten:

**WISO rät:** Um den Schuldzinsenabzug nicht zu gefährden, müssen die Vereinbarungen mit dem Kreditgeber genau auf die Rechtsprechung des BFH zugeschnitten sein. Es reicht zum Beispiel nicht aus, nur im Kreditvertrag die Verwendung des Darlehens für den vermieteten Teil festzulegen.

Solche Steuertricks sollte man deshalb nie ohne vorherige Beratung mit dem Steuerberater machen, denn allzu schnell kann man sich dabei in irgendwelchen Steuerfallstricken verheddern.

# XI. Rechtliche Grundlagen

Immer wieder wird man auf dem Weg zur eigenen Immobilie neben den finanziellen und steuerlichen Aspekten mit rechtlichen Fragen konfrontiert. Das soll Thema dieses Kapitels sein, wobei in diesem Abschnitt nur jene juristischen Probleme angesprochen werden, die mehr oder weniger direkt mit der Immobilienfinanzierung verknüpft sind. Doch schon bei der Unterzeichnung eines Bau- oder Kaufvertrags kann man sich an einige Regeln halten, die später Kummer ersparen werden.

## 1. Kreditvertrag

Wer ein passendes Grundstück zum Bauen oder eine Wunsch-Immobilie zum Kaufen gefunden hat, wird sich auf die Suche nach einem Darlehensgeber machen. Dazu müssen als erstes die dafür notwendigen Beleihungsunterlagen zusammengesucht werden. Ohne diese Unterlagen wird kein seriöser Kreditgeber irgendein Darlehen geben.

Wichtig sind in jedem Fall die persönlichen Papiere. Je nachdem, für welche Art Immobilienerwerb man ein Darlehen haben will, braucht man außerdem teilweise sehr unterschiedliche Dokumente und Nachweise. Deshalb hier eine kurze Checkliste, was diese Beleihungsunterlagen alles enthalten müssen:

| Persönliche Unterlagen | |
|---|---|
| Einkommensnachweis | ■ bei Arbeitnehmern die letzten drei Gehaltsabrechnungen, letzte(r) Einkommensteuererklärung/-bescheid<br>■ bei Selbstständigen Bilanzen der vergangenen zwei Jahre sowie aktuelle Zahlen, dazu jüngste(r) Einkommensteuererklärung/-bescheid |
| Eigenkapitalnachweis | Depotauszüge, Sparkonten, Bauspar-/Versicherungsverträge |
| Selbstauskunft | bisherige Kreditengagements |

| Objektunterlagen | | |
|---|---|---|
| **Bau** | **Kauf eines Hauses** | **Kauf einer Wohnung** |
| ■ Baupläne<br>■ Wohn- und Nutzflächenberechnung<br>■ Berechnung des umbauten Raums<br>■ Lageplan mit Gebäude<br>■ Baubeschreibung<br>■ Kostenvoranschlag/-aufstellung<br>■ Werkvertrag<br>■ aktueller Grundbuchauszug oder Ausfertigung des Grundstückskaufvertrags | ■ Baupläne<br>■ Wohn- und Nutzflächenberechnung<br>■ Berechnung des umbauten Raums<br>■ Lageplan mit Gebäude<br>■ Baubeschreibung<br>■ aktueller Grundbuchauszug<br>■ Flurkarte<br>■ Auszug des Liegenschaftsbuches<br>■ Gebäudeversicherungsnachweis<br>■ Fotos des Gebäudes<br>■ Verkaufspreis | ■ Grundrisszeichnung der Wohnung<br>■ Verkaufsprospekt<br>■ Teilungserklärung<br>■ Hausgeldabrechnung bei Gebrauchtimmobilie<br>■ Baupläne<br>■ Lageplan mit Gebäude<br>■ Baubeschreibung<br>■ aktueller Grundbuchauszug<br>■ Flurkarte<br>■ Auszug des Liegenschaftsbuches<br>■ Gebäudeversicherungsnachweis<br>■ Fotos des Gebäudes<br>■ Verkaufspreis<br>■ Kaufvertrag oder Kaufvertragsentwurf (bei endgültiger Darlehenszusage)<br>■ bei Vermietungsobjekt Mietverträge und Mieteinnahmenverzeichnis |

## a) Darlehensanfrage

Auf der Suche nach einem Kreditgeber kann man sich direkt an ein Institut wenden. Eine solche Darlehensanfrage ist kostenlos, da sie zunächst ganz unverbindlich ist.

**WISO rät:** Man sollte wenigstens fünf oder sechs verschiedene Institute auf ihre Angebote ansprechen und Konditionen vergleichen.

Wer zu Hause oder im Büro über einen Internetanschluss verfügt, für den lohnt sich zusätzlich ein Blick auf die WISO-Homepage (über www.zdf.de). Dort veröffentlicht die WISO-Redaktion die Kreditkonditionen mehrerer Banken und Versicherungen über verschiedene Laufzeiten. Die Zahlen werden alle 14 Tage aktualisiert.

Es können aber auch Kreditvermittler eingeschaltet werden. Diese haben meist ein Kontingent von mehreren Kreditgebern im Angebot. Die Vermittler sind in jedem Fall nicht unabhängig, weil sie Provisionen von den Instituten kassieren. Doch lohnt es sich durchaus, unverbindliche Angebote bei ihnen einzuholen. Kosten entstehen dabei nicht, und wenn man dem eigenen Institut ein besseres Vergleichsangebot vorlegen kann, erhält man dort vielleicht noch bessere Konditionen. Man muss allerdings darauf achten, dass der Kreditgeber wirklich alle Kosten seines Darlehensangebots nennt:

**WISO rät:** Das Anbot sollte wenigstens die wichtigsten Informationen über das Darlehen enthalten, also den Auszahlungsbetrag, die Zinsbindungsfrist, den Tilgungssatz, den Nominal- und Effektivzins sowie die Restschulden nach der Zinsbindungsfrist. Besonders wichtig ist, ob noch weitere Gebühren, also Nebenkosten anfallen werden, die nicht im Effektivzins enthalten sind.

Und noch ein Rat:

**WISO rät:** Auf jeden Fall sollte man das Angebot eines Instituts nicht sofort annehmen, selbst wenn es von allen angefragten das günstigste sein sollte. In Verhandlungen wird der Kreditgeber möglicherweise bereit sein, noch weitere Zugeständnisse zu machen.

Das Institut, das letztlich den Zuschlag erhält, wird eine vorläufige Darlehenszusage machen. Dabei wird es diese Zusage entweder für unverbindlich erklären – „freibleibend" heißt das in der Fachsprache – oder die angegebenen Konditionen nur bis zu einem bestimmten Zeitpunkt anbieten. Vor einer endgültigen Zusage werden die von dem Kunden vorgelegten Unterlagen noch einmal geprüft.

Mit der vorläufigen Darlehenszusage erhält man in der Regel einen entsprechenden Darlehensantrag. Diesen sollte man allerdings erst unterschreiben, wenn ganz sicher ist, dass man das Darlehen auch wirklich von diesem Institut haben will. Sollte man es sich nämlich anders überlegen, werden unter Umständen schon Gebühren fällig.

Spätestens jetzt ist der Zeitpunkt gekommen, an dem man parallel zu den Verhandlungen mit dem Kreditgeber auch mit dem Verkäufer von Grundstück oder Haus beziehungsweise Wohnung ins reine gekommen sein sollte. Denn normalerweise wird zwar erst die Finanzierung geklärt, bevor ein Kaufvertrag unter Dach und Fach kommt. Andererseits kann es empfindlich viel Geld kosten, wenn man, nachdem ein Darlehensantrag erst einmal unterschrieben wurde, davon wieder zurücktreten möchte. Die Kreditinstitute verlangen dann vielfach Entschädigungszahlungen wie Bearbeitungsgebühren, Bereitstellungszinsen usw.

**WISO rät:** Deshalb sollte man sich überlegen, mit dem Verkäufer des Grundstücks oder der Immobilie vorsichtshalber einen Vorvertrag abzuschließen, um damit zunächst die Finanzierung abzusichern. Erst später muss dann der notarielle Kaufvertrag unterschrieben werden.

Wenn der Kreditnehmer öffentliche Zuschüsse erhält, ist folgendes zu beachten: Bevor staatliche Mittel nicht bewilligt wurden, darf weder der Kaufvertrag für das Haus oder die Wohnung abgeschlossen noch der Bau der Immobilie begonnen werden.

Im Übrigen wird die Regel „Finanzierung vor Kaufvertrag“ auch nicht immer so streng gesehen: Wenn es absehbar ist, dass die Finanzierung keine Probleme bereitet, wird der Verkäufer sicher bereit sein, den Vertrag beim Notar abzuschließen, ohne dass der Kredit schon unter Dach und Fach ist.

## b) Darlehenszusage

Nachdem der Darlehensantrag gestellt wurde, prüft der Kreditgeber, ob er den gewünschten Betrag zur Verfügung stellt. In der Regel dauert es zwei bis drei Wochen, manchmal auch länger, bis man die Darlehenszusage bekommt.

## c) Bestandteile des Darlehensvertrags

In Kapitel IV sind bereits mehrere Punkte aufgeführt, auf die man bei Vertragsabschluss über ein Darlehen besonders achten muss. Trotzdem sei an dieser Stelle noch einmal kurz auf die Bestandteile hingewiesen, die jeder Darlehensvertrag standardmäßig und nach gesetzlichen Vorgaben beinhalten muss. Ersatzweise können diese Angaben bereits dem Antragsformular zu entnehmen sein.

- Der Kreditnehmer muss mit Name und Anschrift in den Vertrag eingetragen sein. Sind mehrere Personen Eigentümer der Immobilie, sollten auch alle als Kreditnehmer aufgeführt sein.
- Der Kreditbetrag muss im Vertrag sowohl als Zahl wie auch in Buchstaben stehen. Beide Angaben müssen übereinstimmen. Im Zweifel hat der ausgeschriebene Betrag Gültigkeit.
- Der Zinssatz weist den jährlichen Nominalzins aus. Außerdem muss die Zahlungsweise geregelt sein: zum einen nach Terminen, ob also monatlich, vierteljährlich, halbjährlich oder jährlich. Zum anderen wird die Fälligkeit festgelegt, also am Anfang der Abrechnungsperiode (vorschüssig) oder am Ende (nachschüssig), manchmal auch an vorher festgelegten Stichtagen.
- Hat man sich für variable Zinsen entschieden, gehört in den Vertrag auch ein Passus, der die Bedingungen für die Zinsanpassung festlegt. Vorsicht dabei vor möglichen Fallstricken (siehe Seite 113)!
- Außerdem steht im Kreditvertrag der Auszahlungskurs; er ist immer als Prozentzahl ausgedrückt, in der Regel also zu 100%. Es sei denn, man hat ein Disagio (Damnum) vereinbart, dann wird als Auszahlungskurs zum Beispiel 95% angegeben. In diesem Fall wäre ein Disagio von 5% verabredet. Außerdem muss dem Vertrag in einem solchen Fall zu entnehmen sein, welcher Verrechnungszeitraum für das Disagio festgelegt wurde.

- Es müssen alle Kreditnebenkosten verzeichnet sein, solche, die bei der Berechnung des Effektivzinses einfließen (wie Bearbeitungsgebühren), aber auch jene, die zusätzlich hinzukommen (wie Schätzgebühren oder Bereitstellungszinsen).
- Der Kreditvertrag muss die Information enthalten, wie hoch letztlich der Effektivzins ist, genauer: der anfänglich effektive Jahreszins nach Preisangabenverordnung (mehr Details siehe Seite 95 ff).
- Wichtig ist zudem die Angabe über die Festschreibungszeit. Sie legt fest, wie lange die Zinsbindungsfrist dauert, wie lange man also den vereinbarten Zins zu zahlen hat. Zum Schluss dürfen die Angaben über die Höhe der Tilgung pro Jahr (Angaben in %) nicht fehlen.
- Unter der Position „Sicherheiten“ steht im Vertrag zunächst das Beleihungsobjekt; in den meisten Fällen ist das die Immobilie, die man bauen oder kaufen will – es sei denn, man verfügt über andere Sicherheiten. Außerdem wird hier als Sicherheit die Grundschuld eingetragen, dazu später mehr.
- Weiterer Vertragsbestandteil sind die so genannten „Allgemeinen Geschäftsbedingungen“, in denen der Kreditgeber darüber informiert, welche Fristen nach Ende der Festschreibungszeit eingehalten werden müssen – wichtig für die Anschlussfinanzierung – und welche weiteren Rechte und Pflichten der Kreditnehmer und das Institut im einzelnen haben.

In einem letztinstanzlichen Urteil hat der Bundesgerichtshof den Schutz des Darlehensnehmers vor Veruntreuung von Krediten gestärkt. In dem Urteil wurde eine Klausel in den Allgemeinen Geschäftsbedingungen einer Bausparkasse für unwirksam erklärt, nach der ein Darlehensnehmer auch dann zur Rückzahlung verpflichtet wurde, wenn das Geld von einem von der Bank eingeschalteten Treuhänder veruntreut wurde (AZ: XI ZR 272/97). In dem konkreten Fall hatte der Notar das von der Bausparkasse zur Verfügung gestellte Geld zu anderen Zwekken verwendet.

Auch für Hypothekendarlehen gilt im Prinzip das Verbraucherkreditgesetz. Eingeschränkt wird dies nur beim Widerrufsrecht, das für Hypothekenkredite nicht gilt. Das hat zum Teil weitreichende Konsequenzen bei Streitigkeiten zwischen Kreditnehmer und -geber: Fehlen im Vertrag zum Beispiel bestimmte Angaben über Kreditkosten, brauchen sie auch nicht gezahlt zu werden. Hat der Kreditgeber „vergessen“, konkrete Angaben über Nominal- und Effektivzins zu machen, so schreibt das Gesetz einen Zinssatz von 4% vor. Ist der Effektivzins nach der Preisangabenverordnung zu niedrig ausgewiesen, so kann der Kreditnehmer eine Verringerung des Nominalzinses verlangen. Hat man einen Vertrag mit variablen Zinsen, der keine Bedingungen für Zinsanpassungen nennt, dürfen die Zinsen auch nicht erhöht werden. Ähnliches gilt für das Disagio (Damnum): Fehlen hier die Angaben für den Verrechnungszeitraum, gilt es als für die ganze Laufzeit vereinbart.

## d) Grundschuldbestellung

Bevor der Kreditgeber das Darlehen auszahlt, muss der Kreditnehmer für die Grundschuldbestellung und deren ranggerechte Eintragung ins Grundbuch sorgen. Beide Aufgaben übernimmt der Notar. Die dafür notwendigen Formulare werden meistens mit der Darlehenszusage mitgeschickt, sodass der Notar mit diesen Papieren eine Grundschuldbestellungsurkunde erstellen kann (siehe Kaufvertrag, Seite 260).

In das Grundbuch eingetragen werden zum einen Angaben über Lage und Größe des Grundstücks und über die jeweilige Nutzungsmöglichkeit. Das steht im Bestandsverzeichnis.

Wichtiger sind aber die so genannten Abteilungen. In der Abteilung I wird der jeweilige Eigentümer des Grundstücks aufgeführt und die Grundlage der Eintragung, was also die Voraussetzung dafür ist, Eigentümer des Grundstücks zu sein; in der Regel der Kauf des Grundstücks (oder das Erbe).

In der Abteilung II stehen die Lasten und Beschränkungen. Hier wird vermerkt, wenn ein Dritter Rechte an dem Grundstück hat. Das können zum einen Nutzungs- oder Fahrrechte sein, wenn zum Beispiel der Nachbar auf dem Weg zu seiner Garage mit dem Auto das Grundstück quert. Das nennt man eine Grunddienstbarkeit. Eine andere Möglichkeit sind Nießbrauchrechte, also wenn die Eltern zum Beispiel ein ewiges Wohnrecht haben (siehe Kapitel II.2).

Für den Kreditgeber ist Abteilung III wichtig. Dort werden nämlich Hypotheken, Grundschulden oder Rentenschulden vermerkt, also alle Hypothekenverpflichtungen. In der Abteilung III erfährt man, wie hoch die Immobilie belastet ist. Unterstreichungen, die mit Datum und Unterschrift versehen sind, bedeuten, dass die jeweilige Eintragung keine Gültigkeit mehr hat und gelöscht ist.

## e) Darlehensauszahlung

Wer eine Immobilie kauft, erhält das Darlehen in einem einzigen Betrag. Anders bei einem Bauvorhaben. Viele Institute zahlen die Summe standardmäßig in drei Teilbeträgen aus: Die erste Rate wird bei Rohabnahme fällig und beträgt 40%, meistens aber sogar 50%, weitere 30% werden bei der Fertigstellung der Innenarbeiten ausgezahlt und der Rest bei der Schlussabnahme. Der Baufortschritt muss dem Kreditgeber von der Behörde (Baufertigstellungsanzeigen) oder durch den Architekten bescheinigt werden.

Das Problem dabei ist: Wie im nächsten Abschnitt zu lesen ist, sieht zum Beispiel die Makler- und Bauträgerverordnung eine andere Zahlungsaufteilung vor, nämlich in viel kleineren Schritten. Deshalb die Empfehlung für Bauherren:

**WISO rät:** Man sollte mit dem Kreditgeber einen Auszahlungsmodus vereinbaren, der sich daran orientiert, wie die Zahlungen im Bauvertrag für den Baufortschritt festgelegt wurden. Sonst muss man unter Umständen teuer zwischenfinanzieren oder Bauzeitzinsen an den Kreditgeber zahlen.

# 2. Bauvertrag

Grundsätzlich ist ein Bauvertrag auch wirksam, wenn er nicht in schriftlicher Form zustande kommt. Aber man erspart sich eine Menge Ärger bis hin zu Gerichtsprozessen, wenn *alles* schriftlich festgehalten wird.

**WISO rät:** Gerade bei Bauvorhaben kann es nicht schaden, wenn zusätzlich zum Notar ein versierter Rechtsanwalt den Vertrag durchsieht.

Vorbeugen ist besser als heilen. Ein Notar ist zwar verpflichtet, über Details des Vertrages zu informieren und auf Besonderheiten hinzuweisen, aber das gilt nun einmal für beide Seiten, auch für den Anbieter. Ein Notar muss neutral bleiben. Ein Rechtsanwalt vertritt allein die Interessen des Käufers beziehungsweise Bauherren und kostet zwischen 100 und 150 Euro. Das sollte die Sache wert sein!

Im Bauvertrag müssen zunächst alle Leistungen des Auftragnehmers in Art und Umfang genau erfasst werden. Deshalb sollte in jedem Fall eine Bauausschreibung Bestandteil des Vertrages sein. Darin ist festgehalten, welche Arbeiten ausgeführt werden müssen und in welcher Qualität und Ausstattung das zu geschehen hat. Für Schallschutz und Wärmedämmung sollten die aktuellen (DIN-)Normen im Bauvertrag aufgeführt sein.

Wichtig ist dabei, dass der Bauvertrag alle Bauarbeiten beinhaltet. Das heißt, auch die zusätzlichen Kosten, wenn zum Beispiel beim Bau festgestellt wird, dass eine (andere) Drainage notwendig wird.

**WISO rät:** Falls während der Bauphase zusätzliche Arbeiten vereinbart werden, sollte man sofort dafür sorgen, dass dies schriftlich festgehalten und im Bauvertrag nachträglich mit aufgenommen wird.

Außenarbeiten, wie etwa das Anlegen von Gehwegen oder Anschlüsse an öffentliche Versorgungsleitungen, sollten ebenfalls im Vertrag festgehalten und damit im Preis berücksichtigt werden.

Wichtiger Bestandteil des Vertrages sind konkrete Termine für den Baubeginn und für die (schlüsselfertige) Übergabe der Immobilie sowie die Fertigstellungstermine für die dazwischen liegenden Bauabschnitte.

**WISO rät:** Man sollte mit dem Bauunternehmer Konventionalstrafen vereinbaren, die mit jedem Tag, mit dem sich die Fertigstellung der Immobilie verzögert, fällig werden.

Durch mögliche Bauverzögerungen muss man in jedem Fall damit rechnen, dass zusätzliche Kosten entstehen, angefangen bei Bauzeitzinsen, die der Kreditgeber verlangen wird, bis hin zu einer Übergangswohnung oder zu den Kosten dafür, die Möbel in dieser Zeit irgendwo unterzubringen. Seriöse Bauträger werden sich gegen eine solche vertragliche Vereinbarung nicht wehren.

Im Bauvertrag sollte ein Festpreis vereinbart sein. Dieser Preis gilt dann nicht nur für die vorher vereinbarte Bauzeit, sondern auch darüber hinaus, wenn Bauverzögerungen durch den Auftragnehmer verursacht werden.

Ein wesentlicher Punkt im Vertrag ist auch die Zahlungsweise des Baupreises, genauer: wann die jeweiligen Zahlungstermine sind, mit Abschlagszahlungen und Schlusszahlung sowie Sicherheitseinbehalt. Denn üblicherweise zahlt man beim Bau einer Immobilie nicht in einem Betrag, sondern nach einem festen Zahlungsplan. Ein Anhaltspunkt dafür ist die Makler- und Bauträgerverordnung. Danach werden die ersten 30% des Baupreises fällig, wenn folgende Schritte erledigt sind:

- Der Vertrag muss rechtskräftig sein.
- Es muss eine Baugenehmigung für die Immobilie vorliegen.
- Im Grundbuch muss für den Bauherrn eine Auflassungsvormerkung eingetragen sein. Das bedeutet, man ist zwar noch nicht endgültig als Eigentümer eingetragen, aber mit dieser Vormerkung ist der Eigentumsanspruch gesichert. Das heißt, man ist davor geschützt, dass das Grundstück inzwischen an einen anderen Eigentümer verkauft wird.
- Alle alten Belastungen im Grundbuch müssen gelöscht sein.
- Die Erdarbeiten auf dem Grundstück müssen begonnen haben.

Die restlichen 70% werden nach Baufortschritt bezahlt, und zwar ebenfalls in Teilabschnitten, wobei bei den folgenden Prozentangaben die Restsumme wieder mit 100% gleichgesetzt wird:

- Fertigstellung des Rohbaus: 40%;
- Installation der Leitungen und Rohre sowie Verputzen der Innenwände: 25%;
- Einsetzen der Fenster und Türzargen sowie Treppeneinbau: 15%;
- Fertigstellung und Übergabe: 15%;
- nach Abschluss der Restarbeiten und Beseitigung der Mängel, die bei der Endabnahme festgestellt wurden: 5% (oder umgerechnet 3,5% vom ursprünglichen Baupreis).

Selbstverständlich kann in einem Bauvertrag zugunsten des Bauherrn von diesem Zahlungsmodus abgewichen werden.

Genauso wie beim Kaufvertrag (siehe Seite 260) sahen Bauverträge bis Ende 1998 in den meisten Fällen eine Vollstreckungsunterwerfung vor. Das bedeutete, dass man sich dem Bauträger gegenüber der sofortigen Zwangsvollstreckung unterwerfen musste, falls man seinen Zahlungsverpflichtungen nicht nachkam. Dabei konnte die Zwangsvollstreckung unabhängig davon vollzogen werden, ob die Fälligkeit der Forderung feststand.

Der Bundesgerichtshof (BGH) hat diese Klausel in Bauverträgen allerdings für unwirksam erklärt und damit die Pfändungsrechte von Bauträgern eingeschränkt (AZ: BGH VII ZR 99/97). Begründung: Die Erwerber werden schlechter gestellt, als es das

Gesetz vorsieht, denn nach dem Gesetz kann ein Bauträger Zahlungen nur entsprechend dem Bauablauf entgegennehmen (siehe oben). Eine Zahlungspflicht des Erwerbers beziehungsweise des Bauherrn tritt nur stufenweise entsprechend der jeweiligen Bauabschnitte ein. Das gewährleistet, dass der Zahlung des Erwerbers ein entsprechender Wert gegenübersteht. Das Gesetz schließt eine Beschränkung dieses Prinzips aus. Die Unterwerfungsklausel stellte nach dem Urteil der Bundesrichter aber solch eine verbotene Beschränkung dar.

Im Vertrag sollte auch von vornherein die Abnahme des Baus vereinbart sein, und zwar schriftlich in Form eines Abnahmeprotokolls.

**WISO rät:** Es erweist sich immer als nützlich, schon im Bauvertrag festzulegen, dass zu einer Abnahme ein Sachverständiger hinzugezogen wird.

Empfehlenswert ist es, sich dafür an eine neutrale Stelle zu wenden. Die örtliche Industrie- und Handelskammer zum Beispiel kann solche Gutachter benennen.

Schon in Kapitel II.3 wurde darauf hingewiesen, dass Vereine und Verbände ebenfalls die Möglichkeit bieten, während der Bauphase regelmäßig einen Sachverständigen einzuschalten.

**WISO rät:** Sinnvoll ist es auch, einen solchen Sachverständigen schon bei der Fertigstellung einzelner Bauabschnitte hinzuziehen. Das verringert das Risiko verdeckter Mängel.

Im Bauvertrag muss außerdem geklärt werden, in welcher Form und in welchem Umfang der Auftragnehmer die Gewährleistung bei Mängeln übernimmt, vor allem aber, wie lange der Zeitraum dafür ist. Dabei ist ausschlaggebend, ob der Bauvertrag nach dem Bürgerlichen Gesetzbuch (BGB) oder aber nach der so genannten Verdingungsordnung für Bauleistungen Teil B (VOB/B) geschlossen wurde.

Bei einem Vertrag nach dem BGB sind die Haftungsregelungen für den Auftraggeber günstiger: Die Verjährungsfrist für Arbeiten beträgt hier fünf Jahre, während es bei der VOB nur vier Jahre sind. Dabei sind Bauwerke alle Hochbauten, aber auch Einzelarbeiten wie der Einbau von Sanitärinstallationen, Türen- und Fensterbau, die Verlegung von Teppichböden oder die Isolierung von Außenwänden.

Die VOB/B hat wiederum den Vorteil, dass dem Bauherrn das Recht eingeräumt wird, den Bauentwurf auch nach Vertragsabschluss noch zu ändern. Diese Bestimmung rührt daher, dass die VOB/B ursprünglich einmal nur für öffentliche Bauten gedacht war. Das BGB hingegen macht Änderungswünsche schwer – und teuer, weil der Auftragnehmer darauf pochen kann, dass der Vertrag eingehalten wird.

**WISO rät:** Unterm Strich ist ein Bauvertrag nach den Vorschriften des BGB für Bauherren günstiger.

# 3. Kaufvertrag

Einen Kaufvertrag wird man entweder abschließen, weil man eine Gebrauchtimmobilie kauft oder ein neu errichtetes Haus beziehungsweise eine Wohnung von einem Bauträger erwirbt. In jedem Fall muss man bei Abschluss des Kaufvertrags einen Notar einschalten.

Seit 1. August 2002 ist der Verbraucherschutz beim Kauf von Immobilien erweitert worden. Ziel ist es, den Käufer vor „Überrumpelungskäufen“ zu bewahren, indem er die finanziellen und wirtschaftlichen Folgen des Kaufs noch einmal überdenken kann. Danach muss dem privaten Käufer in aller Regel der Kaufvertrag zwei Wochen vor dem notariellen Beurkundungstermin vorliegen. Die Formulierung „in aller Regel“ weist darauf hin, dass es sich um eine Soll-Bestimmung handelt, jedenfalls so die Interpretation einiger juristischer Experten. Deshalb die Empfehlung:

**WISO rät:** Der Käufer sollte den Notar ausdrücklich auffordern, ihm den Vertragsentwurf mit der gesetzlich vorgegebenen Frist zuzusenden.

Dessen allererste Aufgabe besteht darin, den Kaufvertrag so unmissverständlich zu formulieren, dass er den Wünschen und Erklärungen beider Seiten entspricht. Anschließend muss er das Vertragswerk beurkunden. Bei beiden Schritten ist er zu absoluter Neutralität verpflichtet. Er darf also zum Beispiel die Höhe des Kaufpreises nicht in irgendeiner Form kommentieren. Andererseits muss er beide Vertragsparteien genau über den Inhalt des Vertrages aufklären. Das ist ganz besonders für den Käufer wichtig, da er in der Regel weit weniger Erfahrung mitbringt als der Verkäufer.

**WISO rät:** Man sollte den Notar nach Details im Kaufvertrag befragen, falls irgendeine Formulierung unklar ist. Es ist eine wichtige Aufgabe des Notars, den Inhalt des Vertrages zu erläutern.

Obwohl ein Notar eigentlich neutral sein sollte, kommt es dennoch vor, dass Notare einmal als käufer-, ein andermal als verkäuferfreundlich gelten. Zwar muss es keineswegs heißen, dass der vom Verkäufer vorgeschlagene Notar parteiisch ist, aber wenn der Verkäufer auffällig zuredet, einen ganz bestimmten Notar zu wählen, sollte man sich unbedingt einen eigenen suchen. Denn als Käufer hat man das Recht dazu.

**WISO rät:** Falls man keine diesbezüglichen Erfahrungen hat, sollte man Verwandte oder Freunde nach deren Erfahrungen mit bestimmten Notaren fragen und sich einen empfehlen lassen. Eine Möglichkeit ist auch, sich an die Notarkammer zu wenden, die mit Adressen weiterhelfen wird.

Den Vertragsentwurf sollte man sich zusenden lassen, bevor man den Notartermin hat. Nur so kann man sich die einzelnen Vertragsbestandteile in Ruhe durchlesen, Än-

derungs- oder Ergänzungswünsche anbringen und sich Fragen für bestimmte Vertragsinhalte zurechtlegen, die nicht verstanden werden. Falls man übrigens den Vertrag ablehnt und das Geschäft deshalb nicht zustande kommt, wird der Notar trotzdem Gebühren verlangen.

## a) Teilungserklärung

Wer eine Eigentumswohnung kauft, braucht eine so genannte Teilungserklärung. Sie ist mindestens genauso wichtig wie der Kaufvertrag selbst. Darin wird ein Mehrfamilienhaus in Miteigentumsanteile aufgeteilt, die Lage und Größe der Eigentumswohnungen beschrieben, und mögliche Sondereigentumsrechte beziehungsweise -nutzungsrechte werden aufgezählt. Auch die Teilungserklärung muss von einem Notar beantragt werden, und zwar beim Grundbuchamt. Daraus ergeben sich für den Eigentümer einer Wohnung Rechte (und Pflichten).

Als Sondereigentum wird die Wohnung bezeichnet sowie alles, was sonst speziell zu dieser Wohnung gehört, also Keller- oder Dachbodenräume, Balkone, eine Garage usw.

Gemeinschaftseigentum ist alles, was der Eigentümergemeinschaft gemeinsam gehört: typischerweise die Außenwände, der Hausflur samt Tür, das Treppenhaus, ein Fahrrad- oder ein Waschkeller sowie Außenanlagen.

Sondernutzungsrechte erlauben bestimmten Miteigentümern das alleinige Nutzungsrecht am Gemeinschaftseigentum. So kann die Außenanlage zwar allen gehören, aber bestimmte Teile davon, etwa Rasenflächen, dürfen nur von einer bestimmten Partei tatsächlich genutzt werden. Abstellplätze können also entweder zum Sondereigentum gehören oder als Sondernutzungsrechte für das Gemeinschaftseigentum festgelegt sein.

Die Teilungserklärung enthält auch eine Gemeinschaftsordnung. Darin wird zum Beispiel festgelegt, wie das Sondereigentum genutzt werden darf, also ob man die eigenen vier Wände nur zu Wohnzwekken oder auch anders verwenden kann. Außerdem wird darin die Kostenverteilung für Instandsetzung und Instandhaltung sowie für Wasser, Strom und sonstige Gebühren geregelt, und es werden die Rechte und Pflichten der Eigentümerversammlung festgehalten.

**WISO rät:** Speziell sollte man auf eventuelle Auflagen achten, wenn es um den Wiederverkauf einer Wohnung geht. Eine Gemeinschaftsordnung kann zum Beispiel den Passus enthalten, dass Miteigentümer dem Verkauf zustimmen müssen.

## b) Eigentümerversammlung

In der Eigentümerversammlung werden alle Entscheidungen gefällt, die das Gemeinschaftseigentum betreffen. Normalerweise gilt in dieser Versammlung, dass jeder Ei-

gentümer eine Stimme hat (Kopfprinzip). Das bedeutet: Ist ein Ehepaar zusammen Eigentümer, hat jeder von beiden ein Stimmrecht. In der Praxis wird von dieser Stimmrechtsverteilung aber häufig abgewichen. In der Teilungserklärung oder aber bei der ersten Eigentümerversammlung können die Eigentümer sich darauf einigen, dass sich das Stimmrecht zum Beispiel nach der Größe des Miteigentumsanteils richtet oder der Eigentümer mehrerer Wohnungen entsprechend mehr Stimmen auf sich vereinigt.

**WISO rät:** Man sollte vor dem Kauf der Immobilie ermitteln, wie das Stimmrecht verteilt ist. Gilt das Kopfprinzip nicht, sollte man in den Protokollen der Eigentümerversammlung nachlesen, wie dort von der Mehrheit im Einzelfall entschieden wurde und ob sich die Ergebnisse mit den eigenen Ansichten decken. Falls nicht, könnte das auch ein Grund sein, auf einen Kauf ganz zu verzichten.

Der Miteigentumsanteil wird in 1/1.000 ausgedrückt, wobei die gesamte Immobilie und das Grundstück zusammen die Basisgröße bilden, also 1.000/1.000.

**Rechenbeispiel:** *Haus und Grundstück haben eine Gesamtnutzfläche von 1.250 Quadratmetern. Pro Quadratmeter Wohn- und Nutzfläche ergibt sich daraus ein Anteil von (1.000/1.250)/1.000 = 0,80/1.000. Hat man zum Beispiel eine 130 Quadratmeter große Wohnung, beträgt der Miteigentumsanteil 104/1.000.*

Dieser Miteigentumsanteil ist für die Abrechnung von Kosten, die nicht verbrauchsabhängig sind, von großer Bedeutung. Auch die Bemessung der Instandhaltungsrücklage richtet sich danach. Diese Rücklage wird in der Regel auf Beschluss der Eigentümerversammlung gebildet, und zwar durch monatliche Beiträge, die zunächst nur pauschal erhoben werden. Doch letztlich richtet sich deren Höhe bei der jährlichen Schlussabrechnung nach dem Miteigentumsanteil.

**WISO rät:** Man sollte vor dem Kauf einer Wohnung immer nach dem aktuellen Stand der Instandhaltungsrücklage fragen, die die Eigentümergemeinschaft bis dahin angesammelt hat. Sobald man Eigentümer der Wohnung ist, übernimmt man damit auch genau den Teil der Instandhaltungsrücklage, der dem Miteigentumsanteil entspricht.

Im Umkehrschluss sollte man sich auch informieren, welche Instandsetzungsarbeiten bisher durchgeführt wurden beziehungsweise mit welchen demnächst zu rechnen ist. Danach müssen die zu erwartenden Kosten mit der angesammelten Instandhaltungsrücklage verglichen werden. Stellt man dabei fest, dass große Teile von dringend notwendigen Reparatur- und Modernisierungsarbeiten durch die Instandhaltungsrücklage nicht gedeckt sein werden, muss man einkalkulieren, dass zusätzlich zum vereinbarten Kaufpreis Kosten für solche Arbeiten entsprechend dem Miteigentumsanteil anfallen werden. Auch hier lohnt sich ein Blick in die Protokolle der Eigentümerversammlung:

**WISO rät:** Falls in den Protokollen von Baumaßnahmen die Rede ist, die bisher noch nicht durchgeführt wurden, sollte man den Kaufpreis entsprechend nach unten reduzieren oder im Kaufvertrag festhalten, dass der Voreigentümer die Kosten übernimmt.

## c) Bestandteile des Kaufvertrags

Die Bestandteile eines Kaufvertrages, also die darin enthaltenen Angaben, sind größtenteils standardisiert. Zunächst werden die Vertreter der beiden Vertragsparteien, also Verkäufer und Käufer, aufgeführt. Dabei können sich beide Seiten auch vertreten lassen. Dem Vertreter muss allerdings eine Vollmacht gegeben werden, die notariell beglaubigt sein muss und deshalb nicht gerade billig ist.

**WISO rät:** Wenn es möglich ist, sollte man selbst zum Notartermin gehen. Beim Notar können noch Unklarheiten beseitigt, vielleicht sogar noch Vertragsänderungen erwirkt werden.

Wollen mehrere Personen (zum Beispiel ein Ehepaar) Eigentümer werden, müssen alle (beide) vor dem Notar erscheinen. Es sei denn, der eine vertritt den anderen. Auch dafür ist eine notariell beglaubigte Vollmacht notwendig, die im Übrigen sehr weitgehend sein muss, damit es nicht plötzlich vor dem Notar bei der Unterzeichnung des Kaufvertrags zu unerwarteten Problemen kommt, weil die Vollmacht nicht alle Vertragsregelungen abdeckt.

Auch die Verkäuferseite muss vollzählig erschienen sein.

**WISO rät:** Ist bekannt, dass es auf der Verkäuferseite mehrere Eigentümer gibt, sollte man sich die Vollzähligkeit vom Notar ausdrücklich bestätigen lassen. Ist dies nicht der Fall, sollte man auf jeden Fall eine spätere Vollmachtsbestätigung ablehnen – diese müsste man nämlich selbst bezahlen.

Die nächsten Positionen des Kaufvertrags betreffen das Kaufobjekt. Dabei geht es zunächst um die Grundbesitzangaben. Hier wird zum Beispiel vermerkt, wenn ein Dritter Rechte an dem Grundstück hat, zum Beispiel Nutzungs- oder Fahrrechte über das Grundstück zu einer Garage. Außerdem werden hier Hypotheken, Grundschulden oder Rentenschulden vermerkt, also alle Hypothekenverpflichtungen, die in der Abteilung II und III des Grundbuchs wiederzufinden sind (siehe Seite 256).

Handelt es sich um eine Eigentumswohnung, wird an dieser Stelle Bezug genommen auf die Teilungserklärung (siehe oben), mit dem Hinweis, dass diese Vertragsbestandteil ist. Daraus geht auch hervor, wie groß der Miteigentumsanteil ist, welche Sondernutzungsrechte man hat und welche zusätzlichen Baumaßnahmen Vertragsbestandteil sind, die in der Bauausschreibung nicht erwähnt werden; beispielsweise wenn man eine zusätzliche Wand hat einziehen lassen. Entsprechende Informationen kön-

nen dann auch in einer Anlage enthalten sein, auf die an dieser Stelle verwiesen wird und die damit auch Vertragsbestandteil ist.

Falls Renovierungsarbeiten notwendig sind, die der Verkäufer trägt, oder ein Neubau noch nicht fertiggestellt ist, gehört an diese Stelle auch das genaue Datum für den Bezugstermin.

**WISO rät:** Falls Zweifel bestehen, dass der Bezugstermin eingehalten werden kann, sollte man Konventionalstrafen für Verzögerungen vereinbaren. Denn hier gilt das gleiche wie für einen Bauvertrag: Verzögerungen beim Einzug ins neue Heim sind immer mit Mehrkosten verbunden.

Nächster Vertragspunkt ist der Kaufpreis. Bei einer noch nicht fertiggestellten Wohnung sollte man in jedem Fall einen Festpreis vereinbaren. Dabei sollte man darauf achten, dass alle anfallenden Kosten enthalten sind. Dazu zählen alle Ausgaben für die schlüsselfertige Übergabe sowie alle einmaligen Abgaben und Beiträge bis dahin. Sonst läuft man Gefahr, dass der Gesamtpreis sehr viel höher ausfällt als der im Kaufvertrag vereinbarte Festpreis.

Wird das Objekt erst noch gebaut, sollten Teilzahlungstermine vereinbart werden, und zwar Zug um Zug, wie das die Makler- und Bauträgerverordnung für Bauverträge vorsieht (siehe Seite 257).

**WISO rät:** Auch beim Kaufvertrag muss der Teilzahlungsplan mit dem Kreditgeber vorher abgesprochen sein, um unnötige Mehrkosten für Zwischenfinanzierung oder Bereitstellungszinsen zu vermeiden.

Egal, ob kurz vor Vollendung oder noch im Bau:

**WISO rät:** Bei einer noch nicht fertiggestellten Immobilie sollte man in jedem Fall bis zur endgültigen Übergabe und vollständigen Fertigstellung eine Schlusszahlung vereinbaren. Sie beträgt mindestens 3,5% vom Kaufpreis.

Zur Übergabe beziehungsweise Abnahme siehe weiter unten.

Auf Nebenabreden sollte man tunlichst verzichten und dies auch ausdrücklich im Kaufvertrag vermerken. Wer zum Beispiel manipuliert und den Kaufpreis niedriger ausweist, um Grunderwerbsteuer zu sparen, für den kann es gefährlich werden. Zum einen wird es sehr teuer, wenn der Fiskus dahinterkommt. Zum anderen macht das den Kaufvertrag unwirksam. So hat man zum Beispiel keine rechtliche Handhabe, wenn der Verkäufer jemanden findet, der mehr für die Immobilie zahlt.

Nächster Punkt ist die Vollstreckungsunterwerfung. Darin wird erklärt, dass sich der Käufer der sofortigen Zwangsvollstreckung unterwirft, falls er den Kaufpreis schuldig bleibt. Auf diese Weise kann der Verkäufer ohne großen (gerichtlichen) Aufwand den Kaufvertrag rückgängig machen.

Wie beim Bauvertrag sei bei Neuimmobilien noch einmal daran erinnert:

**WISO rät:** Die Abnahme sollte in jedem Fall in schriftlicher Form vereinbart und dabei von vornherein im Vertrag erklärt werden, dass ein Sachverständiger die Abnahme begleitet.

Das erspart Ärger, wenn es um die Beseitigung von Mängeln und die Gewährleistung geht. Letztere wiederum sollte wie im Bauvertrag nach dem BGB geregelt sein, also mit einer Frist von bis zu fünf Jahren (siehe Bauvertrag, Seite 257).

**WISO rät:** Bei Gebrauchtimmobilien sollte man sich im Kaufvertrag um eine Klausel bemühen, die vorsieht, dass auch für bis dahin unsichtbare Mängel eine Gewährleistung besteht. Das wird allerdings schwierig sein, da der Verkäufer wenig Interesse hat, auch für solche Schäden zu haften. In der Regel heißt es daher leider: gekauft wie gesehen.

Da es einige Zeit dauert, bis man als Eigentümer der Immobilie ins Grundbuch eingetragen ist, sieht der Kaufvertrag in der Regel eine Auflassungsvormerkung vor. Diese Vormerkung ermöglicht es, dass der Käufer bis zur endgültigen Eintragung ins Grundbuch abgesichert ist und die Immobilie nicht ein zweites Mal verkauft wird.

**WISO rät:** Vorsicht, eine Auflassungsvormerkung ist keinesfalls ein endgültiger Schutz vor Gläubigern des Verkäufers, wenn dieser aus irgendwelchen Gründen zahlungsunfähig wird. Schutz gegenüber solchen Ansprüchen genießt man erst, wenn man definitiv Eigentümer ist.

Bevor das geschieht, werden jedoch Lasten und Nutzen der Immobilie schon an den Erwerber übergegangen sein, in der Regel mit der Übergabe der Immobilie. Im Kaufvertrag muss dafür ein konkreter Termin genannt sein. Bei neuen Immobilien ist dieser Termin identisch mit der Bezugsfertigkeit und der anschließenden Abnahme.

**WISO rät:** Mit dem Nutzen- und Lastenübergang müssen ab diesem Tage alle Gebühren und Abgaben übernommen werden. Das gilt zum Beispiel auch für die Grundsteuer.

Üblicherweise wird zur Abwicklung des Kaufvertrags, vor allem bei noch nicht fertiggestellten Immobilien, ein Notaranderkonto eröffnet, auf das man den Kaufpreis Zug um Zug zahlt. Dieses Konto wird vom Notar treuhänderisch verwaltet und verhindert, dass es zwischen beiden Parteien zu Reibereien kommt.

**WISO rät:** Man sollte vorab klären, wem wann die Zinsen aus diesem Anderkonto zufallen. Das muss im Kaufvertrag festgehalten werden.

Nach der Unterzeichnung des Kaufvertrags sollte man einige Wochen Geduld aufbringen. Zur Abwicklung des Kaufvertrags muss der Notar erst einige wichtige Schritte erledigen, bevor man die erste Rate an den Verkäufer (oder auf das Notaranderkonto)

überweisen beziehungsweise den Kreditgeber darum bitten sollte, das Darlehen freizugeben.

Zunächst muss der Notar dafür sorgen, dass die Auflassungsvormerkung für den Käufer im Grundbuch eingetragen wird. Der Notar darf das Geld erst dann an den Verkäufer weitergeben, wenn die Grundschuldbestellung erfolgt ist und wenn dem Kreditgeber entsprechend seinem Finanzierungsanteil (meistens erstrangig) ein Grundpfandrecht auf das Grundstück eingeräumt wurde.

Daraus kann ein Problem erwachsen, denn der Käufer ist zu diesem Zeitpunkt noch nicht Eigentümer. Er kann also noch gar nicht als solcher gegenüber dem Kreditgeber auftreten. Deshalb muss der Verkäufer ihm entweder eine Finanzierungsvollmacht erteilen oder sich selbst an der Bestellung der Grundpfandrechte beteiligen.

Ist schließlich mit der Übergabe der Immobilie die letzte Rate auf das Notaranderkonto gezahlt, überweist der Notar dem Verkäufer den Kaufpreis, und der Käufer wird als Eigentümer im Grundbuch eingetragen.

**WISO rät:** Falls man auf ein Notaranderkonto verzichtet, weil der Kaufpreis im Prinzip sofort fällig wird, so müssen in jedem Fall die Schritte Auflassungsvormerkung, Grundbestellung und Übergabe erledigt sein, bevor man den Kaufpreis zahlt. Darauf müsste der Notar ohnehin hinweisen!

Etwas komplizierter wird der ganze Vorgang, wenn ein Bauträger die Immobilie schlüsselfertig verkauft, denn dann steht ebenfalls ein finanzierendes Kreditinstitut hinter ihm. Dieses Institut muss ein Freigabeversprechen abgegeben haben, dass es mit dem Fertigstellen der Immobilie und der Kaufpreiszahlung auf die eigenen Grundpfandrechte verzichtet. Mit anderen Worten werden dann die Grundpfandrechte des Verkäufer-Kreditgebers an die Grundpfandrechte des Käufer-Kreditgebers abgetreten.

# Stichwortregister

# WISO Service

Wie kein anderes Verbrauchermagazin bietet das ZDF-Wirtschaftsmagazin WISO eine Fülle von sendungsbegleitenden Informationen – zum Lesen, zum Hören und zum Verarbeiten am PC.

**WISO im Fernsehen:** Deutschlands bekanntestes Wirtschaftsmagazin können Sie jeden Montag zwischen 19.25 Uhr und 20.15 Uhr im ZDF sehen.

**WISO im Videotext:** Ab Seite 530 erhalten Sie stets aktuelle Informationen zur Sendung. Sie können den ZDF-Videotext auch über das Internet einsehen unter: www.zdftext.de

**WISO im Internet:** Unter www.wiso.de erhalten Sie Texte, können Fernsehbeiträge nochmals ansehen, im Chat live während der Sendung Fragen an Experten stellen, aktuelle Zinskonditionen abrufen, die günstigste Krankenkasse recherchieren, Modernisierungsmaßnahmen an Ihrer Heizung planen und Strom-, Telefon-, Mobilfunk- und Internettarife vergleichen. Wenn Sie die Themen der nächsten Sendung schon vorab wissen wollen, können Sie den kostenlosen WISO-Newsletter unter „WISO Kontakt" per E-Mail abonnieren. Außerdem besteht die Möglichkeit, an WISO-Umfragen zu aktuellen Themen teilzunehmen.

**WISO als Faxabruf:** Die geldwerten Informationen aus der Sendung können Sie auch per Faxgerät abrufen. Eine Übersicht über alle abrufbaren WISO-Texte erhalten Sie unter 0900 1-25 00 25 (Talkline: 1 Min. = 0,62 Euro aus dem deutschen Festnetz, 3 Seiten).

**WISO auf CD-ROM:** Mit der WISO Monats-CD erhalten Sie das geballte Know-how der WISO-Redaktion immer aktuell, umfassend und objektiv. Sie erscheint jeden Monat mit detaillierten Hintergrundartikeln zu den Themen der Sendung sowie nützlichen Versicherungs- und Konditionsvergleichen, aktuellen Urteilen und Checklisten. Die CD-ROM enthält zusätzlich Formbriefe und Mustertexte für den Umgang mit Behörden und Banken sowie nützliche Softwareprogramme und ein Lexikon mit über 1.400 verbraucherrelevanten Begriffen. Einzelne Beiträge können Sie auch online abrufen unter www.monatscd.de. Die WISO Monats-CD können Sie entweder einzeln für 7,41 Euro, im Test-Abo für 10 Euro (3 Ausgaben) oder als Jahres-Abonnement für 70,56 Euro telefonisch bestellen. WISO Service-Hotline: 0180 5/35 45 51 (12 Cent/Min.)

**WISO schwarz auf weiß:** Informationen zu den Sendungsthemen von WISO und der ZDF-Redaktion Umwelt erhalten Sie auch im WISO Magazin für 4,70 Euro pro Ausgabe oder für 48 Euro im Jahresabonnement. WISO Service-Hotline: 01805/35 45 51 (12 Cent/Min.)

**WISO als Steuerberater:** In Zusammenarbeit mit der WISO-Redaktion publiziert das IWW Institut für Wirtschaftspublizistik den monatlich erscheinenden WISO SteuerBrief, in dem Steuer-Themen leicht und verständlich dargeboten werden. Das Abonnement kostet pro Bezugsjahr (12 Ausgaben) 120 € inklusive Versandkosten und Umsatzsteuer. Mehr Informationen und ein kostenloses Probeexemplar erhalten Sie unter: 0931-417 0472 oder www.wiso-steuerbrief.de

**WISO als Bookware:** Die WISO-Bookware aus dem Softwarehaus BUHL besteht aus PC-Programmen plus einem Begleitbuch. Zur Produktpalette gehören u. a. das WISO Sparbuch (Steuern), WISO Mein Geld (Onlinebanking) und WISO Börse (Finanzsoftware): Die WISO Bookware Sparbuch führt Sie einfach und leicht verständlich durch Ihre Steuererklärung, gibt Tipps zum Steuersparen und druckt die Erklärung abgabereif aus. Die Software von WISO Mein Geld macht Homebanking praktisch, sicher, einfach und praktikabel. Mit WISO Börse erhalten Sie ein Programm für Ihre Börsengeschäfte (beinhaltet Funktionen zum Depotmanagement und

zur Chartanalyse, Hilfen für die Fondsauswahl u. v. m.). Informationen gibt es bei der WISO Service-Hotline: 01805/35 45 51 (12 Cent/Min.) oder unter www.buhl.de.

**WISO Geld-Tipp:** Zu wichtigen Themen produziert WISO monothematische CD-ROMs mit Softwareprogrammen, detaillierten Texten, Musterbriefen, Bildern und Checklisten. Bislang erschienen: Der WISO Geld-Tipp Riester-Rente zeigt Ihnen, wie Sie für das Alter vorsorgen und welche Spar-Strategie für Sie die beste ist. WISO Geld-Tipps erschienen bislang zu den Themen Bewerbung, Gehalt und Steuern. Nähere Informationen: 01805/35 45 51 (12 Cent/Min.) oder unter www.buhl.de.

**WISO als Gastgeber:** Schauen Sie der bekanntesten deutschen Wirtschaftsredaktion hinter die Kulissen. Nach einer kostenlosen Führung durch das ZDF können Sie anschließend im Studio Platz nehmen, wenn Moderator und Redaktionsleiter Michael Opoczynski drei Millionen Zuschauer zu einer neuen Ausgabe von WISO begrüßt. Bitte melden Sie sich an unter Telefon: 06131/70 49 72.

## WISO-BÜCHER IM ÜBERBLICK

### WISO Aktien Fonds Futures
*Eine Einführung in die Börse*
herausgegeben von Michael Jungblut
2., aktualisierte und erweiterte Auflage
336 Seiten, Paperback, 2005
ISBN 3-3-636-01184-7

### WISO Bewerbungsberater
*Überzeugende Unterlagen/perfekter Auftritt/ Online-Bewerbungen/Networking/Bewerbermessen*
herausgegeben von Michael Opoczynski
288 Seiten, Paperback, 2001
ISBN 3-8323-0740-0

### WISO Börsen-Buch
*Das aktuelle Lexikon der Geldanlage*
3., aktualisierte und erweiterte Auflage
herausgegeben von Michael Jungblut
448 Seiten, Paperback, 2001
ISBN 3-8323-0745-1

### WISO Clever einkaufen
*Schnäppchen/Kaufen im Internet/Fabrikverkauf / Preisverhandlungen/Kundenkarten u. Rabattsysteme*
von Michael Opoczynski
288 Seiten, Paperback, 2004
ISBN 3-636-01132-4

### WISO Die richtige Immobilie
*– suchen, finden, bewerten*
von Claudia Krafczyk und Holger Zimmer
288 Seiten, Paperback, 2004
ISBN 3-636-01105-7

### WISO Die 99 besten Tipps
*Rund um Geld, Familie, Eigentum, Gesundheit*
herausgegeben von Michael Jungblut
392 Seiten, Paperback, 2003
ISBN 3-8323-0942-X

### WISO Erben und Vererben
*Testament/Erbfolge/Pflichtteil/Steuern*
3., aktualisierte und erweiterte Auflage
von Michael Opoczynski und Jürgen E. Leske
248 Seiten, Paperback, 2003
ISBN 3-8323-1033-9

### WISO Euro-Berater
*199 Fragen & Antworten rund um die neue Währung*
von Michael Jungblut
192 Seiten, Paperback, 2001
ISBN 3-8323-0835-0

### WISO Existenzgründung (NEU)
*Business-Plan/Finanzierung und Rechtsform/ Steuern u. Versicherungen/Checklisten u. Adressen*
von Michael Opoczynski
ca. 300 Seiten, Paperback, 2005
ISBN 3-636-01084-2

### WISO Fondsführer
*Aktienfonds/Immobilienfonds/Mischfonds/ Indexfonds. Mit Lexikon & Glossar*
von Rudolf Rauschenberger
280 Seiten, Paperback, 2000
ISBN 3-8323-0668-4

## WISO Geld-Buch

*Einkommen/Vermögensverwaltung/Kredite/ Versicherungen/Gewährleistungen*
4., aktualisierte und erweiterte Auflage
Ein Ratgeber der ZDF-Wirtschaftsredaktion
herausgegeben von Michael Jungblut
396 Seiten, Paperback, 2000
ISBN 3-8323-0683-8

## WISO Gekündigt – was nun?

*Formalitäten/Finanzen/Selbstorganisation/ Networking/Perspektiven*
von Annette Fuß, Anke Trutter und Bettina Blaß
384 Seiten, Paperback, 2004
ISBN 3-8323-1054-1

## WISO Hartz IV/Arbeitslosengeld II – Worauf Sie Anspruch haben

*Antrag stellen/Besitz retten/Wohnung behalten/ Altersvorsorge sichern/Arbeit finden*
von Wolfgang Jüngst/Matthias Nick
264 Seiten, Paperback, 2005
ISBN 3-636-01187-1

## WISO Immobilienfinanzierung

*Kassensturz/Kapitalbedarf/Finanzierungsformen/ Förderungen*
*Mit vielen Checklisten und Rechenbeispielen*
3., aktualisierte Auflage
Ein Ratgeber der ZDF-Wirtschaftsredaktion
von Michael Hölting
272 Seiten, Paperback, 2003
ISBN 3-8323-1029-0

## WISO Immobilienrecht

*Probleme mit: Maklern, Bauträgern, Architekten, Handwerkern*
*Mit vielen Fallbeispielen und Formbriefen*
Ein Ratgeber der ZDF-Wirtschaftsredaktion
von Michael Hölting und Ines Gaedtke
304 Seiten, Paperback, 2000
ISBN 3-8323-0625-0

## WISO Kinder, Familie, Geld

*Geld vom Staat/Weniger Steuern/Erziehungsurlaub/Kindesunterhalt/Stipendien*
Ein Ratgeber der ZDF-Wirtschaftsredaktion
herausgegeben von Michael Jungblut
368 Seiten, Paperback, 2002
ISBN 3-8323-0933-0

## WISO Krankenkassenberater

*Gesetzlich oder privat?/Kassenwechsel / Leistungsvergleiche/Alternative Medizin/Billiger im Ausland?/Pflegeversicherung*
Ein Ratgeber der ZDF-Wirtschaftsredaktion
herausgegeben von Michael Jungblut
288 Seiten, Paperback, 2002
ISBN 3-8323-0935-7

## WISO Mein Auto

*Kauf/Versicherung/Steuern/Mängel/Service*
von Thomas J. Kramer
288 Seiten, Paperback, 2002
ISBN 3-8323-0866-0

## WISO Mein Recht

*Das Wichtigste aus den Bereichen Arbeitsrecht/Mietrecht/Familienrecht/Erbrecht/ Verkehrsrecht/Baurecht*
von Sigrid Born und Nicole Würth
304 Seiten, Paperback, 2002
ISBN 3-8323-0899-7

## WISO Meine Rechte im Job

*Vertragsgestaltung/Urlaub/Krankheit/Kündigung/ Zeugnis*
von Axel Breuckmann und Nicole Würth
296 Seiten, Paperback, 2005
ISBN 3-636-01216-9

## WISO Mieten und Wohnen

*Verträge/Mängel und Mietminderung/ Nebenkosten/Musterbriefe & Checklisten*
von Thomas J. Kramer
296 Seiten, Paperback, 2005
ISBN 3-8323-01175-8

## WISO Musterbeschwerdebriefe

*Schadenersatzforderungen/Garantieansprüche / Mahnungen/Rechnungskürzungen*
*mit professionell formulierten Textbausteinen*
von Kai Christian Dietrich
240 Seiten, Paperback, 2004
ISBN 3-636-01103-0

## WISO Pflegeversicherung

*Einstufungen/Leistungen/Streitfälle*
von Thomas J. Kramer
264 Seiten, Paperback, 2004
ISBN 3-8323-1066-5

### WISO Ratgeber für Behinderte
*Pflege/Wohnen/Finanzen/Arbeit/Recht*
von Wolfgang Jüngst und Matthias Nick
336 Seiten, Paperback, 2004
ISBN 3-636-01104-9

### WISO Ratgeber Haustier
*Steuern/Haftung/Versicherung/Tierpension/ Mietklauseln*
von Sigrid Born und Nicole Würth
264 Seiten, Paperback, 2003
ISBN 3-8323-0943-8

### WISO Ratgeber Rechtsstreit
*Anwaltssuche/Prozesskostenhilfe/Rechtsschutzversicherung / Prozesstaktik/Streitschlichtung*
Von Axel Breuckmann und Nicole Würth
320 Seiten, Paperback, 2003
ISBN 3-8323-1009-6

### WISO Rentenberater
*Riester-Rente/Lebensversicherung/Fondssparen betriebliche Altersvorsorge/Direktversicherung*
herausgegeben von Michael Jungblut
2., aktualisierte Auflage
320 Seiten, Paperback, 2004
ISBN 3-636-01130-8

### WISO Scheidungsberater
*Unterhalt/Sorgerecht/Zugewinnausgleich*
Ein Ratgeber der ZDF-Wirtschaftsredaktion
von Sigrid Born und Nicole Würth
3., aktualisierte Auflage
264 Seiten, Paperback, 2003
ISBN 3-8323-1053-3

### WISO Sicher im Alter
*Gesundheit/Wohnen/Geldanlage/Versicherungen*
von Wolfgang Jüngst und Matthias Nick
2., aktualisierte und erweiterte Auflage
ca. 340 Seiten, Paperback, 2005
ISBN 3-636-01245-2

### WISO Start Up
*Die besten Konzepte der erfolgreichen Gründer*
Von Michael Opoczynski und Frank Thomsen
264 Seiten, Paperback, 2003
ISBN 3-8323-0934-9

### WISO Steuerberater 2002/2003
*Schenken Sie nichts dem Finanzamt*
von Günter D. Alt und Klaus Bothmann
336 Seiten, Paperback, 2003
ISBN 3-8323-0932-2

### WISO Vermögensberater
*Karriere/Wohlstand/Sicherheit*
herausgegeben von Michael Jungblut
2., aktualisierte und erweiterte Auflage
352 Seiten, Paperback, 2001
ISBN 3-8323-0800-8

### WISO Versicherungsberater
*Finanzielle Sicherheit zum fairen Preis*
2., aktualisierte und erweiterte Auflage
herausgegeben von Michael Jungblut
320 Seiten, Paperback, 2003
ISBN 3-8323-1034-7

### WISO Vorsorgeplaner
*Hinweise für die Nachlassregelung/Formulare für den Todesfall*
*Entwürfe für Patienten- Betreuungs- und Organverfügungen*
*Alle persönlichen Daten im Überblick/Mit vielen Checklisten und Musterschreiben*
von Thomas J. Kramer, Karin Meyer-Götz, Heinrich Meyer-Götz
208 Seiten, A4, Ringbindung, 2002
ISBN 3-8323-0869-5

### WISO Wirtschaftswissen
*Von Abfindung bis Zahlungsbilanz*
Ein Nachschlagewerk der ZDF Wirtschaftsredaktion
herausgegeben von Michael Jungblut
552 Seiten, Hardcover, 1999
ISBN 3-8323-0583-1